Camera Obscura Van Hildebrand...

Nicolaas Beets

167 R 2

CAMERA OBSCURA.

E. J. TJEENK WILLINK
te Zwolle.

De schaduwen en schimmen van Nadenken, Herinnering, en Verbeelding vallen in de ziel als in eene Camera Obscura, en sommigen zoo treffend en aardig dat men lust gevoelt ze na te teekenen, en, met ze wat by te werken, op te kleuren, en te groepeeren, er kleine schilderyen van te maken, die dan ook al naar de groote Tentoonstellingen kunnen gezonden worden, waar een klein hoekjen goed genoeg voor hen is. Men moet er evenwel geen portretten op zoeken, want niet alleen staat er honderdmaal een neus van Herinnering op een gezicht van Verbeelding, maar ook is de uitdrukking des gelaats zoo weinig bepaald, dat een zelfde tronie dikwijls op wel vijftig onderscheiden menschen gelijkt.

ANONYMUS *in libro non edito.*

CAMERA OBSCURA

VAN

HILDEBRAND.

Non lusisse pudet, sed non incidere ludum.
HORATIUS.

Vijfde Druk.

TE HAARLEM, BIJ
DE ERVEN F. BOHN.
1858.

Hildebrand (Nic. Beets, 1837).

JONGENS.

Hoe zalig, als de jongenskiel
  Nog om de schouders glijdt!
Dan is het hemel in de ziel',
  En alles even blijd.

Een hout geweer, een blikken zwaard,
  Verrukken 's knapen borst,
Een hoepel en een hobbelpaard,
  Dat draagt hem als een vorst.

Voor u de geur van 't rozenbed,
  En Philomeles zang!
Hij speelt kastie, dat 's andre pret!
  Met rozen op de wang.

Niets, niets ter wareld doet hem aan,
  Of baart hem ongemak,
Dan stuiters, die te water gaan,
  Of ballen over 't dak.

Frisch op maar, jongen! vroeg en spâ,
  Den lieven langen dag!
Loop over 't veld kapellen na,
  Zoo lang het duren mag.

Haast zult gy wreed gekortwiekt zijn,
  Die vreugd loopt spoedig af;
Dan krijgt gy Bröder tot uw pijn,
  En Weijtingh tot uw straf.

Het oorspronkelijke is een lief versjen van HÖLTY, die er wel meer lieve gemaakt heeft, waarvan het alleen jammer is, dat zy jeugdige dichters tot zeer onhollandsche vertalingen verleiden; ik althands heb er van dit zelfde versjen nog een liggen, die beter onder een neuren-burger legprent *Knabenspiele* zou passen, dan onder de voorstelling van een hoop aardige hollandsche jongens. En wezenlijk, de hollandsche jongens *zijn* een aardig slag. Ik zeg dit niet met achterstelling, veel min verachting, van de duitsche, of fransche, of engelsche kna-pen, aangezien ik het genoegen niet heb andere dan hollandsche te kennen. Ik zal alles gelooven wat POTGIETER, in zijn tweede deel van 't Noorden, over de zweedsche, en wat WAP, in zijn tweede deel van zijne reis naar Rome, over de italiaansche in 't midden zal brengen; maar zoo lang zy er van zwijgen, houd ik het met onze eigene goedgebouwde, roodwangige, sterkbeenige, en, ondanks de veete tegen de Belgen, voor 't grootst gedeelte blaauwgekielde spes patriae.

De hollandsche jongen; — maar vooraf moet ik u zeggen, mevrouw! dat ik niet spreek van uw bleekneuzig eenig zoontjen, met blaauwe kringen onder de oogen; want, met al het wonderbaarlijke van zijn vroege ontwikkeling, acht ik hem geen zier. Vooreerst: gy maakt te veel werk van zijn hair, dat gij volstrekt wilt laten krullen; en ten anderen, gy zijt te sentimenteel in het kiezen van zijn pet, die alleen geschikt is om voor oom en tante te worden afgenomen, maar volstrekt hinderlijk en onverdragelijk in het oplaten van vliegers, en het spelen van krijgertjen, — twee lieve spelen, mevrouw, die UEd. te wild vindt. Ten derde, heeft UEd., geloof ik, te veel boeken over de opvoeding gelezen, om een enkel kind goed op te voeden. Ten vierde, laat gy hem doosjens leeren plakken, en nuffige knipsels maken. Ten vijfde, zijn er zeven dingen te veel, die hy niet eten mag; en ten zesde knort UEd. als zijn handen vuil zijn, en zijn knie door de pijpen van zijn pantalon komt kijken; maar hoe zal hy dan ooit vorderingen kunnen maken in 't ootjen knikkeren? of de betrekkelijke kracht van een *schoffel* en een *klap* leeren berekenen? — ik verzeker u dat hy nagelt, mevrouw! een *nagelaar* is hy, en een *nagelaar* zal hy blijven: — wat kan de maatschappy goeds of edels verwachten van een nagelaar? — Ook draagt hy witte kousen met lage schoentjes; dat is ongehoord. Weet UEd. wat UEd. van uw lieve FRANSJEN maakt; 1º. een gluiper; 2º. een klikspaan; 3º. een genijpigert; 4º. een bloodaart; 5º.... Och lieve mevrouw! geef den jongen een anderen pet, een broek met diepe zakken, en ferme rijglaarzen, en laat hy my nooit onder de oogen komen zonder een buil of een schram, — hy zal een groot man worden.

De hollandsche jongen is grof: fiksche kniën, fiksche knokkels. Hy is blank van vel, en kleurig van bloed. Zijn oogopslag is vrij, by 't brutale af. Liefst draagt hy zijn ooren buiten zijn pet. Zijn hair is van zondags morgens half elf tot zaturdags avonds als hy naar bed gaat in volkomen wanorde. Het overige van de week zit het goed. Krul zit er meestal niet heel veel in. Gekrulde hairen, gekrulde zinnen! Maar sluik is het óók niet; sluik hair is voor gierigaarts en benepen harten; dat zit niet in jongens; sluik hair krijgt men, geloof ik, eerst op zijn veertigste jaar. De hollandsche jongen draagt zijn das liefst als een touwtjen, en nog liever in 't geheel niet; een blaauw of schotsbont kieltjen over zijn buis, en een verstelde broek, — dit laatste kenteeken gaat vast. In dees broek voert hy met zich — al wat

de tijd opgeeft; — dat wisselt af: knikkers, stuiters, ballen, een spijker, een doorgebeten appel, een stukkend knipmes, een touwtjen, drie
centen, een kluit vischdeeg, een dolle kastanje, een stuk elastiek uit
den bretel van zijn oudsten broêr, een leêren zuiger om steenen meê
uit den grond te trekken, een voetzoeker, een zakjen met kokinjes,
een grifjen, een koperen knoop om heet te maken, een hazesprong,
een stukjen spiegelglas, enz. enz. alles opgestopt en in rust gehouden
door een bonten zakdoek.

De hollandsche jongen maakt in 't voorjaar een verzameling van
eieren; in het uithalen van nestjens, geeft hy blijken van kracht en
behendigheid, en misschien van den aanleg tot de zeevaart ons volk
eigen; in het inkoopen van vreemde soorten, bewijzen van onstoorbare
goede trouw; en in het verkwanselen van zijne doubletten, van vroeg-
tijdigen hollandschen handelsgeest. De hollandsche jongen, het is
waar, slaat zijne bokken hardvochtig, maar in 't geven van roggebrood
aan diezelfde dieren heeft hy zijns gelijken niet. De hollandsche jongen is veel minder ingenomen met de leerwijze van PRINSEN dan de
hollandsche schoolmeester; maar wat de opvoeding der plakkers en
paapjens betreft, hierin zou hy een examen kunnen doen voor den
eersten rang. Hy is dol graag op een paardenmarkt, en wandelt op
de parade voor de tamboers uit, met den rug naar de mooie mannen
toe. De hollandsche jongen encanailleert zich lichtelijk, en neemt
spoedig over uit een woordenboek, dat de hollandsche moeders niet
bevalt, maar hy heeft ook weinig aanmatiging jegens de dienstboden.
Hy is gewoonlijk hoogrood, als hy binnen moet komen om aan oom
en tante te vragen hoe zy varen, en spreekt by dergelijke gelegenheid
byna geen woord; maar minder spaarzaam met woorden en minder
verlegen is hy onder zijn gelijken, en niet bang om voor zijn gevoelen
uit te komen. Hy haat lafaarts en klikkers met een volkomen haat;
hy zal nog al eens gaauw zijn vuistjen uitsteken, maar spaart in 't
vechten zijn party; hy speelt niet valsch; hy heeft een bestendigen
inktvlak op zijn overgeslagen halsboord, en wel wat neiging om zijn
schoenen scheef te loopen; — hy houdt zijn vader staande dat hy over
ijs van één nacht loopen kan, en beschikt over vriezen en dooien, naar
lust en welgevallen; hy eet altijd een boteram minder en leert eene les
meer, dan waar hy trek toe heeft; hy gooit een steen tienmaal verder
dan gy of ik, en buitelt driemaal over zijn hoofd zonder duizelig
te worden. —

Gegroet, gegroet, gy vrolijke en gezonde, lustige en stevige knapen;
gegroet, gegroet, gy speelsche en blozende hoop des vaderlands! Mijn
hart gaat open als ik u zie, in uwe vreugde, in uw spel, in uw uitgelatenheid, in uw eenvoud, in uw vermetelen moed. Mijn hart krimpt
toe, als het bedenkt wat er ook van u worden moet. Of zult gy, die

daar beurtelings een frisschen beet uit een zelfden appel doet, in later jaren nooit gewaar worden dat het noodig is, den appel in een hoek te nemen, en alleen op te eten; ja, de schillen weg te stoppen, en de pitten te zaaien voor uwe nakomelingschap. En gy die daar geduldig uw sterker rug leent aan uw vlugger vriend, die zich op uwe schouders verheft om in den boom het spreeuwennest te zoeken, dat heel hoog is: zal de ondervinding u de verdrietige wijsheid onthouden, dat het beter is zelf een ladder te krijgen, en zelf het nest uit te halen, dan een goede dienst te doen, en af te wachten òf, en hoe men u zal beloonen?

Dat is de wareld. Maar ook in uzelven zijn de zaden aanwezig van veel onheils en veel verdriets. Uwe voortvarende drift, uwe onschuldige tederheid, tot opvliegendheid, eerzucht, en wellustigheid gerijpt; uwe levendigheid en onafhankelijk gevoel, tot wareldzin en ongeloof verhard!... O, als gy in later jaren op uwe kindschheid terugziet, dat, dat zal de vreugde wezen, die gy het meest benijdt, en toch nu het minste geniet, dat gy zoo veel minder boos waart, dat gy zoo veel onschuldiger waart tot zelfs in het kwaaddoen toe. De goede hemel zegene u allen, goede jongens! die ik ken, en rondom my zie, en liefheb, en doe u lang en vrolijk spelen; en als de ernst des levens komt, zoo geve hy u ook een ernstig harte daartoe. Maar hy late u tot aan uw laatsten snik nog veel kinderlijks en jeugdigs behouden. Hy spare u, in hunne volle frischheid, eenige dier kinderlijke gevoelens, die den jongeling helpen in het zuiver houden van zijn pad, en den man versieren; opdat gy mannen wordende in het verstand, kinderen blijft in de boosheid. Dit is een *stille* wensch, jongenslief! want ik wil u nog geen oogenblik van priktol of hoepel aftrekken, zonder u voor die vreugde iets anders te kunnen geven, dan... een wensch! —

KINDERRAMPEN.

Ik kom nog eens terug op het versjen van HÖLTY:

> Hoe zalig als de jongenskiel
>   Nog om de schouders glijdt!
> Dan is het hemel in de ziel,
>   En alles even blijd.
>
> Niets, niets ter wareld doet hem aan,
>   Of baart hem ongemak,
> Dan stuiters, die te water gaan,
>   Of ballen, over 't dak.

Het ontbreekt zeker niet aan dergelijke lofredenen op het geluk der jeugd en kindsche jaren. Ik stem er van harte meê in; maar ik neem de vrijheid te mogen opmerken, dat ze alleen door menschen van jaren of ten minste door jongelingen geschreven zijn, van wier standpunt gezien het kinderlijk geluk byna geen uitzondering toelaat. En zeker, zeker dat is een droevig bewijs voor den treurigen toestand van later dagen. Maar ik weet niet dat er ooit dichtertjens geweest zijn van zeven, acht, of negen jaar, die hun actueel geluk zoo onvoorwaardelijk hebben geprezen. En toch dezulken waren er het naast toe. Toen ik op de hollandsche school ging, maakten wy in de hoogste klasse, bestaande uit heeren van negen à tien jaar, allen des woensdags voor-middags een opstel, soms over een gegeven, soms over een door ons-zelven gekozen en uitgedacht onderwerp. Maar ik roep al de Jannen, Pieten, Willems en Heinen, waarmee ik in de Jacobijnenstraat te H. op de banken zat, tot getuigen, of er ooit iemand geweest is, die zijn lei volgeschreven heeft met een optelling der genoechlijkheden, of een uitweiding over 't ongestoord geluk des kinderleeftijds. Neen, wy schreven wel diepzinnige vertoogen over de Deugd of over de Vier Jaargetijden; SANDER U., wiens vader adjudant van een generaal was, heeft zesmalen over het Paard geschreven, en PIET Q. die nooit op het bord stond, en nooit meê doen wilde in de edele exercitie van het puistjen vangen, had het altijd over de Gehoorzaamheid en over de

Vlijt, een denkbeeld waarop hem de opschriften van zijn extrakaartjens bragten. Eigenlijk vrolijke onderwerpen heb ik nooit door de collega's zien behandelen. Ik zelf heb het nooit verder kunnen brengen dan tot de philosophische beschouwing der Tevredenheid; een geluk, 't welk gewoonlijk door den jongeling voorby, en door den man vruchteloos nágestreefd wordt, en dat den grijzaart uitmuntend te pas zou komen, indien zijn ligchaamsgebreken hem nog even veroorloven wilden het te genieten; een heel mooi ding, die tevredenheid, maar in het volop des kinderlijken geluks van zelf ingesloten en niet opmerkenswaardig.

Doch, om tot de zaak te komen. Van dat volop des kinderlijken geluks dan, schenen wy toentertijde toch niet heel vol, of althands niet zoo vol te zijn, dat wy het moesten uitstorten. Ik heb wel eens gemeend, dat het een onderscheidend kenmerk des echten, waarachtigen geluks zijn zou, dat het de minste behoefte heeft zich uit te boezemen, terwijl het ongeluk klachten en verluchtingen noodig heeft, om van de tranen niet te spreken. Want de menschen, die altijd den mond van hun geluk vol hebben, heb ik er wel eens op aangezien of zy ook naar een autoriteit zochten, die, na gehoord verslag, hun zou verklaren dat zy gelukkig zijn, iets waarvan zyzelf tot nog toe zoo heel overtuigd niet waren. Zy achten zich zóó-zóó, niet ongelukkig, en niet razend gelukkig ook; maar zy schikken het goede in hun lot zóó by elkander, en stapelen het in de redevoeringen die zy u op wandelingen en, zoo gy met hen in één kamer slaapt, uit ledikanten, vooral na een goed souper, houden, dat zy u in de verzoeking brengen hen te benijden. Dat verhoogt dan dadelijk hun koud geluk tot een hooger temperatuur. Gy slaat een warme hand aan hun thermometer.

Ziedaar een mooie opmerking, die ik gemaakt heb, en die ik met dit mooie physische beeld besluit; maar over 't onderwerp meer nadenkende, heb ik ook wel eens gedacht, of de school dan toch ook de rechte plaats wel is, om het kindergeluk diep te gevoelen. Ik weet wel, de meester zit niet meer met slaapmuts en kamerjapon en een ontzettenden plak in den catheder, en brengt ons niet langer door de verschrikkelijkheid zijner oogen en gebaren tot een punt van angst, waarin wy (als de jongen van ouds) zouden willen bekennen, dat wy zelf de wareld geformeerd hadden, maar 't nooit weer zouden doen, liever dan het andwoord schuldig te blijven op de eerste vraag van het vrageboek. Wy lezen er ook niet meer tot onze schrikbarende verveling de Haarlemmer courant van A—Z. (Zijn wy daarom minder goede politici?). Wy zitten er ook in een goed, ruim locaal, zoo hoog en zoo luchtig, dat het somtijds aan de beenen tocht; wy hebben er niet zelden het uitzicht op een bleekveld met een appelboom, of op een binnenplaats met een bestekamer. Maar toch, de meester is zoo dik, en de ondermeesters zijn zoo lang, en hunne brillen en bakkebaarden zien er zoo onverbiddelijk uit, en de borden zijn zoo zwart, en de tafels zoo ongezellig, en de kaart van Nederland hangt zóó lang op dezelfde plaats, dat wy er de kleine scheurtjens en inktvlekjens nog beter op weten aan te wijzen, dan de steden der — toen was 't nog 17 provinciën*. Dan hebt ge — nog bloedt mijn hart — de Tafel van WERKZAAMHEDEN. Schrikkelijke werkzaamheden; wier optelling aan rekenboeken denken doet, en geographieboeken, en wat voor boeken er al meer zijn, wier blaren heen en weer schuiven in den band, wegens de krampachtige aanraking der wanhopige vingers van jeugdige heeren, die maar niet onthouden kunnen hoe veel koeien er jaarlijks aan de hoornsche markt komen, en hoeveel inwoners, en drukkeryen van Enschedé, en kosterbeelden, en instituten voor schoolonderwijzers Haarlem heeft; of niet begrijpen kunnen, hoe zy de 9de som uit de Herhaling der Voorgaande Regelen moeten opzetten. O, die rekenboeken! zy waren de zwakke zijde van velen onzer. In mijn oog waren er geen hatelijker boeken. Vooreerst waren zy veel te vol letters, en ten anderen veel te vol cijfers. Ten overvloede zijn er soms fouten in de opgaven der uitkomsten; maar al zijn die er niet in, die opgaven zijn verschrikkelijk. Ga eens na. Gy hebt uw lei vol van een berekening van belang; driemaal hebt gy reeds de helft uitgeveegd, omdat gy bemerkte dat gy de questie niet begrepen hadt, maar eindelijk de som is af, en gy krijgt tot uitkomst: 12 lasten, 7 mudden, 5 schepels, 3 kop, 8 maten rogge. Met een gerust geweten, en met het zalig gevoel van als ijverig lid der maatschappy uw plicht gedaan te hebben, zoudt gy uw lei aan den ondermeester overgeven, om te laten nacijferen. Maar neen! het hatelijk rekenboek geeft onder den verwaanden titel: „Uitkomst„ op: 95 lasten, 2 mudden, 1 schepel rogge, en geen een maat. Het is blijkbaar dat gy een abuis hebt; driemaal doet gy al de multiplicaties en dividaties over: eindelijk besluit gy alles uit te vegen, en nog hebt gy uw mouw op de lei, als de ondermeester komt om te gelooven, dat gy niets hebt uitgevoerd. Dat had ik tegen die rekenboeken. Maar wat het kwaadwilligst en het onbillijkst van diezelfde uitvinding is, dat zy u op alle mogelijke manieren sarren en in uw zwak tasten. Daar zit gy sedert de klokke half tien op school by mooi weêr, in de maand mei, als het groen jong is gelijk gyzelf, en, wat meer is, al de plassen opgedroogd zijn, zoodat het heerlijk weêr is om te knikkeren. Daar zit gy sedert half tien op school, waar gy den voet hebt in gezet, met benijding terugziende op de armelui's kinderen, die geen opvoeding krijgen, en duitjen òp speelden op straat. Eerst heeft men u gedwongen om met al uw speelsche lotgenooten het lied aan te heffen:

> Wat vreugd! het schooluur heeft geslagen;
> Waarnaar elk kind om 't zeerst verlangt.

---

* Welk een vereenvoudiging brengen de 24 Artikelen in 't lagere onderwijs! het heele jonge Holland profiteert in gemak by de revolutie van Dertig.

Daarna hebt gy een uur gelezen van het model van een braven jongen, zoo braaf, zoo zoet, zoo gehoorzaam, zoo knap en zoo goedleersch, dat gy hem met plaisir een paar blaauwe oogen zoudt slaan, als gy hem op straat ontmoette; of, indien gy al wat verder zijt, de levensschets van een onbegrijpelijk groot man, wien na te volgen u pedant en wanhopig toeschijnt, en door welke levensschets kunstiglijk een samenspraak is heengevlochten van knapen en meisjens, met welke gy ook al geen de minste sympathie hebt, *al staan zy ook waarlijk verbaasd over de ontzettende kundigheden van dien man,* waarvan vader EELHART of BRAAFMOED verhaalt. Het volgende uur hebt gy geschreven; een mooi exempel als byv. zoo gy groot schrijft, het woord *wederwaardigheid*, opmerkelijk door twee moeielijke W, zonder aandikken byna niet goed te krijgen, zevenmaal; of indien gy klein schrijft vijftien maal, achtmaal op en zevenmaal tusschen de lijn: *Voorzigtigheid is de moeder der wijsheid;* by welke gelegenheid gy in twee regels het woord *der* hebt overgeslagen, wat ten gevolge van de laatste lettergreep van het woord mo*eder* zeer licht gebeuren kon, en eenmaal *voorwijzigheid* in plaats van *voorzigtigheid* hebt gezet; welke omstandigheden, zoo ieder op zichzelve als in onderling verband, u eenigzins angstig doen denken aan het uur waarop de kritiek des meesters haar uitspraak zal komen doen. Om niet te spreken dat gy gekweld zijt geweest met een linksche pen, ontelbare hairen in den inkt, een klad of drie, met kunstenaars nonchalance over uw schrijfboek verspreid, en de onverbiddelijke wet dat gy maar tweemaal uw pen op mocht steken om ze te laten vermaken, door een ondermeester, die even zoo ver is in die kunst als gy in 't schrijven. Nu komt het rekenboek. Ik heb het lang laten wachten, lieve lezer; maar het was uit wraak, omdat het voor my zoo dikwijls te vroeg is gekomen. Nu komt het rekenboek. Merk op, dat gy in den loop van den morgen tweemaal op 't bord zijt geschreven: eens, omdat gy met uw rechter buurman een verdacht gefluister hebt aangevangen, dat evenwel over niets liep dan over goedkoope ballen in de Wijde Appelaarsteeg, en eens, omdat gy aan uw linker dito een albasten knikker (gezegd alikas) hebt laten zien, zonder een eenig rood aartjen, van welk delict het corpus u is ontnomen, tegen de pijnlijke onzekerheid of gy het ooit terug zult zien. Vat dit alles te zamen, en sla nu uw rekenboek op, dat u sart met de 13de som, waarin u, om u als 't ware te tantaliseeren, met de grootste koelbloedigheid een mooie voorstelling gedaan wordt van vijf jongens, zegge vijf, die te zamen zouden knikkeren, en waarvan de een by den aanvang van 't spel bezat 20, zegge 20, knikkers, de tweede 30, de derde 50, de vierde — maar het is niet uit te houden! de tranen komen er u by in de oogen; — maar daar zit gy, voor nog een geheel uur, en dan nog wel te cijferen. — O, ik hou het er voor, dat de meeste rekenboekmakers afstammelingen van koning HERODES zijn!

Uit al, wat ik tot nog toe heb in het midden gebracht, zal zonneklaar blijken, dat de school de plaats niet is om het kinderlijk gemoed te doen overstroomen van het besef van geluk en genot. Ik geloof niet dat het denkbeeld daarvan ooit onder eenig blond of bruin kinderhair is opgekomen. Neen, neen! de school is zoo goed als zy zijn kan. De school wordt, naar de nieuwste verordeningen, zoo aangenaam en dragelijk mogelijk gemaakt. Maar hare genoegens zijn ten hoogste negatief. De school blijft altijd iets van het gevangenisachtige, en de meester, met en benevens al de ondermeesters, iets van het vogelverschrikkende behouden. Dat gezegde van VAN ALPHEN

Mijn leeren is spelen,

wil er by geen een kind in, zelfs niet by de vlijtigsten. Ik verbeeld my nog al onder de vlijtigsten behoord te hebben: maar toch, wanneer mijn vader of moeder my de eer aandeed, van aan mijn ooms en tantes te vertellen dat ik altijd blij was als de vacantie uit was, kwam mijn gantsche gemoed tegen dat edel denkbeeld (dat my ondertusschen vrij dweepachtig voorkwam) op, en ik heb jaren noodig gehad om zekere angstige schuwheid voor mijn respective meesters te leeren overwinnen. Ook zijn er, ondanks de verbeterde leermethode, nog altijd onder, die een kind, al is het niet van de bloohartigsten, als electriseeren.

Ja, lieve vrienden! laten wy deze bladzijden voor alle vliegeroplaters en soldaatjenspelers verbergen en verstoppen; maar laten wy het bekennen: daar zijn kinderrampen! Klein en nietig, van onze pedante hoogte beschouwd, maar gewichtig en groot, in de kleine evenredigheden van de kinderwareld. Rampen, die benaauwen, kwellen en schokken, en die niet zelden een grooten en hevigen invloed hebben op de vorming van het karakter.

De eerste en grootste hebben wy al gehad. Het is, met verlof van PESTALOZZI en PRINSEN, de school. Dat is een kanker; een dagelijks weerkeerend verdriet. Een man met schuldeischers geplaagd ondervindt iets van het leed van een kind met meesters aangehaald. Nu, onze goede HÖLTY zelf kan niet nalaten aan 't eind van zijn versjen daarmede te dreigen. Daarom wilde ik u verzoeken: hebt deernis met het lot uwer telgen. Ontziet als iets heiligs het levensgenot uwer kinderen. Zy moeten allen schoolgaan; dat is een natuurwet, zoo zeker als die volgens welke zy allen ingeënt, wy allen sterven moeten; — maar even gelijk wy, naar den gewonen loop der dingen, niet sterven moeten op ons achttiende jaar, wilde ik ook niet dat hun de school overviel vóór hun achtste. 't Is wel aardig, en wy hebben het aan de veranderde uitspraak der consonanten te danken, dat zy op hun vijfde jaar met kleinen PIET zeggen kunnen: « Nu kan ik al lezen; » maar ik weet niet of kleine PIET op zijn tiende jaar, in massa, zoo veel meer geprofiteerd zal hebben dan een ander, die op zijn zevende

of achtste begonnen is met de *spa* te werken. Ik geef dit alleen in
bedenking aan alle filopaedische harten, en waag het niet, met zoo
weinig ondervinding als HILDEBRAND (de baardelooze HILDEBRAND,
zullen de recensenten zeggen) in zoo weinig jaren heeft kunnen op-
doen, mijne meening te staven.

Om het onderwerp eene wending te geven, en van een andere ramp
uit het tranendal der kinderen te spreken, noem ik het wisselen der
tanden. Waarlijk, lieve dame, die de wareld zoo trouweloos en de
mannen zoo wuft vindt, *la perte des illusions* kan op uwe jaren naauwelijks zoo zwaar wegen als *la perte des dents* op de hunne. Herinnert
gy 't u nog wel? Gy voelde, — neen gy voelde toch niet; — ja,
helaas! gy voelde maar al te zeker — dat gy een dubbelen tand hadt.
En de voorste zat zoo vast als een muur. Zes dagen lang verborgt
gy uw leed; somtijds vergat gy het; maar zesmaal daags, midden
onder uw spel, by 't genot van de lekkerste krakeling, onder 't be-
werken van de zoetste ulivel, daar stond weer eensklaps voor uw oog
die akelige, allerakeligste dubbelheid! — Uw eenige troost was, dat
de voorman vanzelf wel wat losser zou worden. Indedaad! rede en
natuur geven deze hoop aan de hand. De ondervinding leert het
echter meestal anders. Op den zevenden dag; het was een zondag;
uw kleine theegoedjen stond klaar op uw kleine tafeltjen; en uwe
stoeltjens stonden er by klaar met twee poppen: de nieuwste voor u,
en de oudste voor uw nichtjen KEETJEN, die by u te spelen kwam;
en 's avonds zoudt ge een tulbandtjen bakken van gestampte beschuit
en melk; en een boteram met aarbeien zou alles bekroonen. Met een
grooten schreeuw geeft gy uwe vreugde over het laatste artikel te kennen. "Laat ik je mond reis effen zien," zei mama; "wat? een
dubbele tand?" en weg was uw vreugd! Gy droopt af als of gy op
een zware misdaad betrapt waart; waarschijnlijk zoudt gy onder uwe
kwelling nestig en kribbig zijn tegen KEETJEN; het tulbandtjen zou
geene bekoorlijkheden voor u hebben; de aarbeien geen smaak; en ge
zoudt naar bed gaan en droomen van den tandenjood! Vergeefs be-
proefde gy achtereenvolgens alle huismiddelen: wiggelen met den vinger, bijten op een harde korst, die gy evenwel om eventueele pijn te
vermijden, in een gantsch anderen hoek van uw mond inbracht; aan-
leggen van een draad garen, waaraan ge toch niet durfde trekken.
De tandmeester moest komen. Hy kwam, niet waar? de ijsselijke
man. Hy had voor u de verschrikkingen eens scherprechters. Hy
veinsde maar effen naar uw tand te voelen; hy trok er hem verraderlijk uit. Ondertusschen was deze slinksche streek voor u een weldaad,
die voor alle volgende keeren verkeken was. — Spreek my niet van
grootemenschen jammeren. Zy halen niet by deze. Geen koopman
die "op springen staat" ziet met meer angst den dag te gemoet,

waarop hy zal worden ″omvergegooid,″ als een blijde jongen of vrolijk meisjen den dag, waarop men scheiden zal van den dubbelen tand!

Wy zijn aan de physieke rampen. Welnu, er zijn er meerder dan men denkt. Het grootworden, hoe schoon en voortreffelijk een uitvinding ook, is de oorzaak veler smarten. Want vooreerst, men steekt lange bloote armen uit de mouwen, groote enden kous uit de broek. Daarby schaamt men zich dan gewoonlijk dat men nog rijglaarsjens of schoenen met gespen draagt, omdat er altijd eenige voorlijke knapen zijn, die al halve laarzen hebben, en vroegtijdige juffertjens, die zich op schoenen met lange linten verheffen. Ook rekenen vele moeders er naar 't schijnt niet op, dat niet alleen de beenen, maar het geheele lichaam groeit, en dat het diensvolgens op goede natuur- en wiskundige gronden te bewijzen is, dat al kunnen de broekspijpen worden uitgelegd, het overige gedeelte van dat kleedingstuk hetzelfde blijvende, men eene niet zeer aangename bekrompenheid in de circumferentie van het lichaam gewaar wordt, die ook al weer de oorzaak is van menig nieuw kruis, in een dubbelen zin, en van ontelbare scheuren. Maar ook dit is een kwade kant van den edelen groei, dat hy by de individus verschilt, en zelfs zóó, dat by sommigen tegenover het geprezene grootworden, het verwijtende kleinblijven overstaat. Nu is het niet plaisierig, ieder keer als men een boodschap van papa of mama komt doen, of by LODEWIJK of DOORTJEN spelen komt, altijd door mijnheer of mevrouw, of de juffrouw, of de meid somtijds, tegen LODEWIJKS of DOORTJENS rug gezet te worden, om met de ververschte overtuiging dat men een hoofd of een half hoofd kleiner en een ware peulschil is naar huis te gaan. Dat noemt men in het maatschappelijke leven, als men 't op 't moreele toepast, tauxeeren; en die tauxatie van 't physieke is de eenige, waarvoor de kinderleeftijd gevoelig en ook zeer gevoelig is. Neen, 't is niet aardig van de groote menschen, dat ze 't den kleinen aandoen, evenmin als dat altoosdurende uitgillen van: ″wat benje groot geworden!″ op den duur bevallen kan.

Maar daar is toch ook wel een moreele tauxatie, die, zoo zy de kinderen niet dadelijk grieft, hun althands menig genoegen onthoudt. Zy ontstaat uit de omstandigheid, dat een mensch van vijfendertig à veertig een dertig à vijfendertig jaar van zijn vijfde jaar verwijderd is, en in dien tijd machtig veel vergeten kan, en zóó veel, dat by eigenlijk in 't geheel niet meer weet, wat hy dacht, gevoelde, besefte, en smaakte toen hy kind was, en wat niet. Van daar dat hy zeer dikwijls den maatstaf, waarby hy de kinderen meet, te klein en te bekrompen neemt, en menige vreugd, die hy den jeugdigen van harte gunt, terughoudt, omdat hy in zijne mannelijke wijsheid besluit: ″dat zy er eigenlijk nog te klein voor zijn,″ en er ″waarlijk nog niet aan zouden hebben.″ En dan het ″nergens aan mogen komen,″ als of men geheel handeloos en met een instinct om alles nu ook maar stuk te gooien en te breken in de wareld was gekomen! — en dan het paaien met zoetigheid, als men zich juist gisteren te groot is begonnen te voelen voor koekjens tot den prijs van iets anders! — En dan de velerlei beschaamdzettingen, die men ondergaat, omdat iedereen gelooft dat een kind menig ding niet gevoelt, dat hem toch diep gaat!— Waarlijk, waarlijk, men heeft in de maatschappy menig menschenschuw, bloohartig, en zenuwachtig wezen doen opgroeien, alleen omdat men het als kind te jong en te klein voor gevoel van waarde achtte.

Ik spreek niet van het naloopen met hoeden en petten; en van het verschil van gevoelen omtrent het weder, dat tusschen ouders en kinderen dikwijls aanmerkelijk kan uiteenloopen. Ik spreek niet van sommige barbaarsche instellingen, als daar is: dat de jongeren de kleederen van de ouderen moeten afdragen, waardoor het vierde zoontjen een buisjen draagt van den kraagjas van mijnheer zijn oudsten broeder; van welken kraagjas de beide tusschenbroers respectivelijk een jasjen met één kraag en een jasjen zònder kraag gehad hebben; — noch van ellendige spreekwoorden, als orakelen door de ouders aangevoerd, en als verachtelijke paradoxen en sofisteryen door het kroost verwenscht, als b. v. dat de oudsten de wijsten zijn moeten. Ik spreek van al die rampen niet, — want mijn stuk is reeds veel te lang. Mocht het maar sommigen mijner lezers bewegen, om nòg kiescher te worden omtrent de jonge harten der kleinen, en nòg oplettender om hun kleine verdrieten te sparen, en groote genoegens onbeknibbeld te laten genieten. De jeugd is heilig; zy moet voorzichtig en eerbiedig behandeld worden; de jeugd is gelukkig, maar men moet zorgen, dat zy zoo min mogelijk deelt in de rampen der samenleving, voor zoo ver zy die in hare jaren kan ondervinden; — men moet haar soms kwellen en lastig vallen — tot haar nut! — maar passen wy vooral op, dit niet te overdrijven! Een geheel volgend leven kan geen gedrukte jeugd vergoeden: want welke zaligheid zouden latere jaren te stellen hebben tegenover het verspeelde geluk eener schuldelooze jonkheid?

EEN BEESTENSPEL.

Neen, ik wil niet naar 't beestenspel! ik hou er niet van. Zeg my niet dat het belangrijk is, dat men het gezien moet hebben; dat men in geen gezelschap komen kan of men moet ten minsten goed of kwaad zeggen van de lokken, de bakkebaarden, en den moed van den eigenaar, van den lama, van de verlichting der tent, en van de twee tijgers in één hok; — herhaal my niet dat men ten minsten één ongeluk heeft moeten zien *byna gebeuren,* en éne byzonder teekenachtige houding van 't een of ander gedrocht bespied hebben, in een oogenblik, *dat er niemand anders naar keek;* — zeg my niet dat men moet gaan kijken hoe de vrucht van 't zweet en bloed van onvermoeide hengelaars in één oogenblik door den gulzigen pelikaan verslonden wordt, en hoe de boa constrictor een leydschen bok met hoornen en al in een oogwenk tijds verzwelgt; — roep my niet toe dat men zijne anecdote behoort te hebben op den casuaris, zijn beaudire op de apen, en zijn qui pro quo op de beeren! Op dit alles andwoord ik u: ik haat het beestenspel, en ik zal u de reden van mijn afgrijzen uiteenzetten.

Een beestenspel! O! weet gy wat het is? — *Eene verzameling, zegt gy, van voorwerpen der natuurlijke historie, even belangrijk voor den dierkundigen....* Als voor den beestenvrind, wilt gy zeggen? *Neen als voor ieder mensch, die er belang in stelt zijne medeschepselen op dit wijde aardrijk te kennen.* Gy zegt wèl: maar dan wenschte ik mijne medeschepselen te zien, zoo als ik ze op plaat I. van iederen prentenbijbel zie, in aardige groepen door elkander geschikt, allen in hunne natuurlijke houding: den leeuw, met een opgeheven voorpoot, als op brullen staande, den cacatou, van een boomtak nederkijkende, als om te onderzoeken wat voor kleur van hair

ADAM heeft, en niet, och, ik bid u, niet! in die afschuwelijke ijzeren
schommels (een soort van groote lijsterbogen) in eeuwige beweging!
Den boa, in 't verschiet om een boom in schoone verleidelijke bochten
gekronkeld en naar den noodlottigen appel opziende; den adelaar,
hoog in de lucht zwevende, als een naauwlijks merkbaar stip; ja! dan
nog veel liever geheel onzichtbaar dan zóó als ik hem in een beestenspel zie.... Zoo zou 't my aangenaam en belangrijk zijn. — Maar
hier in deze enge, bekrompene hokken, achter die dikke tralies, in
die slaafsche, weerlooze, gedrukte, angstige houding, — o! een beestenspel is een gevangenis, een oudenmannenhuis, een klooster vol
uitgeteerde bedelmonniken, een hospitaal is het, een bedlam vol idioten.

Gy hebt nog nooit een leeuw gezien; gy stelt u iets majestueus voor,
een ideaal van kracht, grootheid, waardigheid en moed; een wezen
geheel woede, maar bedwongen door zelfbeheersching, voor zoo lang
het verkiest; den koning der dieren. Welnu, verplaatsen wy ons met
onze verbeelding in de woestijn van Barbaryen.

Het is nacht, het is het kwade saizoen. De lucht is donker; de
wolken zijn dik, en drijven onstuimig en snel heen en weder; de maan
scheurt ze nu en dan met een waterachtigen straal. De wind huilt
door 't gebergte; de regen ruischt; van verre gromt de donder. Ziet
gy daar dat gevaarte, met dichte struiken bewassen, zich afteekenen
tegen de lucht; — ziet gy daarin die donkere rotskloof, beneden
gapende, boven zich verliezende in heesters en distelen? Het blik-
semt; ziet gy ze? Houd uw oog derwaarts gericht. Het is alles
duisternis. Let op. Wat is dat? 't Is het glinsteren van twee oogen:
gloeiende kolen. Hoor toe! Dat was de donder niet: het was een
schor gehuil: het diepe geluid van een leeuw die ontwaakt. Hy tilt
zich uit zijn hol naar boven. Hy rekt zich uit. Een oogenblik staat
hy met opgeheven hoofd brullende stil. Hy schudt de zwarte manen.
Eén sprong!... Achter uw wachtvuur, onvoorzichtige? Hongerig gaat
hy om; met woeste bewegingen, met ongeregelde sprongen, met schrikkelijke geluiden.

Wien zal het gelden? Een breedgeschoften buffel misschien, die
hem met gebukten hoofde en sterke hoornen zal opwachten. Geen
nood: hy zal hem aanvliegen; hy zal zijne nagelen klemmen in zijne
lenden; hy zal aan hem hangen blijven; hy zal hem de blanke slachttanden in den korten, rimpeligen nek slaan; één oogenblik — en hy
zal hem afmaken, hem in stukken scheuren en zijnen honger verza-
digen. Dan zult gy hem met rooden muil en bespatte manen rustig
zien nederliggen, zijn zege genietende, trotsch op zijn koningschap.

Welnu! — die koning der dieren, die schrik der woestijn, die geduchte, die woedende, is hier. Ziedaar de antichambre van zijn pa-
leis; dit vanvoren open vertrek, middending tusschen een salon, een
kantoor, en een tentoonstelling van schilderyen. Deze heraut, met

den geschilden wilgentak in de hand, noodigt u uit. Zijne majesteit geeft audientie. Zijne majesteit is voor geld te zien. Zijner majesteit staatsiedame licht het behangsel op. Gy zijt in zijner majesteit on- middelijke tegenwoordigheid. Geef u de moeite niet bleek te worden; de koning zal u wél ontfangen. Maar voorzichtig! stoot u niet aan dezen — wat is het? een reiskoffer? Vergeef my, het is een écrin vol slangen, arme REUZENslangen! Hier heen! Pas op, die lamp druipt. Stap over dien emmer, vischvijver van den pelikaan, badkuip des ijsbeers! Wy zijn er. Hier, op dit wagenstel, in dit roode hok, zes voet hoog en zes voet diep, ligt hy. Ja, hy is het wel. Ik zweer u dat hy het is. Zijne pooten steken onder tusschen de traliën uit; dat zijn LEEUWENklaauwen. Zijn staart, die geessel! schikt zich naar den rechthoek van zijn verblijf. Hy is slaperig; hy ronkt. Zouden wy hem kunnen doen opstaan? *»Nero, Nero!»* — *»» Il est defendu de toucher aux animaux, surtout avec des cannes.»»* Gevoelt gy al het vernederende dezer afkondiging? Daarin is al zijn weerloosheid. Het zou hem *zeer doen.* Hebt gy uwe illusiën, heeft de leeuw zijn prestige nog? Zijt gy nog bang voor dien bullebak? Gelooft gy nog aan de schets van zoo even? Zegt gy niet:

» Laat hem komen als hy kan?»

Ontthroonde koning! Gekrompen reus! Zie, hy is voorzichtig in al zijne bewegingen; hy neemt zich in acht, om zijn hoofd niet te stooten, zijn muil niet te bezeeren, zijn staart niet te schenden. Wat onderscheidt hem van eenig tam beest? Wat van dien lagen hyena, die de kerkhoven schoffeert? van dien gevlekten tijger, viervoetige slang, die van achteren aanvalt? van dien wolf, dien een kloek kozak dood geesselt? van dien afschuwelijken mandril, hansworst der verza- meling? van al die walgelijke apen, waar zoo vele menschen zich vrolijk meê maken? Altemaal zijn zy opgesloten: de vorst als de knecht, de vorst meer dan allen. Waan niet dat gy hem in zijne na- tuurlijke grootte ziet. Dit hok maakt hem kleiner: hy is wel een voet gekrompen; zijn gelaat is verouderd. Zijne oogen zijn dof geworden: hy is suf; het is een verloopen leeuw. Zou hy nog klaauwen heb- ben? Bedroevend schouwspel! ~~Het is een haspel in een flesch: men weet niet hoe~~ 't mooglijk is dat hy er inkwam! Het is een ziek sol- daat; een grenadier met geweer en wapens, beerenmuts en knevels (een foudre de guerre) in een schilderhuis; het is Simson met afgesne- den hair; het is Napoleon op St. Helena.

———

Als gy in 't midden van deze tent staat, tusschen staatsiegordijnen en schoorsteenvallen, en ijzeren tralies, en onderstellen van wagens,

en wilde dieren: als gy uw oog slaat op al die vernederde schepsels —
waan niet dat gy leeuwen, dat gy tijgers, dat gy gieren, arenden,
hyeenen, beeren ziet. De kinderen der woesteny zouden hunne broederen, zoo zy ze hier zagen, verachten en verloochenen. Berg dat
zilveren potlood, steek die portefeuille op, gy teekenaar! Maak hier
geene schetsen. Gy hebt geene wilde dieren voor, het zijn er slechts
de vervallene overblijfsels van; zy zijn naar ziel en lichaam gekraakt.
Hun aart drukt zich niet meer uit. De leeuw stierf in den leeuw;
de tijger is dood in den tijger. Uw teekening zou zijn als een portret
naar een lijk ontworpen. Gy kunt even zoo goed een petit maitre onzer
eeuw tot model voor een zijner germaansche vaderen stellen, of een
mummie afbeelden, en zeggen: dit is een egyptenaar! Naauwelijks
kunt gy hunne vormen, hunne omtrekken, hunne evenredigheden zien
of berekenen onder de slagschaduwen dezer vierkante kooien. Wat
zoudt gy naar het eigenaardige van hunne houding kunnen raden? Ze
zijn hier als planten in een kelder; zy verkwijnen; zy zijn in een
droevige apathie, eene nare lethargie verzonken. Zy sterven sinds
maanden. Het licht hindert hen. Zy zien er dom, verstompt uit.
Dans la nature ils sont beaucoup moins bêtes.

»Stil,« zegt gy, »zie daar den eigenaar. Hoor hoe zy brullen.
Zy zullen gevoed worden.« Het souper der wilde dieren. Smartende
bespotting! Het souper! De cippier zal elk dezer staatsgevangenen
zijne afgepaste portie komen toedeelen. »Ja, maar hy zal ze tergen,
en een oogenblik zult gy ze in hun kracht zien.« Wee onzer, zoo
dat waar is! Neen, het is eene tooneelvertooning. Zy worden tot
acteurs vernederd. Hun woede is die van een operaheld; van een
beleedigden vader in de vaudeville. Het is namaaksel. Het is een
woede van klokke halfacht. Het rammelen der boeien, als de gevan-
gene opstaat om zijn brood en water aan te nemen. Ook in het ge-
brul des leeuws, het gehuil der wolven, en het lachen der hyena's
is een pectus quod disertum facit. Waan niet dat zy zich verwaar-
digen zouden hun verschrikkelijke welsprekendheid aan dien knecht
te verkwisten, die toch eindigen moet met hun het afgewogen stuk
vleesch in den bek te steken.

Hun souper! o Zoo zy konden, zy zouden van dit behulpelijk,
bekrompen genadebrood appeleeren tot hun avondmaal in de woestijn!
Weekelingen! die uw brood bakt en uw vleesch kookt om het te
kunnen verduwen, zoo gy genoodigd werdt dien maaltijd aan te zien,
hoe zy de rookende spieren van de breede knoken aftrekken, en er
zich met al het aplomb, al de energie hunner bewegingen op storten,
brullende van genoegen, niet omdat zy eten, maar omdat zy slach-
ten, — hoe zouden u de hairen te bergen rijzen, hoe zou vleesch-
houwer en uitdeeler, hoe het geheele heir geabonneerden rillen en beven!

Alleronuitstaanbaarst is my in een beestenspel de uitlegger. Gy lacht om zijn gemeen fransch en nog ellendiger hollandsch, om zijn eeuwig wederkeerende volzinnen: ik kan niet lachen. Hy ergert my.

Sire! ce n'est pas bien,
Sur le lion mourant vous lâchez votre chien!

Foei! hy noemt den tijger monsieur en de leeuwin madame. Hy vertelt aardigheden op hunne rekening: zy zijn de dupes zijner vanbuitengeleerde geestigheid. O! zoo zy konden, hoe zouden ze zich op den grappenmaker wreken. Hoe zou monsieur hem vierendeelen, madame hem vernielen. Hy zou 't verdienen. Hy behandelt dieren als dingen. Hy verdient een dommen glimlach aan den een, een drinkgeld aan den ander. Hy ontneemt u het schoone zinnebeeld der moederliefde, dat gy in den pelikaan zaagt, en maakt liever een slaapmuts van zijn onderkaak. Ellendig farceur, straffeloos lasteraar, die zijne beteren bespot. Met een paar knevels en een stok loopt hy om, en speelt den held onder de gevangenen!

———

Ja, het is ijsselijk als gy een verren neef, of halfvergeten vriend overkrijgt, die u vriendschappelijk dringt hem het leydsche museum te laten zien, en ge moet, terwijl gy liever de bekoorlijken op Rapenburg en Breêstraat gadesloegt, met hem op een schoonen voormiddag de eene zaal na de andere doordrentelen, zonder iets te zien dan natuurlijke historie, zonder ergens een knie te buigen; en het is er kelderachtig koud! Maar zoo het er op aankomt om vreemde dieren te zien, »ik zie ze liever daar dan hier.» Liever een museum dan een menagerie. 't Is waar, het knekelhuis, dat gy eerst door moet wandelen, neemt een goed deel van de illusie weg; de anatomie, gelijk alle analyse, is schadelijk aan de poëzy; maar de opgezette dieren zijn niet vernederd. Hier ronken zy niet, hier slapen zy niet, hier sterven zy niet; hier zijn zy dood. Hier geen dofheid, geen traagheid, geen luiheid; hier koude en ongevoeligheid! Het is hier als in hun onderwareld: gy ziet hunne schimmen, hunne omtrekken, hunne ἔιδωλα! Aan hun stoffelijk omkleedsel, hun houding, hun stand moge door opvulling en kunstenary een weinig zijn te kort gedaan, maar de ziel (gy gelooft toch dat de dieren een ziel hebben?) wordt hier niet verdoofd en verminkt. Niet de lage baatzucht, maar de deftige wetenschap heeft hen byeenvergaderd. Zy staan hier niet te kijk, zy staan hier tot uwe onderwijzing. Hunne namen worden in eerbiedig latijn genoemd. Zwijgend gaat men langs hunne rijen, met al het ontzag dat men voor de dooden heeft.

———

Maar eene menagerie!

o Gy, heeren der schepping! ik weet niet of gy in de 19de eeuw onzer jaartelling, en zoo ver van het paradijs dien naam nog verdient, maar gy hoort hem zoo gaarne, en zijt er zoo hoovaardig op; o gy, heeren der schepping, laat u gelden in het dierenrijk, laat u gelden by al wat slachttanden, klaauwen, hoeven en horens heeft. Heerscht, dwingt, gebiedt, overweldigt, beschikt; zet uw krijgsburcht op den rug der elefanten; legt uw pak op den nek der buffelen; zet uwe tanden in het oor der onageren; jaagt uw lood door het voorhoofd der tijgers, en maakt hun vacht tot schabrak uwer paarden; overwint als een Cesar de wareld, en spant als een Cesar vier leeuwen voor uw triomfkar. Het is wèl. Maar misbruikt uwe kracht niet. Spot niet, kwelt niet, vernedert niet, dooft niet uit. Geen gevangenhuis, geen tuchtcel, geen schavot, geen kaak, geen draaikooi, geen beestenspel. Ja, een spel is het, een afschuwelijk wreed spel. Moet gy een spel hebben, herstelt het molmende coliséum tot een worstelperk, en hebt ten minste de edelmoedigheid, uw gelijken met hen ter kamp te doen treden. Vermaakt u (zoo gy nog niet genoeg hebt van barbaarsche vermaken) met hunne krachten, met hun moed, met hun heldeneinde; — niet met hunne slaverny, niet met hunne ontaarding, niet met hun heimwee, niet met hun teeringdood!

EEN ONAANGENAAM MENSCH IN DEN HAARLEMMERHOUT.

Onbegrijpelijk veel menschen hebben familiebetrekkingen, vrienden of kennissen te Amsterdam. Het is een verschijnsel, dat ik eenvoudig toeschrijf aan de veelheid der inwoners van die hoofdstad. Ik had er voor een páar jaren nog een verren neef. Waar hy nu is, weet ik niet. Ik geloof dat hy naar de West gegaan is. Misschien heeft de een of ander van mijne lezers hem wel brieven meêgegeven. In dat geval hebben zy een naauwgezetten, maar onvriendelijken bezorger gehad, als uit den inhoud van deze weinige bladzijden waarschijnlijk duidelijk worden zal. Indedaad, ik ken vele menschen, die nog al op hebben met hunne amsterdamsche neven, vooral als ze tot de Lezers in Felix behooren, of als ze rijtuig houden; maar ik heb dikwijls verbaasd gestaan over mijne verregaande koelheid omtrent den persoon van mijn neef ROBERTUS NURKS; en niets verschrikkelijker, dan wanneer hy my zaturdagmiddag per diligence een steen zond met een brief er aan, inhoudende dat hy (mits het weêr goed bleef, en er, maar dat kwam er nooit, niets in den weg kwam) met my den dag in den Haarlemmerhout zou komen doorbrengen; niet dat ik iets tegen het gemelde bosch heb, maar ik had iets tegen ZEd.

En evenwel was hy een·beste, eerlijke, trouwe jongen, prompt in zijn zaken, stipt in zijn zeden, godsdienstig, en zelfs in den grond goedhartig. Maar er was iets in hem, dat — ik weet het niet — dat maakte dat ik met hem niet op mijn gemak was; iets lastigs, iets impertinents, in één woord, iets volmaakt onaangenaams.

Ik zou, om iets te noemen, een nieuwen hoed gekocht hebben, geen buitensporig fatsoen (geen nationalen byv.); geen te hoogen of te platten bol, geen te breeden of te smallen rand; een hoed, goed om af te nemen voor een verstandig man, en op het hoofd te houden voor een gek, doch stellig een hoed om niets van te zeggen. Toch kon ik byna overtuigd zijn, dat mijn beminnelijke neef NURKS, de eerste maal dat hy er my meê zag, met den hatelijksten glimlach van de wareld en met een soort van ontevredene verbaasdheid zeggen zou: "Wat een weergaschen gekken hoed heb *jy* op." — Nu is het onbegrijpelijk moeielijk; schoon ik gaarne beken, dat de een zich daar handiger in

2*

gedraagt dan de ander, en ik niet een van de gaauwsten ben; nu is het onbegrijpelijk moeielijk, onder een dergelijke kritische verklaring omtrent uw hoed een tamelijk figuur te blijven maken. Het in ernst voor uw hoed op te nemen, is wat al te gek. Het met een: //hé, vindje dat?// af te laten loopen, verraadt volslagen gemis van tegenwoordigheid van geest. Te repliceeren met eene hatelijkheid op des critici eigen hoed, is wat kwajongensachtig. En hoewel eene aardigheid te zeggen het alleruitmuntendste zou zijn, en er een schat van aardigheden mogelijk is, zoo is het evenwel byzonder opmerkelijk, hoe weinig men er dikwijls op zulk een oogenblik by de hand heeft. Zoodat de kritische hoedeninspecteur gewoonlijk de voldoening heeft eene kleine verlegenheid te weeg te zien gebracht, welke hy met demonische wellust geniet.

Indien gy uit dit kleine voorbeeld van mijn hoed; het is in 't oog loopend hoe dikwijls hoeden tot voorbeelden dienen; niet een vrij beslissenden kijk op mijn neef NURKS karakter hebt, dan zal het heele verhaal, dat ik schrijven ga, nutteloos aan u verkwist zijn, lezer, en dan zal ik ook zoo vrij zijn u tot uw straf te houden voor een sprekend evenbeeld en wedergade van dienzelfden ROBERTUS NURKS. Men zou intusschen verkeerd doen, zich dien waardigen amsterdamschen jongen voor te stellen als ongelukkig, ontevreden, of zwartgallig. Hy was alleen maar hatelijk, en zulks deels uit gewoonte, deels uit eene diepe en misschien voor hemzelven verborgen jaloezy. Hy was in 't geheel geen knijzer, altijd vrolijk gestemd en de vrolijkheid beminnende; maar hy scheen er een genoegen in te vinden, zijne vrienden kleine grieven aan te doen, en niet alleen zijne vrienden, maar in het algemeen de onschuldigste menschen van de wareld. Een opvoeding boven zijn stand had hem, geloof ik, die lompe aanmatiging gegeven; en onverstandige ouders hadden hem te vroeg er aan gewend om zijn jong oordeel over een iegelijk, die hun huis bezocht, met toejuiching aan te hooren. Van daar dat hy niets had van dien kieschen terughoudenden schroom, die even bang is om te beleedigen, als om beleedigd te worden; niets van die zachte humaniteit, die men ondanks alle gezag van spreuken als //Ingenuas didicisse fideliter artes etc.// nog veel beter van zijn moeder kan overnemen, dan uit de klassieke litteratuur halen. Trouwens hy kende maar zeer weinig latijn.

Indien ROBERTUS NURKS zeker wist dat gy half verliefd waart, hy zou de gelegenheid vinden om het voorwerp uwer stille genegenheid in het gesprek te pas te brengen, onder de u door 't hart snijdende byvoegelijke naamwoorden van //leelijk, dom, onbeduidend, mal,// of dergelijke. Kende hy mijn lievelings-autheur, hy haalde er in gezelschap de leelijkste plaatsen uit aan, met byvoeging van, //zoo als HILDEBRANDS hooggeloofde die of die zegt.// Waagdet gy nog eens een oude anecdote, die u al veel genoegen verschaft had, waarvoor gy dus

billijk eenige genegenheid voeddet, en waarvan gy u ook deze maal nog
al vrij wat beloofdet, omdat allen zich hielden als of zy haar niet kenden, hy bedierf er de uitwerking van, door, juist als 't op de aardigheid aankwam, het verhaal al raffelende voor u af te maken, van den
Enkhuizer Almanak van 't jaar één te spreken, en te zeggen dat alle
anecdoten laf zijn, en dit er een was, die hy honderd malen van u gehoord had. In 't kort: hy kende al de zwakke plaatsen van uw familie, van uw ziel, van uw hart, van uw liefhebbery, van uw studie,
van uw beroep, van uw lichaam en van uw kleerkas, en had er vermaak in, ze beurtelings pijnlijk aan te raken. En ik weet niet welke
bezweerende of magnetische kracht hy op u uitoefende, om u geheel
weerloos te doen zijn.

Het zal nu drie jaren geleden zijn; ik moet zuinig wezen met de jaren, want ik ben nog zoo jong; dat mijn neef NURKS my op zaturdag
den 14^{den} July, — gy kunt den almanak nazien of het uitkomt — weder een steen zond, die my dan ook als zoodanig op het hart viel.
Hy zou morgen, na ochtendkerktijd, by my komen, en 's avonds met
den wagen van achten weer vertrekken. De uren daartusschen zouden
wy aan de vriendschap en het genoegen offeren. — Ondertusschen
had ik plan gemaakt voor een andere vriendschap en een ander genoegen. Ik had een leydschen makker by my gelogeerd, met wien ik
te Zomerzorg eten zou, om vervolgens over Velzerend naar Velzen te
wandelen, waar wy den nacht zouden doorbrengen, om 's morgens
vroeg naar de Breezaap te gaan en aldaar wat te botaniseeren, waarvan wy beiden groote liefhebbers zijn. Ik hoop niet dat iemand van
mijne lezers my daarom verachten zal, naar de gewoonte van vele menschen, die aan de waarde en het gehalte van genoegens twijfelen, die
zy niet in staat zijn te beoordeelen. Mijn neef NURKS behoorde tot dezulken.
Het opgemelde plan was met groote opgewondenheid en wederzijdsche goedkeuring gemaakt. Het was als of onze zielen er in samen-
smolten. Ik beloofde mijnen medischen student, wiens naam, omdat
hy bang voor recensentenhatelijkheden is, ik heb moeten beloven te
zullen verzwijgen, en wien ik daarom voor 't gemak BOERHAVE zal
noemen; ik beloofde mijnen medischen student, behalve de schatten
van de Breezaap, ook nog bloeiende exemplaren van de aristolochia
clematitis, op den weg tusschen Zomerzorg en Velzerend, en daar hy
ook eene verzameling van conchiliën nahield, stond hy in lichterlaaie
verrukking, toen ik hem verzekerde dat op de hoogte der Blaauwe
Trappen de boomslakken over uwe laarzen kruipen of 't zoo niets
is. — Maar de steen uit Amsterdam verbrijzelde alle die zaligheden, en
het gantsche plan moest worden uitgesteld, onder de voor ons verschrikkelijke gedachte, van den geheelen dag in den Hout te zitten;
want een fatsoenlijk Amsterdammer komt alleen in den Hout.

De opoffering viel ons moeielijk, en ik verdacht den hupschen BOER-
HAVE (die niet zoo als ik den band des bloeds gevoelde, en daarenboven een onbepaald vertrouwen koesteren moest op de wetenschap,
die hy beoefende) van den heimelijken wensch, dat mijn liefelijke
NURKS, van wien hy zich, half by instinkt, half door mijne kwaadsprekendheid, niet veel goeds beloofde, tusschen zaturdagavond en zon-
dagochtend eene kleine ongesteldheid mocht ontwaren, die hem mocht
doen besluiten tot een kort briefjen op de eerste schuit enz.; maar *ik*
wenschte hem op een allerliefste buitensocieteit vol *vermaokelijkhe-
den,* of op een dolprettig diner aan den Beerenbijt, met drie leden
van de Munt en zeven van Doctrina, waar men elkander allergeestigst
met het wederzijdsch ophemelen der beide societeiten plagen kon, tot
groote bemoeielijking van den elfden man, die lid van beiden was, en
de Doctrinisten wel gelijk wilde geven, omdat ze de meerderheid hadden, maar de Munters niet afvallen, omdat ze de grootste heeren
waren. In een dergelijk gezelschap had mijn vriend NURKS, die in de
universaliteit van den elfden deelde, dan gelegenheid gehad om zijn
hart te luchten over den *lastigen dikken weerga* (een oom van een
der gasten), die altijd den Haarlemmer las als *hy* hem wou hebben,
in de eene, en *den onverdragelijken langen zwiep* (een germain
neef van een ander der aanwezigen), in de andere, die altijd pot maakte als hy pas begonnen was carambole te spelen. Edoch het was bestemd, dat hy den zondag van den 15^{den} July in den Haarlemmerhout zou doorbrengen.

Ha, hoe maakje't, ROB! riep ik uit toen hy binnenstapte. *Mijn
vriend, de student BOERHAVE, neef.* — Was het valschheid dat ik
hem hartelijk ontfing? Ik geloof neen. Toen ik over het plan van
Zomerzorg en de Breezaap heen en hy werkelijk daar was, nam ik
er den besten kant van, en ik had hem toch ook in zoo lang niet gezien.

*Best, jongen; — mijnheer, je dienaar! Jongens, wat is me dat
end van de Amsterdamsche poort weer tegengevallen!*

Mijnheer moet anders aan lange enden gewoon zijn, merkte BOER-
HAVE aan, ik geloof om zijn aardrijkskundige kennis van de hoofdstad te toonen.

*Ja, dat *is* zoo,* zei NURKS, met een byzondere kracht op 't woordtjen *is; *maar daarom juist, als men zoo'n mal klein stadtjen als
Haarlem de eer aandoet, wil men 't liever niet.*

NURKS wierp een blik in den spiegel. Zijn eene halsboord had
het door de warmte; het was zeer warm weer dien dag, vooral in de
diligences; had het door de warmte te kwaad gekregen, en lag in
zwijm over den rand van zijn strop.

,,Malle dingen! anders een goed fatsoen; ik hou niet van die ronde boorden.''

BOERHAVE en de nederige inwoner van het malle kleine stadtjen waren er mooi mee; hy verbeeldde 't niet gezien te hebben.

,,Kanje *nog* al niet rooken, HILDEBRAND?''

Ik vloog naar den portecigare en bood hem dien aan.

,,Hebje nog altijd dat *strooien* soortjen,'' zei hy, de punt van dengene dien hy genomen had met het ongeloovigste gezicht van de wareld afbijtende, en toen zijn vroeger onderwerp weer opnemende, daar hij nog niet genoeg van had:

,,Jongens, ik vind dat het zoo mal staat als iemand niet rooken kan. Hy zit altijd met zijne vingers ergens aan. Ik ken *nog* iemand die nooit rookt, maar dat is de miserabelste karel van de wareld.''

Ik begreep dat ik al vrij veel kans had om, by eventueel overlijden van dien heer, denzelven in zijn hoogen rang in de schatting van mijn neef op te volgen.

Nu volgde een gesprek, voornamelijk bestaande uit eenige informaties naar wederzijdsche kennissen, waarin geene enkele onaangenaamheid voorkwam, dan dat hy, toen ik naar een zeer intimen vriend vroeg, dien hy zeer wel kende, noodig had zijn geheugen op te scherpen met de herinnering, ,,of het die was, wiens broer die smeerige affaire met de policie gehad had,'' opdat BOERHAVE, die daartoe al den tijd had, zoo mogelijk allerlei vermoedens tegen de familie zou kunnen opvatten. Ik weet niet of hy het deed; maar kort daarop verliet hy ons een oogenblik om een knipbriefjen af te vaardigen, welk punt des tijds dadelijk door NURKS werd waargenomen, om my met de aanmerking op te winden:

,,Die vriend van jou lijkt sprekend op dien schoenenjood, die altijd op den hoek van de Vijzelstraat en Heerengracht staat,'' — en toen ik groote oogen opzette, — ,,och ja, je weet wel, die leelijke karel! net of hy een trap van een paard gehad heeft.''

Nu, op dat oogenblik kwam BOERHAVE weer binnen; over de gelijkenis van den schoenenjood op den hoek van de Vijzelstraat en de Heerengracht kon ik niet oordeelen, omdat de respective aangezichten der respective schoenenjoden van Amsterdam my niet duidelijk en onderscheiden voor den geest stonden; maar op mijn vriends gelaat iets te lezen, dat denken deed dat het ooit in eenige onvermakelijke aanraking geweest was met het viervoetige dier door den vleijenden NURKS genoemd, was my ten eenenmale onmogelijk.

Wy gebruikten koffij en brood, welke beide artikelen de eer hadden de volkomen goedkeuring van mijn neef weg te dragen. Wel beweerde hy de nadeeligheid van het eerste zonder melk te drinken, waaraan zich de medicus schuldig maakte, en verzekerde dat hy 't altijd aan iemands teint zien kon, ,,want het teint werd er leelijk van;'' maar toen de medicus er voor uitkwam dat hy medicus was, en in die hoedanigbeid daar nooit van gehoord had, veranderde hy van battery, en begon mijn vriend een verkwikkend tafereel op te hangen van de veelheid der jonge doctoren, die in Amsterdam, zonder brood, op dure kamers woonden, allerlei laagheden doen moesten om een bus te krijgen; en dergelijke opwekkelijke voorstellingen meer, recht geschikt om een medicinae candidatum in zijn studiën aan te moedigen, terwijl hy ze allen bekroonde met de plechtige verklaring, „dat er niet één medicus in de wareld was wien hy, ROBERTUS NURKS, wat hèm betrof, zelfs maar over zijn kat vertrouwde.

Wy gingen Houtwaarts. Het was ruim één ure. Nu, alle welopgevoede dingen hebben hun gestelden tijd. De nachtegalen komen in 't voorjaar, de vinken en lijsters in 't najaar; de zon schijnt by den dag, de kaarsen by den avond, en de maan by nacht. Zoo is het ook met de menschensoorten. Al wie met de duizend en een *speciës* van het *genus* Haarlemmer bekend is, weet dat zy allen des zondags hun verschillenden wandeltijd hebben; iets, 't welk zeer natuurlijk wordt, als men aan den verschillenden eettijd denkt, en daarby in 't oog houdt dat er veel menschen naar de middagkerk gaan, terwijl een groot gedeelte niet weet dat er een middagkerk is. Als men alle deze speciës rangschikt, en men tevens acht slaat op de vreemde vogelen, die uit andere luchten op een zonnigen zondag komen aanwaaien, dan zal men een aaneengeschakelde opvolging hebben, niet ongelijk aan die der elkander, naar de schoone vergelijking van HOMERUS, als boombladeren wegstootende geslachten in het bestaan des menschdoms, of aan die der elkander voortstuwende barbaren van het Europa der vijfde eeuw.

Zoo zal de natuuronderzoeker, die des zondags morgens de kerk verzuimt, of naar de vroegpreek is geweest (wat ik liever onderstellen wil), en om tien ure, half elf, in den Hout komt, op het Plein of by den Koekamp(de naam is niet welluidend), eenige zwermen feestvierende vogels van den Haarlemmerdijk inhalen, per schuit van zevenen uit Amsterdam vertrokken. De mannetjens zijn blaauw of zwart geteekend, en hebben sliknatte, fijngekrulde bakkebaarden. Ze zijn voorzien van lange steenen pijpen, waaruit ze of rooken, of die ze losjens by den kop tusschen de vingers houden, en zoo met den steel naar beneden onverschillig laten slingeren. Merk de regenschermen. De wijfjens zijn wit. Ze houden haar opperkleed op, zoo dikwijls ze over een droppel water stappen, en dragen 't geheel *opgespeld* als er wezenlijk plassen liggen van den regen van zaturdag. Zy eten gestadig uit haar zak; sommigen in den zwerm hebben daarenboven nog een toegeknoopte kinderluur met mondkost by zich. Men ontmoet ze meestal in koppels van negenen: twee mannetjens op zeven wijfjens. Ze dwalen een heel end ver, somtijds wel tot Heemstede of de

Glip af, maar strijken 's namiddags, onder een kruik bier en een bosjen scharren, aan de Groene Valk of in den Aalbessenboom neder, om met de laatste schuit naar Amsterdam te vertrekken; terwijl intusschen de toegeknoopte kinderluur van knapzak tot een korfjen is omgeslagen, om *blommen* in thuis te brengen, die drie weken lang in een aarden melkkan zonder oor, in een klein winkeltje of op den bovensten trap van een kelder, hier zonder licht, en daar onder den frisschen adem van een stinkend riool, het geluk en den rijkdom zullen uitmaken van iemand die garen en band verkoopt en tevens besteedster is, of van iemand die turf en hout slijt en tegelijk uit werken gaat.

Wandelt de natuuronderzoeker voort, dan ziet hy in 't voorbygaan eerst nog een dergelijken troep, die zich in den aanblik van het paviljoen verlustigt, en waarvan al de individus, om zich te overtuigen, dat het geen droom is, zich met beide handen aan de spijlen van het hek vastklemmen, zich by geen mogelijkheid kunnende verklaren wat voor aardigheid of vrolijkheid er wezen mag in de groep van Laökoön, maar op dit punt overeenkomende, dat de W in het frontespiece *WULLEM* beduidt.

Meergemelde natuuronderzoeker heeft even den Dreef verlaten, om in de verrukking van deze vreemdelingen te deelen, maar gaat nu door een allerliefst laantjen, waarin de ochtendzon allergeestigst door 't hooge geboomte speelt, op de *logementen* af. Hy wandelt een geele barouchette en een blaauwen char-à-banc voorby, die hy onder 't geboomte uitgespannen ziet, als ware 't om menigeen van huns gelijken derwaarts te lokken. Het is alles nog doodstil. 't Is een liefelijke morgen. Een enkel heer met een grijzen paardenhairen Saxen Weimar, bruinen rok, grijzen zomerbroek, engelsche spikkelkousen, lage schoenen en een tenger hoogstfatsoenlijk uiterlijk, zit aan een der houten marmeren tafeltjens van het Wapen van Amsterdam voor de deur, zeer op zijn gemak een boek te lezen; een dikachtig heer met roode wangen en een opvliegend voorkomen, met zwarten rok en in 't kort, leest er steunende op zijn stok een courant, op een stoel zonder tafeltjen neergevallen. Een jonge vrouw, nog pas onlangs uit het kraambed hersteld en nog een weinigjen bleek, zit aan een ander tafeltjen, waarop uitgediend ontbijtgoed staat, met een lief mutsjen met lichtblaauw zeister op, en een lichtblaauw japonnetjen aan, gemakkelijk in haar stoel geleund, te breien, en wijdt van tijd tot tijd haar aandacht aan haar kindermeid, die met een amsterdamsche kornet op 't hoofd, of liever áán 't hoofd, want dat soort van mutsen laat het hoofdhair tot aan de kruin toe onbedekt, en een rozenrood japonnetjen, met een zwart schort met puntjens voor, op everlasting schoenen, met kruislinten net als mevrouw, over het schelpenpad aan den overkant rustig voorttrippelt, met aan de eene gehandschoende

hand een kind van twee jaar, met een baleinen valhoedtjen met rozeroode strikjens, en aan de andere een van drie in beugeltjens; welke
kinderen zy zoo dikwijls als zy iemand tegenkomt, wien zy een goed
denkbeeld van hare opvoeding of van haar dienst geven wil, met het
plechtige *uwé* toespreekt: *Spreekt uwé niet tegen meheer, ZOR-
ZETJE? — Foei FRANSWATJE, wat maakt uwe uwees handtjens vuil met
die schullepies.* — Aan de Hertenbaan vertoonen zich hier en daar een
paar jonge dames, in 't bloote hoofd, en in een costuum dat zy *zoo
geheel buiten* noemen, en voornamelijk gekenmerkt wordt door sterk
gekleurde zijden schortjens, bezig met *aan de lieve beestjens eten te
geven.* — Deze zijn de gelukkigen, die by STOFFELS logeeren. —
In de sociëteit is nog niemand; maar een tweetal knechts, een volwassene en een jongen die nooit volwassen worden zal, staan tegen
elkander over in het middelste deurraam met de handen op den rug
het talent van ZOCHER te bewonderen, dat de heeren van TROUW MOET
BLIJKEN in de gelegenheid gesteld heeft tot de schepen toe te zien, die
door 't Sparen gaan. — In 't logement op den hoek zit een zaan-
damsche familie, gisteren aangekomen; al de mannen zeer lang, en
in een volmaakt pak blaauwe kleederen uitgedoscht, met zwarte dassen en witte onderdassen; de vrouwen met de nationale kap, en zwarte
tanden. Zy drinken reeds koffy, en laten zich van den kastelein, die
de vrijheid neemt van in de deur te blijven staan, omtrent vele wetenswaardige dingen onderrichten. Opmerkelijk is, tegen een der pa-
len en daarenboven op een stok geleund, een gebrekkig man, niet zoo
zeer een bedelaar, als wel een afwachter van aalmoezen; een dier on-
sterfelijken, die de oudste haarlemmers altijd even oud en altijd even
beschadigd daar gezien hebben. Sommigen verdenken hem van een
stille verklikker te zijn; ik geloof het niet; maar indien hy het is, dan
is hy het zeker alleen maar om aan de kindskindskinderen te verklik-
ken op wat wijze hunne grootvaders in den Hout hun geld verteerden.
  In dezen toestand blijft de Hout tot elf uur of half twaalf. Alsdan
rukt de voorhoede der haarlemsche wandelaars er in. Zy bestaat voornamelijk uit dezulken, die zich de zes overige dagen, aan beroep of
nering gebonden, van alle vertreding spenen moeten, en dus des zondags de grootste appetijt hebben. Het zijn de kleine winkeliers met
lange roksmouwen; de boekhouders die watten dragen; de ambachts-
bazen met hooge hoeden, lange panden, en lange lenden; allen met
hunne vrouwen één, en met hunne dochters drie graden boven haar
stand gekleed, en alleen in dit byzondere geval met hunne zonen,
wanneer deze het niet zóó ver in de wareld hebben gebracht om zich
hunner te schamen; want er vallen secretarieklerken, ondermeesters en
kleine bloemisten onder voor; maar indien dit het geval niet is, dan ook
kunt gy zeker zijn zijn vader en zoon met gelijke en gelijkvormige rottingen te zien voortschrijden. Voor het overige bemerkt men reeds nu .

een enkel jong mensch uit deftiger stand, hetzij dan een notaris-klerk of een surnumerair by het gouvernement van Noordholland, die daar hy geen schepsel wist te verzinnen aan wien hy na kerktijd een bezoek schuldig was, nu maar naar STOFFELS stapt, en verbaasd van daar nog niemand van zijn kennis te ontmoeten, zich met den hond van den kastelein behelpt, die door zijn innemende vriendelijkheid bewijst dat mijnheer habitué is.

Hen volgen tegen half twee, twee ure, de deftige burgers uit de stad. De fabrikant met zijn familie, de notaris met zijn familie, de boekhandelaar met zijn familie, en de wareldsche kinderen van den geestelijke, zonder hunne ouders. Ook komen nu de bloemisten van den Kleinen Houtweg met vrouw en kroost opzetten. Voorts bemerkt men zusters met haar eerste voiles, die met broers met rokken gaan wandelen, op hoop van andere zusters met voiles en broers met rokken tegen te komen; en reeds nu en dan een enkel rijtuig, als b. v. de chais van den doctor, die met zijn beste tuig en zijn vrouw een tourtjen doet, en het wagentjen van den grutter, die geen plaisiergeld betaalt, reeds tegenkomt; voorts de *demi-fortune* van den kleinen rentenier; maar ook reeds het blinkend verlakte rijtuig met de zwarte harddravers met witte koorden leidsels van den welgestelden makelaar, en het rijpaard van den kostschoolhouderszoon; alles doorkruist en voorbygereden van amsterdamsche char-à-bancs voor twaalf personen, daar er veertien met een kind, en calèches voor drie, daar er vijf met een hoedendoos in zitten; schoon ik zeggen moet dat de meeste dezer laatsten in de stad uitspannen.

Het gebeurde alzoo dat als wy driën om één uur de Houtpoort uittraden, wy noodwendig op hun terugtocht tegenkwamen de kleine winkeliers met lange roksmouwen, de boekhouders met watten, de hooghoedigen, de langpandigen, de langlijvigen, enz.; en als 't ware aankondigden de komst der notarissen, der fabrikanten, der boekverkoopers, der doctoren, der apothekers, der bloemisten, der zusters en broers enz. die nog achter ons waren.

„Wat zien uw stadgenooten er over 't algemeen peu fashionable uit!„ zei NURKS, met dien byzonderen lach dien de engelschen *a sneer* noemen, een zeer druk en aangenaam gesprek afbrekende en oogenblikkelijk weer opvattende, om my het andwoorden te beletten.

Een boom of wat verder pleegde hy my hetzelfde boevenstuk met den uitroep:

„Ik dacht dat er zoo veel beau monde in je menniste Haarlem was!„ En weder vergunde hy my niet in het midden te brengen, dat de geheele deftige middelstand nog achter onzen rug was, die niet voor een uur later, eerst door de hoogere amptenaars, en daarna door de haute volée zou worden opgevolgd. Hy wist het ook trouwens even goed als ik.

Wy namen plaats by STOFFELS. De onbeleefdheden, die tot nu toe alleen aan ons beiden verkwist waren, werden nu ook algemeen verkrijgbaar gesteld. Ik zat nog niet, toen NURKS al uitriep, zoo dat al de beleudende gezelschappen het hooren konden:

„Lieve hemel, HILD, wat heb je een mooi vest aan; dat had ik nog niet van je gezien; jammer dat het fatsoen een paar modes ten achteren is.„

De leelijkert had duidelijk gezien, dat ik het voor 't eerst aan had, en er van tijd tot tijd met innig welgevallen naar keek. Ik stak dadelijk mijn beenen onder de tafel; want het was my op zijn minst vijfenzeventig maal gebeurd, dat hy, met een opgetrokken neus naar de punten van mijn schoenen loerende, my had afgevraagd: „Waar laat je *die* turftrappers maken?„

Van een goeden krulhond, die met veel liefde door een oud man gestreeld werd, heette het: „Wat een mormel!„ Van een paar schimmeltjens, die voor de deur stilhielden, en waarmeê de eigenaar met groot zelfbehagen pronkte: „Leelijke koppen!„ Van het kindtjen in beugels, dat al van half elf gewandeld had, en er schrikkelijk verhit uitzag: „Als ik er zoo eentje had, dee ik het een steen om zijn hals.„ Alles luid genoeg om verstaan te worden door de respective eigenaars van het mormel, de leelijke koppen en den jongen heer. Er zat een statig man, wiens geluk half weg was, omdat hy, in den morgen bloemen gezien hebbende in het Sieraad van Flora, by het inkruipen van een grooten bak, eenigzins aan een spijker was blijven haken. Hy had daar toen niet veel acht op gegeven, maar nu rustig in den Hout een cigaar zittende te rooken, ontdekt hy, te midden zijner overpeinzingen een kleinen winkelhaak in zijn pantalon, vlak by de knie. Hy had het zoo haast niet gezien of hy wierp er met veel handigheid zijn zijden zakdoek over, maar te laat om de aanmerking van NURKS te ontgaan, die juist op dat zelfde oogenblik tot ons zei: „Ik mag wel zoo'n maneschijntje.„ De bloemenliefhebber kreeg een kleur als een Cactus Speciosa, om welke te verbergen hy in verwarring naar zijn zakdoek greep om zijn neus te snuiten; zoodat de maan weer plotseling door de wolken brak, tot groote vrolijkheid van een gezelschap amsterdamsche juffrouwen en heeren uit een manufactuur-winkel, die zich op dien merkwaardigen dag ten minste voor staatsjufferen en kamerheeren van Z. M. den koning wilden gehouden hebben.

„Is dat een rok van je vader?„ vroeg NURKS grappig aan den jongen, die hem zijn limonade bracht, en zich zeker niet zeer bekrompen in dat kleedingstuk bewoog.

„Ik heb geen vader,„ zei de arme jongen, en het ging my door de ziel.

De beau monde verscheen met al zijn gedistingueerde geuren en kleuren; met al de pracht van vederen, shawls, paràsols, mantilla's, amazones, koetsiers, rijtuigen en rijpaarden. Ik had het ongeluk gehad NURKS te voorspellen, dat hy een nieuwen brillanten equipage zien zou. Hy kreeg dien zoodra niet in het oog, of hy vroeg my ongeduldig:

„Wanneer komt nu die mooie equipage, waar je van gesproken hebt?"

En zoo was het telkens, tot groote ergernis van BOERHAVE, die evenwel nog al aardig vrijliep, maar wiens horlogesnoer ijsselijk door NURKS gefixeerd werd, zoodat hy alle oogenblikken dacht dat er iets op komen zou, en eindelijk dan ook zijn rok maar toeknoopte. Ik herinner my nog slechts twee onaangenaamheden, die NURKS mijn goeden medicus deed doorstaan, doch die even als de aangehaalde zich ook alleen by het fysionomisch hatelijke bepaalden. De eene was deze. Wy spraken over de ongelukken die men met zwemmen kan krijgen. Op een warmen zomerschen dag is 't een wellust om over water te spreken. BOERHAVE verhaalde een treffend geval van schitterende zelf-opoffering in een zwemmer, buitengewoon genoeg om al de eerepenningen der Maatschappy tot Nut enz. te verdienen, indien deze 't niet tot regel gesteld had, alleen dezulken te beloonen die *niet* zwemmen kunnen; maar althans buitengewoon genoeg om een steenen hart te doen ontgloeien. NURKS evenwel hoorde het met de volmaaktste onverschilligheid aan; en nam zelfs onder 't verhaal allerlei byzaken waar. Nu eens, byvoorbeeld, scheen hy zich met de borst toe te leggen op het vormen van kunstige kringen van tabaksrook; dan weder blies hy, volmaakt in de houding van iemand die volstrekt niet anders te doen heeft, de cigaarasch van zijn knie, en zelfs van de tafel; dan weder scheen hy al zijn aandacht en belangstelling te wijden aan zijn nog altijd ziekelijken halsboord, die nog telkens aanvallen van flaauwte had; welke veelzijdigheid van oefening mijn opgewonden vriend, die van enthusiasmus gloeide, op den duur weinig streelde. Hy trof het even ongelukkig met het verhalen eener splinternieuwe anecdote van drie leydenaars, waarom ik met mijn heele familie den vorigen avond tot schreiens toe gelachen had, met groot gevaar van in ons warm brood te stikken; maar die totaal schipbreuk leed op de stalen onbuigzaamheid van mijn heer en neef, die ditmaal in een ander uiterste viel, en zeer geduldig en ingespannen zat te luisteren, ja zelfs zoo geduldig en ingespannen, dat het hem scheen te treffen dat het verhaal waarlijk uit was, en hy nog altijd op het slot en de aardigheid zat te wachten, die, indien men zijn gezicht had willen gelooven, nog immer komen moest. My is niettemin van goederhand verzekerd, dat opgemelde neef èn de edelmoedige menschen-redding èn het geval der drie leydenaars, nog dienzelfden avond, met zichtbare blijken van zelfbehagen heeft medegedeeld op de diligence; gelijk hy ze ook beiden des anderen daags wist te pas te brengen op Doctrina, aan zijn tafel, en in de Munt, en in den loop van de week te pas te *jagen* op twee concerten en in vijf koffyhuizen (zoodat ik met grond onderstel dat hy er nu de harten der liplappen en blaauwen in de West meê verkwikt); en al wie de eerste niet *verbazend* en de laatste niet *om te schreeuwen* vond, wist hy oogenblikkelijk iets stekeligs te zeggen op het gevoelig punt van bakkebaarden en stropdassen.

Er kwam muzijk. Drie vrouwen met lange reticules en opmerkelijk door roode linten op de muts, oranje tissus om den hals, en voorschoten met diepe zakken met schuifjens. Een breede sproeterige Saffo met een hooge sproeterige harp in het midden, en twee tanige vrouwen, die met handen vol diamanten, die een sterken familietrek van glas hadden, op de viool speelden. *Drie poetjes van gratietjes,* zei NURKS lachende, en luid genoeg om een langen procureursklerk meê te doen lachen, die veel verder van hem af was dan de gratietjes in quæstie. Het snarenspel begon. NURKS stopte van tijd tot tijd den vinger in de ooren, dat toch niet opwekkelijk wezen kon voor drie kunstenaressen, die ook wel wisten dat het zoo heel mooi niet was, en ook niets verder bejaagden dan een dubbeltjen of een stuiver van elk der toehoorders, en een weinigjen geduld. De violen hielden met een fikschen kras op, en de harpspeelster hief, met een eenigzins schorre stem, en juist voor de drieëntwintigste maal op dien gedenkwaardigen morgen, het toen even zoo min als nu nieuwe, maar altijd sleepende:

Fleu — ve du Ta — ge

aan.

Bah; wat is ze leelijk als ze zingt, klonk dwars door de aandoenlijke woorden der romance heen, uit den heuschen mond van ROBERTUS, wien het zeker nooit in 't hoofd was gekomen, dat ook een arme vrouw ijdelheid zou kunnen hebben.

Het lied liep verder zonder stoornis af; zoodat de reticule geopend kon worden, om het bekende roodverlakte flesschenbakjen met blinkenden rand te voorschijn te brengen Ik had er een gulden op willen leggen, indien de zangeres NURKS niets gevraagd had. Maar er was geen houden aan, en daarom gaf ik maar een dubbeltjen. Zy kwam tot NURKS.

Hoeveel octaven kan jy wel zingen? vroeg hy, werkelijk grijnslachende, maar tegelijk een vijfjen op 't blaadtjen leggende; want zóó was hy.

Men moet in den handel ook het vuile geld aannemen.

Merci, monsieur, zei de harpspeelster, met neergeslagen oogen, en was reeds by den man met den gescheurden pantalon.

De lange procureursklerk was middelerwijl van plaats veranderd, en zat nu toevallig aan een tafeltjen, 't welk de virtuoze alreede was voorbygegaan.

De violen hadden ondertusschen lustig doorgespeeld, ik weet niet of men er te milder of te kariger om gegeven had. Nu werd er nog een

zeer korte, zeer vlugge trio uitgevoerd, waarop al de dames al de oogen
nedersloegen, al de lippen bewogen, negen, en vertrokken. Thands
zag een eenloopend klarinettist, zonder hoed, de baan schoon om ook
zijne talenten te doen hooren.

„Altijd hier in het land een opeenvolging van slechte muziek;„
merkte NURKS aan.

„Och, ik vind het nog al vrolijk,„ zei ik bemiddelend.

„Ja maar,„ zei hy, my strak in de oogen ziende, en een langen
teug limonade nemende — „ja maar — ik geloof, om je de waarheid
te zeggen, niet dat je heel muzikaal bent.„

Nu voor deze laatste impertinentie behoeft men geen ROBERTUS NURKS
te wezen. Daartoe acht zich, volgens mijne ondervinding, ieder liefhebber gerechtigd, die in zijn huis een eerste en eenige, en op eenig
orkest een tweede viool speelt, en een derde spelen zou, indien er een
derde viool bestond; ja, ik heb er onder de paukenslagers gekend die in
dit opzicht de crimineelsten waren. Och, al is men maar iemand, die
op een concert zijn hand met zekere majesteit onder zijn kin kan leggen, en zijn oogen toeknijpen met diep gevoel, om ze niet dan by een
point d'orgue schielijk en geheel verward, en als kwam men uit een andere wareld (uit de wareld der inbeelding by voorbeeld), open te doen; —
of al slaat men er zelfs maar met zekere wijsheid de maat met het op-
gevouwen affiche of met den geglaceerden wijsvinger; of al heeft men
maar even den slag om by het wederkeeren van het thema in een groot
muzijkstuk een lachjen, liefst een zenuwachtig lachjen, voort te brengen, dat met telegrafische duidelijkheid zegt: „we zijn weer thuis!„ — of
al heeft men maar alleen de vereischte bekwaamheid om van een zangeres, die algemeen bevallen heeft, met een diepnoodlottig neergelaten wenkbraauw en allerbedenkelijkst hoofdschudden te decreteeren,
„weinig methode;„ — of den tact om klassieke van romantieke muzijk
te onderscheiden en te zeggen: „ik hoorde toch liever LAFOND of BERIOT
dan de EICHHORNS of ERNST; — ik zou zeggen, al heeft men slechts
eenmaal een blad muzijk gecopieerd; — met een van alle deze muzikale
eigenschappen toegerust, heeft men eens vooral de bevoegdheid op de
rest van 't heelal met verachting neer te zien, en alle verdere creaturen,
zoodra ze zich iets omtrent de goddelijke toonkunst verstouten, in haar
aangezicht te verklaren dat ze niet muzikaal zijn. Die onbeschaamdheid
hebben de speelmannen, horenblazers, doedelaars, tokkelaars en trom-
melslagers op de kunstenaars van andere vakken vooruit. Geen schilder, wanneer ge in zijn atelier komt en gy zegt iets van zijne of eens
anders schildery, hetzij juist of minder juist, zou de onbeleefdheid hebben van te zeggen: „ik geloof niet dat mijnheer veel oog op de kunst
heeft.„ Geen autheur, voor wien een fatsoenlijk mensch zijn gedachten uitbrengt over een roman, een gedicht, of een vertoog, zal hem
durven vragen: „of hy eigenlijk wel smaak en gezond oordeel heeft.„

Maar de muzikanten; zy hebben met betrekking tot hun kunstvak zich dezelfde onhoffelijkheid aangewend, die mijn neef NURKS was aangeboren, en ik heb jongelieden ontmoet, uit de beschaafdste kringen, "every inch gentlemen," die op dit punt volstrekt onverdragelijk waren.

Ik geloof dat ik maar niet meer op mijn neef moet terugkomen.

Als ik het indenk, weet ik naauwelijks van waar my de vermetelheid is aangewaaid om hem u voor te stellen. Ik vertel u nu maar niet, hoe wy in het Wapen van Amsterdam aan de table d'hote dineerden. Hoe hy halfluid fluisterde over de économie van een paar eenvoudigen, die, tegen 't reglement van den kastelein aan, een halve flesch voor hun beide bestelden, en daarna dreigden zich een indigestie te eten aan den bouilli die na de soep werd rondgediend, in de stellige overtuiging dat er geen ander vleesch komen zou. Hoe zijne blikken later den arm verlamden van een deftig heer met gepoeierd hoofd, die een taaie kip met een bot mes, natuurlijk niet heel handig, voorsneed. Hoe hy een juffertjen, die nog niet veel van de wareld gezien had, en vlak tegenover hem gezeten was, tusschenbeiden zoo ironisch aanzag, dat zy eerst in 't denkbeeld geraakte dat zy onbehoorlijk veel at, en derhalve begon voor alles te bedanken; en vervolgens in de stellige overtuiging kwam dat zy gemorst moest hebben, en al haar best deed om een lonk in den spiegel te krijgen, om te weten te komen waar 't zat. Hoe ik, toen wij na den eten de Hertenbaan nog eens omwandelden, in duizend angsten leefde, dat hy een streek met den parapluie zou krijgen van een of ander der met blaauwe jassen geadoniseerde ambachtslieden, die met beminnelijke, beminnende en beminde dienstmeiden aan den arm (uitgedoscht met zwartzijden hoeden en bruine gepalmde omslagdoeken) met groote stappen voortschreden, op welker heeren toilet hy niet nalaten kon de namen van "twijfelaar, heel stuk laken, kuitendekker, en sleepjurk" toe te passen.

Na al dergelijke jammeren kregen wy den goeden, besten, liefdekweekenden en vriendhoudenden ROBERTUS NURKS aan "de Bel" in de diligence. Nog even stak hy het hoofd uit het portier om ons toe te roepen: "Niet veel zaaks!" 't welk het reisgezelschap, op goede gronden, op zich toe kon passen. Daar reed hy heen. Wy wandelden te zamen nog even de poort uit; want ik noem het hek met alle haarlemmers, die de poort gekend hebben, nog altijd met dien naam. En toen wy, over het Hazepadersveld heenblikkende, de zon zagen, die bloedrood onderging, en hare schoone tint mededeelde aan de witte schuimige wolkjens, die als dunne sluiertjens door de lucht dreven, durfde ik BOERHAVE een mooien maandag voorspellen, en vergat hy, in 't vooruitzicht van de bloeiende Aristolochia Clematitis en de levende Boomslak, spoedig geheel en al den beminnelijken bloedverwant, waarmee ik hem had in kennis gebracht.

1839.

HUMORISTEN.

Het legher treckt vast in met duizenden, een maght
Zoo groot als Waterland noch oit te velde braght,
En Kennemer, en Vries, en Zeeuw en Holland t' zaemen.

GIJSBRECHT VAN AEMSTEL.

(UIT EEN BRIEF VAN MELCHIOR.)

Beste HILDEBRAND;

Ik verneem met een zeker genoegen, dat er van tijd tot tijd iets van
u gedrukt wordt; met een zeker genoegen, zeg ik; want wy hebben
nog samen school gegaan. Ik heb toen altijd wel gedacht dat er wat
in u zat, maar ik wist niet of er ooit wat uit komen zou. Mijn vader zegt evenwel dat hy dat altijd voorspeld heeft, ofschoon ik er my
niets van herinner, maar wel weet ik dat ik driemaal een hekel aan u
gehad heb, omdat mijn vader u tot een voorbeeld van goed oppassen
nam, en ik wist toch wel dat ge ook wel eens kattekwaad deedt, HILD-
TJE! Denk maar eens aan de klapdeur van het Bonte Kalfjen, die alle
morgens om halftien, en iederen namiddag om drie uren werd opengetrokken, dat de bel rammelde, een kwartier lang, als het fransche gebed al lang op school was voorgelezen. — Maar dat daargelaten,
vriend; ik hoor dat gy weer iets op de pers hebt, en gy zult my op
grond van heele goede kennis, wel vergunnen willen, u eenige raad-
gevingen mede te deelen. Ik ken menschen, die dat veel liever doen
by wijze van recensiën; daar is er, die de copy onberispelijk en het
gedrukte boek allerdolst vinden, maar ik hou van die methode niet,
en kom liever met mijn raad voorop.
    Eerst echter wilde ik u vragen, ronduit vragen, of gy een humorist
zijt? Ik denk het half, omdat het tegenwoordig zoo ijsselijk aan de
orde is. Kijk HILDEBRAND, als gy een humorist waart, dat zou me
leelijk spijten; ik zou haast zeggen, schoon mijn hart er by breekt: —

3

als gy een humorist zijt, HILDEBRAND, leg drie stuivers uit, koop een touw, en... maar gy zijt immers geen humorist, mijn waarde! o **Zeg dat gy het niet zijt.**

Daar is tegenwoordig zulk eene ontzettende consumtie van humor, mijn vriend, dat dat artikel verschrikkelijk duur moet geworden zijn, en dan ook by gevolg akelig wordt vervalscht. Ik ben overtuigd dat er in iedere kerk, de dominé meegerekend, meer dan honderd humoristen byeen zijn. Men komt in geen koffyhuis, men rijdt in geen diligence, ja wat meer is, men zit in geen bywagen zonder een humorist. Het heele land is er van vergiftigd: humoristen op rijm; humoristen in proza; geleerde humoristen; huisselijke humoristen; hooge humoristen; lage humoristen; hybridische humoristen; bloemetjens-humoristen; texten-humoristen; sprookjens-humoristen; vrouwenhatende, en vrouwenfleemende humoristen; sentimenteele humoristen; ongelikte humoristen; gedachtendenkende humoristen; boek-, recensie-, mengelwerk-, brief-, voorrede-, titelblad-humoristen; humoristen, die op de groote lui schelden en verklaren dat die geen greintjen gevoel hebben, omdat ze een knecht hebben met galons aan den rok, en een spelende pendule; humoristen, die het met de bedelaars houden in de boeken, en ze naar Frederiksoord helpen sturen in de Maatschappy van Weldadigheid; reizende humoristen; zittende humoristen; tuin- en prieeltjen-humoristen, wier vrouwen aan iets anders bezig zijn terwijl zy humoriseeren, en dan eindelijk de heele simpele plattelands-humoristen, schoon ze allegaar een deel van simpelheid weg hebben, in deze manier: //je zoudt wel denken dat ik heelendal onnoozel was, maar 't is altemaal lievigheid!// Ik spreek niet van de heele grappige, de zeer onfeilbare, en de zeer onduidelijke humoristen.... Och, lieve HILDEBRAND, honderd soorten zijn er daar ik niet van spreek, want ze komen uit den grond op, en ik weet evenmin als in de kennis der kruiden of men veiliger doet ze te rangschikken naar *partes essentiales* of naar *habitus*, naar een *systema naturale* of naar een *systema artificiale;* wat eigenlijk, waar het den stijl geldt, tegenwoordig het vraagstuk naar de mode is, waarover gy in 't latijn en in 't hollandsch, in 't beleefd en in 't scherp heel veel stichtelijks en afdoends lezen kunt.

Ik kan my ondertusschen niet begrijpen hoe 't by zoo veel humor mogelijk is, dat er nog geen betere definitie van dat woord in de wareld komt. Lieve hemel! wy drijven in humor, en niemand heeft adem om te zeggen wat het eigenlijk voor een vocht is. Ik zou dan haast gelooven moeten dat wy er in *verdrinken.* In dat geval kan men er niet gaauw genoeg by zijn een drenkelingsgenootschap voor de humoristen op te richten; of een afschaffings-, ten minste een matigheids-maatschappy onder de zinspreuk: //laat staan uw humor.// JEAN PAUL pakt het verhevene by de beenen, keert het met Rapponische krachten om, en zegt: //Ziedaar het humoristische; 't is niet anders dan het verhevene met de voeten in de lucht *." Ik heb allen eerbied voor die kunstbewerking, maar JEAN PAUL was somtijds een zeer onduidelijk humorist. BILDERDIJK zegt ergens, en zoo niet in zijne boeken, dan heb ik het uit zijn mond, dat het precies het hooftiaansche *neskheid* is; maar HOOFT en *neskheid* zijn, wat de TESSELSCHADE er ook tegen doen moge, zulke oude humoristen, dat ik vrees dat die aanhaling de zaak voor 't algemeen niet veel opheldert. En *après tout:* wat heeft het algemeen er meê te maken? De humoristen zijn er, in grooten getale, en vermenigvuldigen dagelijks. Eerstdaags zien wy eene koninklijke humoristen-stoëtery. Wat weet ik waar 't op uit zal komen? eerstdaags eene humoristische revolutie, eene op end' op humoristische orde van zaken; met eene hartroerende oude vrijster op den throon, met een kring van sentimenteele daglooners tot ministerie. Daar zullen in de vergaderzaal de eenvoudige, de onschuldige kindertjens zitten; het leger zal bestaan uit duivenhartige bloodaarts onder den hoogdravenden naam van medelijdende zielen; het rechterampt zal bekleed worden door menschen die tegen àlle straf zijn; niemand dan een grijzaart zal er schrijver, dichter of geleerde zijn mogen, of tot de hoop des vaderlands worden gerekend, met uitzondering der humoristen zelve; ieder hunner zal een goelijken oom en een onnoozelen neef hebben; maar, met uitzondering van deze lieve kinderen, zullen de jongelingen als eene schadelijke uitvinding buiten 's lands gezonden worden. Geen adel meer, geen rijkdom, geen livereibedienden, geen *pâtés de foie gras*, geen kooien meer voor vogels, en geen modes meer voor dames; maar een aanmerkelijke invoer van huisjassen, sloffen, pijpjens, tuinstokken, kinderboekjens, Moeder de Ganzen. Wat ik u bidden mag, HILDEBRAND, ga niet onder de humoristen!

Ten tweede, enz. enz.

---

* "Humour ist das Romantisch-komische, das umgekehrt Erhabene, worin das Endliche auf das Unendliche, der Verstand auf die Idee angewandt wird."

DE FAMILIE STASTOK.

De Aankomst.

In het kleine stadtjen D— werd, op een woensdag in de maand october, des namiddags omstreeks één ure, de steile ijzeren trede neergelaten van eene geele diligence, rijdende over D— van C— tot E— vice versa; en uit dezelve daalde, tot groote bemoddering van dengenen die hem onmiddelijk volgde, en die niemand anders was dan zijn eigen cloak, uw onderdanige dienaar HILDEBRAND. Hy had gereisd met eene bleeke dame, die het rooken had verboden en gedurig de kronkelbochten van haar boa had zitten te verschikken, dan eens had gezucht, dan eens ingesluimerd was, dan eens eau de cologne genomen, dan weer eens geslapen had, en altijddoor leelijk geweest was. Op dezelfde bank met deze had een jong juffertjen gezeten in een blaauwen geruiten mantel niet gedoken, het denkbeeld is te ruim, maar gestoken: een mantel, die naar een lang vergeten mode vatbaar was om van achteren te worden ingehaald door een klein lapjen van dezelfde stof, in den vorm van een souspied, op twee paarlemoeren knoopjens uitgespannen; dezelfde juffer had een stroohoed op met blaauw gaas lint met bruine streepen, in groote lussen met stevig soutien opgemaakt, en een hardgeel shawltjen om den hals. Zy was zeer bang voor de bleeke dame naast haar, en bleef op een schuwen afstand; soms had zy den goeden wil haar in 't verschikken van haar boa te hulp te komen, en eenmaal had zy er werkelijk een dikachtig roodvingerig handtjen, met een ring die byzonder veel op tin geleek, voor ontbloot; maar de bleeke dame had haar aangeblikt, en toen had zy haar neus gesnoten; volgens een in de conversatie zeer deugdelijk stelsel, naar 't welk de neus alle mispassen, voorbarigheden en malle figuren misgelden moet. Dit was het personeel van de achterste bank geweest. Op de volgende had een jodin gezeten, als een oostersche edelsteen, gevat tusschen twee christenen; zy verborg onder een groen nopjensgoed manteltjen een klein kind, dat al haar trots uitmaakte omdat het niet schreeuwde, zelfs niet toen zy het omstreeks half weg een schoonen luier aandeed. Het kind nu was zeer klein, en had een zeer grooten dot in den mond. Van de christenen, waartusschen zy gevat was, had de een een grooten rondglazigen zilveren bril, een zilveren cigarenkoker, een zilver potlood, een zilver horlogie, benevens zilveren broek- en schoengespen, waaruit ik opmaakte dat hy een zilversmit was; en de andere een koperen doekspeld, een koperen tabaksdoos, en een koperen guirlande op zijn buik, waaruit ik besloot dat hy niet minder dan een banketbakkers meesterknecht zijn moest. De eerste haalde, daar er niet gerookt mocht worden, den zilveren cigarenkoker een paarmalen uit den zak, alleen om 't vermaak te hebben van hem open te doen, er een zilver cigarenpijpjen uit te halen, en er nog iets in te zoeken dat er niet in was, maar dat, zoo 't er in was geweest, zeker beter te pas had kunnen komen dan het pijpjen, en hem vervolgens weer dicht te sluiten, na alvorens meergemeld pijpjen, eerst met het voor- en daarna met het achtereinde naar beneden er in gepast te hebben; de laatste stak uit de koperen tabaksdoos eene niet onaardige tijdpasseering in den mond. De zilveren man had eene groote neiging tot spreken; de koperen scheen vast besloten te hebben, geen mond open te doen. De jodin had natuurlijk veel meer achting voor den zilveren; maar de zilveren was terughoudend voor de jodin. Vóór den zilveren zat een knorrig, groot, dik man, dien ikzelf niet toe dorst spreken, want hy had twee jassen over elkaar aan, een dikke rotting in de hand, een kleur als of hy zoo pas van een vechtparty kwam, en een uitdrukking even als of hy zich gereed maakte met den eersten die hem toesprak een vechtparty te beginnen; 't was ongetwijfeld een commissaris van policie, of een plaatsmajoor in politiek. Aan zijne zijde sluimerde een jong mensch met gescheiden hair, zoo glad gekamd als of het uit één stuk was, hooge jukbeenderen, een blaauwen das, een turkoisen doekspeld, een roodgebloemd vest, heele korte toegeknoopte mouwen aan een langlijvig bruin jasjen, handschoenen met bont, en overschoenen. 't Was een duitsch kantoorreiziger. Daar naast — maar wat heb ik er aan, mijn talent te toonen in 't beschrijven van een reisgezelschap dat volstrekt niet piquant was, en dat ik aan 't begin van dit opstel reeds vaarwel had gezegd! Om korter te gaan; ik stapte van de trede, viel eerst byna in de armen van een geknevelden heer, met een stijf been en geele rotting, die de bleeke dame afwachtte, en bang zijnde dat iemand anders haar de hand toesteken zou dan Z. Ed., de zijne alvast uitstak; dook onder de ladder dóór, die reeds tegen het dak van 't voertuig, waarmee ik gekomen was, was opgezet; riep den knecht toe: «die zwarte koffer met een H;» gaf den conducteur, die met de maal naar binnen ging, mijn vijfjen, en keek naar iemand om, die mijn goed zou kunnen dragen, zonder in de verzoeking te komen het aan zijn eigen adres te bezorgen.

«Is uwé mijnheer WILLEBRAM, als ik 't vragen mag?» vroeg een zwak, pieperig stemmetjen; blijkbaar toebehoorende aan iemand, die nog nooit een onbekende van de diligence gehaald had. De vraag was aan den commissaris van policie gericht.

„Benje d...... mal, kerel,„ zei de commissaris van policie.

„Moet hy uit dezen wagen komen?„ vroeg op hupschen toon de man van het maagdelijk metaal.

„Dat zal *ik* wezen;„ zei ik, eene nadere beschouwing daarlatende van de zorg, waarmee het gezelschapsjuffertjen voor haar hoedendoos was aangedaan, en die zich uitte in de gedurige verzuchting: „Is dat met me goed leven, kondelteur!„

Het mannetjen, dat voor my stond, had zijn opvoeding waarschijnlijk in een weeshuis begonnen, en was nu bezig haar in een diaconiehuis te voltooien. Hy was hoog in de schouders, en stijf van kniën; droeg een langen bruinen duffelschen jas, met het teeken zijner orde op de mouw, en had onder den arm een versleten portefeuilletjen, waarin de boeken van een of ander leesgezelschap werden rondgebracht.

„Ik moest een boodschap voor meheer doen,„ zei het mannetjen, dat ik voor ongeveer achtenzestig jaar aanzag; „en nu zei meheer, dat ik meteen reis naar de dullezan zou gaan, om te kijken of meheer gekomen was. Uwé moet niet kwalijk nemen, dat ik uwe niet trekt kon.„

Nu, daar men de alleronmenschelijkste beul zou moeten wezen, om 't iemand kwalijk te nemen dat hy u niet kent, indien hy u nooit zijn dagen gezien heeft, schonk ik den goeden diaconieburger op dit punt eene volkomene vergiffenis, liet mijn koffertjen, tot dat het afgehaald worden zou, in de „Rustende Moor,„ en sukkelde met mijn nieuwen kennis naar het huis mijns ooms; onder het faveur van onder weg vriendelijk door hem onderricht te zijn geworden over het doel van een groot gebouw met gothische deuren en vensters, waarop een toren stond met ordentelijke omgangen, appel en weerhaan, 't welk hy zeide „de kerk„ te wezen; als ook omtrent een breeden streep groenkleurig vocht tusschen twee hooge gemetselde wallen, 't welk hy verklaarde „de gracht„ te zijn.

„En dit is het huis,„ zeide hy; zijne oude beenen op een stoep zettende, en een goeden ruk aan een langen bel gevende, met die uitdrukking van gelaat, die by een oud man te kennen geeft: ik kan het toch niet hooren of hy zacht of hard overgaat.

De Ontfangst.

Het duurde een minuut of wat alvorens een eigenaardig sloffen in het voorhuis de aankomst eener bejaarde keukenmeid verried, die eerst natuurlijk den aardappel, waaraan zy bezig was, had moeten afschillen, daarna de bak van haar schoot en haar beide voeten van haar stoef zetten, om vervolgens haar roode muilen aan te trekken, haar neus met het buitenste van haar hand af te vegen, haar eva in de schuinte op te slaan, en den langen weg te aanvaarden, die van de keuken-

deur tot aan den barometer twintig, en van den barometer tot de mat
zes stappen vergde. In dien tusschentijd bekeek ik den voorgevel
van de woning.

Het huis was, als mijn oom, burgerlijk, en schoon het huis ouder
was, was hy toch zoowel als zijn huis van een vroeger eeuw. Het had
een trapgevel, en de bovenste verdieping was met kruiskazijnen in het
lood. Het had slechts ééne zijkamer, met twee schuiframen met mid-
delsoort ruiten, versierd door groene gazen gordijntjens op breede koperen roeden, in het midden een weinigjen opengeschoven, om het licht
vriendelijk uit te noodigen, wel te willen beschijnen twee bloempotten
van mijne tante, onder streng verbod van iets anders in 't vertrek of
op te helderen of te verbleeken; ik was nieuwsgierig of ik ooit in die
kamer zou toegelaten worden. In allen gevalle werd ik alvast in 't voorhuis gelaten, en kwam ik spoedig in een achterkamer met een hoog
licht, in de onmiddelijke tegenwoordigheid van mijn oom en tante.

De ontfangst was regt hartelijk, en de goede menschen, die my nog
nooit in mijn leven gezien hadden, schenen zeer verheugd dat genoegen te smaken, ofschoon gemeld genoegen by den eersten eenigzins
scheen verbitterd te worden door de omstandigheid, dat ik juist op een
donderdag gekomen was, als wanneer de voorkamer "gedaan werd,"
zoodat men juist achter zat; waarop mijne moei aanmerkte, dat neef
het wel zoo voor lief zou nemen, en dat hy zeker in zijn ouders huis
ook wel eens in een achterkamer gezeten had; waarop neef zei, dat het
een heele lieve achterkamer was, en dat hy wel van een achterkamer
hield; waarop oom zei, dat hy er, al zei hy 't zelf, *niet* van hield, en
tante het met neef eens was dat zy er wèl van hield; waarop oom wat
bykwam met te zeggen, dat hy er 's avonds nog al van hield; waarop
tante en neef zeiden, dat zy er ook 's avonds het méést van hielden,
zoodat er met eenparigheid van stemmen besloten werd, dat een achterkamer met een hoog licht des avonds op haar voordeeligst is. Ik
ben verplicht hier by te voegen, dat de geheele discussie op de goe-
lijkste en vriendelijkste wijze behandeld werd, terwijl oom zijn ingebran-
de pijp met een zwavelstok weer op de wijs bracht, en tante de kopjens
van 't koffygoed met een minzaam lachjen en een bonten theedoek zat
af te droogen. Zy schikte juist de stapeltjens in orde op het blad,
toen zy vroeg: "Wel heeremijntijd, HILDEBRAND, had je nou niet
nog koffy willen hebben?"

Nu was er op dat oogenblik indedaad niets waarnaar ik vuriger verlangde dan naar een kop koffy; maar daar ik mijn tante verdacht, dat
zy het middel om koffy te vermeerderen zou zoeken in de kunst om
ze te verdunnen, zoo bedankte ik edelmoediglijk, en zei dat ik straks
met oom een bittertjen zou nemen, waarop oom verklaarde, dat hy
dat altijd gebruikte als de wagen van tweën voorbykwam.

Met dit vooruitzicht schikte ik mijn stoel wat dichter by den haard, waarby mijn oom altijd zat als hy achter zat, ofschoon er nooit in gestookt werd vóór den eersten november, en er dus ook nu geen vuur aanlag, en begon met naar mijn neef PIETER te vragen.

Mijn neef PIETER studeerde te Utrecht in de rechten; maar hoewel ik by onderscheidene gelegenheden, aan onderscheidene studenten van onderscheidene faculteiten, gevraagd had of zy mijn neef PIETER STA-STOK ook kenden, had ik daarop nimmer een voldoend andwoord ontfangen, zoodat ik, in de onzekerheid der oorzaken, waaraan deze onbekendheid wellicht moest worden toegeschreven, eindelijk begonnen was met niet meer naar *mijn neef* PIETER STASTOK, maar naar een zekeren student STASTOK te informeeren.

"Gy moest hem al gezien hebben, neef HILDEBRAND," zei de oudere STASTOK, "want hy is uitgegaan om u op te wachten."

"Om u op te wachten;" herhaalde mijn tante, haar breiwerk in haar schoot latende vallen, en over haar bril heenziende; "hy moet u zeker misgeloopen zijn; maar hy zal wel spoedig hier wezen. Hy is tegenwoordig zoo druk aan zijn examen; ik ben eigenlijk bang dat hy wat veel werkt; hy is zoo vlug, weet u!"

En nog naauwelijks had ik den tijd mijn vurig verlangen te uiten om die zeldzame vereeniging van vlugheid en arbeidzaamheid, den jongeren STASTOK te zien, of de bel klonk, de muilen van de keukenmeid sloften, en de stap van den utrechtschen student werd gehoord.

Had ik tot nog toe niet de minste notie van mijn heer en neef gehad, zoo ras hy de kamer binnenkwam kende ik hem door en door. Zijn geheele voorkomen sprak collegehouden uit; zijn geheele lichaam dicteerde dictaten. De bleeke kleur, het gebogen hoofd, de stalen bril, de theedoekige das, de sluitjas met dubbele borst, de horlogesleutel, de niet naauwe en niet wijde pantalon, de verschoende laarzen, de floretten handschoenen, de zwarte kapelaansrotting met twee nuffige kwastjens — alles deed den student zien, die van het akademieleven niets kent dan de collegekamers en de thé's der professoren; van de studenten geen andere dan zijn stadgenooten, en de senatoren die hem ontgroend hebben; van de burgers niemand dan zijn hospita; den student, die een kleur krijgt als hy twee, en een straat omloopt als hy een partytjen van zes studenten tegenkomt; den student, die er over klaagt dat er zoo weinig studenten-broederschap is, en niet weet dat er studenten-vreugd bestaat; den student, die een dispuut zou willen oprichten, waarvan niemand lid zou willen wezen; die van den kok dagelijks vijf borden eten krijgt: één gesneden vleesch, één ingemaakte postelein, één dito andijvie, één gekookte aardappelen, en één rijst met bessennat, omdat hy den moed niet heeft zich aan een tafel te doen voorstellen; den student, die in de societeit duizend angsten uitstaat dat iemand om die courant zal vragen, waarachter hy zich verbergt; en wiens naam de andere studenten voor 't eerst hooren als zy

toevallig op 't college zijn daar hy afgeroepen wordt om te respondee-
ren. — Zulk een student was zonder twijfel mijn onbekende neef PIE-
TER STASTOK!

„Hoe komt het, PIET! dat je neef HILDEBRAND misgeloopen bent?„
vroeg tante verwonderd.

De student PIETER STASTOK keerde zich om, om zijne rotting in een
hoek te zetten, en zei, dat de diligence verwonderlijk vroeg aangekomen was, eene omstandigheid die zeer zeker wonderlijk was, aangezien
wy op weg een oponthoud gehad hadden van een half uur, door 't storten van een der paarden. Hy was eerst nog effen by den boekverkoo-
per geweest, die zijn Instituten inbinden moest, en was toen regelrecht
naar de diligence gegaan, maar had tot zijne verbazing gehoord dat die
al lang aan was, en dat ik met den knecht was opgewandeld, enz. enz.

De zaak was dat hy een cingeltjen had omgeloopen, tot dat hy zeker wist dat ik reeds lang onder zijn vaders dak zou geétablisseerd zijn,
uit vrees van den verkeerden persoon voor my aan te spreken. Nu,
indien hy den commissaris van policie getroffen had, hy was voor zes
weken een bedorven man geweest!

„De neven moeten nu maar eens goed kennis maken,„ zei mijn tante, die tot de minzaamste aller schommelige huismoeders behoorde;
„ze zijn toch allebei student.„

„Ja maar,„ zei PIETER, nog lang niet gemeenzaam met het denkbeeld van eene kennismaking, „in verschillende vakken.„

Dat was waar, en zelfs op verschillende akademiën. Maar ik ben
nooit zoo zeer leydsch student geweest, dat ik niet altijd gaarne dronk
op de harmonie tusschen de zuster-akademiën, een toast, die altijd gedronken wordt, waar utrechtsche en leydsche studenten bycen zijn,
maar dien men evenwel niet te druk moet herhalen om geen twist te
krijgen. Wat ons betreft, er kwam al spoedig gelegenheid voor een
toast; want na nog een woord of wat met PIETER STASTOK, ter infor-
matie wáár hy te Utrecht woonde, waarop het andwoord was ten huize
van een catechizeermeester in de Lijsbethstraat; en na een kort gesprek
met mijn oom over het nieuws dat er niet was, en een dito met mijn
tante over het goudlederen behangsel in de kamer, waarvoor zy ook
wel had hooren zeggen dat de muilenmakers te Waalwijk, vóór dat zy
door den brand geruïneerd waren, groote sommen hadden willen geven, kwam het diaconiemannetjen (dat ik by deze gelegenheid met den
naam van KEESJEN hoorde versieren) binnen met de boodschap, dat de
wagen van tweën net voorbyging; waarop tante, na alvorens haar bril te
hebben afgezet, opstond, een kastjen opendeed, en daaruit te voorschijn bracht een fleschjen met VAN DER VEENS elixer, een fleschjen
met „erger dan de cholera,„ en drie glaasjens. Oom wenschte my
frisschen morgen.

De verdere afloop van dien dag was als gewoonlijk by een eerste kennismaking. Wy bevielen elkander onderling, en ik werd dikke vrinden met PIETER. 's Middags stal ik het hart van mijn tante nog eens door van scorzeneren te houden, en bewoog mijn oom byna tot tranen door met opgewondenheid van een gestoofden kabeljaauwshom te spreken. Om PIETER ook een genoegen te doen wist ik eenige kennis van zijn vak te verraden, door de definitie van Justitia en van Ususfructus te pas te brengen. Na den middag nam mijn oom een slaapje by den kouden haard, en ging mijn tante eens naar boven. Daarna dronken wy te zamen recht gezellig thee, zagen de achterkamer op haar voordeeligst, enz. enz.

Mijn oom was iemand wiens grootvader en vader een zeer bloeiende, en die zelf een vrij bloeiende lintwevery gehad had; om de strikte waarheid te zeggen, moet ik bekennen dat hy ze nog had, maar er werd volstrekt niet meer in gewerkt, en op de zolders lag nog een aanzienlijke party oortjensband, die hy liever daar zag verrotten, dan haar onder de markt te verkoopen. Hy behoorde alzoo tot die menschen, die hunne zaken aan kant gedaan hebben, en het uitzicht op verdere winsten opgevende, zich met een vrij aardig inkomen, een onverzettelijken afkeer van stoommachines, en de Haarlemmer Courant te vreden stellen. In den loop van den avond kwam het uit dat hy een byzondere genegenheid had voor het stopwoord "al zeg ik het zelf," alleen overtroffen door de verslingerdheid van zijne echtgenoote aan den uitroep "wel heeremijntijd!" welke termen dit echtpaar buitengewoon beminde; ofschoon ik zeggen moet dat zy somtijds afwisselden met de bevallige tusschenvoegsels van: "wat hamer," "goede genadigheid," "och grut" en andere dergelijke vloeken meer die een balk in hun wapenschild voeren. De student PETRUS STASTOKIUS Jun. had daartegen niets in te leggen dan zijne geliefkoosde verzekering "waaràtje," waarvan ik evenwel, om billijk te zijn, erkennen moet, dat hy in 't geheel geen misbruik maakte.

Hildebrand ziet de stad, en Pieter verstout zich pot te spelen.

Ik wierd des anderen daags om zeven ure wakker, en toen ik de groenen saaien gordijnen openschoof om te zien wat voor weer het was, — welke was mijne ontzetting, te bemerken dat (wy sliepen op dezelfde kamer) PIETER zich reeds geperpendiculariseerd had, en bezig was om, met den bril op, een paar schoone kousen aan te trekken, waarin zijn moeder den vorigen avond plichtmatig hieltjens gemaakt had.

De oudere STASTOK was een man van de klok, en stond diensvolgens

om zes ure op, ten einde om half acht aan het ontbijt te zijn; en daar
hy volstrekt niets te doen had, vulde hy den tusschentijd met pijpjens
rooken aan. 't Is opmerkelijk, dat naar mate men minder bezigheid
heeft men te bekrompener over den tijd denkt. Indien men den goeden PIETER STASTOK Senior het moeielijke vraagstuk omtrent de ze-
telplaats van den wil had voorgelegd, zou hy, indien hy daartoe ge-
noegzame tegenwoordigheid van geest gehad had, zijn wijsvinger op
twee duim afstands van zijn maag hebben moeten leggen, door die beweging datgene zijner ingewanden aanwijzende, 't welk hy zijn *goud
horloge* noemde. En indedaad, indien ik my door een goud horloge
moest laten regeeren, ik zou van zulk een geregeerd willen worden;
want een goed, groot, dik en vet uurwerk was het, met twee kasten
over elkaar; en daar het iederen morgen, klokke negen uur, met de
torenklok werd gelijk gezet, liep het doorgaans volmaakt.

Ik vond mijn oom in de voorkamer (die zulk een heiligdom niet
scheen te wezen als ik my wel voorgesteld had) juist daar hy van onder de handen van zijn barbier kwam. Hy had zijn slaapmuts nog op
het kale hoofd, daar hy gewoon was die niet voor elf uur met zijn pruik
te verwisselen.

Mooi weertjen, neef HILDEBRAND; riep hy my toe; *mooi weertjen, al zeg ik 't zelf.*

Tante die reeds zat te breien, zett'e, ten gevolge eener zeer oneigen-
aardige gewoonte, haar bril af, om mijne robe de chambre te bekijken,
en na een *Heeremijntijd! zijn die dingen weer in de mode?* (het was
in 1836) begon zy een optelling van al de japonnen met sjerpen, die
haar vader en haar man in vroeger eeuwen gedragen hadden, en die,
naar haar voorgeven, nog boven in een kas hingen.

Oom vond dat het veel te gemakkelijk was voor een jong mensch;
en in de oogen van PETRUS geleek ik in dit ochtendcostuum zoo volmaakt op de grootste Jannen der utrechtsche akademie, dat hy my,
geloof ik, voor een overgegeven lichtmis begon te houden.

De Bijbel werd opengeslagen, en mijn oom las er uit voor. Eerwaardige gewoonte! Waarom is zy zoo byna uitsluitend tot de burgerlijke
huishoudens bepaald, en raakt zy ook zelfs daar meer en meer in on-
bruik? Mijn oom las niet welsprekend, niet mooi, zelfs niet goed op
sommige plaatsen — maar het was stichtelijk, want hy las den Bijbel;
het was goed, want hy las eenvoudig; het was schoon, want het was
hem aan te zien dat hy geloofde. Hy las Luc. X., en byzonder trof
my, in dezen kring en uit dien mond, het 21ste vers: *Ik danke u,
Vader, Heer des hemels en der aarde, dat gy deze dingen voor de
wijzen en verstandigen der aarde verborgen hebt, en hebt ze den kin-
derkens geopenbaard.*

Na den ontbijt ging PIETER *aan zijn examen werken,* 't welk bestond in zeer breedvoerige tabellen van de Instituten te fabriceeren, met roode, blaauwe en zwarte inkt geschreven; en ik volgde hem naar zijn kamer, waar ik my tot koffytijd met een paar boeken bezig hield.

En nu was het oogenblik daar, dat mijn neef my aan de stad en de stad aan my vertoonen zou. Wy gingen dan samen uit, en daar hy een rotting had, liet ik de mijne thuis. Wy zagen dan: eerst de gracht, daarna de korenbeurs, en vervolgens twee kerken, waarin praalgraven, en kosters die een fooi begeerden, als ook in een derzelven een orgel, dat, op het haarlemsche na, het mooiste der wareld was, eene eer die ik te Gouda aan het goudsche, te Leyden aan het leydsche, te Alkmaar aan het alkmaarsche, te Zwol aan het zwolsche, en nu weder te D. aan het Deesche hoorde toeëigenen, zoodat het de zaak van de 4de klasse des Koninklijken Nederlandschen Instituuts worden zal, om daaromtrent een prijsvraag uit te schrijven. — Wy beklommen zelfs met levensgevaar den toren van een der kerken, en maakten er de opmerking, dat het er woei, en dat er rondom de stad veel weiland, veel water, en veel molens waren. Daarop begaven wy ons naar het stadhuis, en bevonden dat onze voorvaderen nòg beter schilderden, en er nòg gezonder uitzagen dan wy; ook had ik tegelijk de gelegenheid het mannelijke voorkomen der Deesche dienders te bewonderen. In zijn ijver om my alles te laten zien, bracht PIETER my zelfs naar den vleeschhal, en over de vischmarkt, en eindelijk aan eene groote vierkante eendenkom, die hij „de haven” noemde. Al voortgaande informeerde hy zich zeer sterk, hoe veel colleges de juristen te Leyden op één dag hadden; en of het by prof. — fideel was op de thé's; als ook welke colleges gemelde hooggeleerde in 't hollandsch gaf; en hoeveel of prof. — dicteerde; of iedereen by prof. — maar een testimonium krijgen kon; of prof. — liefhebberycolleges hield, en of ik SMALLENBURG wel eens gezien had; tegen welke berichten hy de zijnen omtrent de uitersche Juris professores met eene eerlijkheid inwisselde, eene betere zaak waardig. Hy verzuimde niet den billijken utrechtschen trots op prof. VAN HEUSDE en op de moeielijkheid van een mathesisëxamen in 't latijn, te pas te brengen; en toen ik 't gesprek voor de afwisseling op lichtvaardiger onderwerpen wendde, kwam het uit, dat hy, PIETER STASTOK, zonder evenwel hartstocht voor die spelen te koesteren, wel eens dominóde, ja zelfs wel eens billartte. En daar wy juist vóór een koffyhuis stonden, noodigde ik hem zich in de laatste kunst met my te meten.

PIETER STASTOK had noch den moed, noch den slag my iets aan te bieden; daarom bestelde ik een bittertjen voor my zelven, en hy insgelijks voor zich. Op dat oogenblik sloeg de klok boven 't buffet twee uren, en zag ik aan den overkant der straat de diligence afrijden, die mijn oom in staat zou stellen ons voorbeeld te volgen.

Er waren vrij wat menschen in het koffyhuis; maar daar wy met nie-mand dan met het billart te maken hadden, en geen hunner speelde, hinderden zy ons volstrekt niet. PIETER sloeg de mouwen van zijn sluitjas op, en vertoonde de groote gesteven boorden van wat zijn moeder, hoe algemeen europeesch die dracht ook geworden zij, nog altijd een engelsch hemd noemde; daarop verzocht hy den jongen zeer beleefd om eene *goede queue.* De jongen gaf hem natuurlijk de beste die in het rek was, en wy trokken wie vóór zou spelen. De eer viel my te beurt, en de party begon.

Wy hadden evenwel nog naauwelijks eenige punten gemaakt, toen een luidruchtig geroep van *pot, jongen!* al onze zaligheden verstoorde.

Het geroep kwam van een winderigen jongen advokaat, die pas voor de studentensocieteit te Utrecht bedankt had, en nu nog voorhing op de particuliere societeit te D., en van dit interregnum gebruik maak-te, om allendag in het koffyhuis *de Noordstar* pot te maken.

Vierentwintig uit, mijnheeren! riep de jongen ons toe, en te gelijk het korfjen schuddende, waarin hy de potballen had, bood hy ze ons aan.

Ik trok er een; en met een gezicht, waarover een kleine stuiptrekking scheen te gaan, stak PIETER, dien ik ondertusschen als geen grooten MINGO had leeren kennen, zijn hand almede manmoedig in de korf. Daarop kwamen al de *habitués* van den pot uit hunne hoeken en vroe-gen dopjens voor hunne pijpen, de jongen deelde de eigen queues rond, en de jonge advokaat nam in persoon het krijt om op te schrijven.

Wie van de heeren heeft het aas?

Ik, riep een barsche stem, die aan niemand anders toebehoorde dan aan den heer met de twee jassen over elkaar, dien ik in de dili-gence voor een commissaris van policie gehouden had; het bleek my echter dat hy volstrekt geen commissaris van policie was, maar wel piqueur der kleine manège die te D. aanwezig was, en tevens eigenaar van de kleine comedie, die aldaar insgelijks bestond.

Wie van de heeren de twee!

PIETER STASTOK ging zelf naar de lei om den jongen advokaat in te fluisteren dat hy het was.

Zoo! zal jy ook pot spelen? vroeg de jonge advokaat, die als stadgenoot mijn neef wel kende.

PIETER werd bleek.

De drie had ik. De vier had een bejaard tweede luitenant van de infanterie, met de medaille van twaalfjarige dienst. De vijf had een chirurgijnsleerling, die te veel tijd had. De zes een kort dik man met stoppelig grijs hair, die een graankooper scheen te zijn. De zeven een jong mensch van drieëntwintig jaar, die student geweest was, maar om slecht gedrag thuis gehaald, waarvoor PIETER bang was, te meer daar hy hem zeer gemeenzaam behandelde. Deze scheen de boezem-vriend van den bejaarden luitenant der infanterie met de medaille van twaalfjarige dienst te wezen. De advokaat zelf had de acht; en de negen was in handen van een jongeling van drieëndertig jaren in een leverkleurigen pantalon, die op zijn moeders zak leefde, een hond hield, nooit iets had uitgevoerd, en in groote achting stond by den kastelein van het koffyhuis de Noordstar.

Toen de jonge advokaat de namen van alle deze heeren netjens had opgeschreven, nam de billartjongen het krijt in de eene en den kleinen bok in de andere hand, en gilde met al de kracht, die een kind van veertien jaren over kan houden, als hy den geheelen dag en de halve nacht op één been staat, te midden van de uitwasseming van menschen en pijpen: "Aas acquit, twee speelt!"

PETRUS STASTOKIUS Junior moest alzoo op het acquit spelen, en hy maakte zich werkelijk tot dien arbeid gereed. Te dien einde lei PETRUS STASTOKIUS Junior zijn pijp neer; maakte de punt van zijn queue wel een halven voet ver wit; plaatste zijn bal met de linkerhand op drie vierde; drukte de vier vingers van zijn linkerhand op een handbreed afstands van denzelven bal op 't billart, krulde den duim bevallig om, zoodat hy aan 't geheele gezelschap zijn tot op 't leven afgesneden nagels vertoonde, en begon met de rechterhand de queue tusschen duim en vingers heen en weder te bewegen op eene wijze, die deskundigen "zagen" noemen.

Tot zoo ver ging PETRI STASTOKIï wetenschap om op het acquit te spelen. Ja, hy had zelfs een flaauwe notie van de theorie van halfbal raken; maar daar het hem aan praktijk in het edele potspel haperde, was hy byna zoo wit als zijn bal, en stiet hem eindelijk krampachtig er op los, met dat gevolg dat hy klotste, en à faire lag voor den rechter hoekzak.

Het zou onmenschelijk geweest zijn hem te maken, en daarom mijn eigen bal stevig houdende, bracht ik den zijnen naar onderen, een goed eind voorby den milieu. Daarop nam de bejaarde luitenant der infanterie zijn pijp tusschen zijn graauwe knevels, en speelde met de linkerhand op goedaf; maar werd niettemin met "een beest" gesneden door den chirurgijnsleerling, waarop de verloopen student, die onder ons gezegd een grappenmaker was, zeide: dat die chirurgijns niet leefden of ze moesten wat te snijden hebben. De graankooper verzocht daarop den jongen om acquit voor hem te zetten, en bleef met een wijs gezicht en onder het genot van zeker mengsel van geestrijk vocht en suiker, 't welk in 't gemeene leven een sneeuwballetjen genoemd wordt, in 't Handelsblad turen, en de verloopen student zijn cigaar op den rand van 't billart neergelegd hebbende, stiet met veel nonchalance en verschrikkelijk hard op 't acquit, welk voorbeeld van hard spelen door den advokaat met gelijke woede werd opgevolgd. Nu was de beurt aan den jongeling van drieëndertig jaren met den leverkleurigen pantalon, die van het systema uitgaande, dat hy zijn bal voordeelig! moest trachten te verkoopen, nooit op goedaf speelde, als hy zeker wist dat hy een bal maken kon. Hy maakte; en zoo gebeurde het dat PETRUS STASTOKIUS andermaal op het acquit spelen moest.

Hy was nu zoo ver dat het zweet hem in groote parels op het voorhoofd stond.

"Dat wordt een collé, mijnheer;" riep de barsche stem van den piqueur.

PIETER sprak niet; maar in zijn desperate poging om den geduchten spreker eens niet te logenstraffen, en in een van die dwaze inblazingen van hoop, waaraan slechte spelers somtijds gehoor geven, dat namelijk het goed geluk voor hen zal doen wat hunne kunst niet vermag, raakte hy den acquitbal zoo fijn, dat hy hem, tegen alle etiquette aan, in den linker hoekzak "sneed."

"Dat doet men niet, mijnheer!" riep de piqueur, hevig met de queue op den grond stampende.

"Het was een ongeluk;" stamelde PIETER, die nu zoodanig transpireerde, dat ik vreesde dat zijn bril op den vloed zou afdrijven.

"Het was een lompigheid;" brulde de piqueur.

"Leve het snijen!" riep de chirurgijnsleerling.

"Die mijnheer is gevaarlijk!" schertste de bejaarde luitenant.

"Aas één appèl, drie acquit, vier speelt!" riep de billartjongen.

Ik geloof dat mijn neef poogde in een onverschillige houding zijn neus te snuiten, maar het had er niets van.

Het derde tourtjen liep goed voor PETRUS af, maar het vierde was geschikt om hem er gantsch onder te werken. De piqueur lag voor den middelzak; het was een gemakkelijke bal; een kind kon hem maken.

"Je kunt hem best sauveeren," zei de piqueur "en goed afkomen ook."

Dit was volmaakt overeenkomstig de gezindheden van PIETER; die, uit aanmerking van den snijbal, voor geen geld der wareld hem maken wilde, zelfs al moest hy er slècht op afkomen. Maar daar de piqueur een gevreesd potspeler was, en sedert onheuchelijke jaren, van de drie potjens die gespeeld werden er twee in zijn zak stak, riepen natuurlijk al de anderen: "stop weg; stop weg!"

PIETER stootte niettemin met het voornemen om hem stellig *niet* weg te stoppen, en toch scheelde het zoo weinig of hy hàd hem weggestopt, dat de winderige advokaat, die in het gewoel was opgestaan, uitriep: "hy zit!" waarop de verloopen student, die als gezegd is een grappenmaker was, geestig andwoordde: "als hy een stoel had;" waarop allen lachten.

"Wacht wat," riep de chirurgijnsleerling, die voor 't snijen was: "hier is nog een zak!"

En indedaad! PETRUS STASTOKIUS had geheel buiten zijn eigen voorkennis of medeweten een doublé gemaakt, waarop allen juichten behalve de piqueur, die op een grimmige wijze nog een glas bitter bestelde, en de Goudsche courant opnam, alleen om haar hard weer neêr te smijten.

Men speelde voort, en na al de wederwaardigheden, die hy had doorgestaan, werd mijn vriend PIETER weder vrij kalm, waartoe vooral machtig medewerkte dat hy een paar malen acquit moest leggen. Maar op eens werd zijne rust akelig verstoord door den uitroep van den jongen: *vier driemaal, zes acquit, zeven speelt! mijnheer HASTOK (de *St* was onduidelijk geschreven) de Vlag!*

Nu was er geen eind aan den kortswijl en de grappen van den chirurgijnsjongen, en den verloopen student, en den advokaat, en den jongeling van drieëndertig jaren met den leverkleurigen pantalon. De een noemde hem een Mingo; de ander een blaauwbaard; de derde een boa constrictor; allen te samen: *den mijnheer van de vlag.* De bejaarde luitenant, die op drie stond en met den verloopen student geassureerd was, wilde zich doodstooten en hem voor een daalder koopen; de graankooper, die tegen die manoeuvre was, zei dat PIETER veel te sterk speelde om het aan te nemen; de chirurgijnsleerling bestelde den pokaal voor mijnheer STASTOK, die den pot op *schoon* dacht te winnen; — het was een leven als een oordeel! En onder dit alles stond, met verwilderden blik, het onschuldig voorwerp van al dit rumoer, altijd maar krijt aan zijn queue te doen. De beurt kwam weer aan hem.

Welke bal? vroeg hy verward.

Die witte! riep de verloopen student, die een grappenmaker was.

Die ronde! zei de chirurgijnsleerling, niet minder aardig.

De beste, zei de leverkleurige pantalon, die ook iets zeggen wou.

De benedenste, zei de dikke graankooper, die medelijden had.

Nu was het zoo gelegen dat het vrij onverschillig was met welken bal de arme PIETER, die geen droogen draad meer aan 't lijf had, op dat merkwaardig oogenblik spelen zou, aangezien beide ballen, de een boven, de ander beneden, stijf en allerstijfst collé lagen; ik herinner my niet in al den tijd dat ik meê gebillart heb — nu slaapt mijn queue voor immer in zijn zelfkanten graf — ooit zulk een stijven collé gezien te hebben. De verloopen student bood mijn neef den bok aan. PIETER zag hem aan met een blik van machteloozen haat, en stootte een voet of drie mis.

Strijk de vlag! riep de chirurgijnsleerling.

Zy was alreeds gestreken. De piqueur had zich by voorraad gewroken.

Van dat oogenblik af aan bood de luitenant PIETER een gulden: maar hy was te confuus om te verkoopen. In den volgenden tour maakte ik hem uit medelijden; den daarop volgenden verliep hy, en had de satisfactie dat de luitenant hem een beschuitjen voor zijn bal bood; met een mispunt besloot hy, in den voor hem laatsten tour, zijn carrière in het edele ballenspel; en daar hy zeer veel haast scheen te hebben om te vertrekken, brak ik, die nog een enkel appèl te verliezen had, mijn bal op, vooral ook om een einde te maken aan de sollicitatiën van den jongeling met den leverkleurigen pantalon, die nu zichzelven voor een achtentwintig aan STASTOK verkoopen wilde, in welk aanbod hem al de vrolijke jongelui ondersteunden.

Op straat gekomen scheen de frissche octoberlucht PIETER weer moed en pedanterie toe te waaien.

"Daar zijn goede spelers onder," zei hy, "maar toch waaràtje geen een, die eigenlijk uitmunt. Ik had een kromme queue," voegde hy er by, "en heb je wel gezien hoe de hoekzakken trokken."

Ik had alles gezien, en wist dat de graankooper het potjen zou gewonnen hebben voor wy thuis waren.

Het eten stond reeds op tafel. PIETER had geen honger.

Het diakenhuismannetjen vertelt zijn historie.

Drie dagen had ik by de familie STASTOK vertoefd, en in dien tijd was ik groote vrienden met KEESJEN geworden; een paar malen had hy my door de stad vergezeld om my den weg te wijzen als ik boodschappen te doen had, en daar hy als vele oude lieden snapachtig was, en ik in dat gebrek somtijds met vele oude lieden deel, hadden wy dikwijls te samen vrij wat afgehandeld. KEESJEN was een eenvoudig, braaf, goedaardig mannetjen. Hy had een flaauwe herinnering van zijn vader, die borstelmaker geweest was, en groote zilveren gespen op zijn schoenen had gedragen. Behalve de gespen herinnerde hy zich niets meer van hem dan zijn dood, en hoe hy met een groote huilebalk en langen witten das achter zijn lijk gegaan was; en hoe er toen hy thuis kwam een zwarten doek over den spiegel hing; en hoe hy by die gelegenheid zoo veel geraspte broodtjens had mogen eten als hy wilde; en dat daar een lange moei was by geweest, die zóóveel witten wijn gedronken had, dat een dikke oom gezegd had: "je krijgt niet meer." Zijn moeder had hy nooit gekend. De dikke oom had hem naar 't Weeshuis gebracht; hy had er leeren spellen, en toen was hy op timmeren gedaan; maar hy was te zwak voor dat werk, weshalve men hem by een apotheker besteld had, om fleschjens te spoelen, en te stampen; een baantjen dat juist niet rijk is aan schitterende vooruitzichten. Vijftien jaar had hy er gediend, maar daar hy maar heel weinig lezen kon, en hy dikmaals te gelijk twee halfpints flesschen, drie kinderglazen, een amplet, een likkepot en een pakjen poeders weg moest brengen, was 't hem eindelijk eens gebeurd dat hy den salebdrank gebracht had by iemand die obstructies had, en daarentegen de poeiers met jalappeharst by eene dame die aan diarrhée leed;

4

waarop hy als niet genoeg geletterd ontslagen werd. Sedert was hy looper voor een kantoor, en daarna huisknecht by onderscheidene lieden geweest, waarvan sommigen dood en anderen geruïneerd waren; en daar hy, by de groote opruiming, te oud was geweest om naar Frederiksoord te worden gezonden, had eindelijk het Weeshuis hem overgedaan aan het Diakoniehuis. En nu werd hy op zijn ouden dag nog door mijn oom en een paar lieden van diens slag gebruikt tot het smeeren van schoenen, uitkloppen van kleeren, wegbrengen van de courant, en in een woord, tot het doen van min gewichtige boodschappen. Hetgeen, volgens de berichten van mijn oom, 's mans carrière het meest had gedwarsboomd, was zijne verregaande onnoozelheid en daaraan geëvenredigde menschenvrees.

Behalve de achterkamer met het hooge licht, die om het huis van den buurman heen sprong, en waarachter de keuken was, was er aan het huis van PETRUS STASTOK Senior nog een achterkamer, waarin ik u nader denk binnen te leiden, naar een kleinen tuin, waarop zy uitzag, niet oneigenaardig de tuinkamer geheeten. Wanneer men de plaats-deur uittrad had men eerst een soort van trottoir van geele klinkers, van omstreeks drie passen breed, en wanneer men dan over eene hooge rollaag van blaauwe klinkers * heenstapte, waarvóór aan de overzijde drie voetschrabbers waren geplaatst, was men eensklaps in het kleine elyseum van mijne tante. Men zag er een grooten appelboom, waaraan soms meer dan een dozijn renetten groen werden, verscheidene rozenperken, waaromheen in 't voorjaar een kring van geele krokussen bloeien moest, meer dan een seringenboom, twee goudenregens, een dubbelen kers, en tegen den muur aan den eenen kant een wingert, en aan den anderen een moerbeienboom. De paden waren niet met gras, maar met roode en witte madeliefjens en zeegras omzoomd. Omtrent dezen tijd stonden er verscheidene potten met asters, en twee of drie dahlia's in bloei; en achterin was een groen geschilderd prieeltjen met vijfblad, kamperfolie, rupsen, en spinnen. Daaraan belendde de fabriek, waaraan, tegenover 't prieel, eene kleine loots was uitgebouwd met een klein plaatsjen, waarop KEESJEN zijn huiswerk verrichtte, waarom een klein hekjen.

In dit prieeltjen zocht ik, op zaterdag morgen na den ontbijt met een boek onder den arm, het zonnetjen; waarom ik het niet opensloeg zal zoo dadelijk blijken.

Ik had nog naauwelijks met mijn zakdoek het stof van de bank van 't prieeltjen geslagen, en was bezig, op mijn gemak nedergezeten, met de oogen op het lootsjen, het plaatsjen en het hekjen gericht,

---

* In de beide eerste uitgaven vermeldde ik *roode*, doch ben onderricht geworden dat zoodanige klinkers niet bestaan. Ik moet my dus verzien hebben.

my te verlustigen in het denkbeeld, hoe goed alles by mijn oom en tante in de verw was, als de plaatsdeur openging en KEESJEN verscheen. Daar hy den geheelen tuin door moest om ter plaatse zijner bestemming te komen, en hy bijna zeventig jaar op de schouders torschte, had ik tijds genoeg om op te merken dat er iets aan scheelde. Hy strompelde eerst byna tegen de rollaag aan, waarop hy niet scheen verdacht te wezen, schoon hy er sedert jaren alle morgens om half tien ure overheen moest stappen; hy liet den zondagschen rok van mijn oom, dien hy over den arm had, door het zand sleepen, en voor hy den appelboom voorby was, was de borstel, dien hy in de hand hield, tweemaal gevallen. Als hy nader kwam, zag ik dat zijn wangen zeer bleek en fledsch waren, onder zijn niet zeer netjes onderhouden baard; zijn geheele gelaat was betrokken; zijn oogen waren dof, en toen hy my voorbyging was het niet als anders: „lief weertjen, meheer!" maar hy nam zijn hoed stilzwijgend af, en strompelde naar het plaatsjen. Met een diepen zucht trok hy daarop zijn jas uit, zoodat hy my, in zijn eng zwart vest met mouwen, al het magere en gebogene van zijne gestalte zien liet. De roode blikken tabaksdoos, die half uit den eenen vestzak stak, bleef onaangeroerd, en met wederom een diepen zucht hing hy den rok van mijn oom over den knaap. Met een nog dieper zucht greep hy den borstel op, stond eenige oogenblikken in gedachten tegen de hairen op te strijken, en begon toen den rok te borstelen, beginnende met de panden.

„Hoe is 't, KEESJEN! Gaan de zaken niet goed?" riep ik hem toe.

KEESJEN borstelde altijd door. Hy was wat doof.

Wanneer men een volzin herhalen moet, dien men op een eenigzins meewarigen toon heeft uitgesproken, is 't glad onmogelijk het met dezelfde woorden te doen. Ik stond op, kwam een stapjen nader, en zei wat harder:

„Wat scheelt er aan, KEES?"

KEES ontstelde; zag my aan; en *bleef* my een oogenblik met strakke oogen aanzien; daarop vatt'e hy weer een mouw van mijn ooms zondagschen rok, en begon op nieuw te borstelen. Er liep een traan langs zijn wangen.

„Foei, KEES!" zei ik: „dat moet niet wezen; ik zie waterlanders, dunkt me."

KEESJEN veegde zijn oogen met de mouw van zijn vest af, en zei: „'t Is een schrale wind, meheer HILDEBRAND."

„Ei wat, KEESJEN!" zei ik, „de wind is niemendal schraal. Maar daar schort iets aan, man! Hebje een courant verloren?"

KEESJEN schudd'e het hoofd, en ging hardnekkiger dan ooit aan 't schuieren.

„KEES!" zei ik: „je bent te oud om verdriet te hebben. Is er iets aan te doen, vrind?"

4 *

De oude man zag vreemd op by het hooren van het woord vrind. Helaas, misschien was 't hem op zijn negenenzestigste jaar nog geheel nieuw. Een zenuwachtige glimlach, die iets verschrikkelijks had, kwam over zijn mager gezicht; zijne grijze oogen luisterden eerst op, werden toen weer dof, en schoten vol tranen. Zijn gantsche gelaat zeide: ik zal u vertrouwen. Zijn lippen zeiden:

„Hoor reis, meheer! Kent uwe klein KLAASJEN?"

Hoewel ik nu een zeer specialen vriend heb, die NICOLAAS gedoopt is, en van wien 't niet onmogelijk was dat KEESJEN hem wel eens gezien had, zoo kon ik echter onmogelijk op gemelden NICOLAAS den naam van Klein Klaasjen toepassen, aangezien hy een zeer „lange blonde jongen" is, en nooit zou ik hebben willen gelooven dat gemelde NICOLAAS, hoe onaardig hy ook somtijds wezen kan, de oorzaak zou kunnen zijn van oude KEESJENS tranen. Ik andwoordde dus dat ik Klein KLAASJEN niet kende.

„Heeft meheer PIETER hem uwe dan niet gewezen? De heele stad „kent Klein KLAASJEN. Hy krijgt centen genoeg;" ging KEESJEN voort.

„Maar wat is het dan voor een man?" vroeg ik.

„Het is" zei KEESJEN, „in 't geheel geen man. 't Is een dwerg, „meheer! een dwerg, zoo waar als ik hier voor je sta. Je kunt er mee „in een spul reizen. Maar 't is een kwaad kreng. Ik ken em goed."

Ik wenschte hartelijk naar wat meer orde in de berichten van KEESJEN.

„Hy is uit het Huis;" hernam hy na een oogenblik zwijgens; „hy loopt over straat als een gek. Hy wint geld met zijn bochel. Als „er een school uitgaat leggen de jongens centen by mekaar, en la„ten Klein KLAASJEN dansen. Dan springt ie om een stok net als „zoo'n aap, en dan maakt ie zijn bochel wel eens zoo groot. Ik heb „geen bochel, meheer!" liet hy er met een zucht op volgen.

Ik begreep dat KEESJEN minder jaloersch was van den bochel dan van de centen, die hy opbracht.

„Ik wou" ging hy op een treurigen toon voort, den rok een veel harder streek met den schuier gevende, dan voor laken van negen gulden dienstig was: „ik wou dat ik een bochel had. Ik zou niets uitvoeren; ik zou centen krijgen; ze zouën om me lachen.:... Maar ik zou niet drinken" zei hy in eens op een anderen toon, en toen den volzin omkeerende, voegde hy er, zeer bedaard den rok van den knaap nemende en hem opvouwende, nog eens by: „drinken zou ik niet."

„KEESJEN," zei ik, „toen je de tuin doorkwaamt, en toen ik je aansprak was je bedroefd, en nu lijk je wel wat boos te zijn; ik zie je liever bedroefd!"

De oude oogen schoten weer vol tranen; hy stak zijn dorre handen naar my uit; en ik vatte ze, toen hy ze beschaamd over zijn gemeenzaamheid terug wilde trekken, en liet ze niet dan na een bemoedigend drukjen varen.

„Och,” zei hy — „och, meheer weet dat zoo niet; — maar ik
„ben — ik ben veel bedroefder dan boos. Maar Klein KLAASJEN heeft
„me mishandeld. Klein KLAASJEN is slecht. De menschen,” ging
hy voort, naar het schoensmeer bukkende, „de menschen denken soms
„dat hy gek is; maar hy is slecht.”

„Hoor eens, KEES!” zei ik, een kleptafeltjen op een ijzeren poot
opslaande; „ga hier eens wat zitten, en vertel me reis geregeld, wat
heeft Klein KLAASJEN je gedaan.”

„Het zel niet helpen,” zei KEESJEN, „maar ik zel het doen, als u
't niemand zegt. Kent meheer et Huis?”

„Welk huis?

„Van de diakonie.”

„Ik heb het in 't voorbygaan gezien.”

„Goed. Et is een leelijk huis, is et niet? een leelijk huis, met
„roode deuren en vensters; en van binnen alles rood en alles donker.
„Nu; meheer weet wel dat we daar allemaal arm zijn, allemaal even
„arm, — ik kan et niet anders zeggen, net precies, denk ik wel, als
„op 't kerkhof. Ik en een ander verdienen iets, maar et helpt niet.
„We brengen et in by den vader; en de vader geeft ons alle weken
„zakduiten. Dat is goed, meheer! dat is heel goed. Als ik oud
„word, verdien ik geen koperen cent meer; maar ik krijg toch den
„zakduit. Hier,” zei hy, een bonten katoenen zakdoek uithalende,
„dezen, en,” op zijn tabaksdoos kloppende, „en deze, heb ik van
mijn zakduit gekocht.”

„Het was aandoenlijk een man van negenenzestig jaar te hooren
spreken van „als ik oud word!”

„KLAAS,” — ging hy voort — „zoo als meheer wel begrijpt, krijgt
„ook een zakduit. Maar wat doet KLAAS? KLAAS doet niets, dan
„nou en dan de straat voor iemand wieden. KLAAS houdt zich gek;
„KLAAS danst met zijn bochel; en als ie centen krijgt van de lui en
„van de kinderen, dan wandelt KLAAS de poort uit. Kent meheer de
„Vette Vadoek?”

„Neen, KEESJEN.”

„Et is een herberg in de Hazelaan. Daar drinkt KLAAS een borrel;
en wel reis twee, en wel reis drie borrels.”

„En als hy dan in 't Huis komt?”

„o Hy heeft allerlei kunsten. Hy neemt een groote pruim tabak.
„Hy haalt een oranjeschilletjen by den droogist. Soms merkt de va-
„der et. Dan krijgt hy een blok aan zijn been, want by is te oud om
„op den bok gelegd te worden, en men kan em ook niet op zijn bochel
„slaan; maar wat is 't, als ie met et blok loopt? Dan zeit ie tegen
„de kinderen: St... jongens! KLAAS is ondeugend geweest; KLAAS het
„een graantje gepikt; en de vader het KLAAS al zijn centen afgeno-
„men. Je begrijpt wel, meheer, dat ie dan nog meer opdoet?”

Ik begreep het volkomen.

„Maar dat zijn *zijn* zaken,„ ging KEESJEN voort, een schoen van mijn oom opnemende, dien hy smeeren moest, en hem dadelijk weer neerzettende: „maar wat hoeft hy my ongelukkig te maken? Weet u wat et is? Ik zal 't u vertellen. Ik had geld, — ik had veel geld, — ik had twaalf gulden!„

„En hoe kwam je daaraan, KEESJEN?„

„Met God en met eere. Ik had et gespaard, toen ik in de aptheek was. Soms, als ik een drankjen buiten de stad bracht op een buitenplaats of in een tuin, zei de meheer of de mevrouw: „geef den looper een dubbeltjen; 't is slecht weer.„ Zoo had ik twaalf gulden by mekaar. Ik mocht die in 't Huis niet hebben. Maar ik bewaarde ze, op me hart.„

„En waartoe bewaarde je die? Hadt je dat geld noodig, of deedt je 't alleen om 't plaisir van het te hebben?„

„Och, meheer!„ zei het diakenhuismannetjen, het hoofd schuddende: „Als ik het zeggen mag, de rijke lui weten dat zoo niet; de regenten weten 't ook niet; want zy hebben er geen zorg voor. 't Gaat alles goed by zulke menschen, by leven en sterven. Hoor reis; we hebben 't goed in et Huis; de regenten zijn goed; op vastelavond krijgen we bollen met botter; over drie weken, als de slacht is, krijgt et Huis een os, ik weet niet van welk groot heer die lang dood is. Dan eten we allemaal gehakt; en de heeren hebben een party en eten de ossentong. We hebben 't er heel goed; maar een mensch, meheer, denkt altijd om zijn dood.„

„Ik denk nog al dat je 't na je dood ook heel goed zult hebben, KEESJEN!„ zei ik.

„Ik hoop het, meheer: in den hemel is alles goed; maar dat meen ik niet. Ik wou me lijk verbeteren, weet u?„

„Wat is dat, KEES?„

„Hoor reis, als we dood zijn, dan leit men ons op stroo, en we krijgen 't goed an van 't Huis, net as wanneer we leven, en dan gaan we na 't kerkhof, in de put; dat wou ik niet. Ik wou als ik dood was geen diakenhuisgoed aanhebben....„

Hy zweeg een oogenblik, en weder kwamen de tranen:

„Ik wou in mijn kist leggen, ik weet niet, ik zal maar zeggen, zoo „als ik er mijn vader in heb zien leggen, met eigen goed; ik heb „nooit een eigen hemd gehad; één eigen doodhemd wou ik hebben.„

Ik was aangedaan. Spreek my niet van vooroordeelen. De rijken der aarde hebben er duizend. Deze arme man kòn alles verdragen: schrale spijs, een hard bed, en, naar de mate zijner jaren, harden arbeid. Hy had geen eigen huis, hy zou geen eigen graf hebben; o had hy dan ten minste de zekerheid, dat zijn allerlaatste gewaad het zijne wezen zou!

"Meheer begrijpt wel!" ging hy eenigzins schor voort; dat daar
"die twaalf gulden voor was. Het was veel te veel. Maar ik wou
"nog meer; ik wou fatsoenlijk begraven worden. Ik heb geen ver-
"stand van die dingen: maar ik had gerekend vier gulden voor het lin-
"nen, en dan twee gulden voor de menschen, die me zoüen afleggen;
"en tien stuivers voor een draagplaats aan twaalf dragers. Was dat
"niet knap geweest? De bediende van den aptheker had het zoo be-
"schreven, het geld was in een papiertjen, en alles in een leeren zak-
"jen; dat heb ik dertig jaar op mijn hart gehad... en nu is het weg...."
"Heeft KLAAS het gestolen?" vroeg ik.
"Neen," — zei hy uit het droef gepeins, waarin zijn eigen laatste
woord hem gestort had, oplevende: "Maar hy is er achter gekomen
"dat ik het had. Zijn kreb staat naast mijn kreb. Of ie het gezien
"heeft as ik me uitkleedde, of as ik me ankleedde, of toen ik ziek
"was; of dat ik er hardop van gedroomd heb, ik weet het niet. Ik
"zou wel haast zeggen dat ik er van gedroomd had; want ik denk
"er altijd om. — Verleden dingsdag had het den heelen voormiddag
"geregend, als meheer wel weten zal. KLAAS had geen cent opge-
"daan. Het was te slecht weer, de jongens hielden zich niet met hem
"op. Zijn zakduiten waren ook weg, en hy had een razenden trek
"om naar de Vette Vadoek te gaan. KEES," zeid' ie na den eten,
"leen me zes centen." "KLAAS," zeg ik, "dat doe ik niet; want je
"verzuipt ze maar." "KEES," zeid' ie, ik mot ze hebben," zeid' ie.
"Ik zeg: nou, je krijgt ze niet, hoor. "Weetje wat" zeid' ie; "KEES"
"zeid' ie, als je ze me niet geeft, zal ik aan den vader zeggen, wat je
"onder je hemd hebt, hoor!" Ik bestorf als een dock, en gaf hem
"de zes centen. Maar ik zei er by: "KLAAS je bent een schurk!" zei
"ik. Of hy toen daar toch kwaad om geworden is, kan ik niet zeg-
"gen; maar gisteren moet hy dronken geweest zijn; en toen de sup-
"poosten hem 't blok aan doen lieten, heeft hy als een gek geschreeuwd
"en gezongen: "KEES het geld! KEES het geld! onder zen hemmetjen
"het ie geld!" De broers vertelden 't me toen ik in 't Huis kwam.
"Ik was als een dooie. We gingen naar de mannenzaal en kleedden
"ons uit. KLAAS lag er al, en snurkte als een os. Toen ze allemaal
"sliepen, stak ik mijn hand onder mijn hemd om het zakjen weg te
"nemen, en als ik kon, in 't stroo van mijn bulster te verstoppen.
"Maar eer ik het los had, daar ging de deur open, en de vader kwam
"op de zaal met een lantaren. Ik viel achterover op mijn kussen,
"met het geld in me hand, en tuurde als een gek mensch na de
"lantaren. Ieder stap die de vader deed voelde ik op me hart. KEES!"
"zeid' ie, over me heen bukkende: "je hebt geld; je weet wel dat je
"dat hier in 't Huis niet verstoppen mag;" en met een trok hy het
"uit me hand. — "'t Is voor een doodhemd" — stotterde ik, en
"viel op mijn kniën in de krib — maar 't hielp niet. "We zullen 't

"voor je bewaren," zei de vader, en maakte het zakje open; en telde
"het geld bedaard. Mijn eigen oogen hadden het niet gezien sedert
"ik het er ingenaaid had; het was dertig jaar geleden; het was mijn
"eigen lief begrafenisgeldje. "Ik zweer je dat ik er niets voor doen
"zal," huilde ik, "dan me eerlijk laten begraven." "Daar zellen we
"zelf wel voor zorgen," zei de vader, en weg ging hy met het geld
"en met de lantaren. "KLAAS!" riep ik hem na, heeft het je ver-
"teld, omdat ie". ... maar wat hielp het of ik gezeid had, omdat
"ie een lap is? wat hielp het of ik hem verteld had, dat KLAAS alle-
"dag naar de Vette Vadoek ging? ik had er mijn geld niet mee
"weerom. Ik heb de heele nacht geen oog toegedaan. — Het is
"wat te zeggen...."

"Zou er by de regenten niets aan te doen zijn, KEESJEN?" vroeg
"ik vertroostend.

"Neen! neen!" snikte hy, de hand op zijn borst rondwrijvende,
als zocht hy er het geld nog; "het geld moest weg; dat is een wet zoo
"oud als het Huis, en het Huis is zoo oud — zoo oud als de wareld!"

"Dat 's wat kras, KEESJEN," zei ik, "en wanneer...."

Hy liet my niet uitspreken:

"Wat kras! Het is niemendal kras: zijn er dan niet altijd armelui
"geweest zoo als ik, die aan de diakonie kwamen, en van de diakonie
"moesten eten en drinken, en bed en leger hebben, en begraven
"worden, — maar ik wou begraven worden van mijn eigen geld, —
"en ik wou zeker weten dat ik van mijn eigen geld begraven zou wor-
"den; en dat was mijn grootste troost; en daarom droeg ik het vlak
"op mijn hart. — O als KLAAS wist dat hy me dood maakte!"

"Hoor eens, KEESJEN," zei ik, "je zult en moet je geld weerom
hebben, ik beloof het je: ik zal mijn oom er over spreken: hy kent
zeker de regenten wel; wy zullen zien of zy de wet voor een oud,
braaf, oppassend man als gy zijt, niet eens zullen willen overtreden.
Maak er staat op, KEES, je zult je geld weerom hebben."

"Zal ik?" zei de arme man, door mijn stelligen toon bemoedigd.
"Zal ik, wezenlijk?"

En zijn oogen afvegende met een blij gelaat, gaf hy my de hand, —
en in zijne behoefte om my ook iets aangenaams te zeggen, vroeg hy:

"Smeer ik uw laarzen netjes genoeg?"

"Overheerlijk," zei ik.

"En is uw jasjen goed genoeg geborsteld?" vroeg hy verder; "als
"er iets aan mankeert moet meheer 't maar zeggen."

Dat beloofde ik hem, en ging in huis. Maar hy kwam my achterop, met den linkerarm in een laars van PIETER en den schoenborstel
in zijn regterhand. "Vraag excuus, meheer! dat ik zoo vrijpostig
ben," zei hy, "maar mag ik u nog wel iets verzoeken?"

"Wel ja, KEES!"

„Als meheer na de regenten gaat," hernam hy, moet meheer maar net doen als of ie van niets weet."

„Ik beloof het u, KEESJEN!"

Ik ging naar mijn oom, en wist hem te bewegen naar de regenten te gaan. De president liet den vader by zich komen, en liet daarna den vader rondgaan by de andere regenten, om ze tot een extra vergadering te convoceeren. Op die vergadering moest eerst KEESJEN binnenkomen, en vervolgens buiten staan; daarna moest ook de vader binnenkomen, en vervolgens buiten staan. Daarop werd er een uur gedelibereerd, hetwelk hoofdzakelijk daarmeê werd doorgebracht, dat de president gedurig zei dat hy de zaak aan de heeren overliet, en de heeren gedurig zeiden dat zy de zaak aan den president overlieten.

Daar het zoo niet blijven kon, bracht eindelijk de president het advies uit, „dat het, aan den eenen kant, wel doenlijk was KEESJEN zijn geld terug te geven, daar KEESJEN een man was van voorbeeldig gedrag, die het geld zeker tot aan zijn dood toe zoo goed bewaren zou als de ijverige thesaurierzelve," (waarop de ijverige thesaurierzelve boog) — „maar dat aan den anderen kant de ijverige thesaurier het weder even zoo goed bewaren zou als KEESJEN, en dat het dus volstrekt niet noodig was KEESJEN in het vooroordeel te stijven dat zijn geld beter bewaard zou worden, en zekerer tot deszelfs, d. i. KEESJENS, doel zóu worden aangewend, indien hy, KEESJEN, het zelf bewaarde, dan indien de ijverige thesaurier het bewaarde; en dat dit zijn advies was.

De secretaris meende echter met eenig recht dat dit advies den knoop niet genoeg doorhakte, en stelde dus onder verbetering voor, „tot een van beide de maatregelen over te gaan;" — waarop de thesaurierzelf de edelmoedigheid had „afstand te doen van het custodiëeren der penningen in quaestie," en men eenparig besloot aan KEESJEN zijn twaalf gulden, weder behoorlijk in het zeemlederen zakjen vastgenaaid, terug te geven.

KEESJEN heeft nog twee jaren lang zijn geld „vlak op zijn hart" gedragen. En toen ik in 't verleden jaar het kerkhof te D. zag, was 't my zoet te mogen denken, dat aldaar in het algemeene graf der armen, één man sluimerde, die er eerbiedig was heengedragen door twaalf broeders van zijne eigene keuze, nadat hy, ook eenigzins door mijn toedoen, in de gerustheid was ontslapen dat hy in zijn eigen doodskleed zou worden gewikkeld.

Had hy misschien in zijn laatste oogenblikken nog aan HILDEBRAND gedacht?

Er komen menschen op een kopjen thee, om verder het avondtjen te passeeren.

Des zondags avonds was de tuinkamer in haar schitterendste pracht. Ik zal pogen er u een flaauw denkbeeld van te geven.

Verbeeld u een ruim vierkant vertrek, met een vierkante tafel in het midden, waarvan het vierkante groene kleed is afgenomen en vervangen door een vierkant zilveren theeblad, waarop een degelijk ouderwetsch porcelein theeservies prijkt, lange lijzen met zes merken. Daarom heen staan vijf stoelen geschikt, met hooge ruggen, en zittingen van groen gebloemd trijpt. Men maakt dat tegenwoordig zoo goed niet meer. Als men onder de tafel kijkt, ziet men als twintig vurige oogen, vanwege vier stoven; de vijfde vonkelt niet, het is een steenen. Daaraan en aan de plaatsing van het theegoed en aan den verlakten ketel, die naast den stoel staat, ken ik de plaats mijner eerzame moei. Midden op de tafel staat een dierbaar pronkstuk. Het is een verbazend groote bronzen lamp, die door een olifant getorscht wordt, in wiens voetstuk een speelwerk verborgen zit. By deze byzondere gelegenheid, ligt er, reeds vóór november, een netgebouwd turfvuurtjen in den helder gepolijsten haard; het is alleen maar opdat er met schik stoelen om heen zouden kunnen worden gezet voor de heeren. De smalle marmeren schoorsteenmantel is versierd met eene pendule, voorstellende een negerslaaf met witte oogen, roode neusgaten, en gouden voorschoot, die op eene ongedwongen wijze een wijzerplaat onder den arm houdt; en aan de beide kanten met twee vaasjens met gekleurde bloemetjens onder stolpjens, zoo poppigjens en kleintjens, dat men ze voor de pas geboren kindertjens houden zou van die groote stolp met opgezette vogels, die tegenover den schoorsteen op een bruinhouten tafeltjen met ééne lade pronkt. Het schoorsteenstuk vertoont in stukadoorwerk eene aangename party weverskammen, weversspoelen en evershaspels, in een luchtigen strik byeengebonden en halfbegraven onder witsellagen van onderscheidene formatie.

Maar wat de feestelijke zaal, niet alleen nu, maar altijd den meesten luister byzet is zonder twijfel, boven een hooge grijze lambriseering, op sneê verguld, het prachtig behangsel, beschilderd met niet onaardige bergachtige landschappen, met op- en ondergaande zonnen, zandwegen met diepe sporen, en waterplassen met riet en zwanen; voorts gestoffeerd met vrouwen met manden op den rug, waar boven uit een bos stroo steekt; mannen aan den waterkant die aan lange hengels visch opslaan; kinderen met bloote hoofden en bloote voeten, die by een geit in 't gras liggen; reizigers op bruine paarden, met den rug naar u toe om het valies te laten zien: en op witte paarden, die een dunne rijzweep zeer recht op houden: wandelaars met énorme wandelstokken en driekante.... Wat ga ik zeggen? Ja, zy hadden driekante hoeden op gehad, maar die tijd was voorby; de kamer was, voor een paar jaar, "opgeknapt," en de heer PETRUS STASTOKIUS Sen., hoe ouderwetsch ook in vele opzichten, had in dezen gemeend eene proeve te moeten geven, dat hy met zijn tijd was vooruitgegaan. Hy had al de costumen laten moderniseeren. Een geestig schilder had op zijn gebod al de hoeden veranderd, naar het toen nieuwste model by den hoedenmaker gehaald, en al de wandelaars hadden bruine, geele of gestreepte pantalons aangekregen met soupieds en naar de nieuwste snede. Al de pruiken waren verbannen. De dames, die tot hier toe de openlijke bewijzen hadden gegeven dat onze grootmoeders veel meer gedécolleteerd waren op hare wandelingen dan onze zusters op haar bals, hadden hooge japonnen met stukken, wijde mouwen, en lange lijven ontfangen, en zelfs het hair der halfnaakte kinderen was in naam der beschaving geknipt.

't Is waar, dat deze vernieuwerwetsing in vele opzichten nog veel te wenschen overliet, vooral ten opzichte der rottingen, regen- en zonneschermen, die hunne vorige gestalte hadden behouden, maar de waaiers waren allen in bloemruikers veranderd, en dus bestond er van dien kant volstrekt geen tijdsverwarring meer.

Toen mijn oom en tante dit alzoo met wijsheid hadden laten in orde brengen, meenden zy zich van hun plicht gekweten te hebben, en een offer aan den Moloch der negentiende eeuw te hebben gebracht, groot genoeg om hun te vergunnen voor hun persoon die eeuw op velerlei wijze te honen en te ontkennen; want om de waarheid te verklaren: de heeren en dames op 't behangsel waren mijnheer en juffrouw STASTOK een goed eind vooruit; en daar zy op dezen heuchelijken avond op hun mooist gekleed zijn, vooreerst omdat het zondag is, en ten anderen omdat zy "menschen wachten," wil ik deze gelegenheid waarnemen om u eene tot nog toe verzuimde beschrijving van hun persoon en voorkomen te geven.

Het is nog doodstil in de tuinkamer, diezelfde tuinkamer, zou een redenaar zeggen, die zoo aanstonds weergalmen zal van het luidruchtige gesnap eener vrolijke menigte. Ik verneem er niets dan het gezellig gezang van het theewater, dat door de tuit stoomt, en het spinnen van de cyprische poes, die voor den haard zit, verwonderd van zoo vroeg in 't jaar vuur aan te zien. Ik ruik er niets dan den theeketel, die nog lang niet dikwijls genoeg gebruikt is om niet te stinken; en ik zie er behalve de voormelde poes niemand anders dan mijn deftigen oom, die met den rug naar 't vuur gekeerd, en met de handen op dien rug, beschenen wordt door de vier waskaarsen op de vergulde lustres aan zijn schoorsteen, en wiens beeld zich weerkaatst in den spiegel tegenover hem. Een heerlijk oogenblik om zijn portret te maken! Mijn oom, schoon in de zestig jaren oud, is hetgeen men voor dien ouderdom, nog "een kras ventjen" noemt. Hy heeft geen grijs hoofd, vermits hy een bruine pruik draagt, die over zijn ooren gaat, en waar hy bygevolg door heen moet hooren; hy heeft een rond, blozend gezicht, volstrekt geen bakkebaarden, een niet onaardig bruin oog, en een onderkin. Hy is niet groot van postuur, en heeft, om hem recht te doen, geen ander lichaamsgebrek dan zijn hooge linnen halsboorden. Deze zijn heden, wegens het feest van den dag, nog eens zoo hoog, zoodat ze zelfs de uiteinden van zijne ooren in eenige ongelegenheid brengen. Hy draagt overigens een wit stropjen, een overhemd met jabot; een wijden zwarten rok, die van achteren gezien wel wat van een jas heeft; en nog altijd een korten broek, zoodat men in de gelegenheid is zijn welgevormde kuiten te bewonderen, die in fijne floretten kousen steken. Op dit oogenblik treedt mijne tante binnen, die het toilet van mijn oom volmaakt, door hem een grooten, schoonen, witten linnen zakdoek met breede zoomen aan te bieden. — Gy hebt lang gemerkt dat zy een neepjens-mutsjen draagt. Zy heeft van avond het beste op, met een net wit satijn lintjen met tandjens; — het heugt my hoe ik mijn grootmoeder zulke lintjens voor haar verjaardag gaf! — Zy draagt het hair gepoeierd, althands er komt een weinigjen van dat wit, met een mesjen gelijk gestreken, op haar voorhoofd, en dat staat heel wel by haar helder, welgedaan gezicht, en bij de goelijke kuilen, die als zy spreekt in haar wangen komen. Zij heeft om haar hals een aardig snoertjen van kleine paarlen met een juweelen bootjen, en een hoogen dikgeplooiden kamerijkschen doek in haar lagen japon van weerschijnen zijde met ruim lijf.

Wy laten haar eenigzins vermoeid van al de beredderung plaats nemen om thee te zetten, en slaan terwijl onze oogen op PIETER Jr., die juist binnentreedt. Ook hy ligt onder, wat de zeelieden noemen, zijn beste tuig. Hy is (ik moet het zeggen) volmaakt naar de mode gekleed; een zwarte pantalon met soupieds, een zwart satijn vest, een blaauwe rok met glimmende knoopen; en toch ziet hy er infaam ouderwetsch uit. Want de pantalon is zoo kort, en de soupieds zijn zoo lang, en het vest is zoo laag uitgesneden, en zoo wijd om het midden; en de rok is zoo smal van kraag, en zoo breed van rug; en waarom verstokt hy zich nu om zich met een bruine zijden strop te willen uitzonderen, in plaats van een zwarte om te hebben, als alle fatsoenlijke menschen?

Oom kijkt een paar malen op zijn horloge, om aan te merken dat Ds. S. het geweldig lang moet maken. Dit is, in 't voorbygaan gezegd, de eenige reden, waarom PETRUS STASTOKIUS Sen. nooit diaken of ouderling heeft willen worden, omdat hy alsdan genoodzaakt zou zijn op zijn beurt ook by die predikanten te kerk te gaan, die niet als hy lieden van de klok zijn.

Het duurt evenwel niet lang of een bescheiden belletjen kondigt de aankomst van den eerstverschijnenden gast. Wy zullen hem en al de anderen hun jassen en mantels laten afdoen, en in handen stellen van KEESJEN, die van avond byzonder verlof heeft om later in 't Huis te komen; hen vervolgens pijpen laten stoppen, en komplimenten maken over *de zorg,* hen daarna een uurtjen laten praten, over 't weer, over de kou in de kerk, over het verkieslijke van een open haard boven een toe kachel, over den stand der fondsen, over het werk van de dames, en over de laatste verkooping van huizen, en het laatste plan van den stedelijken raad om een brug te leggen over een water, waarover reeds voor tien jaren een brug is noodig geweest; om u daarna op eens midden in 't gezelschap binnen te leiden, en u al zijne leden in hunne grootheid te laten aanschouwen. Gy kunt ondertusschen zelf een versche pijp stoppen.

De man, dien gy by den haard ziet, met mijn oom in druk gesprek gewikkeld over de meerdere voortreffelijkheid van de inrichting der gilden, zoo als die vroeger bestond, boven die van de patenten, onder het ministerie GOGEL ingevoerd, is een oude kennis, en niemand anders dan de zilveren man uit de diligence. Hy is evenwel zoo min een zilversmit, als de piqueur een commissaris van policie was. Ik ben ongelukkig in mijne waanwijze gissingen geweest. Hy is alleen maar oudste commies ter secretarie van de stad D. Hy behoort tot die menschen, die jaar en dag in WAGENAAR, en in de vervolgen op WAGENAAR, alsmede in de boeken van LE FRANCQ VAN BERKHEY, en in TUINMANS Hollandsche Spreekwoorden studeeren, terwijl hun verdere lektuur bestaat in onbeschrijflijk veel preeken, en reizen rondom de wareld. Hy kan met wijsheid op zijn snuifdoos kloppen, en verklaren hoe een snuiter heette in den tijd, toen de kaarsen nog niet gesnoten werden, en voor hoe veel geld men een huis kon huren, in een jaar, waarvan hy in de stoffige papieren der secretarie een rekening gezien heeft. Hy heeft een groot gezag in het beoordeelen der talenten aller predikanten; en in 't geheel, als er iets is in de familie dat duister voorkomt, richt men zich tot den heer VAN NASLAAN, die onbegrijpelijk veel gelezen heeft. Het is echter waar, dat in de laatste jaren de pedanterie van den jongen PIETER 's mans autoriteit veel kwaad heeft gedaan, vooral omdat gemelde PIETER het alle voorrechten verzekerende latijn verstaat.

PIETER en ik worden bezig gehouden door een langwerpig man van een groote dertig jaren, met een kaalachtig hoofd, en in een langen sluitjas, die den naam dráágt van den heer DORBEEN, en den naam hééft van droog komiek te zijn. Behalve dit oefent hy het ampt van makelaar uit. Hy vraagt ons naar studentengrappen, die sedert de oprichting der academiën aan alle academiën jaarlijks eens gebeurd moeten zijn, die hy gehoord heeft in zijn jeugd, die aan my en aan PIETER verteld zijn, als onder onze laatste voorgangers aan de academie geschied, en die waarschijnlijk nooit hebben plaats gehad, en nooit zullen plaats hebben; en als hy er een opgehaald heeft die heel aardig is, dan vraagt hy dadelijk een baleintjen en steekt zijn pijp door, met een gezicht zoo lang en zoo akelig, dat hy duidelijk aantoont hoe droog komiek hy is. PIETER is onder zijne verhalen afgetrokken, rookt wanhopig door, grinnikt als er een vertelsel, en stopt een nieuwe als er een pijp uit is. Ik sta op heete kolen om eens nader kennis met de dames te maken.

De heeren zullen zeker liever by den wijnstok blijven?″ zegt mijn welgedane tante, vriendelijk omkijkende, en een ruimen witten ketel opbeurende: ″PIETER wil misschien wel een kopjen slemp?″

″Dat wil ik óók wel, tantelief!″ zei ik, en trad naar haar toe, om haar den grooten ketel vooreerst wat lichter te maken, daar zy hem onmogelijk tillen kon. Weet gy voor wie ik inschonk?

Voor een deftige dame, die als mijn tante zat te breien, maar toch meer naar de mode gekleed was en de wettige echtgenoot van den commies, echter veel jaren jonger dan hy; voor een jeugdige zuster van dezen haren man, van een veertig jaar, met kalfsoogen, die by haar inwoonde met het voorrecht van de wasch voor haar te doen, haar kousen te mazen, haar hoeden te vermaken, en haar japonnen af te dragen; als ook voor haar dochtertjen KOOSJEN, een meisjen van ik denk zeventien jaren, die er met haar gescheiden bruin hair en rozenrood japonnetjen allerliefst uitzag; en behalve voor tante en myzelven, voor de zeer modieuse gade van den makelaar, die de eenigste mevrouw van de party was, een énorme muts met vuurrood lint droeg, en een niet minder énorme gouden gesp aan haar ceintuur.

Mejuffrouw van NASLAAN was een zeer wijze dame, die zeer verstandige bevindingen had. Zoo vond zy byv. een kouden tocht altijd erger dan een koude lucht; zoo vond zy altijd, dat het op een heeten dag nog al eens wat helpt als er wat wind is; zoo merkte zy op, dat als men veel verloor, het altijd nog een troost was als men iets behield; zoo had zy ontdekt, dat als men ergens aan gewende, zoo iets gemakkelijker viel dan als men er volstrekt *niet* aan gewoon was; zoo was zy er zelfs, door vlijtige en innige nasporingen op het stuk der zielkunde, toe gekomen, een wezenlijk onderscheid tusschen menschen en menschen waar te nemen en met grond te kunnen verklaren: dat de eene mensch de andere niet was; en dergelijke verstandige dingen meer, die haar een groote reputatie van knapheid en ervarenheid gaven onder de vrouwen van haar kennis; en daar zy van alle eenvoudige zaken zei, dat er meer achter zat, en alle dingen geestiglijk by muisjens vergeleek die staartjens hebben zouden, zoo hield men het er met reden voor dat zy meer zag dan een ander. Mevrouw DORBEEN daarentegen was een rammel, trotsch op haar mevrouwschap, haar muts, en haar echtgenoot; ik had van haar hooren spreken als van iemand die heel mooi een vers opzei, dat ik wel geloofde, daar zy sterk braauwde, en zeer rollende bruine oogen bezat.

De manszuster van mejuffrouw VAN NASLAAN heette MIETJEN, en was volstrekt niets dan een goed mensch.

Met uitzondering van deze die niets, en van de lieve zeventien-jarige die zeer weinig sprak, praatten de drie dames byna allen te ge-lijk, en de heeren by het vuur zongen er de tweede party toe. By-voorbeeld:

"Hoor eens, me lieve juffrouw STASTOK," zei mejuffrouw VAN NA-SLAAN, haar breiwerk neerleggende en haar wijsvinger op de hand van mijn tante drukkende: "Hoor eens, me lieve juffrouw STASTOK; "je hoeft er me niets van te zeggen; ik weet" (hier kneep zy hare oogen op eene interessante wijze dicht) "ik weet dat allemaal wel; "ik ken die menschen door en door; en zoodra als ik hoorde dat "KEETJEN dàt in 't hoofd had, wist ik wel hoe de vork in den "steel stak."

Hierop nam zy haar breiwerk weer op, en telde de steken na van het naadtjen, waar zy aan bezig was.

"Ja maar, KOOSJEN!" rammelde mevrouw DORBEEN, voorby MIE-TJEN VAN NASLAAN heen sprekende, en die met haar roode linten zoodanig voor de oogen schitterende, dat de goede ziel den anderen dag betuigde, er wee van te zijn geworden: "je kunt je niet begrij-"pen hoe druk DORBEEN het heeft; dat is van den ochtend tot den "avond; daar hadtje nog van morgen mijnheer VAN DER HELM," (deze was, moet men weten, de grootste heer uit de stad, wiens zaken DORBEEN waarnam) "daar hadtje nog van morgen mijnheer VAN DER "HELM, al vóór den ontbijt; hy ging op de jacht, en wou DORBEEN "nog eerst spreken; nu is hy gelukkig heel eigen by ons, zoodat het "er niet op aankwam dat DORBEEN nog niet gekleed was; maar zoo "gaat het dag op dag; nu heb ik het ook wel druk met de kinde-"ren, maar ik zei tegen DORBEEN: weetje wat, ik ga er zelf maar "eens op af. Nu is DORBEEN daar altijd heel wel van, en vindt het "altijd goed zoo als ik het maak....."

"Jufvrouw MIETJEN, nog niet een roomsoesjen?" vroeg mijn tante — "jy ook niet, KOOSJEN? Wel kind! wat heb ik je in lang niet eens "hier gezien. Het heugt me nog dat je met PIETER speelde. Ja, "kleine kinderen worden groot, KOOS!"

"Dat zeg ik zoo dikwijls," zei mejuffrouw VAN NASLAAN. "Waar

„blijft de tijd? en ik zeg maar, hoe ouder datje wordt, hoe meer
„de tijd vliegt; maar je jonge jaren, kind! zeg ik alle dag tegen KOOS-
„JEN, leer dat van my, die komen nooit weêrom."

„En dat zijn van die dingen," klonk het van den schoorsteen uit
den mond van den heer VAN NASLAAN, met plechtige langzaamheid,
en afgebroken door het statig uitblazen van tabaksrook: „dat zijn van
„die dingen, mijn goede vriend! — (phoe), die u — (phoe) en my —
„(phoe) en een ander... (phoe, phoe) ongelukkig maken. En onze
„voorvaderen," — hier nam hy de pijp uit den mond, om er den derden knoop van mijns ooms rok onder 't spreken onderscheidene tikjens
meê te geven — „onze vaderen... ik vraag je of ze der zoo veel
„slechter aan waren dan wy? — onze vaderen, mijnheer! hielden zich
„met die dingen niet op."

„Neen!" verklaarde mijn oom, in edele opgewondenheid een versche
pijp stoppende: „dat waren andere menschen! die wisten — PIET, geef
me 't comfoortjen reis aan — die wisten handen uit de mouw te ste-
„ken, al zeg ik 't zelf — en wat ik altijd zeg — ze pasten op er
„tijd. *Mijn* vader was altijd 's morgens kwartier voor zessen gekleed
„en geschoren — kom daar nù reis om!"

En zijn pijp op 't vuur zettende, spande hy een schrikkelijke kracht
in om haar op eens aan te trekken, en ze toen omkeerende, en een
mond vol rook tegen den kop blazende, herhaalde hy, door de inspanning half uit zijn adem: „Kom daar nù reis om!"

„Ja, lieve vriend!" zei DORBEEN tot PIETER, byna een der vergulde knoopen van diens nieuwerwetschen ouderwetschen rok aftrekkende,
daar hy met hem in gesprek was geraakt over een der rijkste jongelui die te Utrecht studeerden: „Zijn vader heet *Goedelaken*, maar
„hy mocht wel *Goudlaken* heeten."

Dit was een trant van geestigheid waarin de heer DORBEEN sterk
was; en daar PIETER grinnikte, en mijn oom die 't ook hoorde, zijn
hoofd lachend schudde, en de grap voor den heer VAN NASLAAN
herhaalde, merkte mevrouw DORBEEN dat er iets grappigs aan de hand
was, en haar gevuurvlamd hoofd opheffende, zeide zy allerinnemendst:

„Lieve DORBEEN! laten de dames ook reis wat van u hooren."
Allen zagen hem aan en zwegen.

„Beste schat!" zei DORBEEN, toen het heel stil was, met een lief
lachjen — „zy hebben immers al heel veel van my gehoord."

„Hoe zoo?" vroeg mevrouw DORBEEN.

„Wel, ze hooren immers u, mijn beste! en zijt gy niet van my?"
andwoordde hy heel droog komiek.

Allen lachten, maar het lieve zeventienjarige KOOSJEN had moeite,
en daarom vond mevrouw DORBEEN het gepast haar lachende toe te

voegen: "Och KOOSJEN! zoo is hy altijd; trouw nooit, kind, want de "mannen laten er haar vrouwen altijd inloopen."

PIETER was intusschen achter den stoel van KOOSJEN gaan staan rooken, en werd op deze woorden bleek. Hy gevoelde dat hy er nooit iemand, laat staan een vrouw, laat staan de zijne, in, zou, kunnen, doen, loopen.

Daar nu toch de muur gevallen was, die op dergelijke byeenkomsten, welke men in de burgerkringen een kopjen thee en verder het avondtjen te passeeren, of ook wel een presenteertjen, of een aangekleede pijp, of een aangekleede boterham noemt; daar nu toch zeg ik de muur gevallen was, die op dergelijke byeenkomsten de mannen van de vrouwen scheidt, en er als 't ware eene verbroedering der beide seksen had plaats gehad, en daar mevrouw DORBEEN op eene ongezochte wijze het voorwerp der algemeene opmerkzaamheid geworden was, vond mijn oom goed met een verzoek voor den dag te komen, dat hy reeds lang op 't hart had gehad:

"Nu mevrouw! maar je zult toch ons en de vrienden wel een plaisir willen doen."

"Wel zeker, mijnheer STASTOK!" en zich, met eene bescheidenheid groote geniën eigen, spoedig tot mejuffrouw VAN NASLAAN wendende, "wat hebje daar een lief patroontjen van een kraagjen om!"

"Ja, mevrouw!" was het andwoord; "ik zeg altijd duurkoop goed-"koop. Want ik vind dat het beste goed het 't beste uithoudt. "Ik had het in den winkel by VAN DROMMELEN gezien, en ik zeg "tegen mijn kinderen, als ik nu reis weer jarig ben...."

"Hoor eens," zei STASTOK tegen DORBEEN: "je moet maken dat je "vrouw reis reciteert, hoor."

"Heeremijntijd ja, je moet stràk stellig reis reciteeren, lieve me-"vrouw:" zei mijn tante met eenige ongerustheid, en op het woord strak zoo veel kracht leggende als zy in bescheidenheid doen kon.

"Och toe, mevrouw!" zei KOOSJEN met een allerliefste uitdrukking van oog.

Hè ja!" zei MIETJEN met de kalfsoogen.

"We moeten mevrouw niet overhaasten;" zei mijn tante.

"Neen!" zei mevrouw DORBEEN, eenigzins bleek wordende: "Als het dan moet, moet het in eens maar. Wat wil je hebben? Kom, het Rhijntjen dan nog maar reis." En haar schaar opnemende, om die onder 't opzeggen by iederen nieuwen regel open te doen, en by 't invallen der cæsuur toe te knijpen, begon zy met een door confusie wat heesche stem, die gedurig scheller werd:

> Zoo rust dan *eind*lijk, 't ruwe *noord*en,
> Van hagel*jacht* en stormgeloei,
> En rolt de *Rhijn* weer langs zijn *boord*en,
> Ontslagen *van* den winter*boei*.

5

Toen zy zoo ver gekomen was, hield mevrouw DORBEEN haar zakdoek voor den mond en had een hevigen aanval van hoesten. Zy begon op nieuw en geheel in denzelfden toon, maar andermaal bracht zy 't niet verder dan den winterboei. Zoodat mejuffrouw VAN NASLAAN dadelijk begreep dat zy wel ingezien had dat er achter dien hoestbui meer zat.

Mevrouw DORBEEN werd zoo rood als de linten van haar muts, staarde in de lamp, en zei nogmaals als om weer op gang te raken:

Ontslagen *van* den winter*boei* —

Nieuwe stilte.

„Die winterboei boeit je tong, lieve!„ merkte mijnheer DORBEEN droog komiek aan.

„Foei! daar had ik het nou net, en nou breng jy er me weer af. Wacht!

Zijn waatren *dren*ken de oude zoomen,
En 't landvolk„

hier werd de stem zeer hoog:

„SPÉlende aan zijn vloed,
Brengt vader *Rhijn* den lentegroet....„

Zoo ging mevrouw DORBEEN op een hartroerende wijze voort het hartroerende meesterstuk des grooten BORGERS te bederven. By het derde couplet begonnen hare oogen te rollen, en by het vierde rolden zy zoozeer, dat ik vreesde dat ze van hare wangen af rollen zouden. Zy was nu al rollende en braauwende, en zingende en gillende gekomen tot:

Noem hij deze *aard* een hof van Eden,
Die altijd *mogt* op rozen gaan....

Ach, mein lieber Augustin, Augustin, Augustin!

klonk het over tafel.

Het was het speelwerk in de lamp, door mijn tante, in schijn van lepeltjens uit het lepeldoosjen, dat voor den olifant stond, te zoeken, opgewonden. Ik begreep nu waarom zy er zoo op gesteld was geweest, dat mevrouw DORBEEN haar recit zou hebben uitgesteld.

Mevrouw DORBEENS oogen, die net gereed stonden om met

Ik wensch geen *stàp* terug te *trèden*,

hevig uit te rollen, rolden terug met de snelheid van een stoomrijtuig.

„Wat is dat?„ riep ze.

„Dat is een waltzjen,„ zei haar man.

„Neem my niet kwalijk, mevrouw!„ smeekte mijn tante, „ik had het

„opgewonden. 't Is het speelwerk uit de lamp. 't Is anders de aardigheid,
„dat het zoo onverwachts begint, een poosjen nadat het opgewonden
„is . 't Was om de vrinden te verrassen. Ik had gehoopt dat UE. wat
„later zou hebben gereciteerd; — nu komt het er ook zoo mal in.„

Mijn tante zou gaarne, in dat oogenblik van confusie, den geheelen
bronzen olifant den kop ingedrukt hebben, maar er was niets aan te
doen, en in blinde opgewondenheid ging hy voort met zijn

Ach mein lieber Augustin!

Het was een tartend geluid voor mevrouw DORBEEN, en zy beefde inwendig van toorn.   Zy hield zich evenwel goed, en met langzame teugen
een kopjen slemp uitgedronken hebbende, zei ze:

„Och! het vers was zoo goed als uit, de vrienden verliezen er niet
„veel by. Nu zal KOOSJEN wel eens wat willen doen.„

„KOOSJEN bloosde, en zei met de oogen op haar moeder geslagen:
„Ik kan niets, wel moeder?„

„Stil!„ zei DORBEEN: „het verandert weer:

„Où peut-on être mieux?„

En waarlijk, daar de olifant drie deuntjens kende, was er voor
niemand anders gehoor, dan voor het grootste der viervoetige dieren,
tot dat hy al zijn kunsten getoond had, en met een forschen tjingel
uitscheidde.

Mama VAN NASLAAN scheen van eene tegenovergestelde meening te
zijn, dan die welke haar lief kind, met het zoetste lipjen der wareld, had
beleden; zy geloofde veel eer dat haar KOOSJEN, niet alleen iets, maar
zelfs zeer veel kon, en knikte haar daarom toe ook icts in het midden
te brengen; waarop mevrouw DORBEEN zei:

„Wel ja, laat je ook reis hooren, KOOSJEN! ik heb nu „mijn plicht
gedaan!„

En tante riep: „Och ja, asjeblieft!„ en mijnheer DORBEEN, zeer
droog komiek, rijmde:

Kom Koosjen
Lief roosjen,
Reciteer reis een poosjen!„

En MIETJEN, die niets was, zei alweer: „Hè ja;„ en de oude STASTOK
zei: Kom aan,„ en stopte een pijp; en de jongere STASTOK verstoutte
zich om met een hooge kleur te zeggen: „Toe, als 't u belieft!„

Maar het lieve kind bloosde zoo sterk, en was zoo angstig, en verontschuldigde zich zoo smeekend, dat tante er medelijden meê kreeg,
en zei:

„KOOSJEN is misschien bang voor den vreemden heer; ik geloof dat
„we haar meer plaisir doen zullen als we 't voor deze keer te goed
„houden!„

Waarop mevrouw DORBEEN, haar oogen zeer sterk op den snuit van den olifant gevestigd houdende, op een aardig toontjen zei:

„Als die vreemde heer ons dan ook eens schadeloos wou stellen.
„Mijnheer HILDEBRAND kan immers ook wel een kleinigheid!„

„Dat was goed,„ zeiden allen, en mijn oom keerde zich om, om effen op zijn horloge te kijken; want hy wou om de dood niet graag dat er nachtwerk van wierd.

Men stopte nieuwe pijpen; de heeren gingen zitten; de heer VAN NASLAAN met een zucht; de heer DORBEEN met het oog van een kenner; PIETER met dat van een verachter; mijn oom met dat van iemand die pas op zijn horloge heeft gekeken en halftien heeft ontwaard. Ik stoorde my volstrekt niet aan de heeren; en plaatste my zoo, dat ik het lieve gezichtjen van KOOSJEN vlak voor oogen had; men moet wat hebben voor de moeite.

„Ik zal,„ zeide ik, toen alles doodstil was, „het gezelschap las-„tig vallen met een klein versjen. 't Is een vertaling van een mijner „vrienden, en uit het fransch.„

„Uit het fransch!„ herhaalde de heer VAN NASLAAN, met een bedenkelijk gezicht mijn oom aanziende.

„Kom aan, dat 's goed!„ zei mevrouw DORBEEN.

Alles was doodstil om den vreemden stoethaspel te hooren, maar geene der dames zag hem aan; vermits hare loffelijke bescheidenheid dit nooit gedoogt, als men in gezelschap iets voor haar opzegt; met uitzondering van mevrouw DORBEEN, die scheen te willen weten!of hy goed met zijn oogen rollen zou. KOOSJEN zat hevig te festonneeren, en ik zag niets dan haar gescheiden hair.

Ik begon:

Als 't kindtjen binnenkomt —

Pie-ie-iep! zei de deur, langzaam opengaande, en binnen kwam — geenszins een kindtjen, maar de vijftigjarige dienstmaagd in haar witte pak, belast en beladen met de aangekleede boterham in persoon, in de gedaante van een schat van broodtjens met kaas en rookvleesch, en een macht van ster-, ruit-, cirkel-, klaverblad-, en vischvormige gebakjens, die ondanks hunne verschillende gedaante, wegens de evenredigheid van hun inhoud, in het dagelijksch leven den wiskun= digen naam van evenveeltjens dragen.

Mevrouw DORBEEN kon een klein lachjen van zenuwachtige voldoening niet onderdrukken.

Er werd rondgepresenteerd, en ik wreekte my over de stoornis met een evenveel: en toen die op was, hervatte ik vol moed; ofschoon de uitwerking van den eersten regel bedorven was, en ik duidelijk zag dat de droogkomieke heer DORBEEN, toen ik de eerste woorden herhaalde, nog weer aan de vijftigjarige dienstmaagd dacht:

Als 't kindtjen binnenkomt, juicht heel het huisgezin;
Men haalt het met een lachje' en zoete woordtjens in;
Het schittren van zijn oog deelt aan elks oog zich mede;
En 't rimpligst voorhoofd (ook 't bezoedelste wellicht!)
Klaart voor den aanblik op van 't vrolijk aangezicht,
     Met iedereen in vrede.

't Zij we onder 't lindenloof des zomers zijn vereend,
't Zij 't snerpen van de koude ons stiller vreugd verleent,
En we om een knappend vuur de stoelen samenschikken:
  Als 't kind verschijnt, ziedaar een waarborg voor de vreugd;
  Men lacht, men troetelt, kust en tergt zijn dartle jeugd,
En moeders harte smaakt zijn zaligste oogenblikken.

Mevrouw DORBEEN lachte goedkeurend.

Soms spreken we om den haard, met ernst en met verstand,
Van wetenschap en kunst, van plicht en vaderland,

De Heer VAN NASLAAN knikte zeer verstandig.

Van staat, van godsdienst, van geschriften en gezangen;
  Het kind komt in: vaarwel kunst, godsdienst, plicht en staat!
't Wordt: kusjens voor den mond, en kneepjens in de wangen,
  En hobblen op de knie, en jok en kinderpraat.

"Dat is heel lief!" zei mijn goedhartige tante, halfluid.

Als na een duistre nacht van stormwind en van regen,
Een nacht, wen menigeen vergeefs ter rust gezegen,
  Naar 't woelig gieren hoort, dat 't kindtjen doorslaapt; als,
Na zulk een nacht, het rood des uchtends, dat de kimmen
Van liefelijken waas en zachten gloed doet glimmen,
  En blijde zangen vergt van 't vooglenheir des dals:

De heer DORBEEN kuchte. De heer VAN NASLAAN trok zijne oogen
en wenkbraauwen pijnlijk samen, als of hy vragen wilde: "waar moet
dat naar toe?" — Juist omdat hy dat ook niet wist, liet mijn ooms
gelaat onbepaalde bewondering blijken.

Zoo zijt gy, dierbaar kind! waar gy verschijnt, daar vluchten
En duisternis en nacht, en zwarte regenluchten;
  Gy zijt een heldre zon, een blijd en vrolijk licht;
Door d'adem van uw mond verwekt gy vreugd en leven,
Als zuivre koeltjens, die langs 't knoppig bloembed zweven,
  En 't blosjen sterken op der rozen aangezicht.

Want duizend lieflijkheên uit uw schoone oogjens schijnen;
Uw kleine handtjens, die ik berg in een der mijnen,

"Och heer!" zei mijn tante halfluid, en haar oogen werden allervriendelijkst klein.

Doen nog geen kwaad: gy weet nog niet wat dàt beduidt.
Wat lacht gy vriendlijk, als wy ze u met speelgoed vullen!
Klein heiligje', in een krans van glinstrend blonde krullen,
    Hoe lieflijk blinkt uw hoofdtjen uit.

KOOSJEN, die my van tijd tot tijd al eens had aangezien, hief haar
schoon gezichtjen op en staarde my aan. De allerlaatste regel was
volmaakt op haar toepasselijk.

Lief duifjen in onze ark! Uw mondtjen bracht den vrede,
De vreugde en 't zoetst geluk in onze woning mede,
    Zoo vurig afgesmeekt, met zoo veel angst verbeid!
Gy kijkt de wareld, waar gy niets van vat, in 't ronde!
Blank lijfjen zonder smet, blank zieltjen zonder zonde,
    Ik eer uw dubble maagdlijkheid!

Hoe heerlijk is het kind met lachjens op de wangen,
Met traantjens soms, maar ras door lachjens weer vervangen,
    De goede trouw in 't oog, en 't uitzicht zoo gerust.
't Slaat een verwonderd oog op 's warelds bont getoover,
En geeft zijn jonge ziel zoo blij aan 't leven over,
    Als 't ons zijn lipjens biedt, als 't wordt goênacht gekust.

Tante knipte een traan weg: mejuffrouw VAN NASLAAN knikte twee
à driemaal met het hoofd. KOOSJEN hield haar adem in en zag my
angstig aan, als ik vervolgde:

Bewaar my, Heer! my, en mijn broedren en mijn vrinden,
En hen zelfs, die een lust in mijne tranen vinden,
    Indien er zulken zijn misschien!
Dat zy nooit zomertijd, aan bloemen arm, bejammeren,
Of bijenlooze korve, of schaapskooi zonder lammeren,
    Of kinderlooze woning zien!

„Heeremijntijd! neef HILDEBRAND!" riep mijn tante; „neef HILDE-
BRAND, dat is mooi."

En ik wed dat zy aan PIETER dacht, toen hy klein was, maar
ook.... och, zeker ook aan het kleine TRUITJEN, dat gestorven was
vóór haar vijfde jaar, en waarvan zy niets over had dan een klein
vlokjen hair aan haar middelsten vinger.

„Hè ja;" zei MIETJEN met de kalfsoogen, die ditmaal velen vooruit was.

„Ik vind altijd," zei mejuffrouw VAN NASLAAN, „dat men moeder
„zijn moet om van zulke dingen het rechte te hebben."

„Niet waar, juffrouw VAN NASLAAN?" zei mevrouw DORBEEN. „O,
maar het is allerliefst: het vèrs," (zy drukte op het woord) „het vèrs
is allerliefst!" Zy wilde zeggen: wat het reciteeren betreft, dat kon beter.

KOOSJEN was geen moeder, en kon er dus het rechte niet van be-

grepen hebben, maar haar glinsterende oogjens en bleeke wangen zeiden genoeg dat zy de poëzy verstaan en gevoeld had.

"Van wien is het gedicht?" vroeg de heer VAN NASLAAN.

"Van VICTOR HUGO, mijnheer."

"VICTOR HUGO?" zeide hy, den klemtoon op den eersten lettergreep leggende en met een uitspraak als of er, in plaats van ééne
fransche, vijfentwintig goede hollandsche G's in 't woord geweest waren. "Ik dacht dat die man niet dan ijsselijkheden schreef. Ik heb
"in de Letteroefeningen, dunkt my.... Hé, dat ontschiet me; ik
"dacht dat het zoo'n bloederig man was."

"Ik weet niet, mijnheer!" andwoordde ik.

"Verwar je hem oók met JAQUES JULIN?" vroeg de makelaar.

"Is dat die, die dat boek over BARNEVELD geschreven heeft, dat
we laatst in 't leesgezelschap gehad hebben?" vroeg oom ter zijde
aan PIETER.

"Ja," zei mijnheer de makelaar. "Dat is een rare karel, naar ik
hoor. Hy schrijft voor geld, mijnheer, hy schrijft voor geld; pro en
contra schrijft hy voor geld."

"Ja," zei oom, zijn pijp uitkloppende," die franschen, 't is een
raar volk, al zeg ik 't zelf."

"Weetje wat ik ook altijd al een heel mooi verzenboek vind?"
zei mejuffrouw VAN NASLAAN, het gezelschap rondziende: "het Nut
der Tegenspoeden."

"Wat?" vroeg de heer DORBEEN, drooger en komieker dan ooit:
"het nut der regenhoeden?"

Er ontstond een groot gelach over deze aardigheid, hetwelk mejuffrouw VAN NASLAAN min of meer verlegen maakte; zy besloot dus
haar lofrede over het bekende geschrift van LUCRETIA WILHELMINA,
die voor een algemeen gesprek in de wieg gelegd was, als privaat gesprek den geest te laten geven.

"Indedaad" fluisterde zy mijne tante in: "het is een heerlijk boek,
en door een vrouw geschreven, maar ik kan je zeggen, dat je 't met
geen drooge oogen lezen kunt."

Het gesprek werd spoedig weder algemeen en levendig. Ik maakte
veel werk van de zeventienjarige, en PIETER week niet van haar stoel.
Ik poogde hem telkens te bewegen om ook reis iets te reciteeren, of te
zingen, of zoo; maar hy zei altijd, met een knorrig gezicht, "och
kom!" en "ik kan waaratje niets;" en hard wilde ik er niet op aan-
dringen, omdat ik oom nog al eens weer op zijn horloge had zien
kijken. Er kwam dus niets van; en ook moet ik bekennen dat de
familie STASTOK, door middel van den muzikalen olifant, tot het genoegen van dien avond te veel had bygedragen, om nog iets van
hare leden te vergen.

Het avondtjen liep verder vrolijk en gezellig af: en nadat al de dames en de beide heeren mijnheer en juffrouw STASTOK bedankt hadden voor de vrindelijke receptie, en PIETER voor zijn aangenaam gezelschap; en nadat mijnheer en mejuffrouw STASTOK plechtig hadden beloofd: *hun schâ eens te zullen komen inhalen;* en nadat de beide heeren elkander hoeden hadden opgehad, en tante met eigen hand al de dames, behalve KOOSJEN, wie ik niet kon nalaten zelf hierin by te staan, aan haar mantel had geholpen, en naar verkiezing er de kraagjens boven overheen gehaald, of, *alles er alsjeblieft maar onder,* gelaten had, ging men omstreeks half twaalf, recht van elkander tevreden, uitëen; en schoot er voor niemand eenig genoegen meer over dan voor de meid, die op eene nonchalante wijze zich de kwartjens liet welgevallen, die zy by 't weggaan der gasten schijnbaar toevallig in haar hand voelde vallen.

Oom had slaap, al zei hy 't zelf. Heeremijntijd! wat had mijn tante 't nog druk. Waaratje was knorrig. Onder zulke omstandigheden ging ik naar bed.

Pieter is waaratje verliefd, en hoe wy uit spelevaren gaan.

De knorrigheid waarmeê PIETER was te bed gegaan, was my in 't geheel geen raadsel geweest. Men heeft opgemerkt dat hy den geheelen avond niet by uitstek veel gesproken heeft, terwijl hy anders onder zijn vaders vrienden praats en pedanterie genoeg had. Maar twee kleine omstandigheden hadden hem gehinderd en belemmerd, te weten: liefde en haat. Het was my namelijk volstrekt niet ontgaan dat hy gedurig stille blikken had geworpen in het witte halsjen van KOOSJEN, en zeker openlijke blikken in haar gelaat had willen werpen, zoo hy het had durven wagen een geregeld gesprek met haar aan te knoopen. Verder was het my niet moeielijk gevallen te ontdekken hoe de goedkeuring hem gehinderd had, die de schoone verzen van VICTOR (hoe middelmatig en ongeregeld ook vertaald, en slechtweg voorgedragen) by haar hadden ontmoet; en hoe hy my èn de vrijmoedigheid waarmeê ik my daarna met haar in gesprek had begeven, èn de vrindelijke lachjens die my by die gelegenheid waren te beurt gevallen, had benijd. Hy had zich van dezen avond voor zijn verliefd hart, geloof ik, heel veel voorgesteld; maar KOOSJEN was vertrokken zoo als zy gekomen was, zonder dat hy haar één zoet woordtjen had toegevoegd, ten zy dan *hou je nog al van evenveeltjens?* hy had er op den duur *in gezeten;* hy had tegenover zijn eigen voornemens, en tegenover wat hy voor zijn hartstocht hield een

mal figuur gemaakt, wat wonder zoo hy uit zijn humeur geraakt was?
Ik wilde meer van dit alles hebben.

«Goeden morgen, PIETER;» riep ik, toen de keukenmeid den anderen morgen om zes ure als gewoonlijk hare knokkels op de kamerdeur had laten spelen, zonder dat ik evenwel mijn gordijnen openschoof; ik kon genoeg van hem zien.

«Goeden morgen, neef!» zei hy, op den rand van zijn bed in gedachten zittende, en nog zonder bril.

«Ik heb waarlijk van KOOSJEN VAN NASLAAN gedroomd!»

PIETER bloosde, en bukte om een kous aan te trekken, met zoo veel inspanning dat het lijken moest als of hy daarvan alleen een kleur kreeg.

«Zoo,» zei PIETER.

«Ja,» zei ik, «'t is een heel mooi meisjen.»

«Vindje dat?» vroeg PIETER, zijn tweede kous aantrekkende en naar de waschtafel gaande. «Ja 'et is een lief gezichtjen, maar zoo heel «mooi kan ik ze maar niet «vinden.»

«Niet?» riep ik verwonderd, overeind gaande zitten.

«Waaratje niet!» zeide hy.

Liefde die haar voorwerp verloochent verraadt zich ontegenzeggelijk.

«Ik wou dat meisjen wel wat nader leeren kennen, PIET! Zou er geen kans op zijn haar tusschen nu en overmorgen nog eens te ontmoeten?»

«Ik weet het niet,» andwoordde PIETER, de lampetkom overschenkende; «ga haar een visite maken.»

«Dat gaat niet, jongen!» zei ik; «maar weet je er niets anders op?»

«Wel neen!» sprak PIETER.

«Ik dan wel!» zei ik, uit het bed springende. «Zeg reis, PIET,» ging ik hem sterk aanziende voort; «hoe komt het dat je je bril vergeten hebt? — Kijk, 't is alledag heerlijk weer; we willen een roeischuitjen huren, en we gaan KOOSJEN en nog een andere dame van je kennis, liefst van je familie, vragen om ons de eer aan te doen «eens met ons te gaan varen.»

«Varen?» vroeg PIET op den toon der alleruiterste verbazing.

«Wel ja, varen; dat 's om te praten en te minnekozen veel beter dan rijden. Of wou je niet minnekozen? Heidaar, jongen! waarom trek je je pantalon verkeerd aan?»

«Och!» zei PETRUS, de knorrigheid van gisteren weer opvattende: «schei er uit met die gekheid. Ik bedank om door jou geplaagd te worden.»

«Jongen!» zei ik, «dat verstaje verkeerd. Ik plaag je niet; ik vraag maar of je niet wilt minnekozen?»

«Minnekozen,» hernam hy, met een schuinschen blik vol gramschap van onder zijn bril uit, en lippen dik van toorn — «minnekoos jij zelf!»

*„*Met plaisir , beste vrind! maar de meisjens willen my niet hebben.
*„*Ik ben te leelijk.*„*

*„*Je kunt mooi genoeg praten — mijnheer!*„* zei PIETER, met de tanden op elkaar, en bevende van haat.

*„*Ja!*„* andwoordde ik lachende, *„*maar ik geloof toch wel dat jy
*„*beter kunt minnekozen!*„*

Er kwam geen andwoord. PIETER haastte zich schrikkelijk met kleeden, en liep de trappen af. Toen ik beneden kwam, zat hy veilig onder de vleugelen van zijn ouders een pijp te rooken, als een fransch romanticus zeggen zou: *„*enveloppé de sa colère.*„*

Na den ontbijt ging hy in den tuin; ik volgde hem op de hielen.

*„*Laat me gaan,*„* riep hy met een gezicht als een oorworm.

*„*Neen,*„* zei ik, mijn hand uitstekende; *„*je moet niet boos zijn,
*„*PIET! Wat drommel; is nu 't woord minnekozen een woord om
*„*boos te worden? Als ik u was, ik zou veel boozer zijn over 't
*„*woord Instituten.*„*

PIETER glimlachte pijnlijk.

*„*Maar weetje wat? Ik zal van de heele zaak niet spreken; maar we
*„*gaan roeien, man! we gaan roeien met de dames. *„*Kan je roeien?*„*

*„*Wel, ik denk ja!*„* zei PIETER pedant.

*„*Wil je roeien ?*„*

*„*Ja wel.*„*

*„*Wil je dames vragen?*„*

*„*Zy zullen niet willen.*„*

*„*Dat vraag ik niet. Wil jy? Hoor reis, PIET, ik beloof je dat ik
*„*discreet zijn zal.*„*

*„*Nu ja,*„* zei hy, *„*ik wil wel.*„*

Het plan werd aan vader en moeder medegedeeld, en er werd besloten dat wy behalven KOOSJEN, nicht CHRISTIENTJEN zouden vragen, eene jonge juffrouw van drieëntwintig jaar, die zeker gaarne meê zou gaan, daar zy niets te doen had dan by een knorrige tante te zitten, die twee meiden hield, en nooit uitging.

Wy gingen er dus op uit om een schuitjen te huren; en nadat wy eerst by een schuitenmaker aan de oostpoort geweest waren, die het zijne had verkocht *„*om dat er geen profijt by was,*„* en die ons naar de westpoort zond, waar hy zeker wist dat wy er een konden krijgen; en nadat wy bevonden hadden, dat er aan de westpoort niets meer van boven water stak dan effentjens een klein neusjen van den steven, vonden wy er eindelijk een zeer goed in het midden van de stad, dat wy voor een gulden voor eenen geheelen achtermiddag huren konden. Wy huurden het dus voor den geheelen achtermiddag van den volgenden dag, en kweten ons vervolgens van onze uitnoodigingen, die op eene innemende wijze werden aangenomen. Mama VAN

NASLAAN was er voor hare dochter zeer vereerd meê, schoon zy, geloof ik, wel dacht dat er meer achter zat, en dat ook dit muisjen een staartjen hebben zou, en de oude tante hoopte tienmaal in het half uur dat het niet te koud op het water wezen zou, wat wy trouwens ook hoopten, schoon wy het tegendeel vreesden.

Wy bepaalden onderling dat KOOSJEN meer byzonder onder de zorgen van PIETER staan zou, en ik my meer dadelijk tot den cavalier van CHRISTIENTJEN zou opwerpen. Ik kon niet edelmoediger zijn. PIETER was dan ook volmaakt in zijn humeur, en tantelief pakte ons nog dienzelfden dag een mandjen met rhijnwijn en sinaasappelen, eene verfrissching, frisch genoeg in de maand october. Wy hadden de dames verzocht mantels meê te nemen.

De andere dag was een allerheerlijkste najaarsdag; en alles beloofde genoegen. Maar toen PIETER des voormiddags van eenige boodschappen, die hy voor zijn toilet te doen had, thuis kwam, stond zijn aangezicht akelig bedroefd; hy smeet met de deur; smeet zijn rotting; smeet zijn hoed, smeet zijn handschoenen.

„Wat scheelt er aan, amice?" vroeg ik verschrikt.

„Och, die ellendige DOLF;" zei hy, zich tot zijn moeder wendende.

Nu was er zeker geen menschennaam in de vijf warelddeelen, die in staat was aan mejuffrouw DEBORA STASTOK, en in 't algemeen aan alle tedere moeders, in geheel D., een grooter schrik aan te jagen, dan diezelfde naam DOLF, die den niets argwanenden lezer onmogelijk aan iets anders kan doen denken dan aan deszelfs volkomene vormen ADOLF, RUDOLF, of des noods LUDOLF: maar welke naam aan mejuffrouw DEBORA STASTOK, en zoo als ik zeg aan alle tedere moeders in geheel D. niet anders voorkwam dan als een kort begrip der eeretitels: kataas, straatschender, verkwister, lichtmis, lap, deugniet en leeglooper; want hy behoorde aan den persoon, met wien ik reeds in het koffyhuis de Noordstar de eer had gehad kennis te maken, in één woord: aan den heer RUDOLF VAN BRAMMEN, die na in zijn jeugd bekend te hebben gestaan voor een ondeugenden kwâjongen, die het zijn ouders en zijn meesters te kwaad maakte, alle avonden puistjen vong, en alle meisjens om zoenen plaagde, een paar jaren te Leyden, op naam van jur. stud., in dien toestand had verkeerd dien men aldaar *sjouwen* noemt, zonder dat zijn vader toen recht wist wat hy er eigenlijk deed dan veel geld verteeren, terwijl hem echter naderhand bleek dat hy behalven die bezigheid zich ook nog aan de liefhebbery van schulden maken had toegegeven. Na dien tijd had hy, nu reeds een jaar of drie, op zijn vaders kosten, die gelukkig een welgesteld man was, een ander beroep uitgeoefend, hetwelk men (almede te Leyden) den vereerenden naam van *dweilen* geven zou, tot groote ergernis der Deënaars, die veel nieuwsgieriger waren wat er nog eens van hem worden zou dan de heer RUDOLF VAN BRAMMEN zelf. Hy deed evenwel geen openlijk kwaad; dronk een redelijken borrel, woonde alle publieke vermakelijkheden, tot het optrekken van de wacht en het boomenrooien op de stadscingels toe, by; imiteerde alle publieke personen, wandelde veel, billiartte veel, werd veel dik, verkocht vele grappen; en was zeer populair.

Het was dus niet te verwonderen, dat mijn tante op het hooren van den enkelen naam van dezen onmensch een koude rilling over haar rug gevoelde. Indedaad, ik geloof dat heur hairen onder den kornet te berge rezen.

„Wat is er nu weer met hem gebeurd?„

„Gebeurd!„ riep PIETER mistroostig uit, en zijn oogen vonkelden onder zijn bril: „niets. Maar hy wil meê uit roeien.„

En hy zag my stijf in 't gezicht, om my al de ijsselijkheid van deze Jobstijding te doen gevoelen.

„Als hy maar een dame meêbrengt?„ zei ik — „dan is 't my wel.„

„Ja, daar komt het door aan. 't Is zijn zuster, die malle meid! „CHRISTIENTJEN heeft haar verteld dat ze met KOOSJEN, en my, en „een leydsch student uit varen ging, en toen wou ze met alle geweld „ook meê. Als ik ook reis wat doen wil!...„

„KOOSJEN, en my, en een leydsch student!„ PIETER zou in ieder ander geval gezegd hebben: KOOSJEN, een leydsch student en my; maar hy was verliefd, en het lustte hem in deze omstandigheid de plaatsen aldus te schikken.

„Hoor reis,„ zei tante, gerustgesteld door het meêgaan van de zuster, die bij de bevolking van D. eene verontschuldiging was voor de tegenwoordigheid van den broer: „MEELTJEN is een heel ordentelijk „meisjen, en ze heeft altijd heel goed opgepast op school en overal. „Daar moet je niet van zeggen. Ze moeten dan nu maar meê.„

„Och, mijn plaisir is er nou al weer af,„ bromde PIETER, en verliet de kamer, om in zijne desperatie nog wat aan zijn tabellen te gaan knoeien.

Ik had ondertusschen de ontmoeting van de contrasteerende heeren DOLF en PIETER wel eens willen zien. Ik verbeeld my dat de exstudent van zijn zuster AMELIE in last had, niet om op eene dadelijke wijze haar en zijn eigen persoon aan ons te komen opdringen, maar als hy PIETER zoo reis tegenkwam, zoo eens zijdelings te hooren of het niet wel goed zou zijn dat zy meêgingen; iets 't welk zij zonder twijfel reeds aan CHRISTIENTJEN beloofd had in allen gevalle te zullen doen. Men begrijpt lichtelijk dat DOLF evenzeer overtuigd was PIETER in allen gevalle tegen te komen, indien namelijk PIETER zich maar een oogenblik op straat waagde, daar hy gewoon was ettelijke uren van den dag aan eene stadswandeling te wijden, by welke gelegenheid hy in 't geniep aan vele knappe dienstmeisjens oogjens gaf, en byzonder acht sloeg op alle mooie honden. Nu was het gebeurd dat hij PIETER net ontmoet had, toen deze, in den meergemelden winkel van VAN DROMMELEN, een paar prachtige puimsteenkleurige glacé handschoenen had gekocht, met welk paar gezegde VAN DROMMELEN reeds lang verlegen was geweest, daar niemand het koopen wilde, en 't welk hy PIETER als naar den laatsten smaak opdrong. Ik stel my voor dat zijn gesprek met een: *Je gaat zoo uit varen!* begonnen is, en dat daarop heel gaauw gevolgd is: *Jongens, je zoudt my en mijn zuster ook wel meê kunnen vragen.* Waarop PIETER, zonder aan eenige mogelijke verontschuldiging te denken, ongetwijfeld dadelijk had gezegd: *dat 's goed.*

Hoe laat gà jelui?

Half vier.

Dat 's wel wat vroeg, maar 'k zal er wezen. AMELIE brengt haar guitaar mee. Tot van middag!

———

Er gebeurde dien middag iets in 't huishouden van mijn oom dat nog nimmer gebeurd was; het ètensuur werd verzet; ook al ten gevalle van neef HILDEBRAND, die ondanks zijn kamerjapon nog al een witten voet bij oom had; en toen wy verzadigd waren, ging PIETER, onder vele vermaningen van toch vooral voorzichtig te zijn, KOOSJEN, en ik CHRISTIENTJEN afhalen.

Van alle jonge meisjens nu, die by oude knorrige tantes zouden kunnen of willen wonen, was CHRISTIENTJEN, of laat ik liever zeggen CHRISTIEN, want zoo werd ze altijd genoemd door die haar kenden, wel de ongeschiktste. Zy was in haar hart een Jan-Pret, en scheen niet tegen een kleintjen op te zien. Zy greep mijn arm met zoo een fikschen greep aan, en lachte zoo glunder over 't mooie weer, en 't prettige plan, en het frissche van 't water, dat ik my heel veel van haar voorstelde, en alleen maar vreesde dat *zy* zich te veel voorstelde van de pret.

Wy hadden het schuitjen in den cingel laten brengen, en derwaarts had KEESJEN den rhijnschen wijn getorscht. Ik kwam met CHRISTIEN juist op het rendez-vous, als PIETER er ook verscheen; KOOSJEN ging nevens hem; hy had haar geen arm durven aanbieden, en zy had werk zijn groote stappen by te houden.

De knorrigheid van PIETER scheen wel wat gezakt te zijn, maar ik zag ze met vernieuwde neteligheid opleven, toen hy den jeugdigen VAN BRAMMEN met zijn zuster en eene meid, die in de eene hand een grooten huissleutel en in de andere een gemarmerd bordpapieren guitaardoos droeg, uit de poort en over de brug zag gaan. DOLF had voor deze gelegenheid een geelen stroohoed opgezocht, die hem vrij gemeen stond, droeg een bruingeruiten pantalon en een groenen dichtgeknoop-

ten rok met blinkende knoopen; aan zijne laarzen blonken een paar
moeren voor sporen, die hy evenwel als by deze gelegenheid minder
te pas komende had thuis gelaten, en hy had een geelen degenstok in
de hand, dien hy om dezelfde reden thuis had kunnen laten. AMELIE,
wier peettante eigenlijk MEELTJEN geheeten had, was zeer particulier
gekleed. Zy droeg een spencer van paarsche zijde, waar een groene
rok onder uitkwam, en een hoedjen van dezelfde kleur en stoffe als
haar spencer, waaróp zy een witten voile droeg met een breeden rand
van dezelfde kleur als de rok. Hare kleine voeten staken in nankin-
sche slopkousen, die haar fijnen enkel zeer wel deden uitkomen. Deze
kleine voet en fijne enkel maakten benevens haar handtjens de voornaamste schoonheden van de magere AMELIE uit, die een lang en bleek
gezicht had, met groote groenachtige zwemmerige oogen, die zy evenwel, of omdat zy byziende was, of omdat zy 't schijnen wilde, zoo
dicht toekneep, dat men wedden zou dat zy niets zag. Zoo als zy nu
naast haar buikigen broeder voortschreed, maakte zy in my de gedachte aan den eersten droom van koning FARAÖ zeer levendig.

De ontmoeting van de drie dames was zeer hartelijk en lieftallig,
die van VAN BRAMMEN zeer vrolijk.

"Bonjour, heeren!" heette het — "Ik heb ongemakkelijk veel gege-
"ten, hoor. Jongens! dat 's een knap schuitjen, waar haal je dat van
"daan, PIET? HILDEBRAND, ik heb je nog gezien toen je groen was;
"je had een kaneelkleur jasjen aan, allemachtig leelijk. Kijk hier, een
"haakjen ook!" en het haakjen opnemende velde hy het als een lans,
en maakte de handgrepen van PIETER te willen doorsteken.

"Heiwat!" zei PIETER, die al weer zoo kwaad was als een spin.

"Hoor reis!" zei DOLF, in het schuitjen springende: "ik ben de dik-
"ste, en ik heb van middag zoo veel gegeten; ik zal naderhand ook
"wel reis roeien, dat spreekt; maar jylui moet beginnen, vindje 't goed,
"HILDEBRAND?"

"Best;" zei ik.

Ik nam de taak van ceremoniemeester op my; en plaatste my op de
achterste roeibank. PIETER zou voor my gaan zitten, en dan op de
zijbankjens, by zijn rechter knie, het mooie lieve KOOSJEN, zijn eerste
liefde, en by zijn linker de "magere en de zeer leelijke van gedaante,
rank van vleesche, en wier gelijk in leelijkheid niet gezien was in den
gantschen Egyptelande," met de guitar onder de bank. Daarnaast,
of naast KOOSJEN, naar verkiezing, de vrolijke CHRISTIEN, die met
alles te vreden was; DOLF aan 't roer.

"Maak em nou maar los, vriend!" riep DOLF tegen KEESJEN;
"braaf, man! dat mag je reis weer doen," en het haakjen opnemende
stiet hy van wal, en stuurde met veel handigheid naar het midden.

PIETER en ik vielen aan 't roeien, maar het bleek duidelijk dat de
eerstgenoemde het of nooit meer of in lang niet gedaan had.

„Je hoeft den cingel niet uit te diepen," riep DOLF hem al heel gaauw toe, daar hy de riemen met een hoek van byna negentig graden in 't water plantte. „Je moet over 't water scheeren als een meeuw, man."

„Ik weet het heel wel," zei PIETER, en hief den rechtschen riem hoog op, om te toonen dat hy 't heel wel wist, maar vergat den linker, dien hy zoo mogelijk nog rechtstandiger indoopte; met dat gevolg, dat de rechterriem byna geen water raakte, maar wel met hevigheid tegen mijn dito aansloeg, en hy zoo groot een kracht deed met den linker, dat de schuit ronddraaide.

„Ho wat, PIETJEN!" riep de gehate stuurman nu weder, terwijl KOOS-JEN lachte, CHRISTIEN proestte, AMELIE een klein gilletjen gaf. „Ho wat, PIETJEN! je moet er den gek niet mee steken, man; we zouen zoo wel naar den grond kunnen tollen."

PIETER wenschte van harte dat DOLF onmiddelijk in 't water geval-len, en naar den grond getold ware.

Het roeien is zulk een heksenwerk niet; het kwaad was spoedig her-steld, en met hem een weinig te gemoet te komen, maakte ik dat PIE-TER binnen kort al vrij wel slag met my hield. Wy roeiden den cin-gel uit en de kleine rivier op, die de trots en de glorie van D. uit-maakt, en waren spoedig in het ruime. Daar viel het roeien nog veel makkelijker. De dames vonden het dolprettig op het water; KOOSJEN was allerliefst; CHRISTIEN alleruitgelatenst; AMELIE allersentimenteelst. PIETER zelf kwam by; maar wat hem zeer hinderen moest, was dat de beide eersten als aan den mond van DOLF hingen, die allerlei grap-pen vertelde, en voor dezen, die toch een *mauvais sujet* was, veel meer aandacht overhadden, dan voor hemzelven, die eerstdaags een candi-daatsexamen dacht te doen, *summa cum laude;* eene klacht by menig eerzaam jong mensch in dergelijke omstandigheden opgekomen. De dames zullen beter weten dan ik, hoe het komt dat zy er reden toe ge-ven. Maar zelfs het zedige KOOSJEN luisterde met alle blijken van wel-gevallen en genoegen, wanneer DOLF nu eens een liedtjen zong, dan eens den voorzanger uit de groote kerk nadeed, dan weder zijn stroo-hoed op een koddige wijs in de hoogte gooide, dan weer een anecdote vertelde, en nog al dikwijls met veel vrijmoedigheid en oprechtheid haar een complimentjen maakte; en ik zelf vond hem werkelijk van tijd tot tijd nog al heel aardig.

Daar nu evenwel de (ik mag wegens haar magerheid haast niet zeg-gen vleeschelijke, maar dan toch eigen) zuster van DOLF vele van 's mans grappen kende, en ook wegens de nadere bloedsbetrekking minder van ZEd. gecharmeerd was dan de beide andere dames, zoo gebeurde het dat zy PIETER in een zeer druk en zeer poëtisch gesprek wikkelde over de lieve omstreken van Utrecht, en het lieve Zeist, en het lieve Zus-terhuis. Zy verklaarde veel sympathie met al die soort van inrichtin-gen te hebben, en zelfs niet afkeerig te zijn van het denkbeeld van

in een nonnenklooster te gaan, of op zijn minst een Zuster van Barm-
hartigheid te worden, een soort van dreigement van meisjens van de
jaren en de bloedsmenging van de magere AMELIE; en overstroomde
den goeden PIETER, die zich inmiddels van jaloezy verbeet, met een
regen van edele, tedere, heilige, en smelterige gevoelens; by welke gelegenheid zy hare oogen op eene byzondere wijze wist op te slaan, net
precies als of zy een goede kennis had in de maan, die alreede als een
wit vlekjen aan den hemel stond; dan zuchtte zy ook weer eens als personen die een verborgen verdriet hebben; en dan zag zy, by een of
ander zeer boekachtig gezegde, over PIETERS schouder naar my, die
van het nadeel van op een achterste roeibank te zitten dit voordeel had,
van zoo dikwijls ik wilde het gesprek niet te hooren.

„Maar wil ik je nu niet reis aflossen, men lieve galeislaven?" vroeg
DOLF ons met hartelijkheid, nadat we een goed half uur geroeid hadden. „Ik zit hier maar cigaartjens te rooken aan 't roer."

„Hoor," riep ik hem toe, „ik zal je zeggen wat het plan is. PIE-
TER heeft me gesproken van een boerdery, waar we aan kunnen leggen om iets te gebruiken. Daar moeten we welhaast wezen."

„Ja wel, by TEEUWIS," viel DOLF in, met al de snelheid van iemand
die alle dergelijke inrichtingen vanbuiten kent.

„En zoo lang moeten *wy* nog maar aan de riemen blijven. Dan
„zullen we wat uitrusten, en dan roeien we langzaam naar de kom te-
„rug, die we daar zoo pas zijn voorbygegaan. Daar zullen we dan
„wat in gaan drijven."

„O ja," riep AMELIE, „dat is lief; ik ken niets aangenamers dan
„drijven."

„Ja!" zei ik, „en dan zullen we alle weelden vereenigen; wy zullen zien
„wat er in ons mandtjen overbleef, en wat er in uw guitaardoos is."

„Dat is heerlijk! riepen de dames. „Ja, AMELIE, je moet zingen
„en spelen."

„Ja maar, weetje wat," zei DOLF, „ik zal ook zingen, hoorje! Ik
„ken heerlijke liedtjens; AMELIE, je moet het niet te veel op de maan
„gooien, hoor."

AMELIE zuchtte over haar broeders ongevoelig hart.

Nog een slag of vijftig, en wy waren aan de boerdery.

Wy stapten aan wal, tot niet weinig genoegen van PIETER, die van
de riemen en van AMELIE verlost was. Het eerste deed hem evenwel
byna nog meer genoegen dan het laatste. Hy had het onverstand gehad, met zijn puimsteenkleurige glacé handschoenen te willen roeien,
die nu als vellen om zijn vingers hingen; en daar hy de riemen veel
te stijf had vastgehouden, had hy vrij aanzienlijke blaren in de handen. DOLF hielp de dames uit de boot, by welke gelegenheid hy heel
iets vleiends van CHRISTIENS voeten zei, en een aardig drukjen in KOOS-
JENS handtjen gaf, dat zybeiden wel heel ondeugend, maar toch niet

heel onaangenaam vonden. Hy liet de zorg voor zijne zuster aan den ongelukkigen PIETER over.

De schuit werd vastgelegd, en een heldere boerin kwam buiten loopen om ons welkom te heeten, en te zeggen dat we binnen moesten komen. Maar wy verkozen een tafeltjen op de werf te hebben, om immers zoo veel mogelijk van de frissche octoberlucht te genieten. Dit geschiedde; en hoewel er 's winters, als er schaatsen gereden werd, alles te krijgen was, zoo was er nu niets te bekomen dan melk, die dan ook in groote glazen overvloedig vloeide. Want de wijn werd, op de schikking der dames, epicuristisch geheel voor de drijvende zaligheid bewaard. DOLF vroeg onder veel grappen om een beetjen jenever met suiker; en PIETER maakte zijn zakdoek in een kopjen melk nat, en hield het verzachtend vocht tegen de blaren in zijn hand.

Er was een schommel aan den anderen kant van 't huis, en DOLF noodigde de dames tot deszelfs genoegens. CHRISTIEN had er een dollen zin in, en KOOSJEN ging ook mede, en PIETER volgde natuurlijk: AMELIE hield er volstrekt niet van, en kreeg er "zoo'n ijsselijken steek van in de zij." Ik bleef dus om haar gezelschap te houden met haar aan ons tafeltjen zitten, dat my wonder wel geviel, daar ik moe van 't roeien was, en nog veel roeiens vooruitzag.

Voor een sentimenteel meisjen was er op die werf niet veel te zien. Wy zaten aan een vrij verweloos tafeltjen, waarvan maar drie pooten den grond raakten, op eenen door kippen en hanen omgewoelden grond, met een aarden dijkjen aan drie kanten omgeven; en hadden het uitzicht op een vrij groote kroosgroene eendenkom, een loots, en een zeker ander klein gebouwtjen. Het duurde een heele poos, eer een kleine leelijke bastaart van een mops en een fikshond geheel ophielden uitvallen van vijandigheid te toonen; maar wat het tooneel eenige schilderachtigheid byzett'e waren drie kinderen, waarvan de oudste, een meisjen van een jaar of zes, het kleinste, een wicht van even zoo veel maanden, op schoot had; terwijl de derde, een jongen van omstreeks vijf jaren met spierwit hair, op zijn rug op den grond lag. Deze groep bevond zich aan den rand van de eendenkom, en keek dan eens schichtig naar ons, en dan weder vertrouwelijk naar de eenden.

Het waren deze lieve kinderen, die AMELIE in staat stelden al de liefderijkheid van haar zacht gestemd gemoed te toonen; zy trok dus den kleinen linkerhandschoen van de kleine linkerhand, en besloot ze op de innemendste en verrukkelijkste wijze toe te spreken.

"Wel liefjens! kijk jelui zoo naar de eendtjens?"

De kinderen keken haar strak aan, maar gaven geen andwoord.

"Hoeveel van die lieve diertjens zijn er wel?"

Geen andwoord; maar eenige verwondering in het oog van 't zesjarig meisjen; want op 't boerenland noemt men een eend geen diertjen.

"Hou je veel van de eendtjens?"

Zelfde stilte.

„Is dat je jongste zusjen?„

Stilte als des grafs.

AMELIE zag dat zy met deze arkadische kleinen niet vorderde, haalde de schouders op, en zweeg.

„Onze zeug het ebigd,„ zei het meisjen op eens uit zichzelve.

„Wat zegt het schepseltjen?„ vroeg my AMELIE, voor wie deze inlichting volkomen onverstaanbaar was.

„Zy zegt iets dat haar zeker hoog op 't hart ligt, juffrouw VAN BRAM-„MEN,„ zei ik. „Ze vertelt dat het wijfjensvarken... in de kraam is ge-„komen.„

AMELIE kreeg een kleur, voor zoo ver haar vel daartoe in staat was.

„Ze zijn in de boet *,„ zei de kleine jongen, zich op richtende en een paardebloem plukkende, waarmee hy herhaalde malen op den grond tikte. „Veertien.„

Ik stelde AMELIE voor de kraamvrouw te gaan zien; want ik vond het piquant, een sentimenteel meisjen in een boerenloots by eene zeug met veertien biggen te brengen.

Maar zy had er geen zin in, en scheen eenigzins gebelgd over het voorstel.

De schommelaars kwamen weerom, met kleuren als boeien.

„Hè,„ zei CHRISTIEN, haar voorhoofd afvegende, „dat 's prettig ge-„weest maar DOLF had ons byna laten vallen. Het ging dol hoog.„

PIETER had niet mee geschommeld; zijne beblaarde handen hadden hem niet toegelaten de touwen vast te houden ; DOLF en KOOSJEN hadden neus aan neus op het plankjen gestaan, en hy had het genoegen gehad ze op te geven.

Toen de dames een weinigjen waren uitgerust, stelde ik voor weer aan boord te gaan, om zoo spoedig mogelijk naar de kom te roeien, waar wy zouden drijven, drinken en dweepen. DOLF moest op de achterste roei-bank, ik op de voorste, en PIETER, met zijne beblaarde handen, aan 't roer.

CHRISTIEN, die door 't schommelen door 't dolle heen geraakt was, had een razende lust om te gaan wiegelen; maar de gebeden van KOOSJEN en de zenuwachtige gillen van AMELIE weerhielden haar, en daar DOLF een goed roeier was en ferm slag hield, waren wy al heel spoedig naby de kom der genoegelijkheden. Reeds haalde ik de riemen in, en liet DOLF alleen nog maar met de zijne spelen; reeds gaf ik mijne aanwijzingen aan PIETER hoe hy het roer moest wenden om de kom in te draaien; toen de liefderijke AMELIE eensklaps aan den rechter oever een plantjen of zes bloeiende vergeetmynieten in 't oog kreeg, en uitriep:

„Och mijn lieve mijnheer STASTOK, wil je me een groot plaisir doen, „stuur dan reis even naar die vergeetmynieten; ik ben dol op vergeet-„mynieten!„

Haar wensch geschiede, en wy waren oogenblikkelijk by het hemels-

---

* Eene kleine schuur, ook tot berging van gereedschap, enz. bestemd.

blaauw gebloemte, waarvan de vraag was. AMELIE plukte ze allen op een na af, en deelde ze aan al de leden van het gezelschap uit, zoodat wy in een oogenblik ieder met zulk een levend albumblaadtjen in ceintuur of knoopsgat pronkten.

Toen wy nu zoo mooi waren, wilden wy weer heen, maar de schuit scheen nog veel grooter liefhebster van de vergeetmynietjes dan AMELIE zelve; want haar gehechtheid strekte zich letterlijk uit tot de struik waarvan zy waren geplukt, tot den grond waarop zy gebloeid hadden. Met andere woorden: wy zaten op land.

Te vergeefs zoo wy poogden los te raken; de schuit zat vast en bleef vast zitten; er scheen geen verwrikken aan; het speet AMELIE „verschrikkelijk″ dat zy de oorzaak van dit oponthoud was; CHRISTIEN vond het „daarentegen ijsselijk aardig;″ wy manspersonen werkten ons half dood, en zaten dan weer een oogenblikjen neder om krachten te herkrijgen. In een van die pauzen begon DOLF ons by den Zwitserschen Robinson te vergelijken.

„Hoor eens,″ zei hy, „KOOSJEN! als we hier voor eeuwig blijven moeten, dan trouw ik met jou, hoor!″ en hy maakte een beweging om haar hand te kussen.

Op dit gewichtig oogenblik was het dat de merkwaardige PETRUS STASTOKIUS Junior een Simsonsverzuchting slaakte, den haak in edele verontwaardiging opnam, tegen den wal zett'e, en er met zoo veel geweld en zoo groote inspanning van krachten op nederviel, dat de schuit plotseling los raakte en achteruit stoof, terwijl de edele bewerker van dit voorval zelf voorover in het water stortte. Daar lag hy; alleen zijne laarzen waren nog aan boord; de panden van zijn jasjen zweefden boven de golven; en de merkwaardige PETRUS STASTOKIUS Junior, zich op zijne handen op den bodem des waters ophoudende, hield het beslikte, maar nog altijd gebrilde gelaat niet dan met moeite boven. Zijn hoed dobberde op de ongewisse baren. Het was verschrikkelijk.

Een ieder die ooit in de zaligheden van een roeischuitjen met de schoone sekse heeft gedeeld, gevoelt welk een uitwerksel de plotselinge indompeling van PETRUS op onze dames maken moest. Hy hoort ze allen gillen, hy ziet ze allen opstaan; elkander, en ook zelfs ons, in de armen knijpen, en zeggen: „O G..!″ Zijne verbeelding slaat al de pogingen gade, die zy gezamenlijk aanwenden om zoo mogelijk een nog grooter ongeluk te krijgen... Welnu, hy heeft een denkbeeld van onzen toestand.

„Zitten!″ riepen DOLF en ik te gelijk; „in 's hemels naam, blijft zitten!, en in een oogenblik staken wy de riemen aan bakboordzij in den grond, om het verder afdrijven van het schuitjen te beletten. „PIETER! jongen, je bent nou toch nat; we zullen je met het schuitjen volgen, zoodat je de beenen niet hoeft na te halen; kruip maar op je handen aan wal.″

Hy deed als hem gezegd was, en in een oogenblik was hy op het terrein der gezegende vergeetmynietjens.

6*

PIETER was kopjenönder geweest en tot aan het midden doornat. Hy
zag er hartverscheurend uit; zijn druipend hair, zijn bleek en verwilderd
gezicht, zijn zwarte beslijkte handen! — Er was een algemeen medelijden; zelfs DOLF deelde er in. De drenkeling werd in de schuit opgenomen, en er werd besloten naar de boerdery terug te varen, om hem te
droogen. Het zou dan wel te laat worden om in de kom te drijven,
maar wy zouden nu in de boerdery onze ververschingen gebruiken, en
daarna stevig door naar huis roeien. Eerst nog werd de hoed van PIE-
TER achterhaald, en weldra zag de glundere boerin ons terug.

»Ze had wel docht,« zei ze, »dat dat heerschop een ongeluk krijgen
zou; want hy had er allan dat ie by de schoppel staan hadde zoo knie-
zerig en zoo triesterig uitezien, dat ze al in haar eigen zeid hadde, nou,
dat komt nooit goed of met dat heerschop! maar ze zou maar flussies
wat raizen opgooien, en dan zoudie wel gaauw weer hillekendal opeknapt
zain; als meheer een hemd van haar man an wou hebben, meheer had
maar te spreken;« enz. enz.

Wy lieten PIETER aan hare zorg over, en begaven ons naar de werf.

Het was ondertusschen halfzes geworden, en schoon 't nog zeer licht
was, was evenwel de zon al ondergegaan, en konden wy ons alleen in den
kouden naglans verheugen. Het bleek nu welk een dolle coup het eigenlijk was, in de maand october nadenmiddag een watertochtjen te beginnen; er stak een zéér koel windtjen op, en wy vonden 't beter binnen te gaan. Wy werden alzoo in het beste vertrek van 't huis gelaten;
waar het pronkbed was, een friesche klok en een dambord hingen, en
vier schilderyen aan den wand ons de geschiedenis van Willem Tell her-
innerden, om niet te spreken van een dier tabelletjens, welke men ver-
korte editiën van Trommius zou kunnen noemen, en waarop men lezen kan hoeveel capittels, hoeveel verzen, hoeveel ende's in den bijbel
staan, en dergelijke wetenswaardige dingen meer. Zulk een hing er in
een goud lijstjen. Hier zett'en wy ons op de matten stoelen neder,
en begonnen, nadat AMELIE, die het op haar zenuwen zeide te hebben,
een weinig bedaard was, rhijnschen wijn te drinken, en sinaasappelen
te eten als of het een laauwe avondstond in juny geweest ware.

Daarop kwam de guitaar binnen, die in onze omstandigheden waarlijk
een heele vervulling was; want indien het waar is dat muziek en zingen
menige recht prettige byeenkomst storen en bederven, zoo moet men ook
zeggen dat er niets beter is om eene niet prettige byeenkomst of mislukte party aan den gang te houden dan juist diezelfde muziek en zang.

AMELIE zong verscheiden duitsche romances, en zong ze waarlijk
vrij goed, maar ze bracht er, tot haar aanmerkelijk nadeel, al die kleine coquette näiveteiten by te pas, die een mooi meisjen goed staan,
maar die een leelijk meisjen als AMELIE nog leelijker en metterdaad belachelijk maken. Zeker had onder dit boerendak nog nimmer zoo teer-
gevoelig een liedtjen geklonken als de bleeke AMELIE, met de vergeet-

mynietjens aan haar boezem en den guitaar met het lichtblaauwe lint
op de knie, er menigeen voortbracht; en ik was juist in deze bespie-
geling verdiept, toen zy met lange uithalen een zeer teder aveu d'a-
mour eindigde, met de dubbele herhaling van den laatsten regel, en
die gedurig lager en doffer werd:

Zum kühles Grab,
Zum kühles Grab,
Zum kühles Grab,

tot dat haar stem op eens weer zeer hoog uitschoot, metdezelfde woorden:

Zum kühles Grab!

toen het lied werd afgewisseld door eene goede, ronde, vrolijke boe-
rinnenstem, die van buiten kwam met het liedtjen:

Klompertjen en zijn wijfjen,
Die zouën vroeg opstaan,
Om eiertjens te verkoopen,
En naar de markt te gaan.

Ze waren halleverwegen,
Halleverwegen den dijk,
Daar braken al haar eiertjens,
En 't bottertjen viel in 't slijk.

Het speet er niet om de eiertjens,
Maar om er mooien doek,
Die ze gisteren nog gemaakt had
Van Klompertjens besten broek.

"Dat 's een weergaasch aardig liedtjen," zei DOLF het venster open-
stootende, en de dikke boerenmeid aansprekende, die hare purperen
armen, als ROTGANS het uitdrukt, in de rookende waschtobbe stak, en
het liedtjen van Klompertjen waarschijnlijk gezongen had; "dat 's een
weergaasch mooi liedtjen, TRIJNTJEN!"
"Ik hiet geen TRIJNTJEN!" zei de meid, schalk omkijkende.
"Hoe hietje dan?" riep DOLF, die 't maar te doen was om een naam.
"Dat weet me moeder wel, hoor!" zei de meid, lachende en eene rij
van de witste tanden zien latende, die ooit een boerinnenmond versierd hebben.
"Ken je meer zulke liedtjens, zoete!" zei, DOLF.
"Loop," zei de boerenmeid, wier naam haar moeder wel wist — "ik
heb niet zongen; wat verbeel jy je wel!"
"Dat raam tocht vreesselijk," merkte AMELIE, wie deze samenpraak
om duizend redenen weinig beviel, aan. Maar naauwelijks was het raam
toe, en had DOLF nog eens ingeschonken, of er klonk een nog vrolij-
ker liedtjen uit den mond der frissche deerne; en wy luisterden allen.

Dans, nonneken, dans!
Dan zal ik je geven een muts.

Neen, zei dat aardig nonneken,
Ik heb er een van me zus.
'k Wil niet dansen, 'k zal niet dansen,
Dansen is mijn order niet;
Nonnen, papen, papen, nonnen,
Nonnen, papen dansen niet.

Dans, nonneken, dans!
Dan zal ik je geven een huis.
Neen, zei dat aardig nonneken,
Daar ben ik niet van thuis.
'k Wil niet dansen, 'k zal niet dansen,
Dansen is mijn order niet;
Nonnen, papen, papen, nonnen,
Nonnen, papen dansen niet.

Dans, nonneken, dans!
Dan zal ik je geven een zoen.
Neen, zei dat aardig nonneken,
Daar wil ik het niet voor doen.
'k Wil niet dansen, 'k zal niet dansen,
Dansen is mijn order niet;
Nonnen, papen, papen, nonnen,
Nonnen, papen dansen niet.

Dans, nonneken, dans!
Dan zal ik je geven een man.
Toen zei dat aardig nonneken:
'k Zal dansen al wat ik kan.
'k Wil wel dansen, 'k zal wel dansen,
Dansen is mijn order wel;
Nonnen, papen, papen, nonnen,
Nonnen, papen dansen wel.

En naauwelijks was het liedtjen uit, of RUDOLF VAN BRAMMEN gaf een fikschen klap op zijn stroohoed, zoo dat hy in plaats van boven op zijn hoofd te staan, op zijn linker wang kwam te hangen, en zijn melancholieke zuster om haar paarschen spencer grijpende, tilde hy haar van haar stoel op, en waltste ondanks haar zelve een toertjen met haar door de kamer, onder het herhalen van het refrein:

Nonnen, papen, papen, nonnen,
Nonnen, papen dansen wel.

De levenslustige CHRISTIEN stiet KOOSJEN aan, en de beide meisjens lachten achter haar zakdoek.

AMELIE zeeg „doodaf,„ en waarschijnlijk met een halfhonderd steken in haar zij, op een stoel neder, maar op dit oogenblik ging de deur open, en de vrolijke DOLF VAN BRAMMEN schoot met dezelfde uitgelatenheid op den persoon van PIETER af, die met een wijd duffelsch buis aan, een roode bouffante van TEEUWIS, en een pakjen nat goed, in zijn zakdoek samengebonden onder den arm, binnentrad, en denzelven PIETER oogenblikkelijk by de linkerhand grijpende en zijn eigen rechter om PIETERS midden slaande, die vruchteloos zich poogde los te worstelen, galoppeerde hy met hem door de kamer, onder het juichen van diezelfde regels, die hem zoo byzonder schenen te bevallen.

"Laat me los, VAN BRAMMEN!" riep PIETER, voor de eerste maal sedert ik hem kende zijne mannelijkheid toonende, en met een fikschen zwaai wierp hy, vonkelende van woede, den op zulk een krachtbetooning niet verdachten DOLF van zich af, en byna tegen den muur. Deze evenwel, zonder zijne bedaardheid te verliezen, greep zijn degenstok op, stak den van zichzelven verbaasden STASTOK de knop toe: "Wil je vechten, kareltjen? Ook goed. Trek reis aan dien stok. Zie zoo: jy den degen en ik de schee; kom aan, *en garde! droit au fond*, als je blieft!" en zich in de positie stellende van iemand die schermen gaat, begon hy eenige parades te maken.

De dames waren zeer onthutst, maar CHRISTIEN kon haar lachen toch niet laten, en AMELIE was half in haar schik dat zy een zoo romanesk geval bywoonde.

Ondertusschen leverde PIETER, met zijn fijnen stalen bril, zijn bouffante, zijn duffelsch wambuis, en met het opgedrongen rapier vrij onhandig in de hand, een zeer zonderling schouwspel op, de teekenpen van een CRUIKSHANK overwaardig. Maar de pose duurde niet lang; hy wierp het staal verachtelijk weg.

"Ik wil geen ruzie maken," zei de edelmoedige PIETER.

"Daar hebje wel gelijk in," zei DOLF.

Op dat belangrijk oogenblik hoorde men een geluid als of er een flesch werd opengetrokken, en daarna een ander als of er een glas werd ingeschonken. Nog ééne seconde, en HILDEBRAND bood den beiden kampioenen twee ongelijke bekers aan, en de eervolle vrede werd gedronken.

Het was ondertusschen hoog tijd om te vertrekken. Aan vóór boomsluiten thuis te zijn was geen denken; maar het was in geen geval noodig, daar wy verlof hadden het schuitjen buiten den boom te laten, en er een knecht komen zou om de riemen af te halen. Maar toch moesten wy ons wegens den vallenden avond haasten. CHRISTIEN wilde dolgraag ook zelf eens roeien; en AMELIE gaf vóór gaarne eens aan 't roer te willen zitten. DOLF ging op de achterste bank. Op de voorste kwam de vrolijke CHRISTIEN my helpen, en nam een der riemen zeer handig op; zy kon tot dit werk haar mantel niet gebruiken, en stond er (ik geloof meer uit ondeugendheid dan uit medelijden) op, dat de gemelde drenkeling dien nog óver zijn duffel zou aandoen. Het was een schotschbonte. PIETER liet zich bewegen, en in dat costuum zette hy zich aan KOOSJENS zijde in het schuitjen.

AMELIE keek naar de lieve maan en de lieve starren. DOLF roeide en rookte om 't zeerst. CHRISTIEN had allerlei vrolijke invallen en plageryen met my. PIETER was dus met het voorwerp zijner genegenheid zoo goed als alleen. KOOSJEN scheen zeer lief voor hem. Verscheidene malen hielp zy hem zich te beter in de plooien van den mantel wikkelen, en meer dan eens zag ik dat zy hem met een innig medelijden aankeek. Hy schoof dan ook indedaad gedurig dichter en vertrouwelijker naar haar toe. Zijn gelaat luisterde op, en hy scheen werkelijk een teder en aandoenlijk gesprek met haar te hebben aangevangen, als ik opmaakte uit de zinrijke woorden, die ik tusschenbeiden op kon vangen, als daar zijn: *weet je nog wel van*... *blijde *dagen* — nooit zoo gelukkig meer worden* — *veel aan denken,* — en wat dies meer zij.

Dit duurde zoo voort tot dat het ongeluk wilde, dat de heer RUDOLF VAN BRAMMEN zijn laatsten cigaar had opgerookt, en dus een ander tijdverdrijf behoefde.

Kijk reis aan! riep hy, het overschot in 't water gooiende, *kijk reis aan! PIETER zit waarlijk te vrijen.*

PIETER bloosde, en wierp een grimmigen blik ter zijde uit op den spreker, volmaakt als een schichtig paard dat op den straatweg een hondenwagen tegenkomt. — KOOSJEN bloosde, keerde zich om, en vroeg onmiddelijk aan CHRISTIEN: *of ze niet moê werd van 't roeien?*

Het was gedaan met PETRI STASTOKII Junioris zaligheid; en daar ik naderhand nooit van eenige verstandhouding tusschen hem en KOOSJEN VAN NASLAAN heb gehoord, maar veeleer vernomen heb dat KOOSJEN VAN NASLAAN, in den laatstverleden herfst op haar vaders zilveren bruiloft plechtig is verloofd geworden aan een jongen wijnkooper uit een naburige stad; zoo houd ik het er voor, dat hier de droevige geschiedenis der eerste en tedere liefde van PETRUS STASTOK Junior, student in de rechten aan de hoogeschool te Utrecht, en te gelijk die van 's mans eerste minnekozery, een einde neemt.

Wy waren spoedig thuis, en toen ik den anderen dag te elf ure op de geele diligence zat, die van E. over D. naar C. rijdt, had ik voor lang afscheid genomen van mijn oom en tante STASTOK, en van al de kennissen die ik te D. gemaakt had; het laatst evenwel van KEESJEN, die mijn koffertjen gekrooien, en van PIETER, die my naar de *Rustende Moor* vergezeld had; terwijl ik, buiten de poort komende, nog gelegenheid had om uit het portier een groet toe te werpen aan den heer RUDOLF VAN BRAMMEN, die reeds dáár was om naar de oefening van een paar pelotons rekruten te zien, die met bevende handen eene gezwinde lading ondernamen, waartoe zy ruim zoo veel tijds besteedden, als hunne nijdige sergeanten tot die in vier tempo's noodig hadden, en waarover de bejaarde tweede luitenant een waakzaam oog hield.

VAREN EN RIJDEN.

Men is bezig in mijn vaderland spoorwegen aan te leggen. Het heeft lang geduurd eer men er toe komen kon. De plannen varen by ons te lande altijd nog met de trekschuit; de lijn breekt wel zesmaal eer zy hare bestemming bereiken: eindelijk komen zy er toch; maar hemel! wat duurt het lang eer de bagaadje aan wal en te huis is; eer de koperen stoof en de schanslooper en de parapluie aan den kruier zijn ter hand gesteld. Wat my betreft, ik ben een hollander van ouder tot ouder, maar ik heb by andere onpatriottische ondeugden, een recht onhollandsch ongeduld; schoon ik myzelven het recht moet doen te verklaren dat er niemand zijn kan, die met meer kalmte dan ik eene lieve vrouw een streng breikatoen of zijde helpt uit de war maken. Trouwens, dat is ook geheel iets anders. Voor al wat doen is heb ik het meestmogelijke geduld; voor langzaamdoen heb ik eerbied; maar nietdoen verveelt my schrikkelijk; ik kan niet wachten; geen lijdelijkheid! Het leven is er te kort en mijn bloed te gaauw voor. Festina lente; Recte, sed Festina! — Wat in 't byzonder de spoorwegen aangaat; ik zit er sedert jaren pal op te wachten, niet omdat ik er een commerciëel of finantiëel belang by heb; niet omdat ik er eene weddingschap over heb aangegaan; maar alleen omdat er tot nog toe geen middel van vervoer bestaat, dat my bevalt, zoo niet eigen rijtuig en postpaarden, waarvan ik, om voor my zeer gewichtige redenen, slechts zelden gebruik kan maken.

Voor zoover de trekschuit aanbelangt heb ik mijn gevoelen reeds half verraden. 't Is waar, men kan er in lezen, domino spelen, dammen, en zoo de schipper inkt aan boord heeft, en gy eene pen hebt meêgebracht (want de zijne is tot boven toe zwart), zelfs schrijven; ofschoon op te merken valt dat het tafeltjen in de roef wat te ver van de zitplaats af is. — Maar met dat al, zoo gy beweert dat gy er op uw gemak zijt, houd ik u (met uw verlof) voor een mismaakt schepsel; of voor een kleinen krates, niet hooger dan mijn knie; althands zeker niet voor een karel van vijf voet zeven duim, als uw onderdanige dienaar. Dan is er iets weeheidaanbrengends in de beweging der schuit, dat uw belangrijkst boek vervelend maakt, en uw esprit de jeu verflaauwen doet; — maar vooral is er in de trekschuiten een praatgenius van een ellendig soort. De schuitpraatjens bestaan allen uit de-

zelfde ingrediënten en vallen eenstemmig in denzelfden toon. Schuit-
anecdoten zijn volkomen onverdragelijk, en dan dat afgrijsselijk dikwijls herhaald gevraag: "hoe ver zijn we al, schippertjen?" en het eeuwige: "dat betalen moest je afschaffen," als de man om zijn geld
komt! — Veroordeel de passagiers niet te lichtvaardig, zoo zy tot zulk
een laagte van geest afdalen. Neem zelf een "plaats in 't roefjen,"
en gy zult zien dat gy onwillekeurig even diep kunt zinken. Zoodra
men de trekschuit binnenstapt, en het deurtjen doorgekropen is, en
zijn muts opgezet, en zijn hoekjen gekozen heeft, is het als of er van
zelf een geest van bekrompenheid, van kleinheid op ons valt. Zoodra
dat graf zich over ons sluit, schaamt men zich geene enkele flaauwheid
meer. Men gevoelt lust om met belangstelling te spreken over het schee-
len der klokken, den prijs der levensmiddelen, of al weder het gewichtige
vraagpunt te behandelen, of het na het middagmaal beter is te gaan
wandelen of een slaapjen te doen. Men heeft behoefte om te zeuren
en te talmen over nietigheden. Ja, zoo zeer beheerscht u de demon
der plaats, dat hy u maar al te dikwijls verleidt de afgezaagde voor-
deelen van een trekschuit op te sommen! Ook zult gy uwe reisgenooten altijd belang hooren stellen in het getal schuiten en diligences
die op één dag dat traject doen. — Die treurige, benaauwde indruk,
waaraan gy lijdt, wordt nog verergerd door de lectuur van het tarief,
door het zien van het koperen blakertjen, het driekanten blikken
kwispedoortjen en alle verder klein huisraadtjen, en van de gewichtige
voorzichtigheid waarmeê de schipper eerst een sleutel uit zijn zak haalt;
ten tweede het laadtjen van de tafel opensluit; en eindelijk ten derde
er een lange pijp uit krijgt. Ik geloof niet dat iemand ooit ééne geestige gedachte gehad heeft in een trekschuit. Integendeel: de roef is
de ware atmospheer voor alle mogelijke vooroordeelen; de geschikte
bewaarplaats van alle verouderde begrippen, de kweekschool van allerlei leelijke, lage gebreken. Daar zijn voorbeelden van menschen, die
door te veel in de trekschuiten te varen, lafhartig, kruipend, gierig,
koppig, en kwelziek zijn geworden.

Over het algemeen is de roef alleen geschikt voor de lieden, die er
gewoonlijk het personeel van uitmaken. Als daar zijn "fatsoendelijke"
handwerkslieden die een teuterig métier hebben, zoo als ivoordraaiers
en horologiemakers; goede luidtjens die een erfenis gaan halen, de vrouw
met een broodtjen in de reticule, de man met een snuifdoos met speelwerk; jeugdige koekebakkers, die niet weten willen dat zy 't zijn,
met een soort van constellatie op de borst, bestaande uit drie gewerkte
koperen overhemdsknoopen en een schitterende doekspeld, met een geelen steen à facettes geslepen, veel te groot om echt te wezen; kleine
renteniertjens van vijftig tot zestig jaar, die zilveren pijpedoppen in
palmhouten akertjens by zich hebben; eerlijke boekhouders, die vijfentwintig jaar op een zelfde kantoor hebben gediend, en ten bewijze van

dien een zilveren tabaksdoos toonen met inscriptie; moeders, met slapende kinderen, en die er eentjen t'huis gelaten hebben, dat nog
maar acht jaar oud is, en al fransch kan; breiende huishoudsters, die
uwé en *ik heeft* zeggen; kameniers, die voor hare mevrouwen
door willen gaan, en van *ons* buiten spreken, waaraan zy by een of
andere brug moeten worden afgezet, en waar tot haar groote bescha-
ming een tuinmansknecht haar met een zoen ontfangt; halve zieken,
die een *profester* gaan raadplegen; juffrouwen die de vracht met een
dertiend'half en een pietjen passen; grappenmakers, die de geestigheid
hebben over de verschrikkelijke gevaren te spreken die de reis in trekschuiten inheeft; en ongelukkigen die niet onder dak kunnen komen,
ten zij ze aan een volgend veer de schuit van achten nog halen kunnen, — om niet te spreken van de Groenen, een soort van schuwe in-
sekten, dat in de maand september alle de vaarten, die op akademie-
steden uitloopen, vergiftigt.

———

Het personeel der diligence heeft een geheel ander karakter; over
't algemeen staat het meer op de hoogte van zijn eeuw. Il a plus
d'actualité. Maar tevens is er meer verscheidenheid. Op een diligence
reist gy met officieren in politiek; met studenten; met heeren die naar
een audientie gaan; met schoolopzieners en leden van provinciale commissiën; met mannen van de beurs; met paardenkoopers, en aanne-
mers in wijde blaauwlakensche cloaks; met commis-voyageurs schitterend door een breeden ring aan den voorsten vinger, (meestal met
een amathist), zy rijden achteruit, zijn zeer familiaar met de conducteurs, kennen de paarden by naam, en vergelijken voor u de betrekkelijke verdiensten der verschillende postwagenondernemingen; met dichters, die *een lezing* gaan doen; met fiere dames die 't half beneden
haar stand rekenen in diligences te reizen, en zich door stuurschheid
van dien hoon wreken; met jonge meisjens die verlegen worden en 't
half kwalijk nemen als een vreemd heer beleefd jegens haar is; met
weldadige tantes die aan de plaats harer bestemming door een half dozijn kinderen, die zy sints jaren bederven, worden opgewacht; met
koopvaardy-kapiteins met lange curaçaosche cigaren; met jagers, die
meer attentie voor hun geweer dan voor uwe teenen hebben; met woel-
waters, die eeuwig tusschen de wielen zitten en u opsommen hoe veel
land zy in één week gezien hebben; met een naauwgezetten heer, die
uit gehoorzaamheid aan zijn lootjen op nummer 1 MOET zitten; met
een dikken, aamborstigen heer, die alles open wil hebben, en met een
dunnen, spichtigen heer, die de kraag van zijn jas opslaat, diep in
een bouffante kruipt, van 't *méchante weêr* spreekt, en u wil laten
stikken; met individus, die zichzelven voor bemind vleesch houden, en

overal kennissen aantreffen; met ontevredenen die over alles knorren; dikwijls met een kind, dat een halve plaats beslaat, of een hond waarvoor gy bang zijt, te veel, en dikwijls, o! zeer dikwijls, met een beleefd mensch te weinig. — Ziedaar den gewonen inhoud eener diligence!

Onder deze lieden zijn er zeker velen, die onder de inconveniënten van deze manier van reizen zijn te rangschikken, en ik stel voor, hen in drie klassen te verdeelen, en alzoo te brengen tot:

       Slapers,
       Rookers
     en Praters.

De slapers staan by my op den laagsten, den minst schuldigen trap van overlast. Hunne onaangenaamheid is voor drie vierden negatief. Maar ziet ge, zy snorken somtijds, — en hatelijk zijn zy als men ze voorby moet met in- en uitgaan op de pleisterplaatsen, — en eindelijk, ze worden hoe langer hoe breeder! Hunne posteriores, hunne ellebogen, hunne kniën, alles zet zich uit; — en ik heb gereisd met slapende passagiers, die zich in een traject van nog geen vier uren tot het dubbel van hun omtrek hadden uitgebreid. Voor het overige moet ik hen wel dragelijk vinden, aangezien ik den meesten tijd de eer heb tot hunne klasse te behooren. — Volgen de rookers! — Daar was een tijd, mijne vrienden! maar toen waren de goudsche pijpen nog fatsoenlijk, en de blikken cigarenkokers en zilveren pijpjens nog in de mode; dat geen welopgevoed man, geen commis-voyageur, geen kwâjongen zelfs (dat wel het onbeschaamdste slag van wezens is!) een blad tabak zou hebben aangestoken, zonder eerbiedig te vragen: „zal het niemand″ of althands: „zal het de dames niet hinderen?″ — Hoe ook binnen's kamers aan de pijp (die nu eenmaal het epithète van vaderlandsche verkregen had) verslaafd, buiten 's huis rookte men niet dan by gedoogen en goedkeuring met algemeene stemmen, en mocht men die wegdragen, men maakte er met kieschheid gebruik van: men rookte met zekere delicatesse, kleine wolkjens! Dit alles heeft tegenwoordig geen plaats meer. Ik zie de beschaafdste, de galantste, de humaanste onzer jonkers, de schuwste en beschroomdste onzer burgerheeren, de gemaniëreerdste onzer kantoorklerken met vest en sousvest, sans façon, met lichterlaaie pijp en brandende cigaar de trede van het rijtuig ophuppelen, en nadat ze vijf of tien minuten hebben zitten dampen, ter naauwernood vragen, niet: „zal 't niemand,″ maar: „'t zal immers niemand hinderen?″ en zonder andwoord af te wachten, of zich te storen aan 't hoesten van het liefste meisjen der wareld, zoo 't het ongeluk heeft van niet mooi te zijn, met hun stankfabriek voortgaan. Onze dames (zachtmoedig als ze zijn!) durven ook nooit meer neen zeggen. — Ik — o vloek dien ik op mijn hals haalde; en weder op mijn hals haal door het hier te vertellen; (by de heeren, maar vooral by de heele jonge heeren: ik ken er eentjen, dat verschrikkelijk is!) Ik...

heb ééns neen gezegd. 't Was tusschen Haarlem en Leyden. Waarlijk, al de raamtjens waren gesloten, en toch moesten er twaalf menschen ademen en zes cigaren in 't leven blijven; maar hoe werd ik mishandeld door den man die naast my zat, en die dàn iets op mijn hoed, en dàn iets op mijn parapluie, en dàn iets op mijne voeten, en dàn weder iets op mijn mantel, en dàn weder iets op volstrekt niets te zeggen had: waarlijk ik was mijn leven niet zeker. — Ook is de geheele wareld tegenwoordig op den voet van tabakrooken gebracht; die kunst behoort geheel tot de vita publica, en al haar materieel is zoo portatief mogelijk gemaakt; ieder rijtuig is een tabakambulance; alle sierlijke uitvoerigheden der rookkonst zijn geabbrevieerd; — geen klassieke langwerpige, chineesverlakte tabaksdoos meer met de handteekening van den eigenaar in hét deksel, maar tabakszakken van een vieze varkensblaas gemaakt, met een rood riemtjen aan het knoopsgat opgehangen. Om de waarheid te zeggen, zijn alle rokzakken tabakszakken; en wanneer gy een gezelschap fatsoenlijke heeren van onderscheiden kaliber en verdienste byeen ziet, kunt gy er altijd op aan, dat zy door elkander gerekend stellig zes of acht stuivers waard zijn, alleen aan cigaren die aan hun lijf zullen worden gevonden. Geen kiesch cigarenpijpjen meer, hetzij recht of gebogen, waardoor de rook als 't ware werd gedestilleerd — neen, het afzichtelijk rolletjen wordt, zoo als het uit de besp..kselde vingers van den tabakverkoopersjongen komt, uit een papieren zakjen gehaald en in den mond gestoken, opdat men er een dubbelzinnig genot van zou hebben, en van tijd tot tijd bezabbeld en beknabbeld over te gaan in de handen van iedereen die er een onzuiver vuur aan wil ontleenen. Geen reine, blanke goudsche pijpen meer met een voorzichtig dopjen gewapend, maar een leelijk slangachtig, stinkend, pruttelend, door en door van vuiligheid doortrokken moffentuig; en dan die nieuwmodische zwavelstokjens waarvan een mensch opspringt als zy afgaan, en die een hydrogenium ontwikkelen, waarvan iemand het hart in het lijf omdraait! — O, wanneer alle deze schrikbeelden my voor den geest komen; als mijn gedachte zich hier, in den zuiveren atmospheer van mijne studeerkamer, waar, sedert mijn haard goed is uitgebrand, niets is dat de verhouding van eenentwintig deelen levenslucht tot negenenzeventig deelen stiklucht (nieuwste berekening) stoort; als, zeg ik, mijne gedachte zich hier in al die gruwelen verdiept, en wanneer ik bedenk dat ik nog dikwijls, zeer dikwijls in mijn leven my die indompeling in het dampbad van kruiden van allerlei hoedanigheid zal moeten getroosten, dan waarlijk sluit my het hart en beklaag ik my over de wreedheid van mijne natuurgenooten — en — half en half over de zwakheid van mijn maag en de kieschheid van mijn gehemelte, die my niet vergunnen (als onze vaderen zeiden) *toeback te suygen.* Want gelijk men dieven met dieven vangen moet, en leugenaars met leugens tot zwijgen brengen, zoo moet men, wordt er gezegd, ook rooken om rookers te kunnen uitstaan.

Ik kom tot de praters: de babbelaars by uitnemendheid. Zy zijn daarom erger dan de rookers, omdat zy uw beter deel, uw hoofd en hart grieven, wat de laatsten niet doen tenzij ze u knorrig maken, — maar! ik hoop nog al dat gy een wijsgeer zijt. De rookers maken u ziek; de praters ongelukkig. 't Is waar, gy behoeft hen niet aan te hooren, maar wie heeft lust om een volslagen lompert te zijn? Gy kunt u houden als of gy slaapt; dikwijls zelfs richten zy het woord niet eens tot u; maar dan spreken zy zoo veel te luider tot uw buur- of tot uw overman, ja, er zijn er die hun schelle stem er op geoefend hebben, de stootendste wielen, de rammelendste portieren te over- schreeuwen!

Stooten en rammelen! o Dat men in een land als het onze, waar de straatwegen zoo uitmuntend zijn, zulke slechte diligences maakt en gedoogt! Doch hier breng ik u de eer, die u toekomt, edele VAN GEND EN LOOS, VELDHORST EN VAN KOPPEN, warme menschenvrienden! In uwe wagens zit men op breede banken; uwe plaatsen zijn ruim; uwe kussens en ruggestukken welgevuld; uwe bakken diep; uwe veeren buig- zaam; uwe wielen breed; uwe portieren niet tochtig; uwe raamtjens be- scheidenlijk zwijgende, uwe vier paarden altijd in geregelden draf. Maar velen uwer collegae zetten ons in een schokkende, naauwe en dreu- nende, vuile, tochtige, harde, tuitelige doos; een soort van groote rammelende builkas op vier wielen; in de eene hebben wy geen plaats voor onze dijen, in de andere geen ruimte voor onze kniën; uit deze komen wy met bevrozen teenen, uit gene met een stijven nek; wy rij- den ons ziek, wy rijden ons hoofdpijn, wy rijden ons dóór, wy mee- nen gek te worden van het gesnor aan onze ooren en 't gedender aan onze voeten; en dikwijls denken wy er, onder het dooreenwerpen onzer ingewanden, met bekommering aan wat gelukkiger zijn zou, dood of levend er uit te komen!

Dood of levend! ja, daar is gevaar! In een land, waar de policie de tuigen der paarden en de lenzen in de wielen niet nagaat, en waar in de meeste plaatsen de vracht, die men oplaadt, niet gewogen of bere- kend wordt — hoe komt het dat er nog zoo weinig ongelukken gebeuren?—

———

De stoomboot zeide ik tot my-zelven, en ik nam een plaats van Rotterdam tot Nijmegen, zal alles verbeteren en overtreffen: zy zal my met de middelen van vervoer en met het reizen en trekken verzoenen, de snelle, de ruime, de gemakkelijke, de sierlijke, de gezellige, de rijke stoomboot! Is zy niet een vlottend eiland van genoegelijkheden, een betooverd stoompaleis, een hemel te water? Nu ja: het is een drij- vend koffyhuis, zegt men wel. Voor kleine afstanden niets gelukkiger dan een stoomboot. Maar het is voor de groote dat men haar noodig heeft. Zeg niet: men is er zoo goed als te huis. 't Is waar, men zit er op breede banken met zachte kussens, aan gladde tafels; men kan er alles krijgen wat men verlangt, al doen wat men begeert. Maar die korte schok, als van een paard dat hoog draaft, de gemengde stank van olie en steenkolen, de duurte der levensmiddelen, de aanmatigingen van den hofmeester, het slechte eten en de verveling, dit alles heeft men te huis niet. Ik zei verveling — want waar ter wareld ontmoet men meer menschen *die voor hun plaisir reizen*, dan op een stoomboot? en wat is er vervelender dan hun gezelschap?

Reizen voor plaisir! o Droombeeld! o Zelfbegoocheling! Weten dan zoo weinig menschen dat reizen zoo moeielijk plaisirig zijn *kan!* Neen, de mensch is geen trekvogel; hy is een huisdier, en de natuurlijke kring zijner genoegelijke gewaarwordingen strekt zich niet verder uit dan zijne voeten hem brengen kunnen. In beweging en onrust, in zich verwijderen van den grond waar hy aan gehecht, de betrekkingen waaraan hy gewoon of verknocht is, kan geen geluk zijn. De natuur wreekt zich van dien moedwil. Zie die reizigers voor plaisir! By elk genot dat zy smaken verbeelden zy zich dat *dit* het plaisirige nog *niet* is, waarvoor zy zijn uitgegaan; daarom verheugen zy zich telkens als zy op de respective plaatsen hunner bestemming zijn aangekomen, schoon zy toch eigenlijk reizen om op weg te zijn; en in die gedurige jacht op een ingebeeld genoegen, dat nog komen moet, gaat hun tijd om in rusteloosheid, en teleurstelling, en tegenzin. Alles gaat hen voorby; zy smaken niets. Maar te huis gekomen bemerken ze dat zy een groote som gelds verteerd hebben, en, omdat zy er zich over schamen, dringen zy zichzelven en anderen op dat zy een „allerliefsten," een „dolprettigen," een „allerinteressantsten" tour gemaakt hebben — ja, indien het denkbeeld en de zaak op die wijze niet in stand gehouden werden, zouden er 's jaarlijks eenige duizende paspoorten minder worden afgegeven, voor ongelukkige slachtoffers van een droombeeld, die de reisduivel drijft en die niet weten wat zy willen. O, in de lieve zomermaanden, in de groote vacantie der hoogescholen, den rustiger tijd van den handel, als men zijn innerlijk leven recht kalm zou kunnen genieten, zijn alle de wegen des vaderlands vol van jonge lieden die hun lief vertrek, hun gemakkelijk ouderlijk huis, hun welgelegen buitengoed, hun gezelligen kring, hun dierbaarste betrekkingen, hun nuttigst verkeer, in een opgewonden koorts verlaten, om voor plaisir een reisjen te gaan maken! Zy komen terug, met een verbrand gezicht, een paar knevels, een gehavende plunje, een lastigen hoop vuil linnen en een ledige beurs! de herinnering aan doorgeloopen voeten, slechte bedden, weegluizen, stof, engelschen, en afzetters. Zy hebben ook veel mooie natuur gezien. Maar de heerlijke, de dichterlijke, de opwekkelijke indrukken, waarop zy gehoopt, de onbegrijpelijke, zieldoordringende genoegens van het reizen waarvan zy gedroomd hadden, met en benevens de duitsche schoonen die op hen verliefd zouden zijn geworden, of de piquante baronnesse, waarmee zy een avontuur zouden hebben gehad; de belangrijke, wareldberoemde geleerde, die hen *en amitié* zou nemen; de schatrijke lord, dien zy 't leven zouden redden; dit alles woelde in hun bont verschiet, in hunne droomen en mijmeryen dooreen — waar waren zy? — de echo andwoordt, „waar waren zy?„ — Zie hen daar te huis gekomen: moê van lichaam en moê van ziel; nog veertien dagen ongeschikt voor een geordend leven; zonder reisanecdoten, zonder dichterlijker of grooter hart dan waarmede zy zijn uitgegaan, zonder eenigzins belangrijk te zijn; alleen opmerkelijk door een vreemd soort van pet, zoo als in deze of gene buitenlandsche stad gedragen wordt, niets meebrengende dan eenige vreemde koperen munten, aardig om, tot een souvenir! te bewaren, een steentjen van Rolandseck en een gedroogd bloemetjen van Nonnenwerth, en een vijftigtal: o Zoo mooi's en onbeschrijfbaar's, „en je moet er zelf geweest zijn, en hier een berg, en daar een dal! en o die boomen, en o, die rotsen!„ om u een rad voor de oogen te draaien, zichzelven te rechtvaardigen, en uit een soort van wraakneming ook u te verleiden, om u als zy te laten teleurstellen.

Men vergeve my deze uitweiding, alleen uit menschlievendheid gedaan! om een aantal jonge juffrouwen en heeren uit ons vaderland, die met een benijdend oog andere jonge juffrouwen en heeren, in de schoone zomermaanden, zien op reis gaan, schoon zy 't overal slechter zullen hebben dan t'huis; — om een aantal fatsoenlijke menschen, wier drukke bezigheden hen verbieden zich anders dan met hunne zaken te vermoeien, te troosten; en een aantal anderen, en vooral jonggetrouwden, of die in 't volgend jaar trouwen zullen, die reeds een reisplan voor 't eerstkomend saisoen in hun hoofd hebben — (o! zoo'n allerliefst reisplan! overal eens kijken! van alles mee kunnen praten! in vier weken uit en t'huis! het reizen gaat tegenwoordig zoo gaauw!) in goeden ernst te waarschuwen voor de ellende waarin zy zich gaan storten.

Dan, keeren wy tot onze stoomboot terug. Eerst gaat het goed; men komt vrolijk en luchtig en lustig, frisch en vatbaar voor allerlei soort van genoegens aan boord. Men blijft op het dek tot dat de stad waar men afvoer uit het gezicht verdwijnt. Men vindt het genoegelijk naar den linker en rechter oever te kijken. Dan gaat men tevreden naar beneden, en vindt de kajuit heel mooi, heel gemakkelijk, de sofa alleruitmuntendst; het is een heele aardigheid zich op een vouwstoeltjen te zetten. Men schikt zich in gezellige groepen, men bestelt ontbijt; men praat, men lacht, men heeft anecdoten, stads- en staatsnieuws. Men speelt met belangstelling een party schaak, men is op zijn gemak. Zoo is het begin. Maar een uur later, en gy ziet van tijd tot tijd dan dezen dan dien het hoofd uit het luik steken en op dek komen; dit is de verveling nog niet; 't is de ongedurigheid die haar voorafgaat. Men wil wel eens weten waar men in de wareld is: men wil in de lucht zijn; men wil de mooie gezichtspunten niet verbeuren, — men blijft een poosjen boven, links en rechts en voor en achter uitkijkende: het scepticisme zegt: *Amuseer ik my?* — De beurs andwoordt: *Ik hoop het.* *Pour varier ses plaisirs,* gaat men eens weer naar beneden. Men neemt een courant of een boek. Maar men is toch eigenlijk niet op reis gegaan om couranten of boeken te lezen. Men moet iets anders hebben dan t'huis. Nu begint de leelijke verveling al, en de eene passagier wil dat de andere hem den tijd kort. De sofaas zijn niet gemakkelijk genoeg; op vouwstoeltjens is een veel te ongewoon zitten; allengskens ziet gy den eenen voor, den anderen na weder op het dek komen. *'t Is beneden schrikkelijk benaauwd.* *Ja, dat is 't geval wel van een stoomboot.* *Die kajuiten zijn laag.* *Dat flikkeren van de zon op 't water, gy kunt niet gelooven wat een onaangenaam effect het door de glasruiten doet.* *Jammer dat het zoo zonnig is en zoo waait.* *Ik tref het nooit dat de tent opgezet kan worden.* En nu zit men op de lantaarn, en dan aan de balustrade, en dan in den stuurstoel, en dan loopt men weder heen en weer; en dan wordt de jas aan- en dan weer uitgetrokken. Nu is het een op en nederklimmen zonder end; en de verveling in volle kracht. Uit wanhoop wijkt men van zijn levensregel af, en maakt zich ziek met chocolaat en bouillon en bittertjens en liqueurtjens; het is als kreeg men een gevoel van vuilheid en onfrischheid over zich. Beneden strekken de reizigers zich uit op de zitplaatsen, boven loopen zy heen en weder, en gy kunt zeker zijn dat elk op zijn beurt eens by de raderkast gaat staan, om een blik in de machine te werpen, waarvan hy niets begrijpt, met de woorden: *'t is toch een mooie uitvinding.* De uren worden hoe langer hoe sleepender. De horloges komen gestadig te voorschijn; en de berekening: *hoe veel uren nog* wordt gedurig gemaakt. Zoo slijt men een langen dag, waarin het etensuur alleen eenige tijdkorting geeft. Maar de gerechten zijn meestal slecht. Om kort te gaan, en opdat gy u niet evenzeer zoudt vervelen als onze reizigers; een goed half uur voor dat de boot aankomt, als de plaats harer bestemming maar even in 't gezicht is, kunt gy zeker zijn alle menschen met jassen en mantels en pakkaadje klaar te zien staan, om toch vooral by tijds gereed te zijn tot het verlaten van het hooggeloofd vaartuig. En dat *te vroeg* is de laatste, niet de minste, marteling voor den ongeduldigen geest.

Zoo dat een stoomboot ook al meer belooft dan zy geeft.

———

Maar nu houdt gy my (ik zie het wel!) na de lezing van dit alles, voor een ontevreden, knorrig, ongemakkelijk mensch, voor een ellen-

dig pessimist, daar geen spit mee te winnen is, voor een akeligen smel-
fungus, die niet reist dan met het land en de geelzucht, waardoor elk
voorwerp dat hy ontmoet miskleurd en verdraaid wordt; — ik moet
zoo billijk jegens myzelven zijn van te verklaren, dat ik een geheel
ander karakter heb. Integendeel, ik behoor tot de opgeruimde, vrolijke, zich vermakende schepselen, en schik my in alles, mits ik aan
alles een belachelijken kant mag zoeken, en daarover uitvaren en schertsen. Ik ga verder. Ik kan u betuigen dat ik een paar malen alleraangenaamst in een trekschuit heb gesmousjast; dat er omstandigheden
zijn waaronder, en gedachten en vooruitzichten waarmee ik zeer gaarne in de diligence (ook in de allerslechtste, wat meestal mijn geval
is) zitten wil; dat ik my meermalen alleruitmuntendst op een stoomboot heb vermaakt; onder anderen ook door alle mijne reisgenooten
uit te teekenen; dat ik dikwijls met veel, zeer veel genoegen gereisd
heb. Ja, dat ik, zoo als ik hier zit, in mijn ruimen lederen leunstoel, in mijn wijden kamerjapon, by mijn lustigen haard, in vrede en
eensgezindheid met de geheele wareld, my sterk gevoel om alle schippers, alle conducteurs en de geheele stoomboot-maatschappy recht hartelijk de hand te drukken; — dat eindelijk het gegronde vooruitzicht
op de spoorwegen my zoodanig verheugt en streelt en opwindt, dat ik
in de voorbaat reeds gelukkig, alle vaar- en rij-jammeren geduldig
dragen wil en zonder morren uitstaan.

Spoorwegen! heerlijke spoorwegen! op u zal niet gerookt worden,
want daar is geen adem!

Op u zal niet geslapen worden, want daar is geen rust!

Op u zal niet worden gebabbeld; want daar is geen tijd!

Zoo daar op u ook onaangenaamheden en jammeren zijn, zy zullen
den tijd niet hebben ons te bereiken! wy geen gelegenheid om ze gewaar te worden!

Maar komt! komt, heerlijke spoorwegen! Daalt als een tralienet
neder op onze provinciën!

Vernietigers aller groote afstanden! versmaadt de kleine afstanden
van ons koninkrijkjen niet!

Ja; laten de zangen onzer dichters het weldra, in verrukte tonen,
uitgalmen:

> De spoorweg kwam, de spoorweg kwam!

Laten de zakdoeken der schoonen u toegewuifd worden! De medailles onzer munt u tegenrollen!

Dan eerst als de hollandsche natie, langs uwe gladde banen, dagelijks door elkander zal geschoten worden als een party weversspoelen, zal er welvaart en bloei en leven en snelheid in ons dierbaar vaderland heerschen!

1837.

GENOEGENS SMAKEN.

UIT DE CORRESPONDENTIE MET AUGUSTIJN.

„Of ik de rotterdamsche kermis ben gaan bywonen? De hemel be-
„hoede my, hoe komt gy aan dat bericht? Wie is de booze lasteraar
„die my zulk een smet aanwrijft. Wie heeft er behagen in, mijne
„blanke, kermishatende ziel zoo zwart te maken in de oogen der men-
„schen. Weet gy 't dan niet, hoe ik reeds in den jare 1833 op den
„dag waarop men in mijn geboortestad goedvond de kermis in te lui-
„den, het akelig klokgebeugel begeleidde met eene improvisatie:

> „Voor my geen kermisfeestgerel,
> „Geen weidschbetiteld kinderspel,
> „Geen dwaasheid op haar zegewagen:
> „By raadsbesluit en klokgeklep,
> „Gerechtigd voor een tiental dagen,
> „Wat eerlijk mensch er tegen heb'.
>
> „o Laat my, laat mijn ziel met rust:
> „Wien 't aansta, my ontbreekt de lust,
> „Om zoo veel mensch getitelde apen,
> Zoo'n aapgelijkend menschenras
> „Op straat en marktveld aan te gapen,
> „Als of die klucht iets zeldzaams was.

„Weet gy wat een kermis is, HILDEBRAND? Het is eene allerakelig-
„ste mislukking van publieke vermakelijkheid; de parodie en de charge
„der feestvreugde; het ideaal eener opwinding over niets; het tegen-
„deel van al wat welluidt, welstaat en welvoegt. Weet gy wat een
„kermis is, HILDEBRAND? Het is de bachantendienst der nieuwere
„tijden, de vergoding der uitzinnigheid. Het is een enkel groot ma-
„rionettenspel, waarin wy ons vervelen en onze kleeren vuil maken.
„Geloof my: de apen uit Indië; de kemelen van den ernstigen Ara-
„bier, die men er op rondleidt, staan verbaasd van onze hollandsche
„razerny, waarby zich gierigheid en armoede beiden vergeten; het ver-
„stand ijlt; de zedigheid haar leven waagt; de koelbloedigheid kookt;

7*

*en de dwaaste lach zich met de vernuftigste tronie verdraagt. **Wy**
*voor ons hebben altijd, voor zoo veel ons mogelijk was, den besmet-
*ten dampkring der kermissen gemijd en geschuwd; wy hebben ons
*geld en ons gezond verstand altijd te lief, en altijd te weinig van bei-
*den te verteeren gehad, dan dat wy het te grabbelen zouden gooien
*in dien poel van triviale genoegens. Wy hebben ons altijd verbeeld
*dat de zakkerolders, weinig anders by ons vindende, onze waardig-
*heid stelen zouden, en de horoskooptrekkers ons quant-à-moi ont-
*sluieren; dat de goochelaars ons een deel gouts populaires in den
*zak zouden moffelen, terwijl wy misschien den mantel van onzen
*ernst in den Vauxhall hangen lieten, en ons vernuft voor een koor-
dedansersspel werd geronseld.

Wat dat laatste betreft, mijn edele AUGUSTIJN! loopt gy groot gevaar, althands indien gy voortgaat in dezen stijl te schrijven. Waarlijk, daar is iets zeer acrobatisch in! Het wipperige van het koord
en het opgeschikte van den danser spreekt er uit. En dan al die sprongen op eene breedte niet dikker dan mijn rotting! Waarlijk, gy zijt
geschikter voor de kermis dan gy denkt. En ik zou lust hebben er u
rond te leiden, en aan alle vrolijke feestvierders te laten kijken als
*mijn dierbaren vriend AUGUSTIJN, lang een el, zeven palm, oud 62
jaren, een volkomen kwast, maar van het schuwe soort. Dit zonderling dier verbeeldt zich nergens plaisir in te scheppen, waar een ander zich mede vermaakt; kent latijn en grieksch; leest alle mogelijke
boeken; vindt ze geen van allen mooi; eet verschrikkelijk veel, maar
wil 't niet weten; is goedig van aart, maar schrikkelijk kwaadaardig
wanneer men het wil amuseeren; is reeds zevenmaal van aart veranderd; zal nog zevenmaal veranderen.*

Indedaad, mijn waarde! gy moet het leven eenvoudig nemen; 't zou
u beter staan en het leven zou u beter bevallen. Daar hebt gy nu
de rotterdamsche kermis — zy is mogelijk wat al te dol, ik geloof het
gaarne. — *Hoe?* — durft gy my schrijven, *zal ik zonder nood-
*zaak plaats nemen in den malmolen, en my beneden de eikhorens
*en witte muizen, die wel draaien *moeten*, verlagen. Zal ik my als
*een razende dweeper den beulen toewerpen en uitroepen: Ik ben ook
een martelaar? Hoor eens hier, mijn verheven briefschrijver; zie my
eens goed in de oogen. Best! en laat ik u nu zeggen, dat gy er niets
van meent. Wat hebt gy uitgevoerd, kwast! in die acht dagen dat
de rotterdamsche kermis geduurd heeft? Immers niets dat de moeite
waard is. Boeken gelezen; brieven geschreven; en om de kermis gelachen. Gy moest eens weten hoe de kermis om u zou gelachen hebben, indien zy 't geweten had. — Gy hebt twee mooie, lieve nichtjens; vrolijke, prettige meisjens! rechte spring-in-'t-velden. De rotterdamsche meisjens *zijn* vrolijk. Met deze hadt gy door de kramen
moeten wandelen; voor deze allerlei lieve kleinigheden moeten koo-

pen. Snuisteryen uit lava zijn tegenwoordig het meest aan de orde. Die hadt gy niet leelijk moeten vinden, omdat zy, ik, en een ander ze mooi vinden. Misschien vinden wy ze toekomende jaar geen aanzien waard. Daar zijn we niet minder om, vriend! dan is er weer wat anders dat ons bevalt; de zaak vereischt zoo veel ernst niet, en 't behoort tot de genoegens van ons leven, dáár dan weer blij meê te zijn.

Op het fatsoenlijk uur, als de beau monde byeen komt, hadt gy uw nichtjens rond moeten leiden, en er u volstrekt niet aan moeten ergeren als ze wat veel menschen aanspraken, en gy wat al te dikwijls hoordet welke kraam de mooiste was. En dan had er leven en belangstelling in uw gezicht moeten zijn. Gy zijt er niet te groot voor, AUGUSTIJN! niemand is te groot om zich met kleinigheden en kleinen te vermaken. Kijkspelen wil ik u niet zoo zeer aanraden: of het moeten zulke zijn, waar men u op een grove wijze by den neus heeft; zoo wat boerenbedrog, weetge, is wel aardig voor iemand die veel boeken gelezen heeft. Over de beestenspellen kent gy mijne opinie. Maar in 't geen ik daar wel eens tegen gezegd heb is ook vrij wat overdrevenheid, mijn vriend! En als men het letterlijk op wilde nemen en.... Maar letterknechten zijn wy niet, zoo min als letterhelden; — daar hoort nog meer grieksch by, AUGUSTIJN, dan gy kent. Wy mogen ook wel eens doorslaan, dunkt my, als het thema goed gemeend en diep gevoeld is, en als dan de eene gedachte de andere uitlokt en wy worden er warm by, of vrolijk! — Op die rekening wil ik dan ook een goed deel uwer philippica tegen de kermisvreugde schrijven. Niets is zoo kinderachtig, zoo onaardig, en zoo inhumaan dan geestig te willen zijn door de ontleding van eens anders grappen. Dat behoort wel wat te veel tot de onaangename genoegens van onze dagen; maar ik wil er my niet aan bezondigen, en daarom heb ik niets tegen uw "bachantendienst," en uwe "vergoding van uitzinnigheid" en uwen "besmetten dampkring," maar alleen heb ik dit tegen u, dat gy laag op de kermis neerziet.

Vreugde is een aardig ding, mijn goede vriend! niet alleen om te smaken, maar ook om te zien. Jongens, gy moest eens een boerenkermis bywonen! Des namiddags het heele dorp en de nabygelegen gehuchten op de been. Honderd boerenwagens, honderd roodwangige boeren met zilveren haken in de broek en gouden knoopen aan den das, die een dikke kuit tegen den disselboom uitstrekken; en de boerinnetjens netjes uitgestreken in lichtgroen en donkerrood, met wapperende linten aan de stroohoeden, met al het goud dat zy hebben aan 't hoofd, en de onderom van het jak vooral niet lager dan de schouderblaren. Dan wordt er uitgespannen en men zit neder aan de lange smalle tafels op schragen van den kleinen herberg; "het dorstige Hart," of "de laatste Stuiver;" of men drentelt langs de kleine kraamtjens; of men schaart zich rondom de kleine loteryen van geschilderde karaffen en kelken, houten naaldekokers, en stalen vorken. En dan moetge de dikke proppen van kleine jongens zien, met wit hair en witte tanden, bezig met koek te smakken, en hun winst in broekzak, buiszak, en tot in den pet wegstoppende; of de kleine boerenmeisjens gegroept om een krui-wagen met gouden ringen van een cent het stuk, allen met een kraak-amandel tusschen de tanden en kruinoten in de hand. Dat 's nog maar een begin.

Maar 's avonds als de frissche dochters; neen de glundere moeders óók nog wel; voor den "fiedel" staan, met boeren en knechten, en voor vier duiten een deuntjen dansen,

> "Kan je dan geen schotsche drie?
> Kan je dan niet dansen?"

en zoenen moeten als de lustige speelman in den hoek achter de kam strijkt!

Daar moet ge eens heen, AUGUSTIJN! dat is veel aardiger dan blasé of filosoof te zijn; en dáár zult gy zien, hoe men zich te meer vermaakt, naar mate men eenvoudiger van hart en zin is. Maar gy moet er niet komen met een gezicht als een commissaris van policie die kijken komt of alles goed en ordelijk toegaat; ook niet met dat medelijdend lach-jen, waarmee sommige menschen zich portretteeren laten, en waarvoor gy eigenlijk in den grond te goed zijt; ook al niet met een gezicht van berekende lievigheid, als of het den aanwezigen een groote eer moet zijn, dat *gy* eens komt kijken. Geloof my, ook de boer bemerkt en gevoelt als by instinkt wat daar beleedigends in is, en het maakt u nooit tot wat hy een gemeen (gemeenzaam) mensch noemt. Neen, gy moet er komen met een fermen, bollen lach om den mond, als of gy zoozoo mee zoudt willen doen. Ik voorspel u dat gy er meer neiging toe gevoelen zult dan gy zult willen weten. Blijdschap is aanstekelijk, maar men moet er dispositie voor hebben, en men moet byv. niet op een hollandsche boerenkermis komen met een Sehnsucht "naar Ita-lies dreven, waar de hemel altijd blaauw enz. is," en ook al niet met pedante aanmerkingen, als byv. "wat een heel ander figuur is een hol-landsche boer toch dan een van Normandye of Bretagne of uit het Piémonteesche!" waarby gy niet aan Normandye of Bretagne of Pié-mont denkt, maar alleen aan de Colins en Lubins van de vaudeville, met hunne sneeuwwitte overhemden, roode bretels, schuinsche hoed-tjens met kostbaar lint, fijne handen, geblankette gezichten, en tedere sentimenten. De poëzy, AUGUSTIJN, is overal, maar die, die men op-merkt in de werkelijkheid, is beter dan de aangeworvene of aange-waaide. Vele menschen toetsen hetgeen zy vinden aan hetgeen zy la-zen, in plaats van hetgeen zy lazen aan hetgeen zy vinden. Ongevoe-lig en van lieverlede zijn zy volgeraakt van indrukken uit boeken en vertooningen, waarvan zich hun ziel een geheel gevormd heeft, dat zy zweeren zouden dat hun ondervinding was. In 't geheel niet; het maakt juïst dat zy nooit ondervinding krijgen, nooit zullen zoeken, en dus ook nooit zullen vinden; dat zy nooit zichzelven, nooit hun tijd, nooit de menschen doorschouwen zullen, en van alles slechts een negatief begrip hebben: // Het is dit niet, het is dat niet;// even als zoo menig recensent, die den titel van een boek leest, en zegt: // het zal, het kan, het moet dit of dat wezen! — liever dan te vragen: // wat is het?// // Het is *mijn* mooi niet, zegt iemand, en draait zich af van mooi GUURTJEN. Maar lief LIJSJEN dan? — Ook niet. Maar blonde BARTJEN, maar GEERTJEN, maar DUIFJEN? maar het geheele alphabet? Geen van allen. Mag ik weten wat mijnheers mooi is? Mijnheers mooi is een onbepaald, een zwervend, een schemerend ideaal, saamgesteld uit twintig diverse engelsche staalgravures en vijftig steendrukken van GREVEDON, met en benevens vijftig beschrijvingen van mooie actrices en maitresses uit feuilletons en mémoires. Nu was het toch beter en genoegelijker, het hollandsche mooi in het hollandsche gezicht te zien, en het hollandsche genoegen in den hollandschen lach, en den hollandschen aart in het hollandsche hart, en de hollandsche poëzy in de hollandsche vormen, daden en toestanden, — beter dan al die knorrigheden en verdrietelijkheden en gemaaktheden, waarmee men heel wat figuur schijnt te maken, maar groot gebrek aan waren wijsgeerigen of dichterlijken zin betoont.

Zoo is het vooral met het smaken der genoegens. 't Zou toch wel raar wezen, AUGUSTIJN! dat dingen, die voor jaar en dag voor genoegens in de wieg gelegd zijn, en sints jaar en dag voor genoegens aangenomen, geheel en al haar bestemming zouden misloopen, en de volkomene ongeschiktheid hebben om menschen met goede gewetens vrolijk en gelukkig te maken. // Andere wel// — zegt ge — // maar my niet!// en waarom niet? Omdat de schuld aan u ligt, zou ik denken. — Dat is het geluk der kinderen, dat ze niet onderzoeken of beproeven, of er ook een verdrietige kant is aan hetgeen hun voor genoegen wordt aangerekend; of het de moeite waard is in hun schik te zijn. Een vlieger oplaten — plaisir hebben; een zak vol knikkers — plaisir hebben; uit rijden gaan, een dag vacantie, een avond opblijven — plaisir hebben, ziedaar hun logica. Als men ouder wordt is het: kan, moet, zal, wil, durf, denk ik, door dit of veeleer door dàt, geheel of gedeeltelijk, of te kort of te lang, of waarachtig of schijnbaar, genoegen, ware vreugde, genot, of slechts tijdpasseering, te hebben; — òf is alles maar illusie? Dat moet niet wezen: dat is goed als men oud en af is. Maar wie geeft u en uw gelijken het recht alles dooreen te warren, en over jongelingsgenoegens met een mannenhoofd te redeneeren, als of niet ieder wijs man den jongeling zijne genoegens benijdde? Daar wordt dan de arme twintigjarige — ik weet het best, lieve vriend! — plotseling *te groot voor eene **aarde**,* die hy niet kent; te *verfijnd van gevoel,* voor genoegens, welker grofheid hy slechts onderstelt; dan giet hy den frisschen beker ledig, die hem zou verkwikt hebben; dan leeft hy een aangetrokken dichterlijk leven; maakt misschien slechte, zinledige woordenschermutselingen op rijm, waarin komt van: *'t stof te verachten, op adelaars pennen, de zon in 't aangezicht,* en allerlei visioenen die een goed dichter nooit gezien heeft; en intusschen slaapt de waarachtige poëzy, die binnen in hem is, den gedwongen doodslaap in; — AUGUSTIJN, waak er tegen! — en neem dit briefjen als een klein kermisgeschenkjen aan. Uw liefhebbende

1839.   HILDEBRAND.

EEN OUDE KENNIS.

Hoe warm het was, en hoe ver!

Het was een brandendheete vrijdagachtermiddag in zekere hollandsche stad; zoo heet en zoo brandend, dat de mosschen op het dak gaapten, 't welk, op gezag der hollandsche manier van spreken, de grootste hitte is, die men zich voor kan stellen. De zon scheen vinnig in de straten, en glinsterde op de van droogte poeierig geworden keien. In die straten die tegen het zuiden liepen en dus geen schaduwkant hadden, bracht zy de voorbygangers letterlijk tot wanhoop. De karels, die met kersen en wijnpeeren rondwandelden, veegden alle oogenblikken hunne voorhoofden met hunne linnen voorschoten af; de sjouwermannen, die anders gewoon zijn, in hydrostatische afgetrokkenheid, hunne leden over de leuningen der bruggen te doen hangen, eene houding waaraan zy hier en daar den vereerenden naam van baliekluivers te danken hebben, lagen aan den oeverkant voorover op hunne elbogen uitgestrekt, met een pot karnemelk in plaats van jenever; de metselaren op karrewei, aan den voet van een steiger op een balk nedergezeten, met hunne elbogen op de kniën en hunne twee handen om een spoelkom geklemd, bliezen wel eens zoo lang over hunne thee als gewoonlijk, en dus zeer opmerkelijk en verwonderlijk lang; de dienstmeiden, die boodschappen deden, konden de kinderen, die meegegaan waren op hope van een pruim of een vijg by den winkelier toe te krijgen, naauwelijks over de straat voortsleepen, en uitten in 't voorbygaan een diep en innig medelijden jegens de werkmeiden, die // de straat deden, // met geblakerde gezichten, en onder de kin losgemaakte mutsen. Niemand was bedaard, dan hier of daar een enkel grijzaart, die met blaauwe slaapmuts op en zwarte muilen aan, met de beenen op zijn stoepbankjen uitgestrekt, een pijp zat te rooken, in gezelschap van een violier en een balsamine, zich verheugende in den // ouderwetschen dag weer. //

By eene dergelijke wedergesteldheid heeft men waarlijk te weinig medelijden met dikke menschen. Wáár is het, dat zy u dikwijls warm en benaauwd maken, als gy u door bedaardheid en kalmte nog al schikken kunt in de hette, door by u te komen blazen en puffen, en een onweerstaanbare aanvechting te doen blijken om hun das los te maken, terwijl zy u met uitpuilende oogen aankijken; maar ook — de schepsels hebben het kwaad. Dikke mannen, en dikke vrouwen van dit wareldrond! het zij gy in de laatste jaren uw kniën en voeten nog hebt kunnen zien, of dat gelukkige punt van zelfbeschouwing reeds lang hebt moeten opgeven; wie ter wareld met uw embonpoint, uwe presentie, uwe corpulentie, spotten moge — in HILDEBRANDS boezem klopt voor u een medelijdend hart!

Onder de gezette personen der nieuwere tijden verdiende, schoon niet eene eerste, maar toch ook eene plaats de heer Mr. HENDRIK JOHANNES BRUIS; een dier bevoorrechten, wie het nooit gebeuren mag een heel oude kennis te ontmoeten, zonder dat het eerste woord is: ″Wat ben je dik geworden,″ terwijl een iegelijk, die in veertien dagen het geluk niet gehad heeft hun aangezicht te aanschouwen, verklaart dat zy ″alweer dikker geworden zijn;″ een dier gelukkigen, die in duizend wenken van hunne bloedverwanten, vrienden, en vooral van hunnen arts, duidelijk merken, dat zy onder de sterke verdenking leven van aan eene beroerte te zullen sterven; en die met dat al door hun gestel genoopt worden, al dat gene te doen, te eten, en te drinken, wat volstrekt schadelijk is, dikker maakt, opstijging veroorzaakt, en het bloed op alle mogelijke wijzen aanzet; een dier gelukkigen, die, zoo zy het des zomers warm hebben door zwaarlijvigheid, het winter en zomer warm hebben door drift, opvliegendheid en agitatie.

De heer en Mr. HENDRIK JOHANNES BRUIS bewoog zich op bovenbeschreven brandendheeten vrijdag achtermiddag, omstreeks klokke vijf ure, langs een der straten van de stad die ik niet genoemd heb; en zulks, de hitte des dags en zijn postuur in aanmerking genomen, veel te snel. Hy hield in de eene hand zijn hoed, en in de andere zijn geelen zijden zakdoek en zijn bamboes met ronden ivoren knop, met welken knop hy zich verscheiden malen in schutterige beweging tegen 't hoofd stiet, als hy den zakdoek gebruiken wilde. Achter hem aan huppelde een kleine straatjongen, die 's mans jas en valies over den arm droeg; zonder hoed of pet op 't hoofd; met een blaauw buis, met een zwarten lap in den eenen en een grijzen in den anderen elleboog, en waarvan de eerste knoop (een zwartbeenen) werd vastgehouden door het vierde knoopsgat, terwijl de tweede (een geelkoperen) die op de plaats der vierde stond, door het zesde werd bedwongen. Hy was zoo gelukkig in dezen warmen zomertijd geen kousen te dragen, als aan den ingang zijner klompen, en nog daarenboven hier en daar merkbaar was.

Nu, waar is het nu, jongen? waar is het nu?″ vroeg de heer Mr. HENDRIK JOHANNES BRUIS ongeduldig.

″Dat eerste huis met dat platte stoepie,″ andwoordde de jongen, ″de tweede deur voorby den spekslager; naast dat huis, daar die spiegeltjens uitsteken.″

"Goed, goed, goed," zei de heer Mr. H. J. BRUIS.

De spekslager en de spiegeltjens waren achter den rug, en de dikke man stond op den stoep van doctor DELUW, zijn academievriend, dien hy sedert zijn huwelijk niet gezien had; want de heer BRUIS woonde in een overijsselsch stadtjen, waar hy meester in de rechten maar geen advokaat, echtgenoot maar geen vader, lid van den raad en koopman was. Hy moest nu in Rotterdam wezen, en had een omweg gemaakt om op dezen heeten achtermiddag zijn vriend doctor DELUW, diens vrouw, en diens kinderen te zien. Hy trok daarom haastig aan de bel, en nam zijn jas zelf over den arm.

"Daar mannetjen! maak nou maar dat je weg komt."

De jongen kwam weg, en wel op een draf; juist niet omdat het zoo warm, maar omdat hy een jongen was, en een aardiger fooitjen had gekregen dan hy gedacht had, waar daarenboven zijn vader niet van wist. In een oogenblik was hy de lange straat al uit, en stond, denk ik, hier of daar zich te vergasten aan een komkommer in 't zuur, een maatjen "klapbessen," of eenige andere straatjongenslekkerny, waarvoor men fatsoenlijke kinderen nooit vroegtijdig genoeg afkeer kan inboezemen.

Intusschen ging doctor DELUWS deur nog in lang niet open, en zag zich de heer BRUIS genoodzaakt nogmaals aan de bel te trekken. De bel ging deugdelijk over, en gaf blijken van een zeer luidklinkende specie te zijn; maar de heer BRUIS merkte geen enkel geluid binnen de woning van zijn vriend, dat zijn gelui beandwoordde. Na nog eenige malen zijn voorhoofd afgeveegd en met den stok op den stoep getipperd te hebben, belde hy ten derde male, en begon tevens door de smalle, van achteren getraliede raamtjens, die ter wederzijde in den post van de deur waren, in het voorhuis te turen; maar hy zag niets dan den slinger van een groote groene pendule, een guéridon met een leitjen er op, en een blaauwen katoenen parapluie; daarop keek hy ook over de gordijntjens van de zijkamers, dat evenwel moeielijk was, daar hy door de franje van de groote gordijnen heen moest zien; hy zag in de eene kamer duidelijk een inktkoker met twee lange pennen op tafel staan, en in de andere een mansportret; maar noch de pendule, noch de guéridon, noch de inktkoker, noch het mansportret, konden den heer Mr. HENRIK JOHANNES BRUIS de deur openen.

De heer BRUIS was ondertusschen nog warmer dan warm geworden; waartoe zijn ongeduld en de jas over zijn arm niet weinig toebrachten. Hy belde dus voor de vierde keer, en nu zoo luide, dat de juffrouw naast de deur, die in haar spiegeltjen keek, en hem allang gezien had er "akelig van werd," haar naaiwerk van haar knie losspelde (zy moedigde de uitvinding der schroeven, plombs en spanriemen niet aan) een bovendeur opendeed, en aan den heer BRUIS verklaarde: "dat er niemand in was."

„De doctor ook niet?"

„Neen, mijnheer."

„Mevrouw ook niet?"

„Neen, mijnheer; ik zeg je ommers dat ze der allemaal uit zijn."

„Waar zijn ze dan naar toe?"

„Dat weet *ik* niet, mijnheer! Ze zijn allemaal uit; en de meid is „alleen t'huis."

„Waarom doet de meid dan niet open?"

„Wel omdat ze der niet in is, mijnheer."

„En je zegt, ze is thuis?"

„Ja, maar daarom kan ze der wel niet in zijn," zei de juffrouw, sloot haar bovendeur, en zulks met te meer haast, omdat haar witte poes zich juist gereed maakte over de onderdito te springen, en liet den heer BRUIS alleen, om, indien hy wilde, in stilte te gissen naar het verschil der termen „thuis" en „er in." Hy zou, indien hy er geduld toe had gehad, begrepen hebben, dat „thuis te zijn" eene plicht was der meid door de familie DELUW opgelegd, waarvan „er in" te zijn, naar hare eigene uitlegging, slechts een klein gedeelte uitmaakte.

Om dit op te helderen, kwam er eene stem uit een schoenmakers pothuis aan den overkant.

„Ze bennen in de toin, "riep de stem, „en de maid is om een boôschap. Daar komt ze al an."

Het voegwoord *al* had in dezen volzin, naar het oordeel van den heer BRUIS, gevoegelijk kunnen gemist worden; maar werkelijk zag hy een niet onaardige meid aankomen, met een grooten sleutel in de hand, en zoo gaauw als zy, zonder in den draf te vervallen, gaan kon zy kwam den stoep op, schoot ZEd. voorby, sloot met voorbeeldelooze gezwindheid de deur open, en stond voor hem op de vloermat:

„Wou u menheer gesproken hebben?" vroeg de meid.

„Ja, maar menheer schijnt niet thuis te zijn."

„Neen, menheer; menheer, en mevrouw, en de juffrouw, en de „jongeheer en al de kinderen zijn „buiten," en ik ben maar alleen „thuis om op de boodschappen te passen."

Nu, de heer BRUIS had gelegenheid gehad om zich gedurende een groot kwartier te verlustigen in de naauwgezetheid waarmee deze doctorsmeid, die intusschen een lang discours gevoerd had met de dochter van een fruitvrouw, die uit naaien ging en voor een opgeschoven raam zat, zich van deze hare plicht kweet. Hy had evenwel te veel haast om verwijten te doen.

„Waar is buiten?" vroeg hy: „is het ver? waar is het?"

„In de Meester Jorislaan," andwoordde de meid.

„De Meester Morislaan," — zei BRUIS met de alleruiterste verachting.

„Wat weet ik van de Meester Morislaan?"

Daar was, naar het gevoelen der meid, meer aanmatiging in de houding en den toon van den heer BRUIS, dan aan haar knap gezicht behoorde te beurt te vallen. Zy was dus billijk geraakt.

„Ik kan 't niet helpen dat u 't niet weet," zei de meid droog weg, en maakte eene beweging met het slot, als of de heer BRUIS nu wel heen had kunnen gaan.

De heer BRUIS veranderde van toon.

„Hoor reis, meisjen! ik kom hier met de diligence expres om den „doctor en de familie te zien. Als 't nu niet te ver is, wil ik wel naar „buiten wandelen. Kanje 't me niet beduiden?"

Hy keek smachtend de straat door, of er ook nog een jongen was, die hem derwaarts brengen kon; maar niemand deed zich op.

De meid verwaardigde zich intusschen de vereischte inlichting te geven, en de heer Mr. H. J. BRUIS trok naar het Buiten van doctor DELUW.

Toen hy een huis of wat verder was, bemerkte hy pas, dat hy zijn jas nog over zijn arm en zijn valies nog in de hand droeg.

Hy kwam dus terug, belde nog eens aan, om een en ander aan de meid te bewaren te geven; maar GRIETJEN was waarschijnlijk alweer by haar vriendin; en de heer BRUIS zag zich genoodzaakt, op den brandendheeten vrijdag achtermiddag, zijn jas en valies zelf te torschen, met het stellig voornemen om, zoo hy ooit zoo ver komen mocht van doctor DELUW te zien, zich by hem over zijn meid te beklagen.

Tot 's mans geluk was de stad, die ik nog altijd niet genoemd heb, niet groot, en de heer BRUIS merkte spoedig genoeg de poort die hy uit moest, ofschoon het bestijgen en niet minder het afdalen van twee aanmerkelijk hooge bruggen hem vrij wat geknaauwd had. Aan de poort gekomen, had hy den gelukkigen inval zijn jas en valies aan de zorg van een commies toe te vertrouwen; hy trad daartoe het commiezen huisjen binnen, maar er was niemand in; daar hy evenwel een persoon in een grijzen jas bemerkte, die aan den overkant van den cingel stond te hengelen en er vrij commiesachtig uitzag, legde hy zijn goed maar neer, en zich daarop tot den visscher wendende, die indedaad een commies was, liet hy zich meteen van dezen nog eens omtrent de ligging van de Meester Morislaan onderrichten. Ik zou hem onrecht doen, indien ik zeide dat de heer BRUIS de instructiën van GRIETJEN vergeten had, vermits hy er in zijn drift weinig naar had geluisterd. Hy moest eerst een eindweg den cingel op, dan een laan in, dan rechtsom slaan, tot dat hy aan zoo'n wit paaltjen kwam, dan weer links, en dan weer rechtsom, en dan was hy in de Meester Jorislaan.

„En het buiten van doctor DELUW?"

„Daar heb ik nooit van gehoord," zei de commies, maar er zijn „heel veel tuinen in. Hoe heet het?"

„Veldzicht."

„Veldzicht?" zei de commies, die verlangde van den heer BRUIS af te komen, daar hy aan zijn dobber meende te merken dat hy beet kreeg: *neen, mijnheer, dat is my onbekend.*

De heer BRUIS wandelde op. De cingel bracht hem een weinig tot zichzelven, want er stonden aan weerszijden hooge boomen; maar de zaligheid was spoedig uit, vermits de stad, in een oogenblik van geldverlegenheid voor een illuminatie op konings verjaardag, een groote party boomen had doen vallen, in wier plaats zich nu, op naam van jong plantsoen, eenige dunne twijgjens vertoonden, om den anderen verschroeid. Hy was dus weder doodaf toen hy tusschen twee zwarte schuttingen in, een smalle laan zag, die hy meende te moeten ingaan. Het was eenzaam in die laan. Niets dan schuttingen waar boomen boven uitstaken; niets dan tuindeuren met opschriften en nommers! Een enkele mosch sprong er rond. De heer BRUIS wandelde voort met zijn hoed in de eene, en met zijn stok en zakdoek in de andere hand, gelijk in de straten der stad, maar nu altijd een weinigjen schuinsrechts in zijne houding, van wege zijne vurige begeerte om naar de aanwijzing van den commies rechtsom te slaan. De gelegenheid deed zich echter niet op, en de heer BRUIS stond eindelijk vlak voor een vrij breed water, en vlak naast een vuilnishoop, met vele bloemkoolstruiken, saladeblaren, potscherven, verlepte ruikers, en doornäppels, die, midden in de verrotting groeiende, hun bedwelmenden geur in de lucht spreidden.

Het was blijkbaar dat de heer BRUIS de verkeerde laan had ingeslagen, en hoewel de vuilnishoop onaangenaam was, zoo deed de nabyheid van het water hem zooveel genoegen, dat by besloot daar een oogenblik uit te rusten alvorens hy terug keerde. Hy zette zich te dien einde zoo dicht mogelijk aan den waterkant neder, en met zijn zakdoek waaierende, en met zijne rede zijn ongeduld afkoelende, slaagde hy er vrij wel in zich een weinigjen te calmeeren. Rechts en links langs den oever kijkende, bemerkte hy aan zijn linkerhand op eenigen afstand, een vierkante zeegroene koepel, waarin zich eenige menschen bewogen, en hoewel hy ze niet kon onderscheiden, was het als of 't hem ingegeven werd, dat dit het Veldzicht van zijn vriend den doctor wezen moest; en dat het dien naam dragen kon, bewees het vergezicht aan den overkant van de vaart, want het was weiland links en rechts, ver en wijd, tot aan den blaauwen horizont; niets dan groen en geel en zonnig weiland!

De heer BRUIS nam den wandelstaf weder op, ging de laan terug, en was weer op den cingel; weldra deed zich een andere laan aan hem voor; die hy echter goedvond, voor hy ze intrad, eens af te gluren. Hy zag dan ook dat er spoedig gelegenheid zou zijn rechtsom te slaan, en dit gedaan hebbende was hy ook nog al gaauw by het witte paaltjen. Toen ging hy links en toen weer rechts, en hy was naar alle gedachte in de Meester Morislaan.

Voor een tuindeur die aanstond zat een klein kind met een zwart jurkjen aan, een zwart mutsjen met een zwart kantjen er om op, en een zwart gezichtjen voor, zich vermakende met een pompoen en verscheidene aardappelenschillen.

"Is dit de Meester Morislaan, kindlief!" vroeg de heer BRUIS.

Het kind knikte van Ja.

"Wàar is hier ergens Veldzicht?"

Het kind zei niets.

De heer BRUIS werd moeielijk, niet zoo zeer op het kind, maar op de verborgenheid van Veldzicht.

"Weetje 't niet? vroeg hy een toon of drie te hard.

Het kind liet den pompoen en de aardappelenschillen vallen, stond op, begon te huilen, en liep de tuin in.

De heer BRUIS zuchtte. De meester Jorislaan scheen zeer lang te zijn, en de tuindeuren waren menigvuldig. Hy las allerlei namen. Namen van ophef en grootspraak, als: Schoonoord, Welgelegen, Bloemenhof, Vreugderijk; namen van tevredenheid en berusting, als: Mijn Genoegen, Weltevreden, Buitenrust; naïve namen, als: Nooit Gedacht, Klein maar Rein, Hierna Beter; maar ook een aantal geographische, als: Naby, Bystad, Zuiderhof; en optische als: Vaartzicht, Weizicht, Landzicht, Veezicht, Veelzicht, — dat laatste geleek in de verte al heel veel op Veldzicht, maar het was toch Veldzicht niet.

Eindelijk waren er twee deuren waarop niets te lezen stond dan Q. 4. N°. 33 en Q. 4. N°. 34. Een van die beiden kon Veldzicht zijn! De heer BRUIS, hoe driftig ook en ongeduldig, was bescheiden. Hy ging dus N°. 33 voorby, om niet het eerste het beste voor Veldzicht aan te zien, en klopte aan N°. 34.

Na een poosjen wachtens, werd hem opengedaan door eene zeer lange, statige, prentachtige dame, met een rouwjapon aan, een wit kemelshair loshangend doekjen op haar schouder, een zwarten hoed, dien zy voor de zon zeer voorover op haar neus had gezet, een groenen bril, een klein bewijs van baard op haar bovenlip, en een boek in de hand.

"Is hier Veldzicht, mevrouw?" vroeg de heer BRUIS.

Waarom zag hy niet dat het geen mevrouw was?

"Neen mijnheer!" andwoordde de juffrouw verschrikt voor een "vreemden man," misschien wel meenende dat het iemand was die haar bestelen wilde: "Dat 's hier àldernaast," en toe vloog de deur.

De heer BRUIS klopte aan Q. 4. N°. 33.

Hoe aardig het was.

"JANSJEN! daar wordt geklopt;" riep een vrouwelijke stem.

"Ik hoor het wel, juffrouw," riep JANSJEN.

Het was evenwel meer dan waarschijnlijk dat JANSJEN er niets van

gehoord had, nademaal zy allerijsselijkst veel plaisir had met den tuinknecht, die haar met water gooide.

Mijnheer BRUIS had juist lang genoeg by den vuilnishoop uitgerust om
een lief plan van verrassing te vormen. Zoo ras JANSJEN hem dus opendeed en hem onderricht had dat dit dégelijk Veldzicht was, en dégelijk
doctor DELUWS tuin (want daarin scheen de stem uit het pothuis toch
maar gelijk gehad te hebben, dat het een tuin was en geen buiten) zeide hy:

„Goed, meidlief! wijs me dan den weg maar naar de koepel; ik ben
„een oud vriend van mijnheer; ik wou mijnheer maar verrassen."

„ Wil ik dan niet eerst maar zeggen dat mijnheer er is?" vroeg JANSJEN.

„Vooral niet, kind; ga maar vooruit, wilje?"

De tuin was een lange smalle strook langs de vaart, aan welker
oever de heer BRUIS eenige oogenblikken te voren een weinig adem
geschept had, zag allerschrikkelijkst groen, en had niet dan zeer smalle
wandelpaadtjens, aan weerskanten met aardbeienplanten omzoomd. Die
er in kwam stond billijk verbaasd hoe het mogelijk geweest was zoo
veel appel- en peeren-boomen, aalbessen- en kruisbeiënstruiken in zoo'n
klein bestek byeen te dringen; en was gedurig genoodzaakt te bukken
voor de eersten, en uit den weg te gaan voor de laatsten. In een woord,
zy was wat de steelui met verrukking een „vruchtbaar lapjen" noemen, en waarvan zy onbegrijpelijk veel wil zouden hebben, indien de
buitenlui er niet dichter by woonden, vroeger opstonden, en eer wisten dan zy, wanneer ieder byzonder ooft geschikt zou wezen om geplukt te worden.

„Warm weertjen vandaag, menheer!" zei JANSJEN, toen zy een eind-
tjen voortgewandeld waren, en ze meelijden begon te krijgen met het
hijgen en blazen van den gezetten heer achter haar.

„Ja kind, schrikkelijk, schrikkelijk!" zei BRUIS; „is er niemand in
de tuin?"

„ De familie is op de koepel," was het andwoord, „behalve juffrouw
MIENTJEN, die daar zit te lezen."

JANSJEN en de heer BRUIS het slingerende paadtjen volgende, kwamen op dit oogenblik aan den waterkant, en werkelijk zat daar onder
een klein treurcypresjen, op een smal gazonnetjen, de oudste dochter
van zijn vriend DELUW, op eene groene tuinbank, met handschoentjens
aan, een boek in de hand, en een hondtjen aan hare voeten, „buitentjen"
te spelen; zich ergerende dat er in het laatste uur niemand aan den overkant voorby was gegaan, en dat er geen mensch in de trekschuit gezeten had.

Zy liet haar hoofd zeer plechtig op haar borst vallen toen de heer BRUIS
haar groette; maar het hondtjen vloog op, en blafte radeloos tegen den
amechtigen, die hem dolgraag een slag met zijn bamboes gegeven had;
dan hy durfde niet omdat het een juffershondtjen was, en hy zijn vriend
juist niet verrassen wilde door met een moord te beginnen.

De zeegroene koepel deed zich nu weldra op: zy scheen vrij ruim te zijn, en had nog een klein nevenkamertjen, met een schoorsteentjen en een vuurplaat om water op te koken, een tang, en een kastjen daar niets in was; alle deze wonderen begreep BRUIS reeds op een afstand; de koepel zelf ging met een trapjen op.

„Dankje, meisjen!" zei hy tot JANSJEN, toen hy op tien passen van de koepel af was, en langzaam sloop hy er naar toe. Gelukkig waren de blinden voor de ramen aan den tuinkant dichtgelaten, en was de deur niet van glas, als anders aan die kijkkasten het geval wel wezen wil. De heer BRUIS kon dus zijn plan van verrassing zeer wel uitvoeren. Welk een aandoenlijk genoegen stelde hy er zich van voor. Geheel zijn hartelijk en vriendschappelijk gemoed schoot vol! In geen zestien jaren had hy zijn goeden zwarten DAAN, zoo als DELUW aan de academie genoemd werd, gezien; en hoe zou hy hem vinden? aan de zijde eener beminnelijke gade, omringd van bloeiende kinderen! Ja, met grijs hair in plaats van zwart, maar met hetzelfde hart in den boezem, open voor vriendschap, vreugde en gezelligheid!

In de vreugd die hem deze gedachte verwekte, bemerkte hy de luide kreeten niet die uit de koepel opgingen.

Hy sloop de trappen op en opende de deur, met den allervriendelijksten lach, die ooit op het geblakerd gelaat van een afgemat dik man gerust heeft.

Welk een tafereel!

Het was een kwade jongen van een jaar of zes, die geweldig schreeuwde en stampvoette; het was een vader rood van gramschap, die was opgestaan, zich aan de tafel vasthield met de eene hand, en met de andere geweldig dreigde; het was een moeder wit van angst, die den jongen tot bedaren zocht te brengen; het was een groote knaap van dertien jaar met een bleek gezicht en blaauwe kringen onder de oogen, die met de elbogen op de tafel en een boek vóór hem om het tafereel zat te lachen; het was een klein meisjen van vijf jaar, dat zich aan mamaas japon schreiende vastklemde. Het was doctor DELUW, zijne beminnelijke gade, en zijn bloeiend kroost.

„Ik wil niet," gilde de jongen, een stoel omschoppende, die het dichtst by stond.

„Oogenblikkelijk!" riep de vader, schor van woede, „of ik bega een „ongeluk!"

„Bedaar, DELUW!" smeekte de moeder; „hy zal wel gaan".

„Neem me niet kwalijk, mijnheer!" zei de doctor, moeite doende om zich redelijk in te houden; „die jongen maakt het me lastig. Ik zal u „zoo dadelijk te woord staan;" en hy pakte den nietwiller by de kraag.

„Och gut; scheur zijn goed niet, DELUW!" vleide de moeder; „hy gaat immers al."

„Laat my maar begaan," zei de doctor, en hy sleepte den snooden

8

zoon, die, ondanks het gunstig gevoelen door zijne moeder omtrent zijn gehoorzaamheid geuit, geen voet verzette, de koepel uit, in het neven-vertrekjen, waar hy hem in het turfhok opsloot.

„Neem me niet kwalijk, mijnheer!„ zei mevrouw DELUW middelerwijl op hare beurt tot den binnengekomene; „ik ben zoo van me streek; ik ben mezelve niet.„ En om het te bewijzen viel zy op een stoel neder.

„Ik geloof dat het best zal wezen dat ik eens in de lucht ga,„ ging zy voort.

„Gêneer u niet, mevrouw,„ zei de uit zijn koets gevallen academievriend van haar echtgenoot. En zy ging naar buiten, met het snikkende kind nog altijd hangende aan haar japon.

De jonge heer DELUW, met de bleeke wangen en de blaauwe kringen, bleef alleen met den heer BRUIS, en keek hem met impertinente blikken aan.

„Ik zal die burenplagers wel krijgen,„ zei doctor DELUW weer binnen-komende; daar hy het noodig achtte voor den vreemdeling de misdaad te noemen van zijn zoon, opdat deze hem niet voor een onrechtvaardig en hardvochtig vader houden zou. „Mag ik vragen?„....

„Buikjen!„ riep de goedhartige dikkert, met een gullen lach op zijn purperen wangen.

Nu, het woord buikjen, als diminutief van buik, is een zeer bekend woord; althands voor een geneesheer, maar kwam hem uit den mond van een vreemdeling in dit oogenblik vrij ongepast voor. Daarom zette de heer Dr. DELUW groote oogen op.

„Buikjen!„ herhaalde de heer Mr. BRUIS.

De heer DELUW dacht dat hy een krankzinnige voor zich zag, en daar hy pas zeer boos was geweest, stond hy op het punt om het weder te worden, daar het toch in ééne moeite door kon gaan, en hy het waar-lijk anders zeer zeldzaam en met veel moeite wierd.

„Wat belieft u, mijnheer?„

„Wel, hebje dan niet met Buikjen gegeten?„

De heer Dr. DELUW herinnerde zich geen ander eten dan met zijn mond. Hy trok de schouders op.

„Hy is zeker in dien tijd nog vrij wat gezetter geworden, Zwarte Daan,„ zei de dikke man opstaande van den stoel, waarop hy gezeten was.

„BRUIS!„ riep eensklaps Dr. DANIEL DELUW uit. „Dat 's waar ook, ik heette Zwarte Daan, en jy heette Buikjen; ik zou je niet gekend hebben, man! Wat benje veranderd; samen gegeten; welzeker, wel-zeker; in de Plaisirige Sauskom;„ maar den toon van vroegere gemeen-zaamheid eensklaps latende varen; „wat mag ik u aanbieden, heer BRUIS?„

De uitdrukking „heer BRUIS„ was ongetwijfeld een middending tus-schen kortweg „BRUIS„ als vroeger, en „mijn heer„ als nooit.

„Waar is mijn vrouw, weet u dat ook?„ vroeg de doctor.

„Ze is een weinig van haar streek,„ zei BRUIS,„ en daarom is ze eens in de lucht gegaan.„

„WILLEM, ga mama opzoeken !" zei Dr. DELUW.

WILLEM stond vadsig op, rekte zich uit, ging aan de deur van de koepel staan, en schreeuwde zoo luid hy kon, Mama!"

Daarop ging WILLEM weer zitten, en keek over zijn boek heen.

„Ik wil er uit;" gilde de jongen in de turfkast en trapte tegen de deur.

„Wat zal ik je zeggen," zei Dr. DELUW, „die knapen tergen je geduld wat; — u hebt geen kinderen, meen ik."

„Geen een;" zei de dikke man, die intusschen van dorst versmachtte; „tot mijn spijt," voegde hy er met een zucht by; ofschoon het tafereel dat hy voor oogen had gehad die spijt juist niet had vermeerderd.

Mama kwam binnen.

„Dit is mijnheer BRUIS, liefste!" zei de doctor, „van wien ik u zoo dikwijls gesproken heb."

Maar mevrouws gelaat drukte uit, dat zy er zich niets van herinnerde. Mevrouw DELUW nu was eene zeer preutsche dame.

„Zal ik mijnheer een kop thee presenteeren," sprak zy, en naar een kastjen gaande, dat van droogte nooit sloot, haalde zy er een gebloemden kop en schotel uit te voorschijn.

De heer BRUIS had alles willen geven voor een glas bier of een glas wijn en water. Maar het was hem opgelegd zoo moe en verhit als hy was, in een brandendheete koepel thee te drinken. — Ook brengt het vrouwelijk stelsel van een zalig behelpen niet mee dat men in een tuin van alles krijgen kan; en ook is het eigenaardig dat er in een theetuin niets anders *is* dan thee.

De heer BRUIS zette alzoo zijn heete lippen aan een heeter kop thee.

„Mag ik u om nog een weinig melk verzoeken?"

Dr. DELUW merkte wel dat zijn academievriend liever iets kouds had gehad, en maakte duizend ontschuldigingen over de slechte ontfangst in een koepel; waar hy alleen maar van tijd tot tijd heenging om de kinderen genoegen te doen. — „Jammer dat hier geen kelder is," voegde hy er by.

„Der is een turfhok!" schreeuwde de stoute jongen uit al zijn macht, uit de plaatszelve die hy noemde.

„Die ondeugd," zei de moeder met een klein lachjen.

„Heeft mijnheer nog meer relatiën te — ?" vroeg mevrouw DELUW aan den heer BRUIS, de stad noemende, die ik nog niet genoemd heb.

„Verschoon my, mevrouw," zei de heer BRUIS, „ik ken er niemand dan mijnheer uw man; — schoon onze kennis al wat verjaard is;" voegde hy er zuchtend by.

„Dat gaat zoo," zei mevrouw DELUW; „nog een kopjen thee?"

„Dank u, dank u!"

Mevrouw DELUW stond op, neeg, en verklaarde „dat mijnheer haar wel een oogenblik zou excuseeren," waarop zy vertrok. Het vijfjarige kind huilde niet meer, maar hong toch nog steeds aan haar japon en toog mede.

Toen zijn vrouw vertrokken was, kwam het vriendenhart van doctor
DELUW weer boven. Gaarne zou hy zich met zijn ouden makker nog eens
hebben verdiept in oude dingen, in de genoegens van Leyden, in herinneringen aan de Plaisirige Sauskom, en wat niet al? Hy vond het evenwel beter, daartoe zijn gluiperigen dertienjarige te verwijderen.

„Ik kan me niet begrijpen, WILLEM! dat je niet reis wat gaat hengelen!„
„Hengelen!„ zei de gluipert, zijn tong uitstekende, „'t is ook wat
lekkers!„

„Of wat schommelen met je zuster!„

„Ajakkes, schommelen!„

„De jonge heer schijnt van lezen te houden,„ zei de heer BRUIS.

„Ja somtijds, als 't reis niemendal te pas komt, „ andwoordde Dr. DELUW.

Gluiperige WILLEM werd boos, loerde naar den heer BRUIS, sloeg zijn
boek met alle macht dicht, stiet het over de tafel dat het een heel end
voortschoof, tot groot levensgevaar van het leege theekopjen van den
bezoeker, schopte zijn stoel om, welke handelwijze een specialiteit der
jongere DELUWS scheen te zijn, pruttelde iets tusschen zijn leelijke tanden,
achter zijn dikke lippen, en vertrok, hevig met de deur smijtende.

„Och, die humeuren!„ zei de gelukkige echtgenoot en vader.

Ondertusschen was nu de baan schoon voor het hernieuwen der vriendschap. De heeren staken ieder een cigaar op, en begonnen over Leyden
te spreken; en het zou juist genoegelijk geworden zijn, toen JANSJEN,
die altijddoor met den tuinknecht had gestoeid, rood als een koraal binnenkwam, om te zeggen dat „daar een knecht was van mevrouw VAN
ALPIJN, of doctor asjeblieft reis oogenblikkelijk daar wou komen, dat
mevrouw zoo naar was.„

„Zeg dat ik zoo dadelijk kom,„ zei doctor DELUW tot de dienstmeid,
en daarop tot zijn vriend: „Ik denk niet dat het veel te beduiden
„zal hebben. 't Is miserabel in ons vak, dat de menschen je om alle
„wissewasjens laten halen.„

Deze phrase nu is een doctorsphrase, die ik meermalen gehoord heb,
zonder te begrijpen, waarom een doctor reden heeft om het de menschen kwalijk te nemen dat zy hem niet uitsluitend in doodelijke gevallen
ontbieden; terwijl het veeleer de patient zijn moest, die zich beklaagde
dat zijn arts hem voor alle wissewasjens een visite aanschreef.

Hoe het zij, Dr. DELUW maakte zich gereed om naar dit wissewasjen
van mevrouw VAN ALPIJN te gaan zien.

„Het zal wel anderhalf uur aanloopen eer ik terug kan zijn,„ zei
„hy op zijn horologe kijkende; „vind ik u dan nog hier?„

„Ik weet het niet,„ zei BRUIS, die stellig plan gehad had die nacht in
de ongenoemde stad by zijn vriend te logeeren; „ik wou zien dat ik
van avond nog verderop kwam?„

„Kom, kom,„ zei de doctor, „ik kom u hier afhalen, en gy sou-
„peert met ons in de stad?„

"Ik weet niet," andwoordde BRUIS, die gaarne gezien had dat mevrouw by de uitnoodiging tegenwoordig geweest ware.

"Enfin!" zei de doctor; "wy zullen zien, ik zal u nu by mijn vrouw "brengen."

Hoe voortreffelijk zy was.

Mevrouw DELUW was niet ver af, bezig met JANSJEN te beknorren over het leven dat zy maakte; "zy wist ook niet," zei ze met een oog op den tuinman, "waarom er altijd wat aan die tuin gedaan moest worden, als de familie er in was."

DELUW droeg zijn vriend aan zijne vrouw op, en wilde vertrekken.

"Nog een woordtjen!" zei mevrouw DELUW.

"Wat liefste?" zei de doctor.

"Zou daar niets aan te doen zijn?"

"Waaraan?"

"Aan die jongens."

"Welke jongens? WILLEM en...."

"Och neen! aan die jongens daar in 't veld."

"Wat wou je dan hebben dat er aan gedaan werd?"

"Dat het ze verboden werd," zei mevrouw de doctorin.

"Maar lieve, daar hebben we immers 't recht niet toe;" zei de doctor.

"Nu, ik vind het dan al heel indécent; en vooral voor MIENTJEN, "die daar altijd onder den cypres zit; zou je niet...."

De doctor hoorde niet, maar was al weg.

Dit staaltjen van echtelijke samenspraak betrof een vijftal kleine knapen van acht à negen jaar, die zich op een kwartier afstands van Veldzicht in het weiland bevonden, en het op dien brandendheeten achtermiddag veel frisscher vonden in het water van den tocht dan in hunne kleederen.

"Uw oudste dochter," zei BRUIS, toen hy met mevrouw DELUW alleen was, "schijnt veel van de eenzaamheid te houden."

"O ja, mijnheer! Ik beleef heel veel plaisir aan dat meisjen. Ze "is altijd met een of ander boek in de weer; ik verzeker u dat zy haar "fransch nog beter verstaat dan ik; zy leest engelsch en hoogduitsch ook."

"Kom aan;" zei de heer BRUIS; "dat 's plaisirig. Ja, hier in Hol-"land zijn zulke heerlijke gelegenheden voor dat alles."

Mevrouw DELUW meende dat deze opmerking de verdiensten van haar welp verkleinde.

"Het scheelt veel, mijnheer!" andwoordde zy, "hoe men van die gelegenheden profiteert; en mijn dochter studeert veel, studeert eigenlijk altijd. Haar grootste genoegen is studeeren; en ze houdt zich ook niet op met al die dingen, waar een meisjen van haar jaren gewoonlijk plaisir in heeft."

De heer BRUIS hield niet van zulk soort van meisjens.

"Hoe oud is uw dochter?" vroeg hy.

"Zestien jaren," zei mevrouw DELUW, haar hoofd oprichtende met moederlijke majesteit.

"Ipsa flos;" prevelde de heer BRUIS.

"En zoo als ik zeg," ging mevrouw DELUW voort; "engelsch, fransch "en duitsch. Ik geloof dat ze nu weer met een engelsch boek is uitge-"gaan. Heeft u haar niet gezien?"

"Ik heb een dame gezien die onder een boom zat te lezen," zei de heer BRUIS, die anders niet gewoon was een meisjen van zestien jaar eene dame te noemen; maar hy dacht: engelsch, fransch en duitsch, en altijd lezen!

"Och, dat is haar lievelingsplekjen," zei mevrouw DELUW; wy zullen "haar eens gaan opzoeken. Het is er koel, en wy kunnen er uitrusten."

Zy naderden het lievelingsplekjen; de dochter stond op, en neeg nogmaals voor den heer BRUIS.

Mevrouw DELUW ging naast haar dochter op de tuinbank zitten, en de heer BRUIS vond er een stoel.

"Wy komen hier wat by je zitten, MINA. Wat lees je daar weer, kind? vast weer engelsch?"

"Och neen, mama, 't is maar zoo'n boek; ik wist zoo gaauw niet " wat ik mee zou nemen; ik zag dit liggen. Is JANTJEN weer zoet?"

Er was iets zeer onrustigs en gedécontenanceerds in het gelaat van MIENTJEN. Het was, om de waarheid te zeggen, geen heel mooi meisjen, ook al bleek, en met iets heel leelijks in haar oogen, die altijd ter zijde uit keken; daar by had zy als 't ware zenuwachtige trekken in haar gezicht, die den heer BRUIS niet aanstonden.

Mevrouw DELUW drong er niet op aan om het boek te zien. Voor zoo ver de heer BRUIS merken kon, had het een sterke gelijkenis op zeker werkjen, getiteld: "Amours et Amourettes de Napoléon," waaruit zonder twijfel veel stichtelijks is te leeren voor een meisjen van zestien jaar.

Eenige oogenblikken zat het drietal daar neder, terwijl mevrouw DELUW enkel het woord voerde tegen haar docher, om gezegden uit te lokken, die hare groote voortreffelijkheid aan den dag konden brengen; en dan schudde zy weder eens het hoofd over de badende kleine jongens, een kwartier uurs verre in het land.

"O!" zei MINA, en haar vingers trilden zenuwachtig over haar boek, dat zy eigenlijk aan stuk zat te maken: "O! het is naar dat het hier zoo onvrij is."

Op dat oogenblik werd haar naam met eene halfingehouden stem geroepen.

"Je wordt geroepen, kind!" zei mevrouw DELUW.

„Neen, mama,” zei MINA, en zy scheurde den omslag byna van het boek af.

De heer BRUIS sloeg met zijn stok boterbloemen en kransjens van 't gras.

„MINA!” riep de stem op denzelfden toon; „waarom kom je nu niet? Den ouwe is naar de stad; en JANSJEN zegt dat mamalief op de koepel zit met een vreemden snoes.”

Mamalief zag dochterlief aan. De vreemde snoes deed als of hy het niet merkte, en dicht aan de vaart getreden scheen hy al zijn oplettendheid te wijden aan een aankomende trekschuit, welke hy dolgraag „volk mee!” had toegeroepen, had hy zijn valies en jas maar gehad.

Mevrouw DELUWS oogen schoten vonken uit; zy kneep MINA in den arm: „Wat beteekent dat?” vroeg zy stil; maar zy wilde ten overstaan van den vreemden geen „scène maken.”

„Hoor reis, vervolgde de stem; „geen kuren! ik weet heel wel dat „je daar zit, maar ik durf dáár niet komen; hier staat je stoeltjen „nog van laatst, en hier kan niemand me zien.” Zy zweeg een oo-„genblik. „Maar wat kan 't me ook schelen, als den ouwe maar uit is!”

Pof! daar sprong iemand van de schutting van N°. 32; de boomen ritselden; en op het lievelingsplekjen der voortreffelijke verscheen een opgeschoten knaap van de jaren om op een conrectorschool te gaan, met een blaauwen pet en een rond buis; met een zeer dom, ondeugend en brutaal gezicht.

„Dat 's iets anders!” zei de opgeschoten knaap, zoo ras hy mama DELUW en den heer BRUIS bemerkte.

„Jongeheer!” zei mevrouw DELUW, bevende van woede.

„Is WILLEM hier niet?” vroeg de opgeschoten knaap, imperturbabel.

„Neen, jongeheer!” andwoordde mevrouw DELUW, „en al was hy „hier, WILLEM mag niet omgaan met een jong mensch, die me dochter „toe durft spreken, op een manier, die... die... die is, zoo als u „gedaan hebt....”

„Dat 's iets anders,” zei de opgeschoten knaap, „maar ik kan 't niet „helpen dat uw dochter me naloopt. Haar stoeltjen staat by de schut-„ting, niet waar, MIEN?”

„Je bent een gemeene jongen,” zei MIEN, op haar lippen bijtende; „ik heb je nooit gekend, ik wil je niet kennen.”

„Dat's iets anders!” andwoordde hy alweder; want dat gezegde was waarschijnlijk in die dagen op het conrectorschool onder de beschaafde vertalers van LIVIUS en VIRGILIUS aan de orde, — en zich omdraaiende: „Compliment aan den doctor!”

Hy maakte zich gereed fluitende het tooneel te verlaten.

Op dit oogenblik kwam WILLEM, „die met zulk soort van knapen niet om mocht gaan,” op.

„Ha!” zei de opgeschoten knaap: „daar hebje dat lieve jongetjen, „dat driemaal in de week den bink steekt. Dat 's iets anders! WIL-

LEMTJEN, hoe smaken de versche eiertjens uit het kippehok van den *melkboer?*

En WILLEMTJEN by de hand trekkende, lachte de opgeschoten knaap recht hartelijk.

Het zal mijn tijd worden, mevrouw! zei de heer BRUIS, zich houdende als of hy niets gehoord had en uit een diep gepeins ontwaakte: *Groet uw man nog wel hartelijk, maar het wordt wat laat. Dank uw vriendelijke receptie! Je dienaar juffrouw DELUW; dag jonge heeren!*

En eer mevrouw DELUW, die natuurlijk *allerijsselijkst confuus* was, iets zeggen kon, had de heer BRUIS het lievelingsplekjen reeds verlaten.

Hy haastte zich door de smalle kronkelpaden zijn weg te zoeken.

Buikjen! klonk het met een sarrigen lach uit een der omhoepelde appelboomen.

De heer BRUIS voelde al zijn bloed naar 't hoofd stijgen; want het was de stem van den vijfjarigen knaap, die, zoo ras zijn vader de hielen gelicht had, natuurlijk was losgebroken.

De heer BRUIS draaide zich naar alle kanten om, ten einde den kwajongen te vinden, maar hy zag hem niet. Echter kon hy niet nalaten eene beweging met zijn bamboes te maken, als of hy hem een duchtigen slag gaf.

Hy kwam aan de deur, maar, onbekend met de geheimen van het slot, duurde het vrij wat eer hy er in slaagde die open te krijgen, waarin hem natuurlijk zijn haast en schutterigheid tegenwerkten; ter wijl de jongeheer in den appelboom, met allerlei verandering van stem, zijn academischen alias bleef herhalen.

Goddank! zei de heer BRUIS uit grond van zijn hart, toen hy de Meester Jorislaan uit was, met het vaste voornemen om zich naar het eerste logement het beste in de stad, die ik nooit noemen zal, te spoeden. Hy was juist nog niet veel *koeler* geworden.

———

En nu uw vriend, doctor DELUW? vroeg mevrouw BRUIS, toen haar goedhartige echtgenoot, acht dagen daarna, aan hare zijde van de vermoeienissen der reis zat uit te rusten, zich verkwikkende aan een groot glas rhijnschen wijn met bruischend fachingerwater en suiker.

Ben je daar prettig ontfangen? Was hy niet opgetogen u te zien? Heeft hy een lieve vrouw en mooie kinderen?

Mijn vriend doctor DELUW, wijflief! heeft een heele mooie theetuin, een vrouw, twee zonen en twee dochters, waar hy heel veel plaisir aan beleeft, vooral aan de oudste dochter!

Toen roerde hy nog eens in zijn groot glas met wijn, fachingerwater en suiker, en dronk het in één teug uit.

VERRE VRIENDEN.

Het is een onbeschrijfelijke gewaarwording en een geheel eigensoortig genoegen, een vriend uit verre landen na langdurige scheiding weder te zien. Ik heb het eens in vollen nadruk gesmaakt. Geheel onverwacht trad er my een onder de oogen, wien ik voor toen ruim vijf jaar met vele tranen had vaarwel gezegd, en van wien ik sedert maar weinig had vernomen. Het was ANTOINE — van Konstantinopel. Een eerwaardige afstand, van hier tot den Hellespont, lezer! en die ik hoop dat u met eerbied voor ons beiden vervullen zal; me dunkt althands dat het my zeer belangrijk maakt, zoo ver van huis een vriend te hebben, en toch ik zag liever alle mijne vrienden binnen de grenzen van dit goede Holland!

Om de waarheid te zeggen, het behoort onder de domme streken mijner jeugd, dat ik zoo dikwijls met vreemdelingen in vriendschap ben vervallen; gelijk ik het dan ook, door ondervinding wijs, iedereen die een gevoelig hart in de borst heeft, stellig afraad; want! vroeger of later, slaat hun uur, en zy vertrekken, de een vóór, de ander na, naar de vier hoeken des winds; zonder iets achter te laten dan een treurig herdenken, en een albumblaadtjen. Ik heb vrienden in Engeland, vrienden aan den Kaap, vrienden in Turkye, te Batavia, in Demerary, in Suriname! Met enkelen, de dierbaarsten, houd ik een geregelde briefwisseling, maar wat zijn brieven op zulk een verren afstand? Zy kunnen ons de betrekkingen en toestanden, waarin onze vrienden verkeeren, niet duidelijk maken! Van anderen heb ik, na het eerste bericht van behouden thuiskomst niets meer vernomen. De meesten zal ik nooit wederzien; zy zijn, ongestorven, dood voor my. Velen weten niet eens dat ik somtijds en met innige liefde aan hen denk; en ik zou wenschen, dat HILDEBRAND wareldberoemd ware, en dit zijn boek overal verspreid en gelezen, opdat zy dit ten minste weten mochten!

Neen! ik had het nooit moeten doen. Welke goede jongens zy ook waren; hoe verlokkend hun omgang, hoe belangrijk hun verkeer, hoe innemend hunne manieren, hoe met mijn smaak overeenkomstig hun smaak ook zijn mochte, ik had hen op een afstand moeten houden; ik had mijn hart beter moeten bewaken; ik had, zoodra ik een enkel zaadtjen van vriendschap voelde kiemen, het moeten onderdrukken, en tegen mijn gevoel te velde trekken, zoo als een verstandige molenaarsdochter

doen zou, als zy by ongeluk bemerkte dat zy op een prins of een bisschop
verliefd geraakte. Ik zou dan ettelijke keeren minder met den mond
vol tanden hebben gestaan, waar ik zoo gaarne duizend lieve en hartelijke woorden had gesproken; want afscheid nemen is een moeielijk
ding! Ik zou dan zoo dikwijls niet mal hebben staan kijken als er een
stoomboot afvoer, of een wagen wegreed; ik zou niet zoovel nachten
hebben wakker gelegen, met angst luisterende naar den storm, en ge-
denkende aan de vrienden die op zee waren:

Die met zoo weinig houts op zoo veel waters drijven,
Voor wie de stormen, die hen razen over 't hoofd,
In 't schuimend golfgewoel geduchte teeknen schrijven,
Wier zin gevaar en dood belooft.

Het graf gaapt onder hen en dreigt hen allerwegen;
Hun doodkleed ligt geplooid en ruischt hun in 't gemoet;
Hun lijkzang klinkt hun oor in iedre windvlaag tegen —
O Heere! zy vergaan! ten zij gy hen behoedt!

Ik zou niet zoo dikwijls op eenzame wandelingen hebben stil gestaan,
by plekjens waar ik gewoon was iemand by my te zien, die nu verre,
verre weg is, en daar nooit meer zal komen. Die gedachte werpt
een nevel over hunne schoonheid.

Ondertusschen kan ik mijn geheugen niet genoeg prijzen voor de diensten, die het my ten opzichte van mijne verre vrienden bewijst. Niet
alleen roept het hunne namen en beeltenissen beurtelings met eene
getrouwe naauwgezetheid voor mijn geest terug, maar ook brengt het
duizend zeer uitvoerige tooneeltjens op het doek der camera obscura
des terugdenkens. Vooral het uur des afscheids staat van ieder hunner
in alle byzonderheden my voor den geest; de traan, de uitgestrekte
hand, de bevende lip, de gedwongen lach, de laatste woorden, de
wuivende zakdoek in de verte, het omgaan van den laatsten hoek, en
het geheel verdwijnen! Dat alles voel ik nog; en dan zie ik weer
rondom my al de onverschillige gezichten, die niets met dat afscheid
te maken hadden, schoon zy het bywoonden; en dan voel ik weder de
gewaarwording, van eenen dierbaren vaarwel gezegd te hebben en na
te staren, en terug te keeren tot de bedrijvige wareld: de drukte op
straat, de drukte in huis, en het „wat kan 't me schelen?" gezicht
van eene maatschappy, waarin iedereen zijn eigen vrienden heeft, en
zijn eigen weg gaat. Waarde B—! die nu aan Afrikaas zuidelijken
hoek den pols van driërlei rassen voelt, en die, naar ik hoor, reeds
de bruiloft gevierd hebt van de dochter uwer vrouw, (want gy hadt
eene zeer jonge weduwe getrouwd met drie lieve kinderen, en by u te
land trouwen de meisjens op haar veertiende jaar), nog staat my het
geheele tooneel voor oogen van uw afscheid uit Leyden, toen gy voor
vier jaren in de maand juny met den Colombo uit zoudt zeilen.

Het was zes uren in den morgen, toen het groote rijtuig voor moest komen dat u naar Rotterdam zou brengen.

Nog zie ik uw bovenkamers in die zonderlinge verwarring, onafscheidelijk van het vertrek van iemand die met zijn geheele huishouden en al zijn meubelen optrekt. De vloer overdekt met koffers, sluitmanden, valiezen. Hier de min het kleine, lieve, en pasontwaakte WIMTJEN aankleedende, die, verwonderd zoo vroeg gestoord te zijn, met de bruine oogjens, nog strak van den slaap, zat rond te turen; daar uwe vrouw voor den spiegel haar mooi hair in orde brengende; en ginds gyzelf, op de kniën voor een klein zaktoilet, dat op een koffer stond, uw baard scheerende; de kleine JAN (wat zal hy al groot geworden zijn!) geheel gekleed en veel te vroeg klaar, met een blikken sabel en papieren patroontasch om, en een houten geweertjen in den arm (een kind doet alles spelende) tot de groote reis gereed. MIMI en JANSJEN, (het is immers JANSJEN die getrouwd is?) uw kleinen LOUIS zoet houdende; onze vriend F. (hy is reeds ter ziele, de goede jongen!) nog altijd slovende, zwoegende en sjouwende, om het laatst gebruikte goed te helpen pakken, en uw trouwste vriend BRAM, half door zijne gewone vrolijkheid verlaten, gereed om u tot Rotterdam te geleiden. Nog zie ik al die kasten open, en op de planken hier en daar eenige voorwerpen van te weinig waarde om meegenomen te worden, een koffykan, een gekramden kop en schotel, een oude pop, een half versleten schaapjen op drie pooten, ginds een paar pantoffels, wat verder een gesp; op een andere plaats een gescheurde trommel van JAN, aan den kapstok een ouden pantalon van u, en in een hoekjen het masker, dat gy te Berlijn op de masquerade gedragen hadt, en dat BRAM meenam in 't rijtuig, om de kinderen vrolijk te houden. Al het gedraag met mantels, hoeden, en jassen. — Het verwarde, bezige en drokke van dit vertrek verstrooide onze aandoening; maar toen gy allen op het rijtuig zat, en achter den voerman, die niet eens begreep dat gy naar den Kaap gingt, en wegreedt met die lieve vrouw en die lieve kinderen — toen schoot het gemoed my vol; ik stond nog lang in gedachten, nadat de wagen reeds uit het gezicht verdwenen was, en toen ik de oogen weer rondom my sloeg, nam ik het zeer kwalijk dat de metselaars met een korte pijp in 't hoofd naar hun werk gingen, en de melkboeren met groote koelbloedigheid overal aanbelden, en de karren begonnen te rijden! maar vooral, vooral! dat het kermis was en dat er kramen stonden. — Waarom komt gy ook niet eens terug zoo als ANTOINE deed?

De vader van ANTOINE is een italiaan van geboorte, maar genaturaliseerd hollander, en bekleedt eenen hoogen rang onder ons gezantschap by de Porte. Als zoodanig resideert hy sints een groot aantal jaren te Pera. ANTOINE was als kind te Marseille gekomen, en had daar zijn eerste onderwijs ontfangen. Als knaap werd hy op een der kostscholen in mijn vaderstad gedaan; en wy leerden elkander in den gelukkigen leeftijd van veertien tot zeventien jaar kennen, en droegen elkander wederkeerig eene warme en trouwe jongensvriendschap toe. De jongensleeftijd is waarlijk zoo kwaad niet voor de vriendschap, daar het toch wel bekend is dat deze het geluk bemint. Ja, ik zou byna dien jongenstijd den àllergeschiktsten voor eene wederzijdsche genegenheid achten. De latere jongelingschap moge nog even belangloos zijn, en evenmin afhankelijk van maatschappelijke scheidsmuren van rang, stand, en wat dies meer zij, maar zy is te rijp. Men kent alsdan elkander te veel, te veel van naby; men heeft te veel kijk op den inwendigen mensch! Een jongen is *geheel* buitenkant! Men heeft later geleerd zich reden van zijne genegenheid te geven, te onderzoeken, na te gaan, te verdenken; ook heeft men zoo vele zedelijke behoeften, en eischt zoo velerlei in een vriend! Men heeft hem voorzichtiger lief, verveelt elkander spoediger, verkoelt lichter, beleedigt sneller. Jongens weten van dat alles niets. De titel *»goede jongen«* geeft recht genoeg op dien van *»goede vriend,«* en er wordt geene andere sympathie gevraagd, dan dat men b. v. allebei graag wandelt, graag vuurwerk afsteekt, graag baadt, graag wat ouder zou zijn, graag de jongejuffrouwen van een kostschool tegenkomt, en niet graag latijnsche themata maakt. Het geheele doel der onderlinge genegenheid wordt bereikt, als men zich onder 't ongestoord genot eener goede verstandhouding te zamen vermaakt. En wordt die goede verstandhouding eens verbroken, door een kleine jaloezy of een kleine ontrouw, nu! dan zijn er immers aan weerskanten twee vuisten om mee te slaan, en twee voeten om beentjen te lichten, en dan is het alles over, en men haalt elkaar weer af om te zamen schuitjen te varen, en in stilte een cigaar te rooken, en toont de vuisten aan iedereen en licht het beentjen van elk, die niet gelooft dat men weer goêmaats is. Ziedaar de vriendschap van dien leeftijd.

Antoine en ik althands verstonden elkander best, en vooral dan, wanneer wy by voorbeeld, beiden op dezelfde jonge juffrouw verliefd waren, een toestand waarin wy zeer dikwijls te zamen hebben verkeerd. Met de meestmogelijke bonhommie wonden wy dan elkander op met de blijken van genegenheid onzer schoone, en vonden niets genoegelijker dan tegelijk elkanders mededingers en vertrouwelingen te wezen. Gy hadt ons moeten zien, lezer, als wy bezig waren op onze wandelingen beiden denzelfden naam in een boom te snijden, of het stoute plan overlegden om haar beiden een teder briefjen te schrijven. Ik herinner my ook zeer goed de byzonderheid, dat wy op een kermiswandeling onzen horoscoop trokken, en beiden voor onze toekomstige gade letterlijk het zelfde portret zagen; ofschoon wy onder verschillende planeten geboren waren, en het belletjen hem veertien en my slechts elf kinderen voorspelde. In het tafereel, dat van mijn toekomstig lot werd opgehangen, kwam voor; *dat een wagen my een ongeluk zou *dreigen, waarvoor ik echter door de hulp van een goed vriend zou worden behoed,* en ik had op dat oogenblik willen zweeren dat die goede vriend niemand anders zou kunnen zijn dan mijn zwartlokkige AN-TOINE. En ondertusschen! hoe ver zijn wy vaneen gescheurd! — en hoe weinig mogelijkheid bestaat er dat, indien ik ooit in ongelegen-heid met rijtuigen kom, het zijn getrouwe arm zijn zal die my redt. — O, als wy dat eens nagaan; hoe dikwijls wy het personeel moeten ver-anderen, dat in onze droomen en vérgezichten en luchtkasteelen optreedt; hoe vaak wy er van afzien moeten, het tooneel van onze toekomst te bevolken, met degenen die er in onze mijmeringen, zoo dikwijls en in zulke naauwe betrekkingen, op hebben gefigureerd, en zonder welke wy ons byna geen toekomst denken konden; en hoe in het tooneelspel van ons leven, achtereenvolgens de eene rol voor, en de andere na, aan geheel andere personen werd opgedragen, dan aan wie wy dien hadden toegedacht! dan zien wy eerst recht, hoe wonder-lijk de lotbus geschud wordt, en hoe vreemd en wisselvallig de raderen der maatschappy omloopen; en dat wy, aan onze mijmeringen en voor-uitzichten toegevende, beuzelden, en met even weinig zekerheid beuzel-den, als toen wy onzen horoskoop lieten lezen, en het belletjen klinken, en in den kijker naar onze lieve aanstaande zagen.

Om tot ANTOINE terug te keeren. Hy was voor den handel bestemd, en zooras zijne voorbereidende opvoeding voltooid was, vertrok hy naar Andwerpen om dien te leeren. Dit was onze eerste scheiding, maar verzoet door het vooruitzicht dat ik hem somtijds zien, en dat hy een-maal Amsterdam voor zijn domicilium kiezen zou. De gebeurtenissen van 1830 dreven hem uit de Scheldestad, en ik zag hem op een goe-den avond aan mijns vaders huis aankomen, na een overhaaste vlucht uit de bedreigde muren. Hy kwam my toen zeer belangrijk voor; vooral daar hy al zijn goed had achtergelaten, en een nachthemd van my te leen vroeg, hetwelk ik zeer avontuurlijk en romanesk vond. Het viel my echter tegen dat hy nergens een dooden kogel of eerlijke won-de had gekregen. Niet lang duurde het, of hy werd nu door zijn vader naar Konstantinopel opontboden. Met veel tegenzin ging hy derwaarts. Hy was aan Holland gehecht. Zijn vaderland kende hy niet. Zijn vader herinnerde hy zich niet; zijn moeder was overleden, en in de plaats van deze zou hy een stiefmoeder vinden, niet veel ouder dan hyzelf. In 1831 vertrok hy, en wy namen een droevig afscheid. Ik gaf hem een plattegrond mijner geboortestad, waarop ik met roode stippen alle plaatsen, op welke hy eenige betrekking gevoelde, had aangeteekend. Hy heeft dat gedenkstuk trouw bewaard. Ik zond hem een brief te Marseille, en weldra kreeg ik er een van hem uit Stam-boul, die tot mijne overgroote vreugde, met vele gaten doorprikt en door den azijn gehaald was. Hy was in zevenentwintig dagen van Marseille tot Konstantinopel overgekomen. De pest en de cholera waren een weinigjen vóór hem gearriveerd; Pera was juist afgebrand, en het huis zijns vaders in de asch gelegd. Hy had zich daarop naar diens buitenplaats gespoed. Niemand had hem herkend. Hy had zich by zijn eigen vader voor een vriend van diens jongsten zoon uitgegeven, die hy zelf was, en bracht berichten omtrent hem meê. Hy wist natuurlijk alles zeer naauwkeurig. Aan tafel zat hy op de plaats der eere, naast zijne stiefmoeder. Zijne zusters waren schoon, en zijn vader vond zijn toon met haar kennelijk wat te vrij voor een vreemdeling. Op het dessert had hy zich met een toast en vele tranen bekend gemaakt. Van het land hing hy my geen aanlokkelijk tafereel op; het was veel te mooi voor de turken; de franken waren er trotsch; de meisjens lui, niet mooier dan ergens anders, onbeschaafd, en van niets sprekende dan van de keuken; van tijd tot tijd aan de liefde offerende, en hare kinderen op straat verlatende. Hy verzuchtte naar Holland en zijne vrienden. Ik troostte hem met een brief, dien hy nooit ontfangen heeft, en onze correspondentie ging te niet. Daar stond hy eensklaps voor my, na eene afwezigheid van vijf groote jaren, een geheel ander en toch dezelfde. Hy had Rusland, Duitschland, Frankrijk, België en Engeland, zoowel als de Levant doorreisd en doorkropen, maar hy was toch Antoine gebleven; zijn gelaat en zijn gemoed waren niet veranderd. Van geslacht een italiaan, van vaderland een turk, van moedertaal een franschman, van opvoeding een hollander, van geloof een catholiek, en van hart een goede jongen. Doch hoe verrijkt aan inzicht, kennis, wareldburgerschap, en ondervindingen! Hy sprak behalven fransch en hollandsch, als vroeger, nu ook de talen van al die landen die hy had bezocht. Wy voerden 't gesprek meest in 't engelsch, of in 't fransch; want zijn hollandsch had hy wel goed onthouden, maar hy had zoo veel te zeggen waaraan hy nooit in 't hollandsch had gedacht. Zijn hollandsch was niet rijker dan 't vocabullaire van iemand van zeventien jaar. Hy was nu tweëntwintig. Hy had aangezeten met turksche bassa's, en het hof gemaakt aan russische princessen, hy had rozenolie, juweelen, opium en pastilles aan poolsche joden verkocht; met duitsche gravinnen gedanst; met fransche incroyables gespeeld, en met dikke lords toasten ingesteld; hy had zeën doorkruist, ijzerbanen overgevlogen, kou en hitte getart, quarantaines gehouden, de liefde gekend, de pest ontvlucht, en den dood onder de oogen gezien; maar daar zat hy in onze nederige tuinkamer geheel dezelfde in oogen, hartelijkheid, goedwilligheid, beleefdheid en vriendschap, als toen ik voor vijf jaren in zijn album schreef:

Geen grootspraak op dit blad, geen duurgezworen eeden,
   Die overbodig zijn, of ongemeend meestal!
Maar laat mijn naam alleen een plaats er op bekleeden;
   Die al mijn vriendschap u gewis herinren zal.

Hy was naauwelijks in Holland aangekomen of hy was naar mijne woonstad geijld, die hy *het paradijs zijner jeugd* noemde, en naauwelijks in mijne woonstad of hy bezocht allereerst zijn vriend HILDEBRAND. Ik bezat hem twee dagen.

Ik weet niet of gy den toestand kent, waarin eene dergelijke ontmoeting u brengt. In 't eerst is men in eene dwaze houding; men maakt byna een mal figuur. Men vliegt elkander met naïve vreugd in de armen; maar men is schrikkelijk bang om te theatraal te zijn, en men voldoet zichzelven niet in hartelijkheid. Vrouwen zijn in zulk een oogenblik natuurlijker, en geven zich meer aan haar gevoel over. Zy schreien aan elkanders hart; het is veel zoo het by ons tot een traan komt, die zich nog achter een lach wil verbergen. Ach! wie wy ook zijn mogen, en hoe veel melk er ook in ons bloed moge wezen, wy zijn allen eenigermate onder den invloed van hen die hardvochtiger zijn dan wy, en veel minder bang om ongevoelig dan om belachelijk te schijnen. Zoo trekken wy niet zelden onze warme gevoelens het koude harnas der sterkte aan, waarin zy beven en bibberen, en verbergen de lieve trekken onzer zachtheid achter een harde grijns, opdat wy toch vooral leelijker zijn zouden. Bloodaarts! niet te ver met deze huichelary! Ook van haar zal God rekenschap vergen, ook van het gevoel dat wy verloochend hebben, ook van de tranen die wy onderdrukten uit lafhartigheid.

Wat ons betreft, wy waren alleen, en ik ken er die ons kinderachtig zouden hebben genoemd; en toch, toch beviel ik myzelven niet. En toen nu de eerste handschuddingen en begroetingen voorby waren, daar stonden wy met den neus voor een berg blijdschap, voor een berg verwondering, elk met een berg mededeelingen achter ons, en met heele bergreeksen vragen ter rechter- en ter linkerhand; en door dit alles zoo belemmerd en ingesloten, dat wy geen vin verroeren konden. 't Zou voor een koel aanschouwer en toehoorder byna belachelijk geweest zijn, op te merken hoe onhandig wy van weerskanten in dien bonten warhoop van 't verleden rondtastten, opdat wy elkander den tempus actum goed voor de oogen stellen mochten; hoe ongepast wy over en weder de boeken op de apertuur opsloegen, om een denkbeeld van den inhoud te geven; hoe wy dikwijls de behoefte gevoelden om iets te verhalen of te vragen, zonder te weten: wat dan toch eigenlijk? en welke nietigheden wy elkander naar 't hoofd wierpen! Zoo veel is zeker, dat ik duidelijk eene groote ontevredenheid gevoelde over het weinige dat ik in dat eerste uur toch eigenlijk de moeite waard achtte om verteld te *worden;* een klaar bewijs van de onbeduidendheid der voorvallen van 't menschelijk leven, die als zij voorby zijn, dikwijls niet veel meer belangrijkheid voor ons hebben dan de kolommen van eene oude courant.

Maar langzamerhand kwam er licht in dien baaiert, en hy ordende zich van lieverlede. De behoefte om vertellingen te doen, ervaringen op te biechten, ondervindingen op te vijzelen, en elkander om strijd te verbazen, hield op.   Nu volbrachten hart en herinnering hunne verrichtingen geregeld, want de abnormale toestand van beiden ontspande zich. En zelden smaakte ik zoeter uren dan die, waarin wy elkander in onzen wederzijdschen levensloop met oprechtheid inleidden, en de heerlijke ontdekking deden, dat er na een groot tijdsverloop en uiteenloopende ondervinding, veel gelijkheid van beginselen en gevoelens in onze ziel was blijven bestaan.

En indedaad, hy moet zich mijner dikwijls herinnerd hebben, want hem was niets vergeten.   Hy wist allerlei kleinigheden, allerlei bykomstigheden op te halen, die hy niet zou hebben onthouden indien hy my minder had lief gehad.   De geheugenis toch van kleine te zamen gesmaakte genoegens (ja van de groote en meer innige zelfs) vergaat, verteert, en verdampt in den wind onzer verstrooiïngen, onzer bezigheden, onzer studiën   Het vuur onzer driften verbrandt ze in ons hart, of het ijs onzer bezadigdheid bevriest ze; de wareld lost ze op in den rusteloozen vloed van aandoeningen en ondervindingen die er over heen stroomt, of onze dartelheid, onze trots, en dat in ons, wat wy »er uitgroeien« noemen, vernielt en verdoet ze moedwillig, tenzy wy ze balsemen met de geurige zalve onzer liefde!

De volgende dag was voornamelijk aan de vreugde de erinnering gewijd.   Wy gingen wandelen.   Onze meeste genoegens hadden wy buiten gesmaakt.   De jongensvriendschap is eene veldnimf; ons had zy aan heldere beekjens, in dichte bosschen, en vooral op de blanke duinen omgeleid.   En deze tooneelen hadden de minste verandering ondergaan. Wel kwamen wy hier en daar waar het niet was als vroeger, waar wy een aanleg niet herkenden die verleid was, of een brug niet vonden waarop wy hadden zitten hengelen, of een bosch zagen omgehakt, met de namen onzer schoonen en al in de stammen, — en het was eene onaangename teleurstelling; ja ik schaamde my haast voor mijne landgenooten, die de verandering hadden teweeggebracht.   En toch wil ik wedden dat mijn vriend evenmin voldaan zou geweest zijn, indien hy *alles* volkomen in dien staat gevonden had, waarin hy het had gelaten.   Want ook dan zou hy het werkelijk anders gevonden hebben dan hy zich had voorgesteld.   Wy menschen denken ons in afwezigheid het achtergelatene zoo stéréotype niet, en vooral niet als wy zelf zeer bewegelijk zijn, en alles om ons heen zien veranderen, vervallen en vernieuwen. Ook heeft het iets stuitends voor ons gevoel, dat alle oorden, plaatsen en dingen, als wy er niet meer zijn, volkomen blijven kunnen, zoo als zy waren, toen wy ons in hun midden bevonden; en het wekt een soort van wel onbillijke, maar toch van verontwaardiging op, dat zy zich volstrekt niet aan ons aanzijn of wegzijn storen, en veel standvastiger en veel beter gegrond zijn dan wyzelf! eene verontwaardiging niet

ongelijk aan die, welke een min of meer bestoven vriendenkring gevoelt voor een doodnuchteren gast.

Zoo er onder mijne verre vrienden zijn mochten, die dit lezen en niet
gelooven, weet ik er niet beter op dan dat zy er zich van komen overtuigen.

Hoe het in hùnne harten is weet ik niet; maar ik dwaal dikwijls in
verbeelding en in werkelijkheid rond, en bezoek de plaatsen die wy te
zamen zagen, en herinner my menig genoegelijk uur en menig vertrouwelijk gesprek, en menige vurige betuiging, en openhartige belij-
denis. Ik spreek van hen met dezulken die hen gekend hebben, en
wek by allen die my dierbaar zijn de lust op òm hen te kennen; ik
doorblader hun geliefkoosde boeken en herlees de bladzijden, die wy
te zamen lazen; ik zoek hunne namen in mijn dagboek, dat menig
opgeschrevene byzonderheid behelst, die er duizend niet opgeschrevene voor mijn geest terugroept; ik houd de kleine souvenirs die zy my
nalieten in hooge waarde. Mijn gedachte houdt hen allen byeen, als
in een stevig snoer. Broeders! wy zijn ver uiteengespat op de wareld,
bergen en zeën scheiden ons en blijven ons scheiden, en het is slechts
een enkelen uwer, dien ik eenmaal en met innige vreugd mijner ziel
weder mocht zien; voor de meesten heb ik die zoete hoop opgegeven.
Ieder onzer heeft zijn eigen loopbaan voor zich, en zijn eigene dierbaren rondom zich, en menigen nieuwen vriend, die menigen ouden
heeft vervangen; en boven ons allen, in het oosten en het westen, in het
zuiden en het noorden, welft zich dezelfde blaauwe hemel, en waakt
dezelfde Voorzienigheid! Zy zegene een iegelijk uwer. Gedenkt mijner.

NAREDE, EN OPDRACHT AAN
EEN VRIEND.

(EERSTE UITGAVE).

Beste Vriend,

Toen ik de voorgaande bladeren gedrukt zag, begreep ik dat er nog iets aan ontbrak, alvorens ik ze de wareld in kon zenden. Eerst had ik gedacht er eene scherpe voorrede vóór te schrijven, zeer hatelijk tegen dezen of genen collega-autheur, die my nooit kwaad had gedaan, maar daar ik een hekel aan had of jaloersch van was. Doch daar ik niemand kon bedenken, die in deze termen viel, moest ik wel van dit fraaie plan afstappen. Toen meende ik eene geheele slagorde van ouderkraste en tweemaal onderkraste duchtigheden tegen de heeren recensenten te richten, die *ik* niet ken, en die my..., ik had kunnen zeggen: *»*zullen verguizen;*«* het is een plechtig woord en by teleurgestelde schrijvers zeer gebruikelijk. Maar het was duizend tegen een, dat men my verweet die uitvallen te hebben nageschreven. Daarop heb ik van alle hatelijkheden afgezien, hetwelk te beter was, daar ik ze in mijn boek ook niet had toegelaten. En dewijl ik plan had dat boek aan u op te dragen, besloot ik eindelijk al wat ik er nog over te zeggen had met die toewijding aan u samen te smelten, en daartoe schrijf ik deze Narede. Iets onaangenaams te zeggen zou my nu geheel onmogelijk zijn, want hoe zou het gaan kunnen in de nabyheid van uwen naam?

Gy weet hoe en wanneer ik deze opstellen heb byeen gekregen. Zy zijn bedacht in verloren uren, tusschen de wielen en op het water, op wandelingen, en in vervelende gezelschappen. Zy zijn geschreven in oogenblikken, waarin een ander zijn piano opensluit, of een pijp rookt, of over Don CARLOS praat. Zy werden in gezellige uurtjens voorgelezen onder vrienden, alleen onder vrienden. Nu ze dan byeen vergaderd zijn en aan het publiek worden overgegeven, hoop ik dat het publiek ze als zoodanig zal beschouwen. Al wie nu niet van HILDEBRAND houdt moet ze maar niet lezen. Gy en de andere academievrienden zullen er hem in hooren praten en vertellen, en er veel in wedervinden dat hy dikwijls mondeling met hen heeft behandeld. Zy zijn herwaarts en

derwaarts gegaan met hunne respective doctorale graden, en dit boek
zend ik hen na als eene gedachtenis aan ons genoegelijk verkeer, en
mijn hartelijken vriendengroet voeg ik er in gedachte by!

Wie HILDEBRAND is weet iedereen wel; er is somtijds met veel scherp-
zinnigheid naar geraden. Ook maak ik er geen geheim van, noch
poog my te laten doorgaan voor een veertig jaar ouder of een veertig-
maal beter dan ik ben. Het goede publiek hebbe vrede met den naam;
ook is het om 't even of men JAAP heet of HILDEBRAND.

Maar de naam van het boekzelf heeft my veel moeite gekost. Het
was zoo heel moeielijk de verschillende stukken onder één etiquette te
brengen, en de uitgever wilde iets hebben dat niet al te versleten was.
De Camera Obscura is tegenwoordig zeer op de spraak, en de aanhaling van ANONYMUS op de eerste bladzijde toont aan met welk recht
ik dit werktuig hier heb durven te pas brengen.

Soms verbeeld ik my dat deze bundel papiers eenige verdienste zou
kunnen hebben ten opzichte van onze goede moedertaal. Tot nog toe
had zy voor den gemeenzamen stijl niet veel aanlokkelijks. Ik ben
evenwel de eerste niet die het waagt haar het zondagspak uit te trekken,
en wat natuurlijker te doen loopen. Ik hoop dat ik my niet te véél
vrijheden zal hebben veroorloofd, en vraag vergiffenis voor de drukfouten*.

Ach, ach, ach! die drukfouten zijn een kruis! Op bladzij 12 staat
19 in plaats van 17; op bladzij 13 (onderaan) staat (hoe is het mogelijk?) *onverschilligst* in plaats van *onbillijkst*. Ik wed dat er nog
honderden in zijn die ik over het hoofd heb gezien! Maar ééne, die
ik niet heb over 't hoofd gezien, en die my meer dan allen grieft, staat
op bladzij 160. Ik weet zoo goed als gy, dat van een „schalksche
boerin" te spreken, even dwaas is als te zeggen: „een geksche boerin,"
en dat „zij lachte schalks" er even min dóór kan als „zy lachte mals;"
en daarom had ik de maagd op bladzij 160 ook „schalk" laten omkij-
ken. Toen kwam de letterzetter, en schudde daar het hoofd over, en
zette „schalks." Toen kwam ik en werd boos op den letterzetter, haalde
de S door en schreef er het gewone *deleatur* by; ik kreeg eene re-
visie, zag my gehoorzaamd, en gaf het verlof tot afdrukken. Toen sloop,
ik weet niet welke, hand nogmaals in de proef en verkorf het weer. Ik
val die hand niet hard. Zy volgde het voorbeeld van vele, en van be-
kwame handen. Maar ik bedroef my, lief*sche* vriend, dat men thands
zoo onkundig*sch* in onze scluoon*sche* moedertaal is geworden, en zoo
gewoon*sch* aan dien verkeerd*schen* uitgang, dien men bij de oud*schere*
schrijvers te vergeefs zoeken zou.

---

* Ik twijfel niet of er zullen menschen gevonden worden, die zich beklagen
dat er geene circumflexen en veel te weinig comma's in mijn boek te lezen staan.
Ik had er over gedacht hier ten slotte eene geheele bladzijde met die teekens by te
voegen om naar willekeur over de bladeren uit te strooien, maar ik vreesde dat
het al te aardig staan zou.

Ziedaar eene lange historie van ééne enkele drukfout. Op bladzij 101. staat *bragt* in plaats van *bracht*. 〃Dat komt van die aanmatiging om met BILDERDIJK te spellen!〃 Niet voorbarig, mijn waarde! wat ik u bidden mag. ik heb eerbied voor iedereen die met overtuiging andere spelregels volgt, gelijk ik eerbied heb voor iedereens bekwaamheden en verdiensten; maar het zij hiermede:

> — *hanc veniam petimusque damusque vicissim.*
> (Dees vrijheid vordren wy, gelijk wy ze andren schenken.)

Maar welke drukfouten en andere fouten het boek ook mogen aankleven, en hoe zeer het ook de onbedrevenheid of onbevoegdheid van HILDEBRAND om iets te doen drukken, of te schrijven, of te spellen moge aantoonen, ik weet dat u de toeëigening van dit bundeltjen aangenaam zal zijn. Dat is althands *iets*, mijn vriend, en zoo het boek u bevalt, dan durf ik wel hopen dat het anderen bevallen zal. Indien het maar een weinigjen op u geleek! Het zou dan vol zijn van geestige, maar vrolijke en goedaardige opmerking, die niet aarzelt zichzelven in te sluiten; van dien welwillenden lach, die niets heeft van den grijns; het zou dan een toon van aangename gezelligheid hebben, waarby men zich op zijn gemak gevoelt, en die den lezer zou boeien en bezig houden, en naar willekeur stemmen tot heldere genoegelijkheid en ongemaakte ernst! Het is maar een wensch, vriendlief!

Ik heb de opdracht tot het laatst bewaard. Het is wel tegen de orde, maar het zij zoo. Daar zijn zoo vele lezers die een boek met de laatste bladzij beginnen, dat het byna op 't zelfde nederkomt.

1839.

(TWEEDE UITGAVE.)

Zoo schreef ik voor zes maanden. Thands nog een enkel woord.

Men heeft my verweten dat het niet aardig was den man, aan wien ik mijn boek had opgedragen, tot een souffre-douleur van de drukfouten te maken, maar ik weet wel dat gyzelf daar geen oogenblik over hebt gedacht. Zoo heeft men zich ook hier en daar zeer beijverd de origineelen aan te wijzen der personen, die ik heb opgevoerd, en heb ik tot mijne groote voldoening bevonden, dat men, in iedere stad waar ik al of niet verkeerd heb, zes of zeven menschen wist op te noemen, van welke allen men my om het zeerst opdrong dat zy het waren die voor dit of dat portret gezeten hadden. Ik dacht waarlijk niet dat er zóó vele NURKSEN en STASTOKKEN op dit benedenrond hunne beminnelijkheden ten toon spreidden, en sta verbaasd van den gedienstigen ijver waarmee de vingers naar hen worden uitgestoken. Echter kan ik het goede publiek deze kleine genoegens niet betwisten of kwalijk nemen; maar ik neem de vrijheid aan het motto van ANONYMUS in het nog altijd onuitgegeven boek te herinneren, en in gemoede te verklaren dat mijne Chambre Obscure argeloos geplaatst wordt; dat ik er niet aan wend of keer, en nooit eenige beweging maken *wil*, om haar op eene onbescheidene wijze te *pointeeren*. — Dat ik ze nog niet op den Godesberg of te Milanen heb kunnen plaatsen doet my om den wille van hen die het hooge en uitheemsche begeeren byzonder leed; maar het is my gebleken dat de meerderheid ruim zoo tevreden was met mijne kleine, mijne hollandsche tafereelen. Men moet begrijpen dat wy de buitenlanders, dank zij levenden en afgestorvenen, al zoo op end' uit kennen, dat het eene heele aardigheid geworden is, voor de afwisseling, eens op onszelven te letten.

Ik neem deze gelegenheid waar om my by een negenjarig vriend te verontschuldigen wegens de betichting omtrent *den bonten zakdoek* op bladz. 4. Hy heeft verklaard er nooit in 't geheel een by zich te hebben, en ik verlicht mijn geweten door dit zijn verzet hier aan te teekenen. Streelend was my de toejuiching der hollandsche moeders ten aanzien van de schets hunner kinderen, en van prof. VROLIK ten opzichte van *een Beestenspel*; (ofschoon laatstgenoemd stuk toch maar het beste niet schijnt te wezen!) streelend vooral ùwe goedkeuring, waarvan het gunstig voorteeken niet is gelogenstraft.

En als gy nu vraagt of ik geen plan heb in dit slag van schrijven nog iets meer te leven? Ik andwoord dat het, by zoo veel aanmoediging als ik ondervinden mocht, een vreemd verschijnsel, en ook waarlijk ondankbaar wezen zoude, indien ik het naliet. Verwacht dus mettertijd *nieuwe vertooningen van de Camera Obscura,* en neem ten tweeden male de opdracht van dit boekdeel aan.

(1841)

AAN

Dr. ABRAHAM SCHOLL VAN EGMOND,

ZIJN OUDSTEN ACADEMIEVRIEND,

WORDEN DE VOORGAANDE BLADEREN

IN LIEFDE TOEGEWIJD

DOOR

HILDEBRAND.

DE FAMILIE KEGGE.

Eene treurige inleiding.

Wie kent niet die ontzettende ziekte, die men in het dagelijksch leven met den gevreesden naam van zenuwzinkingkoorts gewoon is te bestempelen? Wie heeft onder haar geweld geen dierbaren zien bezwijken? Wie heeft haar nimmer bygewoond, die verschrikkelijke worsteling der zenuwen en vaten, waar zy zich onderling het gezag betwisten, tot dat de lijder — meestal helaas! — onder dien kampstrijd bezwijken moet. Voor my rijst menige angstige herinnering aan hare verschijnselen op. Ik zie nog die lijders, met die gebroken oogen, die zwarte lippen, die drooge lederachtige handen, die vingers in altoosdurende beweging. Zy staan my voor den geest, zoo als zy nu eens in een dof en mompelend ijlen als verdiept waren en in stilte bezig met hunne visioenen, en dan zich met eene kracht, die niemand hun meer zou hebben toegeschreven, in hun bed ophieven, om daarna weder in een te krimpen als in dierlijken angst. Zy staan my voor den geest ook in hun nootlottig stilliggen, in die treurig heldere verpoozingen, die den dood voorbeduiden. — Nog zie ik al dien droevigen toestel van zuurdeeg om af te trekken, van natte omslagen om terug te drijven, dien gewichtigen overgang van afwasschende tot prikkelende middelen. Nog ruik ik den kamfer en den muskus, die de omstanders zoo zeer plegen te verschrikken. Nog voel ik het zielpijnigend dobberen tusschen hoop en vrees, het angstig ingaan van iederen nacht, het smachten naar het morgenlicht, en naar den arts. Nog hoor ik de betrekkingen duizendmaal de vraag herhalen, "of dit nu niet de krisis zou zijn geweest?" en hun deerniswaardig zelfbedrog, als zy zich met in hun oog goede teekenen vleien, den doctor een zwaarhoofd achten, zijne uitspraken naar de inspraak van hunne hoop verplooien, zoo lang, zoo lang.... tot (eindelijk nog onverwachts!) de harde waarheid bevestigd word, dat de ziekte hopeloos was, dat de dood zich onvermurwbaar had aangekondigd.

Maar ook Gode zy dank! er komen zoete herinneringen van herstelling by my op; by my, die zelf de gevreesde kwaal heb doorgeworsteld met de veerkracht der jeugdige sterkte, en die anderen, als uit hare kaken gered, zag opleven tot gezuiverden bloei. Die herstelling der gelaatstrekken, dat langzamerhand gezond insluimeren, en dat eerste ontwaken met gevoel van beterschap en rust; dat lang gewenscht kalm opslaan der oogen; die honger; dat eerste opzitten; en die kinderlijke dankbaarheid voor het eerste glas wijn dat word toegestaan. O, gezond te zijn is een onschatbaar bezit; maar uit eene ziekte te herstellen is een zalig genot!

In het begin van het derde jaar van mijn verblijf te Leyden, was er een jong mensch, uit Demerary geboortig, in mijne buurt komen wonen. Het is de gewoonte onder studenten, in zulk een geval elkander een bezoek te brengen. De jongeling beviel my. Hy was van een openhartig, aantrekkelijk karakter, en van zachte gevoelens. Vooral dacht hy zeer teder en aanhankelijk over de betrekkingen, die hy in zijn geboorteland reeds als knaap verlaten had, en die hy niet weder zou zien dan na zijne bevordering, waarom hy zich ook zoo veel mogelijk met zijne studiën haasten wilde. Om dien trek en dien ijver was hy my lief; en hoewel ik, daar onze studiën en onze ancienniteit te veel verschilden, my niet met hem in een geregeld verkeer begaf, zoo bezocht ik hem toch een enkele maal; — en scheen hem dat dubbel aangenaam te zijn, omdat hy met my vrijuit spreken durfde over datgene, wat hem zoo na aan 't harte lag, en aan de meeste zijner jonge vrienden kinderachtig toescheen, of te ernstig om tot een onderwerp van gesprek te worden gemaakt.

By een dier bezoeken klaagde hy my sterk over een zekere vermoeidheid en loomheid in de beenen, die hem sedert eenige dagen kwelde, en zeer kort daarop vernam ik, dat WILLIAM KEGGE, zoo heette hy, werkelijk ongesteld was. Een ongesteld student ontbreekt het nimmer aan gezelschap, en er sterft er misschien menigeen aan te veel oppassing. Ik koos, om hem te gaan zien, een uurtjen uit, waarin ik hoopte hem niet al te zeer omringd te vinden, en vond hem te bed. Ofschoon het nu uitgemaakt is, dat een studeerend jongeling, als hy toch eenmaal thuis moet blijven, veel vroeger zijn troost in de veêren zoekt dan eene nijvere huismoeder, zoo was dit toch erger dan ik my had voorgesteld. WILLIAM was echter zeer monter en opgewekt. Ik merkte dadelijk dat hy koorts had. Twee zijner intiemsten zaten voor zijn ledikant om hem wat op te beuren, en raadpleegden hem als scheidsman over een al of niet op te spelen kaart in een party hombre, die dien namiddag in de Paauw gespeeld was, waardoor zy hem noodzaakten zich in verbeelding zevenentwintig kaarten, in allerlei vereeniging voor te stellen; gewisselijk eene aangename tijdpasseering voor een zieke, maar toch wel wat vermoeiend. Ik gaf de beide ziekentroosters een wenk om dit gesprek liever te staken, en had wel gaarne hen beide zien vertrekken. Ik ried daarop den patient zich stil te houden; draaide de pit van de lamp wat neêr, en liet het open bedgordijn vallen.

Ik verzocht hem een doctor te nemen; maar hy wilde er niet van hooren; een der vrienden zou by hem blijven tot dat hy sliep, en men zou den anderen dag afwachten.

Den anderen dag had ik reeds vroeg de hospita van mijn buurman by my. "Het was niemendal goed met mijnheer! hy was in 't midden van de nacht wakker geworden; had haar thee laten zetten, en was, wat zy volstrekt niet van haar menheer gewend was, zeer knorrig geweest; daarby had hy haar zoo verwilderd aangekeken, dat ze der tranemontanen haast was kwijt geraakt, en de schrik haar nog in de beenen zat. Zy geloofde dat het niet goed was geweest, dat menheer zoo veul met een open raam zat, want daar waren die menschen uit vreemde landen toch maar niet aan gewend," enz. enz. Ik kleedde my en ging hem terstond zien.

Hy had nog koorts, en nu veel heviger; was zeer ontevreden over zijn bed, zijn slaapkamer, zijn hospita, in een woord, over alles; hy wilde een groot vuur op de voorkamer hebben aangelegd, en had daar alle verwachting van. Ik verzocht hem te blijven waar hy was, en liet oogenblikkelijk een doctor halen.

De doctor kwam, en verklaarde de ongesteldheid voor bedenkelijk. De studeerkamer werd tot een ziekenkamer ingericht; de patient met zijn bed derwaarts gebracht; aan zijn voogd geschreven. Deze kwam na een paar dagen; het was een oud vrijer, die nooit zieken had bygewoond, en wien de handen buitengewoon verkeerd stonden, klein van verstand en bekrompen van gevoel. Hy liet my het bestier in alles over. De hospita was gelukkig eene zeer handige, bedaarde, knappe, dóórtastende en te gelijk hartelijke vrouw. Zy deed haar best; de doctor deed zijn best; een paar jongelingen, die ik uit de menigte die volstrekt waken wilden, gekozen had, deden met my al het mogelijke; maar het hielp niet. De ziekte nam een nootlottigen loop; en na drie weken van angsten en tobben droegen wy den armen WILLIAM KEGGE naar het graf.

Eene studentenbegrafenis heeft iets plechtigs. Een lange sleep van menschen in den bloei des levens, die in rouwgewaad een lijk ten grave brengen, ten teeken dat die bloei des levens niet onschendbaar is voor den dood! Zy weten het wel, maar zy moeten het zien, om er zich van te doordringen. Het zou echter nog veel plechtiger zijn, indien àllen doordrongen waren of konden wezen van dit gevoel; indien àllen even zeer belang stelden in den overledene, even zeer deel namen in zijn dood; ja, indien maar allen, ook de achtersten, het MEMENTO MORI zien konden dat vooruit gedragen wordt. Ook moesten de nooders van de liefhebbery afzien om met den langen trein te pronken, en hen die hem uitmaken te vervelen met eenen nutteloozen omgang door de stad. Gewoonlijk wordt de baar door de stadgenooten van den doode gedragen, of indien die niet genoegzaam in getale zijn, door hen die met den doode uit dezelfde provincie of uit dezelfde kolonie afkomstig zijn. Voor WILLIAM had men geen twaalf landgenooten kunnen vinden. Zijne beste vrienden

droegen hem. Hy had nog zoo kort aan de hoogeschool verkeerd....!
Er was misschien onder dezen zelfs niet een enkele, voor wien hy zijn hart
ten volle geopend had. Wellicht was ik, die hem toch zoo weinig had
gezien, nog wel zijn vertrouwdste geweest. Althands hy had in de laatste
nacht van zijn leven, in een oogenblik waarop hy volkomen by zijne kennis was, een ring van zijn vinger getrokken, met een kleinen diamant,
en van binnen de letters E. M.

„Bewaar dat„ — had hy met flaauwe maar nadrukkelijke stem gezegd — „het was my heel dierbaar.„

Meer had hy er niet bygevoegd.

De voorzitter der rechtsgeleerde faculteit, tot welke WILLIAM behoord
had, hield eene korte toespraak by het open graf. Toen wierpen wy,
die hem gedragen hadden, er ieder een schop aarde in, en de voogd bedankte alle aanwezigen voor de eer den overledene aangedaan. De trein
ging terug naar de gehoorzaal der academie en scheidde daar. De zwarte
rokken werden uitgetrokken, de witte handschoenen hadden afgedaan.
Elk keerde weder tot zijne oefeningen, zijne uitspanningen, zijne levende
vrienden. Nog zes weken droeg deze en gene den smallen rouwstrik om
de muts. Maar toen tegen kersttijd de studentenalmanak verscheen, en
het verslag gelezen werd, waarin ook eenige regels aan de nagedachtenis
van WILLIAM KEGGE waren gewijd, was er reeds menig academiebroeder,
die al zijn herinneringsvermogen moest byeenroepen om zich voor te stellen, hoe „die WILLIAM KEG„ er by zijn leven had uitgezien.

Als de voogd er aan dacht of van sprak om naar de west te schrijven,
was hy zoo verlegen met de zaak dat ik eindelijk op my nam den voorbe-
reidenden brief te stellen, waarop dan de zijne met het doodsbericht en
zijne verandwoording omtrent de zaken van den jongen overledene zoo
ras mogelijk volgen zoude. Ik vervulde dien moeielijken plicht; en eenigen tijd na de afzending der beide ontfing ik van den vader van KEGGE
een brief vol van wel wat overdreven dankbetuigingen en vriendschaps-
aanbiedingen in andwoord.

Twee jaren later kwam de familie KEGGE zelve in Nederland, en zette
zich (zoo als ik later vernam, schatrijk) in de stad R. neder. Ik kreeg
hier het eerst kennis van door een kistjen havanah-cigaren, per diligence
ontfangen, met een biljet van dezen, vrij zonderlingen, inhoud:

„Een klein reukoffer van dankbaarheid, by onze komst in het moederland. Kom te R. en vraag er naar de familie die uit de West is gekomen,
en gy zult hartelijk welkom worden geheeten door

JAN ADAM KEGGE.

Kennismaking met menschen en dieren.

Eenigen tijd na de ontfangst van dit reukoffer, hetwelk mijne vrienden niet nagelaten hadden van lieverlede voor my in geur te doen opgaan, zat ik op een regenachtigen octobermorgen, waarop ik juist niet te vroeg was opgestaan, in stil gepeins voor mijn ontbijt, toen zich beneden my een buitengewoon gestommel hooren deed.

„Nog al hooger?" vroeg eene zeer luide stem, die ik niet kende; „drommels, tante! dat is in de hanebalken. Sakkerloot, 't is hier suffisant donker, hoor! Ik ben een kuiken als ik zien kan!"

Het is niet met zulk eene vrijmoedige luidruchtigheid dat zich de kapiteins van vergane schepen met onleesbare brieven in de met hen gestrande portefeuilles, of de professeurs van onbekende lycéën die tijdstroomen aanbieden, of de doorgevallen kruideniers die uit hunne verbrande pakhuizen niet anders hebben gered dan eene mooie party zeeuwsche chocolaad van duizend A's, of de goedkoope portraiteurs en silhouettenmakers die de eer hebben gehad uw besten vriend ook af te beelden, of de konstenaars die voor een spotprijs de geheele koninklijke familie in gips op uwe tafel willen zetten, of de reizigers met inteekenlijsten op onmisbare boeken, waarvan een professor zich heeft afgemaakt door ze een student op den hals te schuiven; het is, zeg ik, niet met zulk eene vrijmoedige luidruchtigheid, dat opgemelde heeren, en al wat verder zich op eene listige wijze by de studeerende jeugd indringt, om op haar medelijden, onervarenheid, of bloôheid te speculeeren, gewoon zijn zich aan te bieden; want indien zy geen fransch of duitsch of luikerwaalsch spreken om uwe hospita te overbluffen, dan nemen zy de beleefdste, beschaafdste, en tevredenste houding der wareld jegens haar aan; en wat den trap betreft, zy veinzen niet zelden er ten volle mede bekend te wezen. Ik was dus op dit punt gerust, en daar ik in eene stemming verkeerde, die voor afleiding vatbaar was, verheugde ik my by voorraad een vreemd gezicht te zullen zien.

De deur ging open, en er trad een welgedaan heer binnen, die een goede veertig jaar oud mocht zijn. 's Mans gelaat was juist niet hoog fatsoenlijk, maar de uitdrukking er van was byzonder vrolijk en joviaal. Zijn verbrande kleur verried de warme luchtstreek. Hy had levendige grijsblaauwe oogen en zeer zwarte bakkebaarden. Zijn hair waarin op de kruin een aanzienlijk hiaat begon te komen, was reeds hier en daar, naar de uitdrukking van OVIDIUS met een weinig grijs doorsprenkeld. Hy droeg een groenen overrok, dien hy oogenblikkelijk losknoopte, en vertoonde zich toen in een zwart pak kleederen met een satijn vest, waarover een zware gouden halsketting tot beteugeling van zijn horloge. In de hand hield hy een fraai bamboes met barnsteenen knop.

"Kegge!" riep hy my toe, toen ik verbaasd opstond om hem te groeten. "Kegge! de vader van william. Ik ben gekomen om u het museum, en de burcht te zien, en als je dan meê naar mijn huis wilt gaan, zal je me drommels veel plaisir doen."

Ik was door dit bezoek geheel verrast, en op het hooren van den naam ontroerd. Ik beken, dat ik zelden meer aan den goeden william dacht, maar eene plotselinge herinnering, en dat wel uit den mond van den beroofden vader, deed my aan.

Ik betuigde hem mijn genoegen den vader van den overleden vriend voor my te zien.

"Ja," zei de heer kegge, zijn horloge uithalende; "het was jammer van den jongen, hè! 't Moet een goeie karel geworden zijn. 't Spijt me in mijn ziel." En het gordijntje openschuivende voegde hy er by: "Je woont hier duivels hoog, maar 't is een mooie stand; dat heet hier de Breestraat, doet het niet?"

"Hier schuins over woonde william; dáár, waar nu die steiger staat."

"Ei zoo, dan was je na buren! Ja 't is jammer, jammer, jammer! — Sakkerloot, is dat het portret van walter scott? Lees je engelsch? Mooie taal, niet waar? Zou ik hier een complete editie van walter scott kunnen krijgen? Maar ze moet wat mooi, wat kostbaar zijn. Ik hou niet van die lorren. Mijn kinderen hebben er al één half verscheurd." En al weder op zijn horloge ziende: "Hoe laat gaat dat museum open? Ik moet volstrekt naar dat dooiebeestenspel toe. Kan ik de academie ook zien? Wat hebje al zoo meer?"

Op dien regenachtigen octoberdag zag men hildebrand met een vreemdeling door Leydens straten hollen, om eerst de doode beesten in het museum van natuurlijke, en daarna de doode Farao's in het museum van onbekende historie te gaan aanschouwen; vervolgens een blik te werpen op de kindertjens die nooit geleefd hebben der Anatomie, en daarna op de portretten der doode professoren die eeuwig leven zullen op de senaatskamer, "van scaliger met den purperen mantel af" tot op borger met den houten mantel toe; waarvan er echter ettelijke den doodstrek duidelijk hebben gezet. Om een weinig verscheidenheid daar te stellen, bezochten wy daarop de burcht die zelf een lijk is, vroeger bewoond door de Romeinen, ada, en die Rederijkerskamer waarvan zoo vele geniën lid waren. Ten slotte zagen wy ook nog den sineeschen en japanneeschen inboedel by den heer siebold, en rustten eindelijk uit in de societeit Minerva, toen nog geschraagd door "den dubbelen zuil" van dien broederlijken zin, die sedert roekeloos verbroken is. Wy aten daarop aan de openlijke tafel in de Zon; en het was aldaar dat de heer kegge de algemeene verbazing en zelfs de volkomene verontwaardiging van een zeer lang heer tot zich trok, door de aanzienlijke hoeveelheid cayenne peper, die hy uit een opzettelijk daartoe omgedragen ivoren kokertjen op zijne spijzen schudde; en door zijne volstrekte verachting van bloemkool en bordeaux wijnen, waardoor ik genoodzaakt werd een flesch port met hem te deelen.

Na het diner vertrok ZEd. per diligence; evenwel niet dan na my de belofte te hebben afgeperst, dat ik na afloop van mijn ophanden zijnde candidaatsexamen, zonder fout, een paar weken by hem zou komen doorbrengen; als wanneer hy my aan zou toonen hoe *hy* gewoon was menschen te ontfangen, en hoe goed *zijn* kelder was.

"Als je studeeren wilt," zei hy: "ik heb een mooie portie boeken; en is er wat nieuws uitgekomen van BULWER of zoo iemand, breng het voor mijn rekening meê; maar vooral een beste editie!"

Een paar weken daarna kreeg ik een brief van rappel aan deze mijne belofte, begeleid door een onmetelijk groote pot westindische confituren, bestaande, voor zoo veel ik er van begreep, uit vele schijven rhabarber en groote stukken hengelriet, in quintessence van suiker ingelegd. De heer KEGGE meldde my dat "zijne vrouw en dochter, welke laatste, tusschen twee haakjens gezegd, een mooie brunette was, van verlangen brandden om my te zien."

Aan dit verlangen voldeed ik, en weinige dagen daarna zat ik tegenover de vrouw en de mooie brunette, onder een geweldig geblaf van twee spaansche hazewindtjens, ten huize van den heer JAN ADAM KEGGE.

De kamer, waarin ik my bevond, leverde een schouwspel op van de weelderigste pracht, met de grootste achteloosheid gepaard. Overvloed van zwierige meubelen vervulde haar, welke allen het onhuisselijk aanzien hadden van splinternieuw te zijn. Een breede, veeloctavige pianoforte stond opengeslagen, en lag bevracht met een aantal boeken, een hoop dooreengeworpen muziek, en een guitaar. Een gladhouten muzijkkastjen stond open, en een der spaansche hazewindtjens vermaakte zich een weinig met dat gedeelte van den inhoud hetwelk niet op den piano zwierf. Een allersierlijkst pronktafeltjen stond beladen met allerlei aardigheden en mooie beuzelingen, reukflesschen, handvuurschermen, magots, kinkhorens, cigarenbusjens, en kostbare plaatwerken. Een zilveren pendule met een paar vazen van het zelfde metaal rustte op een schoorsteenmantel van cararisch marmer, en op een trumeau onder een reusachtigen spiegel daartegenover zag men een groep van de schitterendste opgezette vogels; met spitsche bekken en lange staarten, die ooit levend of dood geschitterd hebben. Een marokijnen kleinodien-schrijntjen stond er half geopend naast. In de vier hoeken der kamer prijkten vier zwaarvergulde standertkandelaars. Het vloertapijt was van gloeiend rood geweven. De neteldoeken gordijnen waren met oranje en lichtblaauwe zijde overplooid. Gelijk bij alle ijdele menschen, hingen ook in deze huishoudkamer aan den wand de levensgroote en zeer behaagzieke portretten van mijnheer en mevrouw; mijnheer in een almaviva met een sierlijken zwaai gedrapeerd, en een oogopslag als van een aangeblazen dichter; mevrouw zeer laag gekleed, met een grooten parelsnoer om den hals, een kanten plooisel om de japon, en schitterende armbanden. Een derde schildery stelde een groep voor van vier der kinderen, waarby aan de schoone brunette vooral niet was te kort gedaan; de beeltenis van WILLIAM, die de oudste geweest was, miste ik met smart; maar het was natuurlijk, want het stuk was sedert de overkomst der familie in het moederland geschilderd. Voor de sofa, waarop de schoone dochter van den huize was gezeten, lag een tijgervel met rood omzoomd; en de armstoel van mevrouw was zoo ruim en zoo gemakkelijk, dat zy er als in verzonk.

Toen ik binnentrad zat mama met het windhondtjen Azor, dat met minder muzikale neigingen begaafd scheen dan het windhondtjen Mimi, op haar schoot, en liefkoosde het; terwijl de dochter haar borduurwerk had neergelegd, om zich met een grooten witten cacatou met geele kuif te onderhouden.

Mevrouw KEGGE was eer klein dan groot van gestalte; aanmerkelijk jonger dan haar echtgenoot, aanmerkelijk bruiner dan haar dochter, en wat zij ook mocht geweest zijn, op dit oogenblik aanmerkelijk verre van eene schoonheid in de oogen van een europeaan. Haar toilet was, ik moet het bekennen, eenvoudig genoeg, en ik zou haast zeggen eenigzins slordig; maar waar is het dat er veel werd goedgemaakt door eene zonnige ferronière op mevrouw KEGGE's voorhoofd, en een zware gouden ketting op mevrouw KEGGE's voormaligen boezem; hoezeer ook deze versierselen zich het air gaven van by mevrouw KEGGE's tegenwoordige kleedy volstrekt niet te willen passen. Zy scheen verlegen met mijn bezoek, en had wel het voorkomen een weinigjen verlegen met alles te zijn; ook met de pracht die haar omringde en het karakter dat zy had op te houden.

Haar dochter kwam haar te hulp. Eene goede uitvinding van sommige moeders: dochters te hebben. Zy hief zich, om my te groeten, eenigzins plechtig van de sofa op, terwijl de zwarte knecht my een stoel gaf, veel dichter by haar dan by haar mama, en betuigde haar genoegen mijnheer HILDEBRAND te zien. "Papa had er zich zoo veel van voorgesteld mijnheer HILDEBRAND eens te bezitten. Niet lang zeker zou hy zich laten wachten; maar eene dringende commissie had hem uit geroepen."

Indedaad het was een schoon meisjen, die dochter van den heer KEGGE. Zy had den fijnen neus en den mond van WILLIAM, maar veel schooner oogen dan deze had gehad. Heerlijke, donkere, tintelende oogen waren het, die tot in de ziel doordrongen; als zy ze opsloeg, blonken zy vurig en onvertsaagd, en toch, als zy ze neersloeg, hadden zy iets byzonder zachts en kwijnends. Heur hair hing in menigte van lange glinsterende krullen, naar engelsche wijze, langs haar eenigzins bleeke maar mollige wangen. Ik wist dat zy drie jaar jonger was dan WILLIAM, die nu ongeveer twintig jaren zou geteld hebben; maar, naar den aart der tropische menschengeslachten, was zy ten volle ontwikkeld. Een weelderig negligé van wit batist en kronkelige tule kleedde hare rijzige gestalte; en zy had geen anderen opschik dan een bloedigen robijn aan haar vinger, die de oogen trok tot haar kleine, zachte handekens.

De schoone brunette hiéld het gesprek vrij wel gaande, en vulde de gapingen aan, door allervriendelijkst met den cacatou te converseeren, en hem kleine stukjens beschuit uit hare hand te laten oppikken, by welke gelegenheid ik doodsangsten uitstond voor hare schoone vingeren. Men gevoelt dat ik het begunstigde dier zeer prees.

„O hy praatte zoo aardig. Zy was nu begonnen hem haar naam te leeren uitspreken. Coco, hoe heet de vrouw?"

En zy aaide Coco zoo zacht over den kop, dat ik wenschte Coco geweest te zijn.

De lieve naam kwam echter zoo min van 's mans hoornachtige lippen, als ik in staat zou geweest zijn dien voort te brengen. Na lang vleiens kwam er: „Kopjen kraauwen."

Dit was klaarblijkelijk eene vergissing, en Coco boette die duur genoeg. De schoone oogen begonnen te vonkelen, en de lieve hand gaf den onwillige met den gouden naaldenkoker een gevoeligen slag op den kop; ten gevolge waarvan de heer Coco, met een schuinslinksch gebogen kruin en kleine pasjens, naar het verwijderste gedeelte van zijn kruk retireerde, en toen in die houding zitten bleef met een ter bescherming opgeheven poot, als een schooljongen op wien de meester onheildreigend uitschiet.

„Papa leert hem soms zulke woorden uit een aardigheid," zei de vertoornde schoone; „maar ik vind het zeer onaangenaam."

Mama zag met een zekeren angst naar haar dochter op.

Ik zocht naar een nieuw onderwerp van gesprek, en was juist van plan de portretten te hulp te roepen, als mijnheer KEGGE zelf te huis kwam.

„Onsterfelijke vriend!" riep hy my toe, als waren wy ons geheele leven door de tederste banden van vriendschap, waarvan ooit in een album gesproken is, „verknocht, verstrengeld," en, als het rijm medebrengt „verengeld" geweest: „Onsterfelijke vriend! daar doe je wel aan. Kom aan, dat's goed. Nog niets gebruikt? Wat wil je hebben? Madera, teneriffe, malaga, constantia? Witte port? vruchtenwijn? Lieve kind, laat onmiddelijk de liqueuren komen. Hoe zit je daar zoo te druilen, Lorre?"

„Hy heeft knorren gehad, papa," andwoordde de dochter, „omdat hy andere woorden spreekt, dan die ik hem geleerd heb."

„Allemaal gekheid! Hoe meer woorden hoe beter! Poes poes! kopjen kraauwen! gekskap!..."

„Papa, ik had het waarlijk liever niet."

„Nu, nu, HARRIOT, my dear! Ik zal 't niet weer doen. — Maar wat zeg je van onzen gast, mijnheer HILDEBRAND? en wat zegt mijnheer HILDEBRAND van mijn dochter?..."

Wy waren beiden verlegen, en hadden niets van elkander te zeggen,

„Allemaal gekheid!" riep de heer KEGGE: „je zult wel familiaar worden. Voortaan geen mijnheeren of dames, maar HENRIETTE en HILDEBRAND alstjeblieft."

Juffrouw HENRIETTE KEGGE stond op, om met zeer veel ijver op den piano een boek te zoeken.

De knecht had intusschen bevel gekregen de aangebodene verkwikkingen te brengen, en zette te dien einde een onmetelijk groote, vierkante sandelhouten kist op tafel, met het woord 𝕷𝖎𝖖𝖚𝖊𝖚𝖗𝖘 in sierlijke trekletters bemaald. Ik houd niet van die coffre-forts der gastvrijheid, die door slot en grendel schijnen aan te toonen, hoe veel prijs men zelf op hun inhoud stelt. Naar de woorden van den heer KEGGE evenwel te oordeelen, geloof ik, dat ik hem wezenlijk zou hebben verplicht, indien ik had kunnen besluiten al de zes karaffen, die er met hun bybehoorend gezelschap van glazen in eens werden uitgelicht, na elkander leeg te drinken. Met een glas madera heette hy my welkom.

„Hoor reis, onsterfelijke," ging de heer KEGGE voort, „dit is nu mijn huis, dit mijn vrouw, dit mijn oudste dochter, en straks zulje al de kinderen zien, niet waar, HANNAH? Dan ken je hier de taal en de spraak zoo wat. Je moet maar denken, wy in de West zijn familiaar. In Europa is men vrij wat stijver. Je hebt hier adelijke heeren en groote hanzen; daar behoor ik niet toe; waarachtig niet; ik ben niet van adel, ik ben geen groote hans; ik ben een parvenu, zoo je wilt."

HENRIETTE verliet de kamer.

„Maar ik heb, Goddank! niemand naar de oogen te zien; dat's één geluk! Leve de vrijheid, en vooral hier in huis! Je doet en laat hier alles wat je goed vind, slaapt zoo lang als je wilt, eet goed, drinkt goed — dat zijn de wetten van het huis. Waar is HENRIET?"

„Naar haar kamer", andwoordde mevrouw KEGGE. „Zy kleedt zich voor het diner."

„Dan moeten de kinderen nog effen komen!"

Er werd gebeld. De zwarte knecht kreeg zijne bevelen, en de kinderen verschenen.

Er traden twee mooie jongens binnen, de een van negen, en de andere van tien jaren. De ondeugd zag hun uit de brutale zwarte kijkers, en zy waren er, helaas! niet leelijker om. Zy droegen blaauwlakensche pakjens met tallooze vergulde knoopen over de schouders, breed omgeslagen en breed geplooide batisten halskragen, geen das, en lage schoenen met witte kousjens. Daarna kwam een meisjen van zeven jaar met lange zwarte hairvlechten met bloedroode strikken op den rug; een jongen van vijf in een schotschbont blousetjen; weder een meisjen, van een jaar of drie, met bloote voetjens in gekleurde laarsjens; en eindelijk, op de arm eener min, een kind, dat niets meer aan had dan het witte jurkjen dat men zag, en het witte hemdtjen dat men niet zag, — verontrust u niet, lieve hollandsche moeders! het schaap zag er volmaakt gezond uit — met een gouden rammelaar in de eene hand en een korst brood in de andere.

„Nu heb je ze allemaal gezien," riep papa, de kleinste van den arm der min nemende, en op zijn schouder zettende; waarop het kind allerliefst schaterde van lachen, en met de bloote beentjens spartelde en trappelde, dat het een lust was om aan te zien. „Ik heb er elf gehad. WILLIAM, dien je gekend hebt; HENRIET die je gezien hebt; nu is er een heele gaping; eerst kreeg mijn vrouw een miskraam, en daarop een dood kind; de vierde is tien jaar oud geworden, en toen aan de koorts bezweken; nu komen de jongens; hier heb je ROB, en daar heb je ADAM, mijn petekind; die zijn allebei nog ondeugender dan hun vader, toen hy zoo klein was; tusschen hem en dit meisjen is er weêr eentjen dood; dat werd door een beest van een negerin vergeven op zijn anderhalf jaar; dit meisjen heet HANNAH, naar mijn vrouw; dat 's een mooi klein ding, niet waar? en die kleine jongen heet JAN; niet waar, boer? hier hebben we SOFIETJEN, en het kleintjen heet KITTY."

Na deze optelling zijner kinderen, schonk hy ze allen een glas malaga in, en liet zelfs de kleine KITTY daarvan proeven, die een leelijk gezicht zette, een uitwerksel dat den oorsprong van haar leven zeer vrolijk maakte. Mama speelde met den krullebol van ROB, en ROB met den staart van Azor; ADAM prikte zijn zuster HANNAH zachtkens met een speld in den nek, en buitelde daarop naar den cacatou, die zichtbaar bang voor hem was. JAN en SOFIE begonnen een twistgeding ter zake van het hazewindtjen Mimi. De heer KEGGE gaf zijn jongsten spruit weer aan de min over.

„Zie zoo, minne!" zeide hy: nu maar weer naar de kinderkamer! Vort, jongens! Veel plaisir!"

En de geheele stoet verdrong zich lachende en juichende in de deur en stoof henen.

„Als je nu eens weten wilt waar je slaapt, onsterfelijke!" hervatte de heer KEGGE, die dezen naam voor my gekozen scheen te hebben, „ga dan mee als je wilt; dan kan je met een de bibliotheek zien."

Hy bracht my naar een achterbovenkamer die op den tuin uitzag. Nog nooit had ik te midden van zoo veel weelde geslapen. Een lit d'ange, een canapé, eene chaise longue daarenboven, eene pendule, eene psyche, een waschtafel van satijnhout, met de kleinste minutiae tot het toilet betrekkelijk meer dan voorzien.

„Je bent niet bang voor dat wapentuig daar in den hoek?" zeide de heer KEGGE, naar een paar indiaansche bogen en een dozijn wie weet hoe vergiftige pijlen wijzende. „Hier is de bel; als je wat noodig hebt, dan rammel je maar dat het huis dreunt."

Wy gingen daarop naar de bibliotheek, waar een lustig vuur brandde en een schat van Voyages pittoresques en hedendaagsche litteratuur, op de keurigste wijze gebonden, byeen was.

„Hier ga je nu maar heen, als je je verveelt! Die sofa is nog al makke-

10

lijk. In deze lade zijn platen; al wat je hier ziet is meestal in Engeland gekocht, en nu completeert HENRIET het zoo wat. Ik kan me met die snarenpijpery niet altijd ophouden. HENRIET heeft twee jaar te Arnhem school gelegen. Maar toen zijn we in 't land gekomen, en hebben haar thuis gehaald; ze was te groot; en ze moet nu zelf maar verder haspelen. Engelsch kon ze al, en als je in twee jaren geen fransch kunt leeren, dan leer je 't nooit. Dat lange schoolgaan — allemaal gekheid. Ik laat geen van mijn kinderen meer schoolgaan, ze krijgen patente meesters aan huis. Gouverneurs en gouvernantes wil ik niet onder mijn oogen zien. En wat de meisjens betreft: mijn vrouw verstaat geen woord fransch, en toch heeft ze elf kinderen gehad, weetje.... Zie je dien opgezetten tijger? dien heb ik zelf op mijn suikerplantaadje geschoten. De deugniet had al driemaal een kalf komen weghalen."

Wy gingen verder, en in den tijd van een half uur had de heer KEGGE my al de kamers van het geheele huis, de tuin, den stal en het koetshuis laten zien, alles onder even drukke en schutterige gesprekken; waaruit het my meer en meer bleek dat de heer JAN ADAM KEGGE zeer ingenomen was met zijn rijkdom, zijne kinderen, en zichzelven. Hy scheen er volkomen van overtuigd te zijn dat hy een onuitputtelijke fortuin had en dat hy "een perfecte goeie karel" was: tienmaal beter dan alle mogelijke "groote hanzen en adelijke heeren," en volkomen gerechtigd om alle wareldsche zorgen en convenances met zijn lievelingsuitroep af te doen: "allemaal gekheid!"

Toen wy alles gezien hadden, wachtte mevrouw ons in de eetzaal. HENRIETTE verscheen er in een japon van blaauwe zijde, die haar niet volkomen zoo goed stond als haar wit negligé. Ik had de eer tusschen haar en mevrouw haar moeder te worden geplaatst. Mijnheer zat over my, en de kinderen schaarden zich naar goedvinden. By het couvert van den oudsten, die trouwens ook al tien jaren telde, stond een karaf met wijn, zoo goed als by het mijne. Aan het eind der tafel stond nog een stoel ledig, en toen wy allen gezeten waren, kwam er een kleine magere vrouw binnen, nog veel bruiner dan mevrouw KEGGE. Zy kon omstreeks zestig jaren oud zijn, als eenige te voorschijn komende grijze hairen deden vermoeden; valsch hair droeg zy niet. Zy was in het zwart gekleed, maar droeg een omgespelden neusdoek van hoogroode oost-indische zijde. Achter haar ging een schoone lange hond, die zoodra zy plaats genomen had zich by haar stoel nederzette, en zijn kop in haar schoot lei, waarop zy hare bruine hand rusten deed. Er was iets indrukmakends in deze verschijning, schoon niemand acht op de binnenkomende sloeg. Men noemde haar grootmama; doch ik twijfelde soms of dit niet maar een naam was haar in scherts gegeven. Zy zelve sprak weinig en eenigzins gebroken; maar eenmaal zag ik haar veelbeduidend het hoofd schudden, toen de heer KEGGE vertelde "dat hy den koop van

dat nieuwe rijtuig maar gesloten had, en dat zy nu voortaan nog makkelijker naar de kerk zou rijden.»

»Kom, kom!» riep hy toen, »geen hoofdschuddingen! dat 's allemaal gekheid. 't Zal het mooiste rijtuig uit de stad zijn, en de groote
hanzen en adelijke heeren kunnen er een punt aan zuigen. Ik heb zin
om er een wapen op te laten schilderen met een gouden keg * op een zilveren veld, en een groote planterskroon er boven op van suikerriet en
koffyboonen.»

»Ik zou er maar J. A. K. op laten zetten,» zei de oude dame droog-
jens: »je kunt immers de letters met zoo veel krullen maken als je wilt.»

Ik beschrijf u het diner niet met al zijne opscherpende tomato- en andere sausen, cayenne, zoya, kruidenazijn, atjarbamboe, engelsche pick-
les en wat dies meer zij, noch zal het wagen u een denkbeeld te geven
van den portwijn van den heer KEGGE, dien hy door een extra-extra gelegenheid had, maar die dan ook zóó was, dat de heer KEGGE verklaarde
een zeeuwsche rijksdaalder te zullen zijn als men hem ooit, als men hem
ergens anders dan misschien by den koning van Engeland, zoo drinken
zou! Mevrouw at veel, en HENRIETTE weinig; maar men moet bedenken
dat de laatste oneindig meer sprak; ook regelde zy de tafel, en droeg zorg
dat men de gerechten in behoorlijke orde at, niettegenstaande haar papa
zich daar wel eens tegen bezondigde, en dan met een »allemaal gekheid»
de fout verschoonde. De hazewindtjens van mevrouw waren allerbe-
scheidenst stil, omdat zy ontzag hadden voor den langen hond der oude
dame, maar de kinderen, die »vrij werden opgevoed,» maakten een
vreeslijke drukte.

Na den eten bood de zwarte knecht koffy aan, en moest ik eene schotsche liqueur proeven, die als vuur in de keel was.

De oude dame was na den afloop van het diner terstond opgestaan en
vertrokken, gevolgd van haar getrouwen hond. De kinderen waren in
de eetzaal gebleven, waar de kleine HANNAH den pot met morellen tot
zich trok en daaruit, terwijl het gezelschap scheidde, zichzelve en hare
broertjens nog eens bediende, op mamaas vriendelijk verzoek, zich aan
deze verkwikking niet verder te buiten te gaan, niets andwoordende dan
dat het zoo lekker was.

»Je zult niet kwalijk nemen dat ik eens naar de bibliotheek ga,» zei
de heer KEGGE; »dit is mijn studieüurtjen!» En met een weinig bedwongen geeuw verliet hy de kamer.

––––––––––

* De keggen zijn misschien aan mijne lezers niet zoo bekend als by de timmer-
lieden. Het is een soort van wiggen waarvan de eene kant schuin afloopt, terwijl
de andere kant horizontaal is; zy dienen om, met kracht hier of daar tusschen geslagen wordende, zware lichamen eenigzins op te lichten, waterpas te stellen, of
twee lichamen sterk tegen elkander aan te drijven.

Mevrouw zett'e zich in eene gemakkelijke houding op de sofa neder, wierp een bonten zijden zakdoek over haar hoofd, en bereidde zich insgelijks tot de sièsta.

De schoone brunette en ik bleven dus zoo goed als alleen in de schemering, alleen verhelderd door de grillige vlammen van het lustig brandend kolenvuur. Zy zette zich in een vensterbank neder en betuigde er zich in te verheugen, dat zy na den eten zulk aangenaam gezelschap had.

Dit was allerliefst; maar ik merkte aan, dat een éénzaam schemeruurtjen ook zijn waarde heeft.

Zy hield er niet van. Zy hield van veel licht; veel discours; veel menschen; „en helaas,„ voegde zy er by, „er is hier volstrekt geen conversatie.„

Ik verwonderde my over het verschijnsel van een stad met zoo veel duizend inwoners, zonder eenige conversatie.

„Ach,„ andwoordde HENRIETTE: „men moet denken, de menschen zijn hier verschrikkelijk stijf; het zijn allemaal coteries, waar men niemand in opneemt. Daar zijn nog wel families genoeg, die gaarne met ons zouden omgaan, maar... die conveniëeren *ons* weer minder.„

Ik begreep zulk een toestand volkomen. Er zijn in iedere stad hnisgezinnen die volstrekt niet geörienteerd zijn in hunne eigenlijke plaats en standpunt; familiën zonder familie die den neus optrekken voor den eenvoudigen, den deftigen burger, wiens vader en grootvader ook eenvoudige en deftige burgers waren, maar verbaasd staan dat de eerste kringen hen niet met open armen ontfangen, Lieve menschen! van waar komt u deze aanmatiging? Moeten dan, mevrouw! omdat uw echtgenoot een ampt bekleedt dat hem tot het waterpas van zes zeven groote heeren in de stad opvoert, de zes zeven vrouwen dier groote heeren terstond vergeten dat uw geboorte burgerlijk, uw afkomst burgerlijk, uw toon burgerlijk is? Of bevreemdt het u rijke koopmansgade! dat de hooge kringen niet tot u zijn toegenaderd, naar mate uw echtvriend langzamerhand een grooter huis is gaan bewonen, zijne bedienden in liverei heeft gestoken, meerder paarden en misschien wel een heerlijkheid heeft gekocht? Moet dan, mejuffrouw! omdat uw vader met ettelijke tonnen gouds uit Oost of West terugkwam, en den achtbaarsten patricier, den besten edelman naar de oogen steekt door uiterlijke praalvertooning, die achtbare patricier, die doorluchtige edelman alle de uwen terstond de hand reiken, en u tot gade voor zijn zoon begeeren? Weet gy dan niet dat indien die kringen welke gy zoo verlangend zijt in te treden, zich voor u openden, gy in gestadigen angst zoudt verkeeren voor eene toespeling op uw vaders afkomst, eene hatelijkheid op uw aangewaaiden rang? Zou het niet veel beter zijn, indien gy u rustig aansloot aan den stand waartoe gy behoort, die even goed is als een hoogere, en waarin gy zoudt worden geëerd en ontzien? Moest gy niet veel liever de eerste onder de burgers dan de laatste, de by gedoogen toegelatene, onder de grooten zijn? Waarlijk ik begrijp my hunne terughoudendheid beter dan uwe eerzucht. Zy zijn volkomen tevreden met het verkeer met hun gelijken ; zy schroomen avances te doen, die hen naderhand zouden kunnen berouwen ; de mevrouwen vreezen dat zy nu en dan voor elkander over hare nieuwe kennissen zouden hebben te blozen, indien zy u en amitié namen, en gy verriedt eens uw nieuwelingschap of volkomene misplaatstheid in de caste waarin gy zijt toegelaten, zonder in hare geheimenissen te zijn ingeleid !... Of korter nog : zy zien niet in waarom zy juist u in haren ommering zouden opnemen. — Maar gyzelve, die gedurig op uwe teenen staat om in haar vensters in te kijken hoe zy haar huis stoffeeren, haar disch arrangeeren en hare bedienden dresseeren: gy die hen plaagt en tart door uw toilet kostbarer te maken dan het hare, die er beurtelings de navolging, de parodie, en de charge van uitstalt; die terwijl gij over den onchristelijken hoogmoed der groote dames klaagt, die de deur sluiten voor eene familie die niet tot haren stand behoort, uw eigen deur op het nachtslot gooit voor familiën die wèl tot uwen stand behooren: ik weet niet hoe het komt dat gy deze dwaze eerzucht niet lang hebt afgeschud. Een kip is zoo goed als en misschien beter dan een faisante hen, maar zy behoort daarom niet in het hok der goudlakenschen. Zoo zy dan den kippenloop veracht, mag zy alleen gaan zitten onder dezen of genen sparrenboom, en pikken zich in de veêren, en aan de voorbyzwemmende eenden wijsmaken dat haar nicht in den tienden graad ook een faisante hen is. Maar de kippen in den loop hebben te zamen ruim zoo veel genoegen als zy in haar eenigheid, achten elkander, bewonderen elkanders eieren, en kakelen en klokken dat het een lust is. Doch voor u heb ik eene andere vergelijking. Gy zijt als vledermuizen, by de vogelen niet gezien, en de muizen verachtende, die geen ander genoegen hebben dan in het schemeruur wat vertooning te maken met een soort van vleugelen, die haar waarlijk staan als of zy haar niet toekomen.

Het bleek my in dit schemeruur dat de schoone HENRIETTE zich met deze ongelukkige eerzucht pijnigde. Mevrouw kende ik nog niet; maar mijnheer, schoon alles brusqueerende wat groot en hoog was, sprak my veel te veel van adelijke heeren en groote hanzen, dan dat ik hem niet van eene heimelijke jaloezy verdacht zou hebben. In zijn trotsch belijden dat hy een parvenu was, was misschien even veel spijt als oprechtheid.

In den loop van ons gesprek verhaalde HENRIETTE my wonderen van het huis en de paarden en de slaven die de familie in de West had. Een slaaf voor den zakdoek, een slaaf voor den waaier, een slaaf voor het kerkboek, een slaaf voor den flacon. Zy kwam ook op haar kostschool, en klaagde over de nare madame, die door al de meisjens gehaat was, en de allerliefste CLEMENTINE zus en zoo, haar beste vriendin, waarmeê zy *in alles sympathiseerde.* Zy had een onbegrijpelijken zin om in den Haag te wonen, of een reis door Zwitserland te doen; by welke gelegenheid zy liefhebbery toonde om alle bergen te bestijgen, die gewoonlijk niet door dames bestegen worden. Zy vond het onuitstaanbaar dat de menschen hier over het gordijntjen gluurden als zy een dame te paard zagen, en dat men zich nooit in *deze* stad met een heer in 't publiek kon vertoonen, of er werd gezegd dat men verloofd was; eene grieve welke ik door alle mogelijke dames tegen alle mogelijke steden heb hooren aanhalen, maar waarvan ik het ijsselijke zoo ijsselijk niet inzie.

Een juffertjen en een mijnheer.

Terwijl wy nog zaten te schemeren ging de deur open, en door twee of drie van de kinderen werd eene vrouwelijke gestalte meer binnengegooid dan ingeleid, onder het gejuich van: "SAARTJEN met een mof! SAARTJEN met een mof!"

Een diepe zucht rees op uit den schoonen boezem van HENRIETTE.

De gestalte uit het licht in den donkere komende, kon waarschijnlijk geen hand voor oogen zien, en bleef in de deur staan; de kinderen vertrokken weder, en wy hoorden hen in den gang voortjuichen: "SAARTJEN met een mof! SAARTJEN met een mof!"

"Kind!" zei HENRIETTE tot de binnengekomene: "Wat kom je ontzachelijk vroeg; mama slaapt nog."

"Wat zeg je, HARRIOT?" riep mama, met een schorre stem wakker wordende: "Wat wil je, kind? is er iets? heb je nog geen licht op?"

"Nicht SAARTJEN is daar al!" was het andwoord. "De kinderen zeggen," voegde zy er lachend by, "de kinderen zeggen: met een mof!"

De gestalte kwam, op het geluid af, naderby, en vroeg met een heel lieve stem naar de gezondheid van nicht KEGGE, en nicht HENRIETTE.

"Och!" zei de laatste, "je bent er toch niet ver af: bel reis om het licht, wil je?"

Nichtjen gehoorzaamde, en ik verlangde naar de lamp. Het licht kwam binnen, en ik ontwaarde by zijn schijnsel een jong meisjen, misschien van de jaren, maar nog niet van de ontwikkeling van HENRIETTE. Eene allerliefste taille, in een zeer simpel winterjaponnetjen gekleed, maakte zich los uit de plooien van een bruin lakenschen mantel; een gegaufreerd kraagjen sloot stemmigjens om een allerblanksten hals; en toen zy haar eenvoudig kastoor hoedtjen afzette, vertoonde zich, onder een schat van los neerhangende blonde krullen, een allerinnemendst zacht en liefelijk gelaat. Zy bloosde op het onverwacht gezicht van een persoon meer dan zy verwacht had. Ik haastte my haar van hoed en mantel te ontlasten, en ook van de mof in wier gezelschap zy was aangekondigd. Zy bloosde nog sterker over deze gedienstigheid en wilde zich die volstrekt niet laten welgevallen.

HENRIETTE nam de mof in de hand. Het was geen alledaagsch,

nieuwmodisch handmofjen van marter of chienchila, met lichtblaauwe of kersenroode zijde gevoerd, en naauwelijks groot genoeg voor twee kleine handtjens, een zakdoek, een reukflesch, en een visiteboekjen; maar een degelijke, ruige, ouderwetsche, dikke vette mof, van een fiksche langharige vossenhuid, waarby een dito halsbekleedsel behoorde, waarmeê onze grootmoeders over haar doek naar de kerk gingen, waarin wy daar ter plaatse nu nog een enkele oude keukenmeid zien verschijnen, en dat den naam van sabel draagt.

„Wat een allerliefst mofjen!„ zei HENRIET, met het harde hair over hare zachte wangen strijkende; „wat doe *jy* nu met een mof, SAARTJEN?„

„'t Is een oud ding,„ zei SAARTJEN met een lief lachjen: „de kinderen hebben er ook al zoo'n plaisir in gehad. 't Is nog van mijn grootmoeder, en ik draag het alleen 's avonds, nicht HENRIETTE. Hoe vaart neef?„

„Papa is heel wel,„ andwoordde de schoone. En als om het te bewijzen trad de heer KEGGE zelf binnen, vatte SAARTJEN met een fikschen greep om het midden, en gaf haar een zoen dat het klapte.

„Wel SAAR! daar doe je wel aan!„ riep hy uit. „Kom je nog reis thee voor ons schenken? Wat zeg je van dien mijnheer, dien we hebben opgedaan? Pas maar op, hoor? het is een meisjensgek.„

Dit zijn van die malle gezegden, waarop de patient niet veel anders doen kan dan pijnlijk glimlachen.

„En wat hoor ik van je mof? ROB zegt dat je een mof hebt. Laat reis kijken. Die is nog van je moeder, SAAR! Lieve schepsel! Ik ben een citroen, als dat niet precies het hair is van een wild varken. Hoor reis, je zult voor je Sinter Klaas een betere mof van my hebben.„

„Och neen! neef KEGGE,„ zei het lieve meisjen verlegen; „ik zou haar toch niet anders dan 's avonds dragen.„

„En waarom niet, als *ik* ze je geef?„

„Omdat het me... niet past, neef KEGGE.„

„Niet passen? allemaal gekheid! wat droes, als ik ze betaal.„

„Toch niet, neef KEGGE! heusch, ik had het liever niet, — ik mag geen bont dragen, — en ik ben er nog veel te jong voor.„

„Allemaal gekheid! wat doen de jaren tot een stuk beestenhair; 't is immers voor de kou, krullebol! Nu, let maar op, met Sinter Klaas; en hou nu je moeders vel maar uit de tanden van Azor en Mimi.„

Deze laatste aardigheid deed den heer KEGGE machtig genoegelijk aan, en wy zetten ons tot de thee. Dat het servies van zilver en de kopjens van blaauw porcelein waren behoeft niet te worden opgemerkt. De lezer weet nu te wel hoe het huishouden van de rijke familie KEGGE gemonteerd was, om van eenige pracht ter wereld meer verwonderd te staan, en het verveelt my er hem langer opmerkzaam op te maken, Die lust heeft moois van dien aart met bewondering en ingenomenheid beschreven te zien, leze de novellen van Q. en Z. Men zou zeggen dat die heeren zelf belust werden op de schoone mirakelen, die zy beschrijven.

Toen de thee was afgeloopen, en de pendule byna op acht uren stond, liet de heer KEGGE zich een met zwarten zeehond gevoerden overjas van poolsch maaksel geven. Het was nog niet koud genoeg voor de pels, zeide hy. Hy stak daarna op hetgeen hy met een kieschen term een stinkstok noemde, en ging uit, om alweder een noodige commissie te doen.

Niet lang daarna kwam er in zijne plaats een heer binnen, van een zeven- à achtentwintig jaren, naar ik berekende. Het was een welgemaakt, rijzig man, met een gelaat, waarvan de snede heel goed, maar dat overigens zeer vervallen was. Hy droeg het hair eenigzins lang, zeer scheef gescheiden, en aan den breedsten kant gefriseerd. Grijze oogen schoten hunne doffe stralen uit diepe spelonken, want de jukbeenderen waren zeer sterk geteekend, en om zijne lippen speelde een glimlach, die kennelijk geen andere bestemming had, dan om een zeer blank en regelmatig gebit te doen te voorschijn komen. Deze persoon was gekleed in een zeer naauwen groenen rok met zeer kleine vergulde knoopjens en zeer naauwe en korte mouwtjeus, een zeer wijden zwarten pantalon; met zeer spits toeloopende pijpen, en een gebrocheerd zijden vest. Een zwart satijnen strop, in welks slippen een zeer lange, zeer dunne gouden doekspeld stak, met een klein goud snoertjen daaraan vast, stroogeele handschoenen en zeer puntige laarzen voltooiden zijn kleeding. Nog slingerde er een gouden halsketting, saamgesteld uit lange magere schakels, over zijn vest, en wees der verbeelding den weg naar een zeer dun goud horloge à cylindre, terwijl aan een byna onzichtbaar elastiek koordtjen een klein vierkant lorgnet bengelde, dat geschikt was om, zonder hand of vinger aan te raken, in den winkel van het oog te blijven staan.

Toen deze heer binnenkwam ging hy eerst de kamer door, volstrekt in dezelfde houding alsof hy moederziel alleen ware geweest, en zonder ter linker of ter rechter zijde iets te willen zien: men zou gezegd hebben in eene blinde opgewondenheid. Toen hy tot mevrouw KEGGE genaderd was stond hy stokstil, en liet zijn hoofd op de borst vallen als eene geknakte bieze; vervolgens ging hy op HENRIETTE af en herhaalde dezelfde beweging met al de bevalligheid van een automaat; eindelijk bracht hy ze ten derde male ten uitvoer voor de vereenigde personaadjen van SAARTJEN en my.

HENRIETTE stelde ons aan elkander voor als mijnheer VAN DER HOOGEN en mijnheer HILDEBRAND.

Mijnheer VAN DER HOOGEN plaatste zich daarop op den hem aangeboden stoel, bracht den duim van zijne rechterhand ter hoogte van zijn rechterschouder, en stak hem door het armsgat van het gebrocheerde vestjen, zoo dat zijne taille fine allerschitterendst uitkwam. Daarop begon hy met eene krakende stem tot mevrouw:

„En hoe maken het Azor en Mimi? Charmante hondtjens. Gisteren dineerde ik by den heer VAN NAGEL; nu, u weet wel dat freule CONSTANCE ook een aardig hondtjen heeft...„

„Ik weet het heel goed; het is een King Richard,„ zei HENRIETTE, „een allerliefst dier.„

„Niet waar, allerliefst en allercharmantst; maar toch het haalt niet by Azor en Mimi.„

„Zou je dat waarlijk denken?„ vroeg mevrouw met zichtbaar welgevallen.

„o Mevrouw!„ andwoordde de heer VAN DER HOOGEN, geheel opgewondenheid: „het scheelt hemel en aarde. Ik kon ook niet nalaten het te zeggen: freule CONSTANCE! zei ik, uw hondtjen is charmant, maar de hondtjens van mevrouw KEGGE zijn charmanter.„

Ik had nog zoo veel bewijs van leven op het gelaat van mevrouw KEGGE niet gezien; met een soort van geestdrift stak zy Azor en Mimi, die by haar op een tabouret lagen, ieder een klompjen suiker toe, en streelde hen dat hunne koppen blonken als spiegels.

De heer VAN DER HOOGEN richtte zich daarop tot HENRIETTE:

„Ik kan u zeggen, juffrouw HENRIETTE, dat de freule CONSTANCE jaloersch is van uw marabouts; zij heeft er u laast meê in de kerk gezien. Gisteren zei ze: VAN DER HOOGEN, je kent immers de familie KEGGE? Ik andwoordde dat ik de eer had er gepresenteerd te zijn. Nu zei ze, ik kan je zeggen: ik ben ziek naar de marabouts van de freule. Het zijn allercharmantste marabouts; daarop volgde er een heel gesprek over u.„

„Waarlijk?„ vroeg HENRIETTE, hare oogen ongeloovig tot hem opslaande. „Foei VAN DER HOOGEN! je houdt me een beetjen voor den gek.„ „Dat is ondeugend van je,„ andwoordde VAN DER HOOGEN, insgelijks glimlachende. „Hoor je 't, mevrouw? Foei, foei, welke zwarte soupçons!„ Daarop trok hy zijn gezicht in een ernstigen plooi en vervolgde: „Waarlijk, juffrouw HENRIETTE, het is jammer, heel jammer, dat je die menschen niet ziet. Het is een charmant huis. De freule CONSTANCE is waarlijk allercharmantst.„

„Ik weet niet, VAN DER HOOGEN! maar ik geloof stellig dat er iets bestaat tusschen u en die freule CONSTANCE!„ merkte HENRIETTE aan, en zy lichtte haar kleinen wijsvinger op, en zag hem met de meest mogelijke coquetterie in de oogen.

De heer VAN DER HOOGEN had er, wed ik, zijn mooie handschoenen voor willen verbeuren, indien hy had kunnen blozen. Maar zijn blos was — wie weet waar?

„Al weer foei!„ hernam hy; „dat is nu toch niet edelmoedig, juffrouw HENRIETTE!„ En hy lei de hand zeer gemoedelijk op zijn gebrocheerd vest: „ik verklaar u op mijn woord van eer, dat al wat men daar misschien van fluistert onwaar is.„

Hy liet eene korte geheimzinnige pauze volgen, toen vervolgde hy:

"Ik mag de freule CONSTANCE heel gaarne; zy is waarlijk allercharmantst, maar... ik heb geen plans, in 't geheel geen plans. En wil je weten waarom zy my juist gisteren zoo beviel?"

"Welnu?"

"Omdat zy zich zoo aan u intéresseerde." En hy sloeg de oogen liefelijk neder.

"Indedaad, ondeugd!" plaagde HENRIETTE; "je zoudt me waarlijk nieuwsgierig maken, indien ik het zijn kon!"

"Zy vond uw voorkomen zoo byzonder lief en intéressant," zei VAN DER HOOGEN; "en ze had zóó veel van uw spelen gehoord." En zich tot mevrouw KEGGE keerende: "Lieve mevrouw! vereenig u toch met alles wat in de stad smaak heeft, om uw dochter te dwingen haar woord te houden."

"Dat behoeft niet meer!" zei HENRIETTE glimlachende: "Alles is bepaald; ik speel vrijdag."

"Charmant, charmant, allercharmantst. Dat zal freule CONSTANCE verrukken. Dat zal een sensatie in de stad geven. Een groot stuk, hoop ik..."

"Ik ben nog niet gedecideerd," andwoordde HENRIETTE: "wil de heer VAN DER HOOGEN my eens helpen kiezen? Zullen wy den piano eens open maken?"

"Gaarne, dol gaarne."

"Maar gy moet reflecties maken...."

"Onmogelijk! onmogelijk!" riep VAN DER HOOGEN. Daarop sprong hy van zijn stoel, bracht zijn hoed ïn een hoek van de kamer, waar hy hem zoo voorzichtig nederlegde, alsof hy een uitgeblazen eierschaal geweest was, ontblootte zijne sneeuwitte handtjens en nagels coupés à l'anglaise, en hielp HENRIETTE de muzijk uitzoeken.

Onderdies fluisterde hy half hoorbaar: "Dat juffertjen DE GROOT heeft toch een allercharmantst gezichtjen!"

"Wat onbeduidend," andwoordde HENRIETTE.

"Niet waar? dat is de eenige fout," sprak VAN DER HOOGEN.

"SAARTJEN," hernam HENRIETTE, "het is goed dat ik er om denk. Grootmama heeft wel zeer verzocht of je haar een beetjen gezelschap houden wilt."

"Graag, nicht HENRIETTE," andwoordde SAARTJEN; "ik ga terstond."

Ongaarne zag ik de lieve blaauwe oogen vertrekken.

HENRIETTE begon te spelen, en de heer VAN DER HOOGEN sloeg de bladen om; maar ik merkte op dat hy er somtijds zoo lang meê talmde, dat HENRIETTE, bevreesd dat hy het niet by tijds doen zoude, zelve haar hand uitstak, waarop hy zich dan haastte die hand te ontmoeten, en een allerliefst excuus te fluisteren of te glimlachen. Over 't geheel was de houding der jongelieden voor den piano zeer vertrouwelijk.

Intusschen zaten aan een klein tafeltjen de jonge heeren ROB en

ADAM écarté te spelen om een kwartjen, en verminkte de kleine HAN-
NAH (want deze drie kinderen schenen op te blijven) de platen van een
kostbaar boek tot mislukte knipsels.

Ik had nu geene andere conversatie dan mevrouw, die my vooreerst
ophelderde dat de gebeurtenis, die al wat in de stad smaak had verrukken zou, geen andere was, dan dat HENRIETTE aanstaanden vrijdag op
het damesconcert een obligaat op den piano zou uitvoeren. De heer
VAN DER HOOGEN had haar zoo lang gebeden, en de directie van het
concert had er mijnheer KEGGE zoo om lastig gevallen, en HENRIETTE
speelde ook zoo uitmuntend, dat men niet langer had kunnen weigeren.
Na deze mededeelingen begon ons gesprek te kwijnen, en wist ik niets
beters te doen, dan haar af te vragen hoe 't haar in Holland beviel.
Zy klaagde daarop steen en been. Het scheen hier te lande koud en
nat te zijn; de menschen waren hier stijf en gierig, en altijd by hun
kinderen; de kinderen hadden zoo veel kleêren aan 't lijf, en de huizen waren zoo tochtig! Maar zy zelve was gelukkig altijd gezond, en
de kinderen, en KEGGE ook, en ook de hondtjens.

De heer KEGGE kwam thuis en vertelde zoo veel nieuws dat het blijkbaar was dat hy naar de societeit was geweest. Er kwam wijn binnen
voor de dames, en er werd grog gemaakt voor de heeren. De heer
KEGGE voegde zich by den piano. SAARTJEN kwam weder beneden,
en vertelde dat de oude mevrouw lust had om naar bed te gaan. Ik
hield my daarop met haar bezig door de platen te bezien eener pracht-
uitgaaf van LAFONTAINE. Zy wist zoo goed welke fabels door iedere
plaat werden voorgesteld, en sprak het fransch zoo wel uit, dat ik duidelijk bemerkte dat dit eenvoudig burgerdochtertjen, dat geen bont
mocht dragen, eene zeer goede opvoeding had gehad, en misschien
ruim zoo goed geprofiteerd had, dan ik het van de schoone brunette
en haar tweejarig pensionnaat verwachten durfde.

Er werd nog een heele poos muzijk gemaakt, en mevrouw KEGGE
sluimerde met haar hondtjens in, en werd niet wakker voor dat de charmante heer VAN DER HOOGEN weder op haar was toegeloopen, zijn hoofd op
de borst had laten vallen, en betuigd dat hy, heer VAN DER HOOGEN,
de eer had haar dienaar te wezen.

Hy maakte dezelfde plichtpleging voor de dames, en begon nu aan
den heer KEGGE.

„Apropos„ — zeide hy — „goed dat ik er om denk. Er presenteert
zich eerstdaags eene charmante gelegenheid om iets naar de West te ver-
zenden. Een jong mensch aan een der bureaux zal zich waarschijnlijk
decideeren er heen te gaan. Hier geen vooruitzichten, voor iemand
zonder familie; misschien daar nog een plaatsjen als blank officier;
honorable betrekking.„

„Vooral tegenwoordig!„ merkte de heer KEGGE aan, „schoon 't by
ons beter is dan in Suriname. Daar zijn·de blankofficiers geheel in

verachting. Maar 't is dwaas, want zoo in Suriname als in Demerary zijn de meeste directeurs het zelf geweest.″

HENRIETTE werd vuurrood op deze uitspraak. Welke gevolgtrekkingen kon de charmante heer VAN DER HOOGEN niet uit deze bekentenis opmaken! Maar de charmante heer VAN DER HOOGEN dacht misschien aan zijn eigen vader, die, zoo als ik naderhand vernam, een logementhouder te Amsterdam was, en met wien hy dien ten gevolge niets meer uitstaande had dan dat hy nu en dan een wissel op hem trok.

Vaderängsten en kinderliefde.

Wie HILDEBRAND te logeeren vraagt heeft, durf ik zeggen, geen al te lastigen gast aan hem; maar op één ding is hy zeer gesteld. Hy moet niet alleen een afgeschoten hoekjen hebben waar hy slaapt, maar ook een afgeschoten hoekjen, waar hy alleen kan zitten; een plaatsjen van ontwijk, al is dat dan ook nog zoo klein, waar hy zichzelven kan toebehooren en, ongestoord en onbespied, gedurende een zeker gedeelte van den dag doen wat hy wil; en als het winter is valt dat sommige menschen moeielijk, want dan kan op de eene kamer niet gestookt worden om de valwinden, en op de andere geen vuur aangemaakt omdat het er zoo rookt, en, schoon hy zich vrij wat koude getroosten kan, in de kou mag hy volstrekt niet gaan zitten. Ondertusschen is het een verschrikkelijk ding tusschen het ontbijt en het koffyuur, te zitten hangen in de huishoudkamer, eerst in gezelschap van de dames in negligé, daarna in gezelschap van een dienstbode die u verzoekt uw boek op te lichten om ″eventjens de tafel te wrijven,″ vervolgens met in 't geheel geen gezelschap, en eindelijk weder in gezelschap van iemand die een brief gaat zitten schrijven, en dan, af en aan, eene flaauwe, slaperige en rekkerige conversatie. Neen! de conversable dag begint niet voor één ure. Aan het ontbijt voegt de bijbel en de stilte; en na den ontbijt, eenzaamheid en bezigheid; met de koffy krijgt eerst de gezelligheid hare rechten; en ik heb geen eerbied voor den man, die eene anecdote vertelt of eene geestigheid zegt vóór dat de klok van éénen koud is.

Ik was tot één ure op de bibliotheek gebleven, waar ik my recht op mijn gemak gezeteld had, en my bezig gehouden, niet met my op eene fatsoenlijke wijze te vervelen, door zonder bepaald bezig te willen zijn, nu het eene dan het andere boek uit de kas te halen, in te zien, en weer weg te zetten, maar door een klein werkjen op te zetten, waartoe ik de materialen had meêgebracht, een werkjen daar ik alle oogenblikken van scheiden kon, maar daar ik ook genoeg aan had om met belangstelling bezig te wezen.

Ik kwam beneden en werd door mijn gastheer als ″den geleerde ″

begroet, „die den heelen ochtend met den neus in de boeken had gezeten; allemaal gekheid. Hy was een drommedaris als hy er niet by
in slaap zou gevallen zijn."

HENRIETTE kwam binnen; zy zag er buitengewoon vrolijk en opgewekt uit, en hield in de eene hand een violetkleurig biljet, dat zy pas
scheen te hebben ontfangen.

„Kind!" riep de heer KEGGE haar toe; „van avond ga je uit, hoor!"

„En waarheen, papa?" vroeg HENRIETTE.

„Naar neef DE GROOT, hart! op vergulden."

„Op wat?" vroeg HENRIETTE, wier aangezicht betrok.

„Op koekplakken!" zei haar vader. „Sakkerloot, ik heb het in mijn
jeugd ook gedaan. Vrijers, vrijsters, varkens, ledekanten, ADAM en
EVA, schepen, al den boel! Weetje niet dat het haast Sinter Klaas is?"

„Ik koekplakken, papa, by de DE GROOTEN!—Ik kan het niet, ik
bedank er voor. Neen, *daar* bedank ik nu voor;" zei HENRIETTE op
een welberaden toon; „ik doe het *niet*.

„Ja maar, lieve meid," zei de heer KEGGE, „ik heb het voor je aangenomen, hoor; je kunt er niet af: 't is eene heele damesparty."

„En wat voor dames zouden er by de DE GROOTEN komen?" vroeg
de schoone spottend.

„Weet ik het, juffrouw HENRIETTE?" zei de vader, op eene kluchtige
wijze het mutsjen afnemende, dat hy uit aanmerking van het hiaat in
zijne lokken droeg, ofschoon met zichtbare verlegenheid; „ik ben een
kiviet als ik het weet. Je neef heeft er me verscheiden opgenoemd:
juffrouw RIET, juffrouw DEKKER, juffer dit en dat; hy zegt dat het heel
ordentelijke juffrouwen zijn."

„En waarom heeft SAARTJEN my dan gisteren niet verzocht?"

„Omdat ze het vergeten heeft, zegt ze."

„Omdat ze niet gedurfd heeft," verbeterde HENRIETTE, rood van
verontwaardiging.

„HENRIETTE-lief!" vleide papa, „ik had graag dat je wel waart met
de DE GROOTEN. Toen we hier vreemd aankwamen, hebben ze ons duizend diensten bewezen. Neef heeft dit huis voor ons gehuurd en alles;
hy is een eerlijk man; kan hy 't helpen dat hy geen adelijk heer of groote
hans is, dat hy geen glacé handschoentjens draagt als onze vriend VAN
DER HOOGEN? Ik heb het aangenomen; ge zult er immers heengaan?
ik wil dat je er heengaat."

„Het is wel, ik zal er heengaan," andwoordde HENRIETTE bleek van
drift: „maar als ik vrijdag slecht speel is het uw schuld."

„Voor mijn rekening, kind! Maar van vrijdag gesproken. Misschien bevalt je dat ook niet; ik heb neef DE GROOT een introductiekaartjen beloofd."

„'t Is goed," zei HENRIETTE, haar spijt verbijtende.

„Van wien is dat paarsche briefjen?"

„Ik heb het met muzijk gekregen."

„Nu kind! van avond vergulden, hoor! HILDEBRAND mag je komen halen als hy plaisir heeft, en dan moet hy wat vroeg gaan, dan kan hy nog reis meê trekken om 't langste brok. 't Zijn waarlijk goeie menschen, HILDEBRAND! heel ordentelijk. Je hebt gisteren SAARTJEN gezien. HENRIET" — vervolgde hy, met de oogen pinkende — „HENRIET mocht willen dat zy er zoo uitzag!"

HENRIET beefde.

„Maar zy heeft óók wel mooie zwarte oogen," zei haar papa, en gaf haar een kus. „HARRIOT, *my dear*, je moet niet boos zijn."

HARRIOT. *his dear*, draaide het hoofd af.

De vader was verlegen.

„Het is goed weer," hernam hy: „best weer! ik heb de schimmels voor de barouchette laten zetten; ik wil een toertjen maken met mijn logé. Ga je meê, HARRIOT?"

„Ik heb te schrijven en muzijk te copiëeren," andwoordde zy, eene slotportefeuille openslaande, en er een blaadtjen Bathpapier uit krijgende, dat zy oogenblikkelijk met veel ijver ging zitten beschrijven.

„Nu, dan gaan wy alleen; voor mama is het te koud."

Er volgde een poosjen stilte.

„Is uw toilet voor vrijdag al in orde, HARRIOT?" vroeg de heer KEGGE.

„Ik weet niet," zei HARRIOT.

„Moet er niets nieuws zijn, een ferronnière, of zoo wat?"

„Neen, papa."

De schimmels waren voor; HENRIETTE bleef pruilen. Wy namen afscheid en stegen in de barouchette.

„HENRIETTE was boos," zei de vader, toen wy gezeten waren: „Ja, die dametjens! je moet ze ontzien, vrind! En HENRIET heeft *veel karakter.*"

Wy toerden eerst door de voornaamste straten der stad, en lieten de vensters der respective bewoners dreunen; mijnheer KEGGE beweerde dat men hard moest rijden, want dat men anders geen ontzag onder de voetgangers krijgen kon. Ik kon dan ook het woord „ongepermitteerd" duidelijk lezen op het gelaat van verscheidene joden die de stad met kruiwagens doorkruisten, en van oude vrouwen die van de vischmarkt kwamen, en op dezen of genen hoek niet gaauw genoeg uit den weg konden komen. Ook zag ik deftige heeren met rottingen onder den arm die, niettegenstaande de straat breed genoeg was, het veiliger achtten hunne wandeling te staken, tot dat het rijtuig zou zijn voorbygegaan, en kindermeiden die, twintig huizen vóór ons uit, „verschoten," en de aan haar zorg toebetrouwde lievelingen by de armen naar zich toesjorden, om der wareld te toonen hoe goed zy voor hen zorgden. In een koffyhuis kwamen drie of vier heeren, met horizontaal opgeheven pijpen in den mond over het horretjen kijken; en alles toonde ontzag voor de fraaie schimmels, het mooie rijtuig, den deftigen koetsier, en den zwarten lakkei achterop, die met onbewegelijke plechtigheid zat rond te kijken, en iedereen imposeerde, behalve den boven alle voor- oordeelen verheven straatjongen, die hem nariep: „Mooie jongen, pas op, hoor! dat de zon je niet verbrandt!

Alle deze bewijzen van opmerkzaamheid en belangstelling in zijn per- soon en bezitting schenen ditmaal noch de hoovaardy van den heer KEGGE te prikkelen, noch zijne vrolijkheid gaande te maken.

Wy reden de poort uit, en den straatweg op, en deden een mooie keer door de boschrijke streek. Het was een heerlijke najaarsdag. Het had in dien herfst weinig geregend en nog in het geheel niet gestormd. De boomen pronkten dus nog met een goed gedeelte van hun blader- kroon. Heerlijk blonken de goudgeele en bloedroode tinten van iepen en beuken in het rosse zonlicht. Hier en daar breidde een eik daartus- schen zijn geelende takken uit, nog steeds groen aan den top: en het donkergroen van een party dennen beschaamde van tijd tot tijd, met somberen ernst, de overige zonen van het woud, die nu nog zoo trotsch schenen op verdorde pracht, en weldra naakt en arm den winter zouden te gemoet gaan.

Maar noch de schoone natuur, noch de heldere zon, noch de frissche najaarslucht vermochten de wolk van het voorhoofd van den heer KEGGE te verdrijven. Ik trachtte het gesprek levendig te houden, en zijne gedachten over allerlei onderwerpen te verdeelen; maar telkens bleek het my duidelijk dat zy over de verstoordheid van zijne beminde dochter liepen.

De schimmels waren ongemeen vurig en liepen uitmuntend, en de koetsier maakte den heer KEGGE herhaalde malen opmerkzaam dat de bydehandsche nu toch alle kuren had afgelegd. Het scheen als of de heer KEGGE er geen gevoel voor had: hy dacht aan de kuren van HENRIET. De koetsier slaagde er in, na een lange worsteling, een „grooten heer en adelijken hans" voorby te rijden; maar de heer KEGGE wreef zich de handen niet met dat genoegen, waarmeê ik my overtuigd hield dat hy het gisteren zou gedaan hebben. Zijn geest was gedrukt. Wel poogde hy den last nu en dan van zich af te werpen, of zich dien te ontveinzen, door van tijd tot tijd koddig of ruw uit te vallen; maar daarop geraakte hy op nieuw in de stilte. Hy was de man van gisteren niet. Die barre mijnheer KEGGE, zoo onafhankelijk, zoo luidruchtig, zoo opbruischend, en voor niets bevreesd, was kleinmoedig en benepen van ziele, om den wille van den gril van een zeventienjarig meisjen, dat hy lief had en vreesde. Mejuffrouw TOUSSAINT, in wie ik niet weet wat het meest te bewonderen, òf de juistheid waarmede zy de verbor- genheden van het innerlijk leven opvat, òf de kenrigheid en kracht waar- meê zy die in hare geschriften schildert, heeft dezen vorm der ouder- liefde uitstekend geschetst.

Op den terugkeer gebood de heer KEGGE stil te houden voor de deur van een bloemist.

De zwarte palfrenier steeg af en belde aan. "Is je heer thuis, meisjen?"

"Mijnheer is naar Amsterdam."

"Maar mogelijk is BAREND te werk," riep KEGGE uit het rijtuig.

"Ja, mijnheer! BAREND is er, als meheer er maar uit wil komen?"

Wy stegen af, en men bracht ons naar het zoogenaamde bollenhuis, waar BAREND zich weldra te midden der bolrekken, houten zaadbakjens, en sterke geuren aan ons oog vertoonde.

BAREND was de oudste, de meester-knecht van den bloemist, by wien wy waren afgestapt; een man van een, in zijn stand, allereerwaardigst voorkomen. Hy was niet groot van gestalte, en droeg een blaauw wambuis van een antiek snit, een korten broek, grijze kousen en groote vierkante zilveren kuit- en schoengespen; zijn wit voorschoot was in de schuinte opgenomen. Niettegenstaande zijn hooge jaren droeg hy het hoofd nog vrij rechtop. Dunne witte haren hingen hem langs de slapen; maar zijn gerimpeld gelaat had nog dat gezonde rood, dat dezulken, die hun leven in de open lucht hebben doorgebracht, tot in hun grijsheid byblijft. Zijne blaauwe oogen hadden een vriendelijken schijn, en zijn mond was juist genoeg ingevallen om een allerinnemendsten plooi te hebben aangenomen.

"BAREND!" zei de heer KEGGE, ik moet een mooien ruiker bloemen hebben."

"Dat zal slecht gaan, menheer KEGGE," andwoordde BAREND.

"Voor geld en goede woorden, BAREND!" hernam KEGGE; 'tkan me niet schelen wat het kost; je weet wel dat ik op geen kleintjen zie."

"Allemaal goed," zei BAREND, "maar je kent de natuur niet dwingen. Dat 's een anjer, verstaje! 't Is nou de allerschraalste tijd; weetje wel dat we al mooi naar korsemis opschieten? Kom zoo vroeg in 't voorjaar als je wilt, menheer KEGGE; en ik zal je een handvol gebroeid goed geven, dat je hart er van verdaagt; maar nou is alles gedaan. Der mag nog een enkelen kresantemum wezen, — maar 't is over, menheer KEGGE; je kent, zeg ik nog reis, de natuur van een ding niet dwingen. Je kent het wel dwingen; maar dwingen en dwingen is twee, en als je een ding dwingt, dat nou eigenlijk niet gedwongen kan worden, wat heb je dan? dan plaag je je zelven."

De heer KEGGE brak dezen niet zeer duidelijken woordenstroom van den ouden BAREND af, met te zeggen: "Nu, nu, BARENDTJEN! als je al de kassen reis doorloopt!"

"Hoor reis!" zei BAREND, "je moet maar denken dat ik je net zoo graag de heele pot geef, als dat ik er de hartsteng uit moet snijden, want daar zit al de kracht in, weetje. Een blom, menheer KEGGE, dat zeg ik altijd, een blom is net as een mensch. As ik jou je hart uit je gemoed snij, dan kan je ommers ook niet in 't leven blijven. Daar zit het hem as 't ware maar in..... Wat zeg *jy*, menheer?" voegde hy er by, zich tot my richtende.

De heer KEGGE wachtte volstrekt niet af wat ik in dezen zeggen zoude. "Maar voor een goud vijfjen zal ik toch nog wel wat kunnen hebben?" zei hy ongeduldig.

"Hoor," zei BAREND, zijn snoeimes uit den zak halende, en openslaande, "as ze der binnen, dan hoefje geen goud vijfjen te besteden; dan zal je voor een spiergulden * heel wat doen. Maar 't is maar dat het zoo bitter uit den tijd is. Is het voor mevrouw?"

"Neen, BAREND! voor me dochter."

"Kom an!" hernam hy, "dat's hetzelfde; de dames zijn onze beste klanten voor de blommen; maar as we 't van de blommen hebben mosten!"

"Maar waar drommel moet je 't anders van hebben?"

"Wel van de bollen," zei BAREND; "de blommen beteekenen niets. Dat is armoed. Kijk!" ging hy voort, daar hy een potjen aanwees dat niet bloeide, maar met een rijkdom van fijne samengestelde bladeren pronkte; "motje zoo'n dingsigheidjen niet hebben? Of hebje dat al?"

"Wat is het, BAREND?"

"Dat," zei BAREND, "is nou eigenlijk de effetieve mimosa nolus mi tangere!"

"Hou op met je potjenslatijn!" riep KEGGE uit; "allemaal gekheid! Hoe heet het in je moers taal, man?"

"Kruidtjen roer me niet!" andwoordde BAREND.

"Dankje hartelijk!" hernam KEGGE; zich waarschijnlijk herinnerende dat hy zoo'n dingsigheidjen al had.

Wy gingen eerst de tuin door, waar nog een enkele maandroos bloeide, die er heel goed uitzag, ofschoon BAREND beweerde, dat zy het door de nattigheid toch in het hart weg moest hebben; en zagen vervolgens de kassen, waar hy hier en daar een pelargonium, chrysanthemum, en primula chinensis afsneed, zoodat wy op 't laatst nog een "vrij aanzienlijken ruiker byeen hadden, terwijl BAREND by iedere bloem zijn kennis en praatziekte had aan den dag gelegd. Toen hy de laatste deur achter zich sloot, liet de heer KEGGE zich onvoorzichtig de vraag ontvallen:

"Wel BAREND! hoe lang ben jy hier nu al geweest?"

"Vijf en vijftig jaar, menheer! met God en met eere," was zijn andwoord; "ik word met vrouwendag achtenzestig, en ik ben hier op mijn dertiende jaar als tuinmansjongen gekomen."

"Wel man! en je ziet er nog zoo fiksch uit!" merkte ik aan.

"O!" andwoordde BAREND; "maar dan moest menheer me wijf zien. Die is nou toch ook in der zestigste, maar dat 's nog wat anders. Ik heb dertien kinderen by 'er gehad, en de jongste scheelde met de oud-

---

* Vier gulden.

ste krek eenentwintig jaar. Nou beurt dat zoo niet meer, maar voor een jaar of tien is het menigmaal gebeurd dat de lui an der vroegen, of er vader thuis was.»

»Dat 's knap!» zei KEGGE. »weergaasch knap, hoor BAREND! In de Westinjes is dat anders. Daar kan 't wel beuren dat moeder en dochter maar vijftien jaar schelen; maar de vrouwen zijn er vroeg oud, man.»

Met deze woorden haalde de heer KEGGE zijn beurs uit den zak, en nam de houding aan van iemand die vertrekken wilde. Maar BA-REND dacht er anders over, en leunde zich tegen den muur van de kas, met al de gemakkelijkheid van iemand die een lange historie beginnen gaat.

»De heeren hadden mijn vader moeten kennen,» zei BAREND; »dat was een vast man. Toen ie stierf was ie omme en by de negenenzestig jaar, maar hy had zijn volle gebit nog. Wy woonden toen ter tijd te Uitgeest en hy kwam geloopen van Uitgeest na Alkmaar om de koffie, want wy hadden een eigen moei te Alkmaar; en hy ging weer na huis, en hy wist er niks niemendal van. — En was 't niet om een boer — hy *was* er nog wel.»

»Zoo,» merkte ik aan; »dan zou hy toch nog al aardig oud zijn, vrind!»

»Doet niet!» zei BAREND, » doet niet! dan was hy pas honderdënvijf, en dat had *hy* makkelijk kunnen worden ook. Maar dat moet ik de heeren toch reis vertellen. Hy was by een boer, STOETEMA hiette de boer, aan 't werk; want me vader was een timmerman van zijn ambacht. Wat wil 't geval? Hy krijgt zoo klakkeloos de koors op 't lijf. Nou was me vader van *zoo'n* natuur, dat as ie, met permissie, maar an 't zweeten kommen kon, dan was ie weer klaar. Jongens, zeit ie tegen zijn kameraads, ik heb een harde koors. Weetje wat, zeiën ze, dan motje wat op de koes gaan leggen. Dat is, zoo als de heeren mogelijk wel weten, in de koestal, achter de koeien, de plek waar de knechts, deur den bank, slapen. Maar STOETEMA zei, dat kan niet, want we hebben 't bed pas opgemaakt voor de jongens; dan most me vader maar op den hooiberg gaan. Nou toen most me vader zoo'n hooge ladder op van een veertig sporten. Jongens! dat kostte hem wat een moeite voor dat ie boven kwam! Toen maakte hy daar zoo'n kuiltjen voor hem, en haalde het hooi over hem heen, en bleef stil leggen. Maar toen ie een uur gelegen had, kwam daar 't houtschuitjen; daar gingen de knechts meê naar huis; want 't sloeg twaalf uren. Deur *dien* weg riepen ze an me vader: JAN, kom der nou of, daar is 't schuitjen! maar me vader zei: neen, want ik zweet zoo; laat me nou leggen. Maar ze zeiën: jongen, as het reis erger wier, je moest maar meê gaan. Toen kwam me vader van den hooiberg af, maar kijk, hy zweette dan erg. Toen vroegen ze aan STOETEMA om koedekken. Maar hy wou ze niet geven: me koedekken motten droog blijven, zeid' ie. Toen trok de een zen wam-

mes uit, en de ander trok zen wammes uit; en lei dat over me vader;
maar het hielp niet, want het was te kort. Zoo kwamen ze te Uitgeest,
maar het was nog wel een anderhalf uur varens. Maar die menschen
motten zekerlijk der tijd noodig gehad hebben, want geen een ging er
met mijn vader meê. Maar toen waren zen beenen zoo stijf geworden, dat ie niet gaan kon, maar van hoeken tot kanten viel. Toen
motten de lui, die 'em gezien hebben, zekerlijk by der eigen hebben
gedocht: die man is dronken. Maar ziet, met dat ie zoo aan de deur
kwam, wou ie de knop grijpen....."

Hier raakte de oude BAREND zijne stem, die al zwakker en afgebro-
kener geworden was, geheel kwijt, en stikte in zijn tranen. Met de
linkerhand greep hy zich by 't achterhoofd, en trok zich by de dunne
hairen.

"Kijk!" zei de oude man, met den voet stampende; en met evenveel smart en verontwaardiging als of zijn vader gisteren gestorven was,
"kijk! as ik an dien boer denk!...."

"Hy wou de knop grijpen," ging hy bedaarder voort, "maar het
ging niet. Drie dagen daarna was ie een lijk. Maar was 't niet om
dien boer," zei hy, andermaal stampvoetende, "hy zou der makkelijk
nog kennen wezen."

De heer KEGGE had de tranen in de oogen. Hy tastte in zijn beurs.
"Daar BAREND," zeide hy; "wat er meer is dan een spiergulden is
voor jou. Geef me nu den ruiker maar in een groote spanen doos."

BAREND ging de doos halen.

"Die oude heer BAREND is in allen gevalle toch niet in de wieg ge-
smoord," merkte de heer KEGGE aan, met gemaakte vrolijkheid. En
zijn oogen afvegende, voegde hy er by: "een lamentabele historie! Zoo'n
ouë karel zou je nog akelig maken óók."

Wy waren spoedig klaar en weêr te huis. HENRIETTE die ook al
berouw over hare verstoordheid had, keek weer vriendelijk, en toen
haar vader haar de bloemen gaf, stonden er tranen in haar mooie oogen. Zy was beschaamd.

"Gy zijt toch een lieve papa," zei ze, hem kussende, en met haar
fraaie hand zijn hairen schikkende. "Ik had het niet verdiend!" voegde zy er by, en boog haar hoofd aan zijn hart.

"Geen coupjens!" zei de vader. "Allemaal gekheid! Een mensch
moet altijd vrolijk zijn."

Ik begon tienmaal meer van HENRIETTE te houden. De papegaai riep:
"Zoete vrouw."

Wy zaten nog aan het dessert, toen de heer VAN DER HOOGEN, dien
ik in mijne gedachten nooit anders dan "den charmanten" noemde,
aangediend werd en binnenkwam.

11*

HENRIETTE kleurde vreesselijk.

Dérangeer je niet, lieve mevrouw, dankje, mijnheer VAN KEGGE. Een zeer ongelegen uur, indedaad! Mijn boodschap was aan jufvrouw VAN KEGGE; het is alleraffreust, ik ben disperaat!

Ik zag den heer VAN DER HOOGEN opmerkzaam aan, maar ik merkte niets van die verwilderde hairen of strakke blikken, die de dichters my als de conditio sine qua non der wanhoop hebben leeren voorstellen. Integendeel, 'smans lokken zaten, dank zij het uitnemend plakmiddel, by de hairbouwkunstenaren als cosmétique bekend, even glad en net als gisteren; de blik zijner oogen was volmaakt kalm, en ook beefde de hand des desperaten heeren VAN DER HOOGEN niet, toen hy die naar een glas Port uitstak, dat mijn gastheer voor ZEd. had ingeschonken.

Ik zal u zeggen, dus vervolgde hy tot HENRIETTE; *ik kan onmogelijk donderdagavond by uwe repetitie zijn. Zoo even ontfing ik de uitnoodiging tot een groot souper by den heer VAN LEMMER, waar ik niet van tusschen kan, en 'smiddags moet ik by mevrouw D'AUTRÉ dineeren. Morgen is er, zoo als je weet, soirée by den generaal. Als je van avond niet kunt, dan ben ik waarlijk radeloos. Maar ik vréés dat je niet zult kunnen...*

De dochtervreezende vader nam deze gelegenheid waar, om alles wat hy dezen morgen verkorven had, geheel weder goed te maken, want indien HENRIETTE's toorn hem bevreesd had gemaakt, hare tranen hadden hem volkomen overtuigd dat hy haar ongelijk had aangedaan. Misschien was hy wel een weinigjen bang voor eene nieuwe vredebreuk.

Nu HENRIETTE, zeide de heer KEGGE, het woord haastig opvattende: *dan zit er niets anders op dan datje thuis blijft. Je kunt er wel af, — zóó is het niet.*

Hadje een invitatie? Dat vreesde ik al, merkte VAN DER HOOGEN aan; *jufrouw KEGGE is overal zoo gechérisseerd. Neen, neen, als je er iets voor sacrifiëeren moet, doe het dan niet; ik zal...*

Neen! zei de heer KEGGE, *ik ben op die repetitie gesteld. Wy wachten u van avond stellig... Om een uur of zeven, niet waar?*

Charmant, charmant! riep de heer VAN DER HOOGEN uit, en wipte van zijn stoel op; *dérangeer u niet; à ce soir!* Hy danste heen.

Ik begreep de beschaamdheid en de tranen van HENRIETTE nog beter dan vóór den eten. Het was alles een opgedicht stukjen, en de heer VAN DER HOOGEN vertrok met de zalige overtuiging, der schoone brunette eene belangrijke dienst te hebben bewezen. Zyzelve had er berouw van. Ik stond op om hem uit te laten.

Mijnheer studeert te Leyden, niet waar? vroeg hy my in den gang. *Charmante jongelui. Ik heb ook een half jaar te Leyden geresideerd. Maar 't is overigens een miserabele stad. Geen amusementen; de menschen zien elkander niet. Eens in 't jaar een bal om hun fatsoen te houden. Criant vervelend. Dérangeer u niet. A ce soir!*

"Het spijt my dat het zoo treft," zei HENRIETTE toen ik weder binnenkwam, "maar gy ziet, ik kan nu volstrekt niet gaan."

"Je moet een briefjen schrijven!" zei haar papa.

"Foei neen!" zei HENRIETTE: "geen briefjens aan de DE GROOTEN; dat zijn die menschen niet gewend."

"Wil ik het voor u af gaan zeggen?" vroeg ik half schertsende.

"Heb ik u niet gezegd, mama! dat mijnheer zin in SAARTJEN heeft?" sprak HENRIETTE lachende, maar daarop nam zy de zaak ernstig, en voegde er by: "je zoudt me indedaad zeer verplichten!"

"Goed!" zei ik, "en als 't my bevalt blijf ik er in plaats van juffrouw HENRIETTE, hoe slecht de ruil ook wezen moge. Ik heb niets tegen vergulden."

"Vergulden!" riep de vader uit, geheel verrukking dat de zaak zoo geheel ten genoegen van de dochter geschikt was: "Wel ik kan je zeggen dat ik het nog met plaisir doen zou. Ik wed dat grootmama er nog schik in zou hebben..."

"Ik hou niet veel van goud!" sprak de oude dame.

Om te bewijzen dat eenvoudige genoegens ook genoegens zijn; en voorts iets droevigs.

De verguldparty zou uiterlijk ten half zes aanvangen, en tegen dat uur begaf ik my op weg naar de woning van den koekebakker DE GROOT, of zoo als HENRIETTE altijd zeide, van de "DE GROOTEN." Zy was vrij verre van het huis van den heer KEGGE gelegen, en ik ging op de voor een stadgenoot waarschijnlijk zeer heldere, maar voor een vreemdeling zeer ingewikkelde aanduidingen van den heer KEGGE af.

Plotseling bevond ik my in eene donkere steeg, aan welker einde een hel licht als uit den grond opkwam, voor welk licht zich eene duistere massa met zekere golving scheen te bewegen. Naarmate ik verder ging, hoorde ik stemmen, die my toeschenen van jonge knapen te zijn, uit deze massa voortkomen. Geheel genaderd, zag ik een op alle manieren op en over elkander liggende stapel jongens, die door een kelderraam, waaruit het licht kwam, het oog hadden op de bewegingen van een meester koekebakker en zijne vazallen, die in hun witte linnen pakjens dergelijke schoone wonderen kneedden, duimden, schikten en bakten, als welke HENRIETTE versmaad had verder te volmaken. Ik stond een oogenblik stil, en verlustigde my in de belangstelling dier straatjongens, die waarschijnlijk geen beter aandeel in de genoegens van Sint Nicolaas hebben zouden, dan dat zy de lekkernyen zagen toebereiden, die hun begunstigder broederen gelukkig, of, zoo als maltentige menschen beweeren, ziek zouden maken.

Nou, wat weergâ, jongen! laat mijn ook reis kaiken! zei de een, en ondersteunde zijne begeerte met eene hevige beweging der ellebogen.

Doppie, JAN! dat is een mooie! riep een ander, *da's zeker een Jan Klaassen!*

Ben je mal, jongen! riep een derde; *'t is een waif!*

Nou as dat een waif is, merkte een vierde aan, *dan mag ik laien dat PIET in den kelder valt.*

Hou je elleboog voor je, GERRITJEN; ik waarsckou je, hoor!

Pas op, PIETJEN! of je holsblok gaat de bakkery in.

Kaik; ie doet den oven open; is 't men een vuurtjen?

Wat doet die dikke nou weer? Hy doet meel an zen knuisten!

Wel nou, mot et deeg dan aan zen vingers blaiven hangen? Jy bent ook een mooie...

Wacht een beetjen! Dat's een kokkert, — die kost wel een daalder, hoor!

*Hoor je *hem!* je zoudt er wel kommen met een daalder.*

Een daalder op je oogen.

Deze en dergelijke waren de gesprekken van de kunstbeschouwers voor het raam van dit atelier.

Op den hoek van 't huis hing een groot uithangbord, waarop de bekende geschiedenis van den zoeten inval stond afgebeeld, en daaronder *H. P. DE GROOT. ALLE ZOORTEN VAN KOEK EN KLEYN GOED.* Ik was dus te recht. Ik trad den winkel binnen, en er was zulk een verward geluid van vrouwenstemmen, in eene belendende kamer, die door een glazen deur met een groen horretjen daar op uitzag, dat ik duidelijk bemerkte dat de party aan den gang was, en ik my nogmaals luidkeels moest aanmelden voor er iemand opdaagde.

De glazen deur ging open, en het mooie SAARTJEN verscheen, met een hooge kleur, als iemand, die uit een zeer druk gesprek, of uit eene zeer warme kamer komt.

U alleen, mijnheer HILDEBRAND?

In plaats van uw nichtjen KEGGE, lieve juffrouw! ik kom haar by u verschoonen.

Maar u zult toch binnenkomen?

Een oogenblikjen.

SAARTJEN opende de deur op nieuw om my in te laten, en ik overzag de schare.

Daar zat, in al de glorie van een bloedkoralen halsketting, bloedkoralen oorbellen, bloedkoralen doekspeld, en zelfs van een ring, met een zeer grooten ronden bloedkoraal aan den vinger, juffrouw MIETJEN DEKKER, de dochter van een deftigen kleedermaker; en aan hare zijde, met een grooten doodvlek op haar wang en een koperen gesp als een vierkante zon op haar buik, KEETJEN DE RIET uit den kruidenierswinkel. En daarnaast PIETJEN HUPSTRA, wier vader het gewichtig ampt van deurwaarder bekleedde, en die zich verbeeldde dat niets losser en bevalliger stond dan een rozerood tissuutjen door een ringetjen gehaald. Dan had men er TRUITJEN en TOOSJEN, de twee telgen van den heer OPPER, voornaam metselaar, waarvan de eene in 't openbaar een hoed met steenen bloemen, en de andere een dito met een houten pluim droeg; maar die in dezen huisselijken kring zich gelukkig gevoelden in het hoofdsiersel van eene blaauwe en eene roode céphalide; in de stellige overtuiging dat er in dit ondermaansche geen bevalliger of modieuser damescoiffure kon bestaan. Voorts het magere GRIETJEN VAN BUREN, die de oudste van de gevraagde party was en een à tweeëndertig jaren tellen mocht; zy leefde in otio cum dignitate van eene kleine lijfrente haar door eene oude vrijster gemaakt, by wie zy iets meer dan kamenier en iets minder dan gezelschapsjuffrouw was geweest; zy droeg een mutsjen met een smal kantjen, en een tourtjen aan twee kleine trosjens rozijnen niet ongelijk. Ook zag ik BARTJEN BLOM, wier vader een deftige spekslagery had, en die zelve een groote, zwarte duimelot aan haar middelsten vinger droeg, omdat zy zich ongelukkig aan gemelden vinger had verwond, by welke kwetsuur ⸗de kou⸗ gekomen was. Ter afwisseling SUZETTE NOIRET, dochter eener weduwe, die op een hofjen woonde, en van de fransche gemeente was. Deze had een allerliefst, beschaafd en net besneden uiterlijk, en wedijverde in het bruin met het blonde SAARTJEN, waarnaast zy gezeten was; en eindelijk, aan het hooger einde van de tafel, moeder DE GROOT zelve, eene dame van een veertig jaar, in eene zwarte zijden japon gekleed, en dragende eene muts met eene groote hoeveelheid wit lint opgesierd, die groot en breed genoeg was, en toch ongetwijfeld slechts een schaduw vertoonde van het hoofdtooisel dat zy op den vijfden december dragen zou.

De herhaling van mijn boodschap maakte veel sensatie by juffrouw DE GROOT, die gehoopt had met *nicht* HENRIETTE te pronken; het speet de vergaderde juffers ook recht, zoo als zy zeiden, schoon ik my overtuigd hield, dat het wegblijven van zulk een *dame* voor menig harer een pak van 't hart was. Een algemeen gefluister, dat door de dames twee aan twee werd uitgevoerd, volgde, waaruit zich eindelijk de solo van GRIETJEN VAN BUREN ontwikkelde, met de betuiging, ⸗dat het jammer voor juffrouw KIGGE was; zoo reis vergulden dat was altijd nog reis aardig.⸗

⸗Ik hoop,⸗ zei juffrouw DE GROOT, ⸗in de aanstaande week, de kleine neefjens en nichtjens der ook nog reis op te nooden. Dan vraag ik zoo wat klein grut.⸗

⸗Maar dan zalje ook zulke effetieve stukken niet laten werken,⸗ merkte juffrouw VAN BUREN aan, haar penceel indoopende en een lange streek goud op den wimpel van een oorlogschip klevende.

⸗'t Ziet er wel prettig uit,⸗ zei ikzelf; ⸗ik watertand om het ook reis te doen. Mag ik eens effen van de party zijn?⸗

Dit voorstel bracht een schaterend gelach en groote vrolijkheid te weeg, die evenwel nog vermeerderde, toen men zag dat ik het waarlijk meende.

Tot de edele kunst van vergulden, ook wel met eene by alle koek-kebakkers voor beleedigend gehouden naam *plakken* genoemd, zijn vier dingen noodig, als: de koek die verguld moet worden, het verguldsel zelf, een nat penceel, en dat gedeelte van een hazen- of konijnenvacht hetwelk jagers de pluim en gewone menschen den staart noemen, en in dit bijzonder geval dient om het opgelegde goud aan te dringen en vast te drukken. Om alles geregeld in zijn werk te doen gaan, zat aan het eene einde van de tafel het lieve SAARTJEN, die de verschillende sinterklaaskoeken uitdeelde, welke de bewerking moesten ondergaan: vrijers, vrijsters, schepen, paradijzen, dagbroers, ruiters, rijtuigen, allen meestal van de eerste grootte; terwijl aan het tegen-overgestelde einde moeder DE GROOT, die ook de thee schonk, boekjens bladgoud in breeder en smaller reepen knipte om ieder daarvan behoor-lijk te voorzien; terwijl de tafel met kopjens met water bezaaid was, en ieder der genoodigden met een penceel en een konijnenpluimtjen was uitgerust. Men voorzag ook my hiervan, en by ieder materiaal of in-strument dat ik in handen nam, proestte men het uit van 't lachen, en ging een kreet van verbazing op.

't Is zonde! betuigde MIETJEN DE DEKKER.

Heb ik van mijn leven? informeerde KEETJEN DE RIET.

Die stedenten hebben alevel altijd wat raars, fluisterde die van de roode céphalide.

Meheer doet het heusch! verklaarde die van de blaauwe.

'k Ben benieuwd hoe dat af zal komen, zei GRIETJE VAN BUREN.

Wat menheer breekt mag menheer opeten, niet waar juffrouw DE GROOT? vroeg BARTJEN BLOM, die het goed met my scheen te meenen.

Maar SUZETTE NOIRET en SAARTJEN wezen my te recht en deden 't my voor.

Nu moeten mijne lezers, die misschien laag op de schoone kunst van koekvergulden neêrzien, niet denken dat de gezegde kunst zoo heel een-voudig en gemakkelijk is. Ja, een vierduits varken kan een ieder be-plakken; een streepjen voor den grond, en een ruitjen op zijn lijf, dat kan een kind! Maar deftige vrijers en vrijsters van vierentwintig stuivers netjens te vergulden, tot de plooitjens van de kraag, en de ruitjens van den breizak toe; een EVA by den boom op te sieren, geen enkel appeltjen (want het is een appelboom geweest) te vergeten, en de bochten van de slang niet hoekig te maken; een geheel oorlogschip met gouden ree-pen op te tuigen en de schietgaten netjens af te zetten, zoo als juffrouw VAN BUREN deed; en een koets met paarden als juffrouw DE RIET, die het zweepkoord zoo natuurlijk wist te doen kronkelen of het een gou-den kurketrekker was, dat is iets anders! Het is gemakkelijk gezegd: 't is maar koekvergulden! maar ik verzeker u dat koekvergulden en koekvergulden twee is, en dat er byvoorbeeld een hemelsbreed onderscheid was tusschen den vrijer dien TOOSJEN en den vrijer dien TRUITJEN had uitgemonsterd, zoodat TOOSJEN zelve moest bekennen dat ze niet wist hoe TRUITJEN dien parapluie zoo natuurlijk kreeg, waarop de vrijer van TRUITJEN dan ook rondging, en het geheele gezelschap eenstemmig verklaarde, dat het waarlijk was als of die parapluie leefde. — Ik voor my kan u als eerlijk man betuigen dat my, nadat ik eerst mijne krachten aan den zadel van den ruiter, dien juffrouw NOIRET onder handen had, had beproefd, en my van haar omtrent de hoofdgeheimen der kunst had laten onderrichten, dat my, zeg ik, eene koude rilling door de leden ging, toen er een groote, majestueuze dagbroêr voor mijne eigene onbygestane verandwoording werd gelegd. Eén ding kan ik niet nalaten hier ten algemeenen nutte op te merken. In het koekvergulden is vooral van het uiterste gewicht de juiste hoeveelheid water die men op de plaats penceelt waarop men het goud wil doen kleven; want neemt men die te gering, zoo wil het niet kleven, en doet men het te nat, zoo wordt het verguldsel dof. En wat is er nu aan een doffen dagbroêr?

Spoedig was men het er over eens dat ik het al heel mooi begon te doen; ik hoop niet dat men grootspraak zal achten, wat ik gaarne aan de zachtmoedigheid der kritiek toeschrijf; en weldra lette men er niet meer op. Ook werd het gesprek gedurig levendiger. MIETJEN DEKKER met de bloedkoralen, KEETJEN DE RIET, en PIETJEN HUPSTRA hadden het heel druk met juffrouw DE GROOT over „fripante sterfgevallen in de Haarlemmer krant," drie onder mekaar van „in den bloei van 't leven," en twee van „door een ongelukkig toeval." Voorts spraken zy veel van „pinnetrante kou, fattegante reizen, en katterale koortsen." Zy roerden ook het teder onderwerp van „vomatieven, en opperaties," en kwamen van lieverlede nog eens op den vinger van BARTJEN BLOM. „Zy moest er toch niet te luchtig overdenken." De een zei, zy moest er den meester by halen, maar de ander beweerde dat zy er den meester niet by moest halen, en zulks om de duchtige reden, dat er een meester was geweest die den duim van den neef van haar zusters man verknoeid had; de een wilde haar vinger pappen, omdat de kou er by was; de andere ried zoete melk aan om er den brand uit te trekken; een derde, kennelijk onder den invloed van den genius der plaats, achtte niets zoo heilzaam als koekebakkersdeeg. En BARTJEN BLOM dacht er over hoe zy deze verschillende raden het best zou vereenigen. Daarop maakte GRIETJEN VAN BUREN zich van den boventoon meester, en vertelde het gezelschap wonderen van de gierigheid van de freule TROES, van wie zy hare lijfrente had. „Ik kan je zeggen, mensch, als er zoete appelen zouën gegeten worden, gaf ze der vierentwintig uit, en dan moest de meid de pan binnenbrengen, als ze ze geschild had; en dan telde ze na of der — hoe veel is 't ook weer? viermaal vierentwintig? — als 't viermaal vijfentwintig was, dan was 't net honderd, dat's vier

minder, dat's zesennegentig, — of der zesennegentig vierdepartjens waren, en als ze dan op tafel kwamen nog eens." Waarop die van
de blaauwe en roode céphalides hare uiterste verbazing te kennen gaven. BARTJEN BLOM vroeg of het waar was, dat de freule enkel zoo
rijk was geworden, door in haar jeugd al de spelden en naalden, die
ze by den weg vond, op te rapen en te verzamelen? En ik nam de
gelegenheid waar om verscheidene anecdotes van befaamde engelsche
gierigaarts te verhalen, die by al mijne kennissen hadden uitgediend,
maar die hier nog eens gaaf opgingen, zoodat men my zeer aardig
begon te vinden, maar tusschenbeiden ook aanmerkte "dat ik er maar
wat van maakte."

Juffrouw NOIRET was niet zeer spraakzaam, en ik bracht haar door-
gaande stilheid in verband met een weemoedigen trek om haar mond,
die my deed onderstellen dat zy niet gelukkig was.

SAARTJEN was allerliefst, en schoon het geheele gezelschap in beschaving vooruit, echter ook hier volkomen op haar plaats en zeer
eenvoudig. Zy liep gedurig af en aan, om ieder van het noodige te
voorzien; en GRIETJEN VAN BUREN begon haar veelbeteekenende oogen toe te werpen en op eene mysterieuze wijze toe te lachen, waarvan de zin was dat ze haar met my plaagde, tot groot genoegen van
alle de anderen. Evenwel kreeg BARTJEN BLOM ook haar beurt, daar
men haar laatst by het uitgaan der kerk zoo vriendelijk had zien groeten tegen een zekeren KEES; maar zy wendde de scherts af, door haar
op die van de roode céphalide over te brengen, die laatstleden kermis
met den zelfden KEES in 't paardenspel geweest was, en die van de
blaauwe céphalide werd opgeroepen om te getuigen dat het tusschen
haar zuster en KEES, "ja, ja! wel zoo wat koek en ei was, als men zegt;"
waarop die van de roode zeide, dat die van de blaauwe wel zwijgen
mocht; waarop GRIETJEN VAN BUREN aanmerkte, dat ieder zijn beurt
kreeg; waarop BARTJEN BLOM uitriep: "Nu, nu, GRIETJEN! ik ver-
trouw jou ook niet! je gaat tegenwoordig zoo dikwijls naar Amsterdam; ik denk dat daar ook wat zit!" waarop GRIETJEN verklaarde,
dat BARTJEN een ondeugd was. Ik merkte op dat SUZETTE NOIRET
door niemand geplaagd werd.

Om een uur of half acht kwam er een groote ketel met anijsmelk
binnen, die door al de dames "deli" gevonden werd. Daarna kwam
de schepper en boetseerder van al de koeken kunstgewrochten, die wy
zaten op te luisteren, eens even uit de bakkery opdagen, en keek eens
of men wat vorderde. Het was een ordentelijke, goedhartige, vrolijke
man, die er heel veel plaisir in had, toen BARTJEN BLOM hem knip-
oogend vertelde, dat TOOSJEN en TRUITJEN OPPER vast wel voor zeven gulden gebroken en opgegeten hadden, waarop TOOSJEN aanmerkte
dat zy, BARTJEN, wel zwijgen mocht, daar zyzelve een heel oorlogschip in haar zak had gesmokkeld, waarop de koekebakker dreigde,

dat geen van de dames de deur uit zouden komen, voor hyzelf haar zak had geïnspecteerd. Toen verhief zich de vrolijkheid tot uitgelatenheid. De groot stopte een klein houten pijpjen dat hy in de hand had, en daalde weder ter bakkerye.

Met slaan van negenen kwamen er drie stevige, opgeschoten knapen, goedige bollebuizen, met hun besten rok aan, en boorden tot over de ooren. De een was een broêr van pietjen hupstra, en schreef op 't stadhuis; de ander was een broêr van de juffrouwen opper, en voor 't kastenmaken bestemd; en de derde een broêr van keetjen de riet, ondermeester op een hollandsche school; het doel van hunne verschijning was geene andere dan hunne zusters en al wie zich verder aan hunne bescherming zouden willen toevertrouwen af te halen en thuis te brengen.

Nu zei juffrouw de groot dat men maar uit zou scheiden, want dat het toch altijd gekheid werd *als de heeren er by kwamen,* en er werd besloten dat men nog gaauw een pandspelletjen doen zou. Men koos daartoe, nadat het geheele verguld-atelier als zoodanig was opgeredderd, *alle vogels vliegen,* en ik heb nooit zoo veel onschuldige vreugde by malkaâr gezien als toen de oude juffrouw de groot een drommedaris wilde laten vliegen. Bartjen blom werd met *den vogel struis* verstrikt, en er ontstond verschil over de vleermuis, van welke de ondermeester de riet beweerde *dat hy niet vloog, maar fladderde.* Hoe dit zij, hy verbeurde pand, en al de heeren verbeurden pand, en saartjen verbeurde pand, en wy verbeurden altemaal pand.

Toen werd grietjen van buren verkoren om al de panden te doen terugkoopen, en werden de bloedkoralen armbanden, en de bloedkoralen speld van mietjen de dekker, met en benevens het tissuutjen van keetjen de riet, en een *lodereindoosjen* van haarzelve, en een vingerling van de oude juffrouw de groot, en een pennemes van den ondermeester de riet, en een menagère van bartjen blom, en een horlogesleutel van den kastenmaker opper, en een huissleutel van den klerk hupstra, en een beurs van myzelven, en al wat verder ter tafel was gebracht, in haarEd. maagdelijken schoot geworpen; daarover werd een zakdoek gespreid, en nu begon het roepen van: wat zal diegene doen, waarvan ik dit pand in handen heb?

Ik spreek niet van de moeielijke en wonderspreukige dingen, die wy tot het terugbekomen onzer kleinodiën moesten ten uitvoer brengen, als met vier pooten tegen den muur oploopen, een spiegel stuk trappen, den zolder zoenen, en dergelijke; noch van zoete penitentiën als daar waren: hangen en verlangen, de diligence, de put, de klok, het bijenkorfjen, en anderen, waarby machtig veel gekust en evenveel gegild werd. Ik schilder u de uitgelatenheid des geheelen gezelschaps niet toen toosjen opper iets heel moeielijks had opgegeven, in de stellige overtuiging dat bartjen bloms pand voor den dag zou komen, en het waarlijk haar eigen naaldenkoker bleek te zijn; of toen de heer HUPSTRA in het spaansch speksnijden, dat hy nooit te voren gedaan had, met zekere verliefdheid de mooie juffrouw NOIRET had gekozen, en per slot niets te kussen kreeg dan den harden muur, terwijl den jongen OPPER het lot te beurt viel haar den zoen te geven! — In een woord, het was aller-aller-prettigst, en de vreugd was op ieders aangezicht te lezen, en ik vermaakte my duizendmaal meer onder deze goede vrolijke menschen, dan ik gedaan zou hebben, indien ik ware thuis gebleven onder den sublimen piano van juffrouw KEGGE, en den charmanten viool van den charmanten VAN DER HOOGEN.

De dames, die nu allen kleuren hadden als boeien, werden onder de heeren verdeeld, en ik nam op my juffrouw NOIRET, die my zeer interesseerde, thuis te brengen. De juffers namen van elkander en ons een hartelijk afscheid, de drie bollebuizen drukten my allen zeer voelbaar de hand, en ik was zeer te vreden met de vriendschap die ik zoo onverwacht had aangeknoopt.

Juffrouw NOIRET was er mede verlegen dat ik de moeite nam haar thuis te brengen. "Het was zoo ver!"

Ik andwoordde zoo als betaamde, dat hoe langer ik haar byzijn genoot, het my des te aangenamer zijn zou.

"Ach!" zeide zy, "mijn byzijn, mijnheer! is toch anders niet heel aangenaam. Ik schaamde my onder al die vrolijke menschen. Zat ik er niet treurig by?"

"Gy waart zeker niet zoo luidruchtig als de overigen. Maar toch..."

"Neen, zeg het niet! zeg niet dat ik vrolijk was!" viel zy my in de rede. "Het zou my spijten, ik hield my zoo goed als mogelijk; maar mijn hart was ergens anders. Mijn hart was by mijn moeder," voegde zy er haastig by.

"Is uw moeder ziek, of..."

"Zy is oud, mijnheer! heel oud. Was zy niet wel geweest, gy zoudt "my daar niet gevonden hebben. Maar wie kan zich by vriendelijke "menschen, die u gaarne zien, verontschuldigen, altijd weêr daarmeê "verontschuldigen, dat zy een oude moeder heeft? Ook had zy van "avond iemand die haar gezelschap hield, en wilde zy volstrekt dat ik "gaan zou."

SUZETTE zuchtte.

"Is uw moeder zoo heel oud?" vroeg ik? "Gy zijt, dunkt my, nog zoo heel jong."

"Ik ben drieëntwintig, mijnheer," andwoordde zy, met openhartigheid, "en mijn moeder is vijfenzestig. Maar zy heeft veel ongeluk-"ken gehad. Mijn vader stierf voor dat ik geboren werd. Zy had "toen negen kinderen; sedert twaalf jaar ben ik haar eenigste; en nu "kan zy niet wel zonder my... en ik niet wel zonder haar."

"En uw vader..."

*"*Mijn vader was de zoon van een zwitsersch predikant, mijnheer!
*"*Maar zijn vader kon hem niet laten studeeren. Hy had een kleine
*"*post by het accijnskantoor, en liet mijne moeder in behoeftige om-
*"*standigheden achter. Maar wy werken beide. Nu heeft zy sedert drie
*"*jaren het hofjen, en dat is een groot geluk. En toch...."

*"*Ik geloof," zeide ik, *"*dat wy voor de poort van het hofjen staan.
Klopt men hier aan, of moet men aan dien langen bel trekken?*"*

*"*Helaas, geen van beiden!*"* zei SUZETTE, op een allerdroevigsten
toon van stem, die de klank had als of haar een traan in de oogen
schoot: *"*geen van beiden, Mijn moeder woont wel op het hofjen,
maar ik niet."

*"*Waarom niet?*"* vroeg ik.

*"*Op het hofjen woont niemand onder de zestig jaar," ging SUZETTE
voort; *"*ik kom er 's morgens heel vroeg, zoodra de poort opengezet
wordt, en blijf er den heelen dag by mijn moeder; maar slapen mag
ik er niet. Voor tienen moet ik er vandaan, en 's avonds na zevenen
mag ik er zelfs niet meer op. o Wat zou ik geven als ik mijn moeder nu nog maar eens even mocht goênacht zeggen!..."

En zy zag naar de geslotene poorte om.

*"*Mijn moeder slaapt daar nu moederziel alleen in haar huisjen,"
ging zy voort; *"*haar naaste buurvrouw is hartstikken doof; en als
haar eens iets overkwam —! dat, dat is mijn grootste zorg, dat pij-
nigt en vervolgt my altijd en overal!..."

*"*Maar als uw moeder ziek wordt, dan moogt gy toch wel..."

*"*Als zy ernstig ziek wordt, dan schrijft de doctor van 't hofjen een
verklaring dat zy niet alleen kan blijven, en dan mag ik in haar huisjen slapen. Maar ach, het ligt my op de leden dat mijn lieve moeder
er eens onverwacht uit zal zijn, en als dat eens by nacht was! O ik bid
God alle dagen dat het by dag moge zijn... Ik zou het niet overleven!"

Wy gingen zwijgend verder.

*"*Hier woon ik, mijnheer!*"* zei juffrouw NOIRET, hare schoone oogen afvegende, als wy voor een kleinen komenywinkel stonden; *"*ik
dank u voor uwe vriendelijkheid."

*"*Ik hoop," zeide ik, *"*dat gy uwe moeder nog lang zult hebben,
en zonder angsten."

Zy reikte my stilzwijgend de hand, en als het licht uit den kleinen
winkel op haar gelaat viel, zag ik hoe bleek en hoe bedroefd zy was. Wy
scheidden.

Ik vond de familie KEGGE reeds byna aan het souper. VAN DER
HOOGEN deelde er in, en maakte op walgelijke wijze het hof aan HEN-
RIETTE, die al de aantrekkings- en afstootingskunsten eener handige
coquette (het is een aangeboren kunst) in werking bracht. Men ver-

meed in 't byzijn van ZHW.G. van de DE GROOTEN te spreken, en eerst toen hy vertrokken was, vroeg men my hoe ik my geamuseerd had. Ik gaf een gunstig andwoord, maar trad in geene byzonderheden, omdat ik voor geen geld ter wareld de onschuldige vreugde der DE GROOTEN, DE RIETEN, DEKKERS, HUPSTRA's en zoo voorts, door eene juffrouw HENRIETTE KEGGE wilde hooren bespotten.

De Grootmoeder.

Toen ik den volgenden morgen na het ontbijt de bibliotheek binnentrad, zat daar de oude dame in een ruimen lagen leunstoel met rood lederen zitting en rug, die waarschijnlijk tot het meubilair van haar eigen kamer behoorde, by het vuur. Een kleine tafel was daarby aangeschoven, en daarop lag een engelsche octavo Bijbel, waarin zy ijverig las. Zy hield daarenboven een breiwerk in de hand.

De schoone lange hond zat weder naast haar stoel en keek oplettend naar haar op. Werkelijk volgde hy met zijne goedige oogen iedere beweging van haar hoofd en hand, als zy van den Bijbel naar haar breiwerk keek om de steken te tellen, of een blad omsloeg.

Van alle personen, die het huisgezin uitmaakten, kende ik deze het minst, daar zy nooit dan by het middagmaal verscheen, en na afloop daarvan onmiddelijk weêr vertrok. Was het alleen dáárom dat zy mijne belangstelling prikkelde, of was het om haar deftig, stil, en ingetrokken voorkomen; de weinige, korte, verstandige, maar dikwijls wel wat harde woorden, die zy sprak; en de verknochtheid van haren schoonen, langen hond? Hoe het zij, ik hoopte hartelijk dat zy een gesprek met my zou aanknoopen.

Zy scheen mijne binnenkomst niet bemerkt te hebben, en terwijl ik my nederzette en mijne boeken opensloeg, hoorde ik haar half overluid de schoone plaats van PAULUS oplezen: For we are saved by hope: but hope that is seen is not hope; for what a man seeth, why doth he yet hope for. But if we hope for that we see not, then do we with patience wait for it (Rom. VIII. 24, 25).

Zy schoof den Bijbel een weinig vooruit, en leunde met den rug in haar stoel, als om daarover na te denken; zachtjens herhaalde zy de woorden: then do we with patience wait for it.

Plotseling bemerkte zy dat ik my in het vertrek bevond.

„Gy zult my vandaag moeten dulden, mijnheer!„ dus begon zy; „mijn kamer wordt schoongemaakt, en dan ben ik gewoonlijk hier.„

„Gy leeft een zeer eenzaam leven, mevrouw!„ andwoordde ik; „de drukte zal u misschien hinderen.„

„o Neen!„ hernam zy, met eene luide stem; „ik ben sterk genoeg.

Mijn hoofd is zéér sterk; òns menschengeslacht is zoo zwak niet. Maar ik ben niet meer geschikt voor gezelschap; ik ben te somber, te ernstig geworden. Ik zou hinderen; ik zou vervelend zijn. Dit boek„ zeide zy op haren Bijbel wijzende, „dit boek is mijn gezelschap.„

Zy zweeg eenige oogenblikken, en streelde den kop van haar hond met de bruine hand. Daarop hief zy zich weer een weinig in haar stoel op.

„Gy zijt hier nu reeds een paar dagen, mijnheer HILDEBRAND,„ hernam zy; „en de aanleiding tot uwe kennismaking met de familie is van dien aart dat.... Zeg my eens, heeft men al eens met u over den lieven WILLIAM gesproken?„

„Het spijt my, mevrouw! dat ik u ontkennend moet andwoorden. Neen! men heeft met my nog geen woord over WILLIAM gewisseld.„

„Heb ik het niet gedacht!„ riep zy uit, hare handen in elkander slaande en een diepen zucht lozende, die in een droevigen glimlach overging: „ik wist het wel; ach, ik wist het wel!„

Zy zag treurig haar hond aan, die, als verstond hy hare klachten, zijne voorpooten op haar schoot legde, en zijn kop tot haar aangezicht ophief, om haar te streelen.

„En toch is hy nog geen drie jaren dood, Diaan!„ zeide zy, den poot van den hond aanvattende; „de lieve BILL is nog geen drie jaren dood. Ik wil wedden,„ voegde zy er met nadruk by, „dat de hond hem nog niet vergeten heeft.„

Eenige oogenblikken zat zy in een gepeins, waarin ik haar niet durfde storen.

„Hy was mijn oogappel!„ barstte zy uit, „mijn lieveling, mijn uit-verkorene, mijn schat!„ — En toen bedaarder; „hy was een lieve jongen, een heele lieve jongen; niet waar, mijnheer HILDEBRAND?

„Dat was hy,„ zeide ik.

„En toen hy wegging,„ ging de grootmoeder voort, „was het my als of het my werd ingefluisterd dat ik hem niet weer zou zien; en Diaan hield hem by zijn mantel terug. Niet waar, Diaan? BILL had niet moeten weggaan. Hy had moeten blijven, moeten oud worden, in de plaats van de vrouw. — En als hy dan had moeten sterven, dan had ten minste zijn grootmoeder hem de oogen moeten toedrukken. Wie heeft het nu gedaan?..„

Wat deed het my goed aan het hart haar te kunnen zeggen, dat ik het zelf was.

„Indedaad?„ vroeg zy met een zachten lach. „Ik benijd u.„ En zy zag my aan met een langen en strakken blik.

„Dezen zakdoek,„ ging zy na eenige oogenblikken zwijgens voort, op den foulard wijzende, dien zy om den hals droeg, „liet hy by het afscheid liggen. Hy ging de deur uit, maar kwam nog weer terug om hem te halen. De arme jongen had hem wel noodig, want ik kon hem in zijne tranen wasschen. Ik wischte zijn oogen af en wilde den doek behouden. Die doek en deze brieven zijn mijn eenige troost!"

Zy sloeg haar Bijbel op verschillende plaatsen op, en toonde my de brieven die zy van WILLIAM ontfangen had en in dat boek bewaarde. Zy nam er eenen op, en tuurde een poosjen op het adres.

"Hy schreef een mooie hand; deed hy niet?" zeide zy, en reikte my den brief toe.

Ik las het adres. Het luidde: Aan mevrouw E. MARRISON. E. M.! Dat waren de voorletters die op den ring gegraveerd stonden, dien hy my op zijn sterfbed gegeven had. E. M. Ik had aan dien ring een gantschen roman geknoopt; in die letters den naam van een lief, jeugdig meisjen gelezen, dat haar jong hart reeds vroeg voor WILLIAM geopend had! Maar hoe veel aandoenlijker was dit pand eener eenvoudige genegenheid tusschen grootmoeder en kleinkind. Schoon ik anders den ring niet droeg, had ik hem toch dezer dagen aangetrokken. Ik nam hem van mijn vinger.

"Deze gedachtenis," zeide ik, "gaf hy my op zijn sterfbed. Hy beval ze my aan als iets dat hem zeer dierbaar was."

Het gelaat der oude vrouw helderde op; en nu voor het eerst schoten er tranen in die oogen, die tot nog toe zoo strak gestaard hadden.

"Mijn eigen ring!" riep zy uit. "Ja, ik gaf hem dien voor den neusdoek; heeft hy hem altijd gedragen?"

"Tot weinige uren voor zijn dood!"

"En zeide hy dat hy hem zeer dierbaar was? De lieveling! Heeft hy zijn laatste krachten nog gebruikt om dat te zeggen? En waren zijne laatste gedachten ook by zijn grootmoeder? — Zie je wel, Diaan!" zeide zy tot den hond, "het is het ringetjen van de vrouw, dat de lieve BILL gedragen heeft. Hy heeft ons niet vergeten, Diaan! en wy hem niet — ofschoon dan ook.... Ach, mijnheer!" ging zy voort, "mijne dochter was in 't eerst zoo hevig bedroefd: maar zy gevoelt niet diep; zy was de laatste, de eenig overgeblevene, maar niet de gevoeligste mijner kinderen. Ook had zy zoo veel kinderen over. Maar ik, ik had mijn hart op WILLIAM gezet; hy droeg den naam van zijn grootvader, mijn eigen braven WILLIAM. Hy was altijd zoo eenvoudig, zoo lief, zoo teder, zoo aanhalig voor my. Het was een lieve jongen! Wat doen wy hier zonder hem, Diaan?"

Weder volgde er een korte pauze.

"KEGGE is een goed mensch!" ging zy voort. "Hy is goed, hy is hartelijk, hy is week. Maar hy is vol valsche schaamte; hy wil nooit met een traan gezien worden. Hy verdrijft zijn beter gevoel door luidruchtigheid. Toen hy HANNAH trouwde was zy een speelsch kind, dat met zes jonge honden door de plantaadje liep. Hy heeft haar niet ontwikkeld, niet geleid; zy ziet hem naar de oogen, zy richt in alles zich naar hem; onder zijn invloed durft zy niet anders zijn dan *hy*

zich voordoet. Somtijds ben ik hard tegen KEGGE, en daarom leef ik
liever alleen. Hy verstaat my niet; en dan! dat er nooit, nooit een
woord over den lieven WILLIAM gesproken wordt! — Maar *wy* spreken van hem, niet waar, Diaan!" en zy streelde hem zachtkens over
den kop; "wy spreken van hem. Hy was zoo goed voor den hond,
en de hond had al zoo vroeg met hem gespeeld. Als ik lang naar
den hond kijk, is het als zag ik den kleinen BILL nog met hem spelen!...."
Zy nam den ring weder op.

"Ik zal hem u weêrgeven, als gy weggaat," zeide zy, "maar laat
my hem nog een paar dagen houden."

"Houd hem uw geheele leven, mevrouw!" riep ik haar toe. "Gy
hebt er de grootste en tederder rechten op dan ik."

En ik reikte haar de hand.

"Mijn geheele leven!" andwoordde zy; "ik wenschte wel dat dat
niet lang ware. Ik ben niet geschikt voor dit land. Mijn vader was
een engelschman, maar mijn moeder eene westindische van ouder tot
ouder, eene inboorlinge. De lucht is my hier te laf, de zon te flaauw!
Zoo gij wist wat het my gekost had de West te verlaten. Maar
mijn eenig kind, en het graf van mijn kleinkind trokken my
hierheen. Ook wilde men my niet alleen achterlaten. Ik mocht niet
blijven in het huis waar ik WILLIAM voor mij had gezien, ik moest
afscheid nemen van de plekjens waar ik hem had zien spelen, waar hy
op zijn klein paardtjen voor mijne oogen had rondgereden. Ik zou
zijn graf wel eens willen zien; ik verlang om naast hem te slapen in
den vreemden grond...."

Diaan, die zijn kop weder weemoedig in haar schoot gelegd had,
hief dien langzaam op, en zag haar droevig aan. Er lag een vraag
in zijne oogen:

"En wat zal er dan van Diaan worden?"

Een Concert.

De belangrijke dag, waarop (zoo als de charmante gezegd had) al
wat in de stad smaak had, en ik voeg er by, lid was van het concert
Melodia, stond verrukt te worden door het spel van juffrouw HEN-
RIETTE KEGGE, de mooie dochter van den rijken west-indiër, was
gekomen.

De piano was vroeg in den morgen ter concertzale gebracht om te
acclimateeren, en de heer VAN DER HOOGEN was er zelf heengegaan
om er hem te ontfangen; ja, hy was zelfs eenigzins martelaar van die
gedienstigheid geworden, daar de kastenmakersgezellen, die het stuk
hadden overgebracht, by het strijken, een der pooten op 's man likdo-
ren hadden doen nederkomen, dat hem "alleraffreust!" zeer had gedaan.

12

Papa had aan het diner zich een paar malen onderwonden op te merken dat zijne dochter toch wel wat bleek werd, als er van het concert werd gesproken, iets hetwelk trouwens maar zeer weinig het geval *niet* was: maar zy wilde 't volstrekt niet bekennen, en zou er eindelijk zelfs boos om geworden zijn.

Na den eten begon men dadelijk toilet te maken, en tegen half zeven kwam de schoone HENRIETTE beneden. Zy droeg een zeer lagen japon van gros de naples, van een zeer licht bruinachtig geel, en had een snoer volkomen gelijke kleine paarlen door haar lokken gevlochten; verder droeg zy geene versierselen hoegenaamd.

Mama KEGGE was veel schitterender. Haar klein hoofd zwoegde onder eene groote toque met een paradijsvogel; een gouden halsketting die het dubbel kon wegen van dengenen dien zy altijd droeg, en waarmede zy geloof ik ook sliep, hing over hare schouders, en haar japon was vooral niet minder dan vúúrrood.

De kleine HANNAH was gelukkig in 't wit, maar lag ook al aan een gouden ketting. De beide jongens zagen er uit als gewoonlijk; maar dat zy ieder een cylinderuurwerk op zak hadden, dat zy geen van beiden konden opwinden, en waarop slechts een van beiden zoo wat half en half kijken kon hoe laat het was, scheen my toe niet overnoodzakelijk te wezen. Trouwens, indien zy er maar gelukkig meê geweest waren, ik had hun die uurwerken qua speelgoed gaarne gegund. Maar zy waren reeds volkomen blasé op het punt van dat moois.

„Benje er niet heel blij meê?" vroeg ik aan den oudste.

„Wel neen we!" andwoordde de jongste.

Mijnheer KEGGE wilde volstrekt met slaan van zevenen vertrekken, maar HENRIETTE stond er op dat men niet gaan zou voor kwart óver zevenen.

De charmante kwam nog eens aangedraafd en was charmanter dan ooit. De mouwtjens van den bruinen rok, dien hy droeg, waren nog korter dan van zijn groenen; de overgeslagene manchettes nog polieter en nog meer gesteven; zijne handschoenen nog geeler; zijn vest vertoonde in rood en zwart een schitterend dessein op een reusachtige schaal; hy zett'e zijn lorgnet in den hoek van zijn oog, om een overzicht van HENRIETTE te nemen.

„Om voor te knielen!" riep hy uit. „Allercharmantst! Mevrouw KEGGE, je hebt eer van je dochter!"

En daarop huppelde hy weder heen om de familie in de zaal op te wachten, en te zorgen dat de plaatsen niet in bezit genomen werden, want het zou „criant" vol zijn!

HENRIETTE liep heen en weer door de kamer, en sprak nu en dan met den papegaai om hare gerustheid te toonen, welke gerustheid niettemin eenigzins werd tegengesproken door een herhaald en ten laatste wel wat overtollig kijken op de pendule, die eindelijk op kwartier over zevenen stond. Het rijtuig wachtte, en wy reden ter muzijkzaal.

De charmante stond in den gang ons op te wachten, en bood zijn arm aan mevrouw KEGGE aan; ik volgde met HENRIETTE, en het luid gezwatel van stemmen, dat den stormwind der muzijk voorafgaat, liet zich hooren. De komst van de familie KEGGE maakte eenige opschudding onder de jonge heeren, die achter in de zaal stonden, en die door den heer KEGGE, naarmate hy hen passeerde, zeer luidkeels gegroet werden. Over 't algemeen sprak ZEd. een toon of wat te hoog en te bar voor een publieke plaats.

„VAN DER HOOGEN! waar moeten de dames zitten? Ik hoop wat vooraan. HENRIETTE moet zoo'n lange wandeling niet maken, als ze spelen zal. Hier dunkt me. Op deze drie stoelen! HENRIETTE op den hoek, mama in 't midden, en de kleine kleuters dáár.„

Toen keek hy triomfantelijk rond om te zien welk een uitwerksel deze onafhankelijke taal op de groote hanzen en adelijke heeren, die rondom stonden, maken zoude.

Men zat. Een aantal lorgnetten geraakte in beweging om de mooie juffrouw KEGGE: een aantal hoofdtjens van dames die in een zeer druk gesprek gewikkeld waren, draaide zich van tijd tot tijd naar haar om, zonder evenwel den schijn te willen hebben, er werk van te maken haar te zien. Sommigen keken verbaasd van de toque van mevrouw, anderen lachten in haar geborduurden zakdoek om de drukte van mijnheer, een paar stieten elkander aan wegens de charmantheid van den charmanten.

„Is de freule NAGEL hier ook?„ vroeg HENRIETTE, haar donkeren boa een weinigjen latende zakken; want in de laatste dagen had zy veel aan de hooggeborene gedacht.

„Nog niet,„ andwoordde hy, zijn lorgnet uit zijn oog latende vallen, als of het een groote traan geweest ware. „Nog niet, maar zy komt ongetwijfeld. Gisteren nog maakte ik een visite by den baron. „VAN DER HOOGEN!„ zei ze, „ik languisseer naar morgen avond! Ei zie, daar komt zy juist. Zy zal hier in de buurt komen; charmant! charmant!„

De dame, die hy daarop als de freule CONSTANCE uitduidde, werd binnengeleid door een oudachtig edelman, met een byna kaal hoofd, maar dat aan de slapen nog versierd werd door eenige dunne spierwitte krullen, die aan zijn kleurig gelaat een zeer belangrijk voorkomen byzett'en. Zy zelve was eene schoone jonge vrouw van omstreeks zes- of zevenentwintig jaren. Nooit zag ik edeler voorkomen. Heur hair was van een donker kastanjebruin en op de allereenvoudigste wijze gekruld en gevlochten. Haar hoog voorhoofd ging over in een eenigzins gebogen neus, en maakte daarmeê de schoonst mogelijke lijn. Groote lichtkleurige oogen werden door lange zwarte pinkers,

12*

die er iets buitengewoon zachts en ernstigs aan gaven, omzoomd, en de zuiverheid harer donkere wenkbraauwen was benijdenswaardig. Haar mond zou iets stroefs gehad hebben, indien niet de vriendelijkheid van haar doordringend oog dit had weggenomen. Zy was middelmatig groot en hield zich volkomen recht, behalven dat zy niet den hals, maar het hoofd misschien een weinig gebukt hield. Haar kleed was van een lichtgrijze kleur, en eene kleine mantille van zware witte zijde met zwanendonzen rand rustte met veel kieschheid op hare lage en netgevormde schouders. Waarlijk, dit was het gelaat, het oog, de houding, noch het gewaad van eene jonkvrouw die gezegd werd ziek te zijn naar de marabouts van juffrouw KEGGE en te smachten naar een concertavond.

Zy koos haar plaats een paar rijen vóór de zitplaatsen van onze dames, en hoewel de heer VAN DER HOOGEN deze omstandigheid in 't vooruitzicht charmant genoemd had, geloof ik dat zy hem toch min of meer gênant voorkwam; immers hoe gaarne hy die ook zou hebben willen ten toon spreiden, toen hy de freule NAGEL (en hy moest wel!) zijn compliment ging maken, bleek ons weinig of niets van die gemeenzaamheid waarvan hy zoo hoog had opgegeven. De freule beandwoordde zijne diepe buiging met eene stijve groete, die hem op een allerakeligsten afstand hield, en voor zoo ver ik bemerken konde kwam er in de weinige woorden, die zy hem ten andwoord gaf, veel van mijnheer, maar niets van VAN DER HOOGEN, noch van languisseeren of iets dergelijks. Het was duidelijk dat de charmante haar eerbiedelijk op HENRIETTE opmerkzaam maakte, maar zy was te beleefd om bepaald om te kijken, en eerst veel later, toen de heer VAN DER HOOGEN was heengegaan om zijn viool te stemmen, want hy was werkend lid, wendde zy haar schoon hoofd even om en wierp een blik op HENRIETTE, die my juist influisterde dat de freule NAGEL zeker wel een jaar of dertig tellen moest. De kleine HANNAH had ook reeds hare aanmerkingen op de aanwezigen, en was byzonder geestig op het punt eener bejaarde dame, die zy vond ⸗dat er dol uitzag, met die bayadère van gitten.⸗

Nu werden er een paar slagen op de pauken gehoord, en daarna trad, pratende en lachende, en zulks te meer naarmate zy met die opkomst eenigzins verlegen waren, dat mengsel van virtuozen en dilettanten op, hetwelk gewoonlijk op een dames-concert zijne krachten samenspant om aller harten te betooveren, plaatste zich achter de respective lessenaren, en begon dat vervaarlijk, snerpend en krassend kattenmuzijk daar te stellen, hetwelk ieder muzikaal genot noodzakelijk schijnt te moeten voorafgaan. Het gedruisch in de zaal hield op; ieder schikte zich op zijn gemak. De heeren, en daaronder ik, deinsden meestal, op een enkel jong mensch na, die zich op 't poseeren en fixeeren toelei (daar waren onweerstaanbare oogen en alles vervoerende tailles!) naar den achtergrond der zaal terug, en alles was doodstil.

Daarop verhief de orkestmeester zijn ebbenhouten staafjen en de symfonie begon. Natuurlijk de zooveelste van BEETHOVEN.

Wel mocht GOETHE * zeggen, dat de gedaante van den muzikant het muzikaal genot altijd verstoort, en dat de ware muzijk alleen voor 't oor moest wezen; en ik deel in zijn denkbeeld dat al wat strijkt, blaast, of zingt, qualitate quâ, onzichtbaar zijn moest. Niets is zeker leelijker, dan eene gantsche menigte manspersonen met dassen, rokken, en somtijds épauletten, manspersonen met zwart hair, blond hair, grijs hair, rood hair, en in 't geheel geen hair, en met allerlei soort van oogvertrekking en aanmonding, zich te gelijk te zien vermoeien en afwerken, achter een gelijk getal houten en koperen instrumenten, tot dat ze bont en blaauw in 't gezicht worden, alleen om een effect daar te stellen, zoo weinig evenredig, zou mogelijk iemand zeggen, maar gewis zoo weinig analoog aan de middelen. Eene geestige vrouw zeide my eens, dat zy honger kreeg van de lange streken van een strijkstok; maar wat krijgt men niet van het open nedergezweef van een vijfentwintig strijkstokken, en van al de bewegingen met wangen, armen en handen die een vol orkest maakt. Waarlijk, er moest een scherm voor hangen. De stroom van geluiden moest als uit eene duistere stilte tot ons komen, of wy moesten allen geblinddoekt toeluisteren. Maar wat werd er dan van de toilettes en van onze mooie oogen?

Ondertusschen zou ik GOETHE tegen moeten spreken, indien hy beweerde dat de zin des gezichts volstrekt niets met de muzijk te maken heeft; want ik moet mijn lezers de gewichtige bekentenis doen, dat ik de muzijk, in het afgetrokkene, waarlijk *zie*; en ik twijfel niet of zy zelve zullen met eenige opmerkzaamheid op hunne gewaarwordingen en inspanning van ziel hetzelfde ontdekken. Er zijn tonen en samenkoppelingen van tonen, die zich aan mijn oog voordoen, als spattende vonken, dikke en dunne strepen, kromme spelden, slangen en kurkentrekkers; als bliksemschichten, liefdestrikken, krakelingen, varkensstaarten, waterstralen en ziegezagen, en ik zie de mogelijkheid om een geheel muzijkstuk voor mijn gevoel in figuren op te schrijven. Die dit niet begrijpt, verzoek ik te beseffen dat hy in een eeuw leeft waarin hy al zulke dingen behoort te begrijpen; en indien hy kerkhistorie heeft gestudeerd, gedenke hy aan de Hesuchisten, die zoo lang op hun maag staarden, tot zy haar van een geheimzinnig licht omschenen zagen.

Drie der gewone onderdeelen van de symfonie waren afgespeeld, toen ik my zachtkens op den schouder voelde tikken. Ik zag om en bemerkte den arm en het gelaat van den goeden koekebakker, die van zijn introductiekaartjen gebruik had gemaakt, maar te verstandig was by deze gelegenheid zijn neefschap te laten gelden, en dus geene no-

---

* *Wilhelm Meister's Lehrjahre.*

titie van de familie nam.   Rijke familiën met arme bloedverwanten! och
of alle neven zoo bescheiden waren! Maar de meesten gillen hun neefschap luide uit, en laten zich door niets omkoopen.

„Moet nu nicht KEGGE er niet an?„ fluisterde hy my met een ver-
genoegd gezicht in 't oor.

„Wel neen!„ andwoordde ik, „nog in lange niet.„

„Ik verzeker u van wel!„ hernam hy; „of dat rooie papiertjen moet
jokken. Kijk,„ zei hy; „ze staat de vierde, en we hebben al drie
stukken gehad.„

De goede DE GROOT had een der onderdeelen van de symfonie voor
een obligaat op den horen genomen.

Ik onderrichtte hem omtrent die dwaling, en hy betuigde dan ook
al gedacht te hebben: „Wat merk ik dien horen weinig!„

De man met den horen verscheen op zijn beurt, geheel in 't zwart,
en met lange hairlokken, blinkende van pomade. Hy maakte een
stroeve buiging en zette een gezicht als of hy ons allen verachtte.
Dit stond hem evenwel leelijk, want hy verdiende dien avond een goede handvol geld, en schoon ik weet dat de kunst onbetaalbaar is, zoo
ben ik toch van oordeel dat men voor geld en goede ontfangst ten
minsten een beleefd gezicht zou kunnen overhebben. Nu staken de
kenners het hoofd op, en legden de hand aan den oorschelp, en riepen Ssss Sst... als de jonge dames fluisterden, die daarop haar zakdoek aan den mond brachten, waarop de oude dames boos omkeken.
Vooral de heer KEGGE was in dit Sst... roepen zeer overvloedig, en
men kon het op zijn aangezicht lezen dat hy zich in dezen volmaakt
onafhankelijk gevoelde ook van alle mogelijke „groote hanzinnen en
adelijke dames.„

De hoornist blies zijn wangen op, zijn oogen uit, en zijn horen vol,
tot algemeene verrukking der aanwezigen, die van een horen hielden,
ofschoon er verscheidene waren die met een wijs en veelbeduidend aangezicht beweerden dat het POT DE VIN niet was, eene blijkbaarheid die
ook door het programma voldingend werd uitgewezen. Het schoonste van 's mans spel scheen daarin te bestaan, dat het geluid van zijn
horen op alle geluiden geleek, die gewoonlijk uit andere instrumenten komen. Nu eens knorde hy als een jichtige fagot, dan weder had
hy al het rochelende van een vetten waldhoren, dan weer het door den
neus pratende van een intriganten hautbois, of het uitgelatene van
een opgewonden trompet, ja zelfs nu en dan iets van het gillende
eener hysterische dwarsfluit; zelden maar geleek hy op hetgeen hy
waarlijk was, een klephoren; en eenmaal was het geluid zoo zacht en
zoo verfijnd dat ik, zoo ik niet de rijkgeringde vingers van den vir-
tuoos had zien bewegen, waarlijk zou gezworen hebben dat er niets
gebeurde. In zoo verre was het maar weer goed dat de muzikant
zichtbaar was. Ik vermaakte my gedurende het spel machtig met het

gadeslaan van een dik heer achter op het orkest, die den duizendkunstenaar had geëngageerd, en allerliefste knipoogjens aan alle de leden
rondzond, die te gelijker tijd moesten beduiden hoe heerlijk hy het
vond en vragen of zy het ook niet heerlijk vonden; en van een lang
jong mensch dicht by my, met zwarte haren en bleeke wangen, die
zijne oogen aandachtig toedeed onder het spel, en de maat met zijn
teenen sloeg, en dan weer een *hoe-is-het-mogelijk* gezicht zette en
een verschrikkelijken nood had om aan iedereen te vertellen hoe familiaar hy dien duizendkunstenaar kende, en hoe goed die duizendkunstenaar billiarte, en hoe'n aangenaam mensch en van welk een goede
familie die duizendkunstenaar was, en hoe de duizendkunstenaar enkel
speelde omdat hy 't niet laten kon, en welk een duizendwondertjen
van een mooi snuifdoosjen de duizendkunstenaar van een princes had
gekregen; en hoe hy zelf in eigen persoon op de repetitie van den
duizendkunstenaar geweest was, en hoe de duizendkunstenaar hem
verhaald had dat die eigen horen daar hy op speelde, hem duizend
gulden had gekost.

Nu had er eene machtige beweging op het orkest plaats. Ik weet
niet hoeveel lessenaars werden achteruit geschoven. De kastelein van
de concertzaal bracht met een gewichtig gelaat twee waschkaarsen op
den piano, en de heer VAN DER HOOGEN maakte hem open, plaatste
de muzijk er op, en schoof de tabourette er onder van daan. Al de
heeren verlieten het orkest — uitgenomen de contrabassist, een oud
man, die zijn bril op zijn voorhoofd schoof, en de paukenslager, die
zijn handen in de zij plaatste — en kwamen achter ons in de zaal
dringen. Daarop daalde de heer VAN DER HOOGEN af, om, door HEN-
RIETTE af te halen, provisioneel aan zijne bestemming te voldoen. Zy
zag zeer bleek, en ik verdacht haar van aan het obligaat op den horen
juist niet veel gehad te hebben. De heer VAN DER HOOGEN nam haar
by de pink en leidde haar op. Zy maakte een compliment, zeer gracieus voor een liefhebster, zonder evenwel tot de diepe neiging en het
verleidelijk gezicht van een tooneelspeelster te komen, en nam daarop
onder een luid handgeklap, en een onstuimig voorwaarts dringen der
heeren, plaats voor het instrument, trok hare handschoenen uit, en de
lieve handen zweefden over de toetsen.

De eerste maten hadden den indruk van de onrustige beweging harer
pols, maar langzamerhand herstelde zy zich; haar natuurlijke kleur
kwam weder, en zy speelde als of zy te huis was met de haar eigene
verwonderlijke vlugheid.

*Indedaad, het was wonderlijk dat menschenvingers dat doen kon-
den!* fluisterde DE GROOT my in, nadat hy een weinigjen van den
schrik bekomen was, die het optreden van HENRIETTE den goeden man
gekost had. *'t Is als of ze aan draadtjens zitten. Alles leeft wat
er aan is. Kijk hier, ze gooit haar armen over mekaar, of 't zoo

niets was. En ze slaat er goed op, ook! Dat's verraderlijk!" zeide hy, als zy na lang met beide handen in de lage tonen te hebben gewerkt, zonder om te zien plotseling de toetsen van den hoogsten octaaf een fikschen tik gaf. "Drommels nou! dat gaat gaauw; 't is als of je een goot hoort loopen."

De heer VAN DER HOOGEN stond, met een hoek van ten hoogsten honderd en dertig graden, naar den piano gebogen, en maakte zich verdienstelijk met het omslaan der bladen, maar toen hy aan de laatste bladzijde was, nam hy voor goed eene hartvervoerende houding aan, met de eene hand op den piano leunende, en de andere in de zijde zettende, terwijl hy zijne leelijke oogen verlokkend door de zaal liet weiden, of zy ook nog, in 't voorbygaan, een hart of tien veroveren mochten!

Het stuk was uit. HENRIETTE stond op, en dankte met een stuursch gezicht voor het daverend handgeklap. De charmante bracht haar weder tot haar plaats en deelde in haar triomf. De oude KEGGE had tranen in de oogen, en de charmante drukte hem de hand. "Het was onbegrijpelijk charmant geweest!" HENRIETTE liet zich door mevrouw KEGGE den boa weder op den hals werpen, en speelde met het einde daarvan; daarop begon zy een gesprek met de kleine HANNAH, zoodat de geheele wareld verbaasd stond over eene jonge dame "die zoo voortreffelijk speelde, en zoo lief was met haar zusjen."

De drukke finale der symfonie waarin machtig veel gepaukt, en machtig veel gebazuind werd, besloot de eerste afdeeling van het zooveelde damesconcert van het gezelschap Melodia, en de pauze begon.

Dat is niet het minst belangrijk gedeelte van een concert, als het dissoneerend vocaal het harmonisch instrumentaal voor een half uur afwisselt. De dames hebben dan ook altijd liever een nommer minder op het programma dan eene *korte* pauze, en zulks is niet te verwonderen, wanneer men bedenkt hoe veel praatziekte, hoe veel verliefdheid, hoe veel kunstgedienstigheid, hoe veel eerzucht, praalzucht, en behaagzucht hier byeen zijn.

Indien men eene wage had op welker eene schaal men alle deze vergaderde ziekten en zuchten kon stapelen, en men lei daartegenover op de andere het muzikaal gevoel — ja, leg er het muzikaal gehoor maar by! deze laatste zou ongetwijfeld omhoog rijzen.

En gewichtig voorzeker was dat oogenblik waarop deze koopbeurs van beleefdheden en praatjens aanging, en het hoffelijk gedrang begon. Als de blonde en bruine hoofden, de vederen en de bloemen zich ophieven, de starren op de voorhoofden haren loop begonnen, en de eerst zoo regelmatige rijen van schoonen en moeders van schoonen, van "pulcrarum matrum filiae pulcriores" en omgekeerd, zich tot bevallige groepen schikten, waaruit vonkelende oogen straalden en vrolijke lachjens opgingen; als de dwarling van jonge heeren een aanvang nam, waarvan ieder zijn prima donna, zijne reine du bal zocht, de een met een glimlach, de ander met een sentimenteel gezicht, de derde met een kloppend hart, en de vierde met een opgestreken kuif; waarvan de een boos, de andere onnoozel, en de derde kippig keek uit verlegenheid; waarvan de een om te beginnen zijn netten spreidde over al wat mooi was, en de andere in het wilde scheen rond te fladderen, maar om toch wat meer eklektisch te werk te gaan; terwijl de toovermacht van dezen moest berusten in een naauw vest, en gene een filtre meende te bezitten in de gedaante van pomade à l'oeillet; daar de talisman van een derde in zijne handschoenen berustte, terwijl een enkele begreep dat hy het meest zoude intéresseeren door met een knorrig gezicht en een medelijdenden glimlach op al het gedraai en geworm neder te zien.

Ik deed mijn best om HENRIETTE te genaken, die in een kring van heeren stond, welke zy ten deele kende, ten deele nimmer geluid had hooren geven, maar die allen van deze gelegenheid gebruik maakten om haar iets aangenaams te zeggen. Iedereen was even verrukt, en de charmante week niet van hare zijde. Ik maakte haar mede mijn compliment, en liet my daarop van hoeken tot kanten dringen, waarby ik het voordeel had veel te zien en te hooren, dat my voor dien avond belangrijk voorkwam.

"Ze zullen die juffrouw KEGGE, hiet ze zoo niet? het hoofd wel op hol maken!" merkte eene mevrouw van een zekeren leeftijd, met eene zwarte gazen toque, aan. "'t Is niet goed voor zoo'n jong ding."

En zy sloot haren mond zoo dicht, zoo dicht, als of zy er van af-zag den geheelen avond iets meer in het midden te brengen.

"O, ik vind dat ze er allerintéressantst uit kan zien," sprak een jonge dame, in andwoord op het zeggen van een heer van middelbare jaren, dat juffrouw KEGGE heel mooi was; "maar van avond, dunkt my, heeft zy haar beau jour niet."

"Kent u die familie KEGGE?" vroeg eene andere aan een jong heer, en zy legde duizend pond nadruk op den naam.

"Vraag excuus!" was het andwoord, "ik weet niet anders dan dat de menschen rijk zijn... maar," ging hy zachter voort, "ze zijn volstrekt niets. Haar grootvader was hier ter stede een kruidenier of zoo wat, en haar vader... die heeft fortuin gemaakt in de West."

"Ik vind ook wel, dat men haar dàt aan kan zien," sprak een derde, die dit gesprek had gehoord, schoon zy er met den rug naar toe had gestaan, zelve eene fysionomie vertoonende, die alles behalve onge-meen was.

"Ik hou niet van dat soort van oogen," hoorde ik aan eenen anderen kant, uit den mond van een jong meisjen van dertig, die zeer fledsch uit de hare keek.

De freule VAN NAGEL scheen zeer tevreden over het spel, maar liet zich over de speelster volstrekt niet uit.

Ik bewonderde onder de menigte van schoone vrouwen van middel-

baren leeftijd eene die, met een allerbevalligst voorkomen en zeer innemende manieren, het voorwerp der algemeene belangstelling scheen te
zijn. Alle de heeren kwamen voor haar buigen, en al hunne vrouwen
lieten zich, de eene voor, de andere na, by haar brengen. De jonge
dames deden haar best om haar te naderen, of wenkten haar met het
daarby behoorend lachend gezicht toe, dat het onmogelijk was. Zy
gáf een soort van pleeggehoor. Meermalen poogde zy te gaan zitten,
maar juist op het oogenblik dat zy er toe besloot, verscheen er weder
altijd iemand, om haar zijne beleefdheid te bewijzen; en ik bewonderde
in stilte de goede gratie, waarmede zy zich terstond weer tot den nieuw-
aangekomene wendde, en de onbeduidende gezegden, die vrij wel met de
door al zijne voorgangers gehoudene gesprekken overeenkwamen, met
verschen moed beandwoordde. Hare dochter, een meisjen dat nog geen
zestien jaren mocht hebben bereikt, was aan hare zijde, en scheen deze
minzame bevalligheid reeds in hare mate te hebben overgenomen. Hetgeen beider beleefdheid het aangenaamst maakte, was het eenvoudige
en ongedwongene, het volkomen vriendelijke en vrolijke dat haar eigen
was, en niet anders voortkomen kon, dan uit eene lieve, harmonische
stemming des gemoeds, en eene heldere tevredenheid des harten. Voor
my was het een waar genoegen haar gade te slaan, en ik kon niet nalaten met minachting te denken aan de valsche redeneering van een
aantal zich noemende menschenkenners, die hoffelijkheid altijd voor
willen doen komen als laagheid, en welwillendheid als huichelary.
Waarlijk, die echte humaniteit, die goede toon, die beleefde innemend-
heid, welke de blijken dragen van in overeenstemming te zijn met den
geheelen persoon die ze aan den dag legt, is te gelijk eene gave en eene
verdienste, en ik wenschte wel dat men algemeen gevoelde, hoe men
de wetten der wellevendheid met de wetten der fijnste zedelijkheid en
het meest kiesche gevoel in verband kan brengen. Al het misbruik
dat van haar gemaakt is door intriganten en hypocriten, neemt niet
weg dat zy een der schoonste sieraden van het menschdom is, en een der
verhevenste onderscheidingen boven het dierengeslacht doet uitkomen.

Ik vernam naderhand dat deze bevallige vrouw eene dame was, wier
huis bekend stond voor eene plaats, waar men zich nimmer verveelde;
die niet slechts veel menschen zag, maar haar gezelschap altijd geheel
bezielde en doordrong van de liefelijkheid haar aangeboren.

Den stroom volgende werd ik nog voorby vele paartjens gesleept, die
werk van elkander maakten; ook langs schuchtere jongelingen, die
zich verstoutten, hun geheel onbekende dames noodelooze diensten te
doen, als daar zijn: boa's op te rapen, die nog niet gevallen waren,
en shawls over haar stoel te hangen, die zy nog niet noodig hadden;
alsmede langs vele ophoopingen van jonge meisjens die iedereen uit-
lachten. Hier en daar zat of stond eene oude dame stokstijf voor haar
stoel, te midden van een jong geslachte, inmobilis in mobili, en her-

innerde zich de dagen dat ook zy mobieler was; of verbeeldde zich dat zy ook nog mobieler zijn konde indien zy maar wilde; of verheugde zich dat nu haar kinderen waren, zoo als zy geweest was; of verklaarde dat de pauze nu eenmaal lang genoeg geduurd had.

Zoo kwam ik tot aan de deur, en nu bezocht ik ook de koffykamer. Hier waren de standen meer dooreengemengd, en vooral onder de werkende leden vond men van alles. De muzijk, het ijsvermaak, en het tabakrooken, neemt allen aanzien des persoons weg. Hier werd hevig gerookt door allerlei soort van rookers; daar waren er die pijpen, daar waren er die sigaren, daar waren er die baai rookten; sommigen hadden al lang naar hun rooktoestel gesmacht: anderen deden het alleen omdat de rook der anderen hun dan minder hinderde. Daar waren er die het niet laten konden, en daar waren er die het doen en laten konden allebei, en het daarom zoo veel mogelijk deden; verslaafden, en vrijwillige dienstknechten; en de kleine KEGGETJENS drongen door de menigte heen, en hadden waarlijk ook ieder een sigaartjen in den mond, ter zake waarvan hun vader lachte dat hy schaterde.

"Die juffrouw KEGGE speelt admirabel, niet waar!" zei een beschaafd heer, zijn viool weer uit de vioolkas nemende, om zich voor de tweede afdeeling gereed te maken, en omziende naar een groot liefhebber, een dik persoon, met een lomp uiterlijk, dien ik in 't orkest met een waldhoren gezien had.

"Ze speelt verdraaid vlug!" andwoordde die van den waldhoren.

"Veel smaak, veel smaak!" riep een wijs burgerheer, die een dwarsfluit blies.

"Smaak?" riep een klein heertjen, die zich juist aan een heet glas punsch brandde, met een pieperig stemmetjen, "smaak, geen zier smaak! al den duivel vlugheid, kunstjens, *brille.*"

"Een mooie piano, niet waar?" hoorde ik in een anderen hoek, uit den mond van een werkend lid.

"Ja, en een weergasche mooie meid ook," andwoordde een honorair lid.

"Foei, oude snoeper, waar kijkje na!" zei de eerste spreker.

Zoo gaat het, wanneer gy op concerten speelt. Waarom laat gy het niet liever?

De tweede afdeeling bood niets byzonder opmerkenswaardigs aan. Een welgemaakt officier der zware ruitery trad in burgerkleeding met een wit vest op, en zong een paar coquette romances, die beurtelings zeer laag en zeer hoog liepen, en met een afwisselend kwaadaardig en snoeperig lachend gezicht gezongen werden, maar waarvan de toon en de inhoud zoo min overeenkwamen met zijn zware knevels, als met de op- en neder-gesten, die hy met het tusschen zijn beide handen uitgespannen blad papier maakte. Voorts hadden wy nog een obligaat op de violoncel van een duitscher, met een plat hoofd en een gouden bril; en het concert eindigde, zoo als een deugdzaam concert behoort te eindigen , met eene ouverture.

De zaaldeur werd opengezet, en de geparfumeerde dampkring door een gevoeligen tocht gezuiverd. De boas en pélerines werden opgehaald. De céphaliden werden om die kopjens, die er lief mee uitzagen, vastgestrikt, of anders in de hand gereed gehouden; en de jonge heeren, die het er op gezet hadden de eene of andere schoone naar haar rijtuig te geleiden, met het stellige voornemen om dien nacht van dat geluk te droomen, zochten zich van stonden aan van een gunstig standpunt te verzekeren. De heeren die vrouwen hadden, waren boos dat hunne rijtuigen zoo laat kwamen, en de heeren die paarden hadden, maakten zich ongerust dat het hunne misschien lang zou moeten wachten; de jonge meisjens speet het dat het hare zoo vroeg kwam; en enkele opgewondene jonge heeren spraken er van dat het aardig zou wezen, de concertzaal in een balzaal te veranderen, en hingen eene verleidelijke schildery van deze zaligheid op.

VAN DER HOOGEN was weder in ons midden, en stond zoo dicht mogelijk tegen den linkerarm van HENRIETTE aangedrongen. Zy was allerliefst jegens hem, en schertste en lachte; maar toen de knecht met groot misbaar „de koets van mijnheer KEGGE!" aankondigde, draaide zy zich eensklaps om, en greep in een aanval van behaagzieke speelschheid mijn arm aan. Van dien oogenblik aan haatte my de charmante. Zegevierende zag HENRIETTE om. Mijnheer KEGGE, die haast maakte, volgde met mevrouw; VAN DER HOOGEN moest zich dus met de kleine HANNAH behelpen, naar welke hy zich heelemaal scheef moest overbuigen, tot groot genoegen van de dubbelde rij van heeren en dames, tusschen welke wy by het verlaten der zaal heentogen. Een charmante spitsroede.

Wy kwamen thuis. Er werd een buitengewoon souper aangericht. Tegen het dessert dook de heer KEGGE zelf in zijn wijnkelder, en bracht zulk eene menigte van allerlei merken boven, dat het hart my van angst in de keel begon te kloppen. De charmante, die van de party was, stelde een toast op de schoone pianiste in, en las daarby een fransch extemporeetjen van zijn eigen maaksel voor, waarin hy op eene charmante wijze over alle de regelen der taal had gezegeviverd. Hoofdzakelijk zeide hy dat HENRIET een mooi meisjen met bruine oogen , een engel, en eene godin der muzijk was, en daarby kwamen eenige aanmerkingen omtrent uitgetrokken harten en op tonen drijvende zielen. Wy waren allen geheel bewondering, en mevrouw KEGGE niet het minst, hetgeen ongetwijfeld veel voor de zaakrijkheid van het gedicht pleitte, daar HEd. van de zes woorden er maar drie verstaan had. Mijnheer KEGGE dronk den dichter, en de dichter dronk den heer KEGGE; en de heer KEGGE liet de kurken van champagneflesschen tegen den zolder springen; en de heer VAN DER HOOGEN sloeg met de platte hand op champagneglazen, dat de wijn op nieuw begon te schuimen; en dit alles was ter eere van juffrouw HENRIETTE KEGGE.

Ochtendbezoek en Avondwandeling.

Des anderen daags 's voormiddags werd de goede DE GROOT aangediend, en trad de kamer binnen, verzelschapt van zijn lieve dochter, die eene groote gunstelinge van den heer KEGGE was, en in het huishouden groote diensten bewees. Dien middag zou zy met ons dineeren, en haar vader bracht haar zelf, omdat hy meteen zijne dankbaarheid wilde komen betuigen voor het introductiekaartjen. Hy sprak met de grootste opgewondenheid over den avond van gisteren:

„Nooit in zijn leven had hy zoo iets moois gezien of gehoord. Dat was een rijkdom! Dat waren stukken muzijk! Hy wist niet hoe het mogelijk was, dat een mensch zoo vlug op 't klavier wezen kon als nicht HENRIETTE; en toen hy haar zoo had zien zitten, misschien was het zonde geweest, maar hy had gedacht, dat zy zoo mooi was als een engel uit den hemel.„

HENRIET glimlachte, en vergat, om het streelende der vergelijking, dat zy die voor dit maal uit den mond vernam van een koekebakker. Zy begon daarop zeer vriendelijk naar juffrouw DE GROOT te vragen, en haar spijt te betuigen dat zy niet op de verguldparty had kunnen komen; zy zou juffrouw DE GROOT nog eens in persoon haar excuses komen maken.

„Neen maar, juffrouw.... ik wil zeggen nicht HENRIETTE!„ zei de goede man, „dat behoeft in 't geheel niet. Uw bezoek zal haar welkom zijn; maar excuses! och, dat behoeft niet; dat weet neef KEGGE wel. Mijn vrouw heeft het ook volstrekt niet kwalijk genomen; dat moet u toch vooral niet denken!„

„Nu neef DE GROOT...„ zei HENRIETTE vriendelijk... en wie weet hoe lief zy zou geweest zijn? maar het woord bestierf haar op de lippen, want de charmante trad binnen, en maakte wat ik zijn „compliments de coutume„ noemde.

„Wel, juffrouw HENRIETTE! is de nachtrust goed geweest, na de fatigue van gisteren? Ik heb geen oog kunnen toedoen; ik was nog zoo geënthusiasmeerd van de muzijk. Het was een charmante avond; de heele wareld had zich dan ook perfect geamuseerd. De stad is er van vervuld!„

„Vleier!„ zei HENRIETTE; „maar ik weet,„ liet zy er op een goedigen toon op volgen, „ik weet dat gy het goed meent.„

En zy reikte hem de hand.

Hy nam die met vervoering aan, en trok haar naar de vensterbank.

„Wie is die man?„ vroeg hy, den goeden DE GROOT van het hoofd tot de voeten opnemende.

„De vader van SAARTJEN,„ andwoordde HENRIETTE bedeesd.

„o Ho!„ zei de heer VAN DER HOOGEN, die dat ook zeer wel wist, hem den rug toedraaiende. En zijn lorgnet in het oog klevende, bezag hy den ruiker bloemen, die in een sierlijken porceleinen vaas op een guéridon voor het raam stond.

„Wat een schoon bouquet, zoo laat in 't jaar!" merkte hy aan.

„Papa is zoo lief geweest het my meê te brengen. Het heeft zijn beste dagen al gehad."

„Reiken de stelen allemaal wel goed aan 't water?" vroeg de charmante.

Hy stak, om zich daarvan te overtuigen, zijn hand diep in den ruiker, en toen hy die weder terugtrok, was het als of er iets violetkleurigs in achterbleef, dat naar de punten van een klein biljet zweemde.

De heer KEGGE was ondertusschen druk bezig met neef DE GROOT, die echter niet op zijn gemak was, aangezien Azor en Mimi het hem verbaasd lastig maakten; en hoewel mevrouw KEGGE hem gedurig verzekerde, dat het de liefste diertjens van de wareld waren, die nooit iemand leed deden, bevielen hem de gedurig luider uitvallen en het gestadig pronken met hunne witte tanden zeer weinig. Zijn bezoek was slechts kort; hy groette mijnheer en mevrouw KEGGE allerhartelijkst; „juffrouw, ik wil zeggen, nicht HENRIETTE," zeer eerbiedig, en maakte ook eene buiging voor VAN DER HOOGEN, die hem met een hooghartig „goeden dag" betaalde.

VAN DER HOOGEN ging daarop mijnheer en mevrouw KEGGE bezighouden, en HENRIETTE trad op den bloemenruiker toe, haalde er het biljet uit, en borg het in haar ceinture, evenwel zoo handig niet of ik bemerkte het volkomen; zy vermoedde dit, en kreeg een kleur. De papegaai werd daarop haar toeverlaat. Zy hield hem een stukjen beschuit voor:

„Wat zegt Coco dan tegen de vrouw?"

„Pas op, pas op!" riep de papagaai, die blijkbaar in de war was.

VAN DER HOOGEN vertrok spoedig daarop, en de dag had vooreerst weinig merkwaardigs; grootmama liet naar SAARTJEN vragen; zy bleef een uurtjen boven, en kwam daarna met roode oogen beneden.

„Gy hebt de lieve oude vrouw wat gelukkig gemaakt," fluisterde zy my in.

Ik had gelegenheid in den loop van den voormiddag de lieve blonde eens zoo goed als alleen te spreken, en spoedig maakte ik daarvan gebruik om het gesprek op haar vriendin NOIRET te brengen.

Zy verhaalde my van SUZETTE's onvergelijkelijke gehechtheid aan haar moeder; van hare voorbeeldelooze werkzaamheid, waardoor zy zoo veel mogelijk in de behoeften van deze voorzag, van haar eigen schamel kamertjen, en van alles wat zy om den wil harer moeder had uit te staan. Ook deelde zy my mede dat er een knappe jongen in de stad was, een schrijver op een der stads bureaux, die een dollen zin in SUZETTE had, en dat zy geloofde, dat hy SUZETTE ook niet ten eenen male onverschillig liet; maar dat zy het voor zichzelve niet wilde bekennen omdat zy meende dat de inwilliging van een dergelijk gevoel, eene misdaad was tegen haar moeder. Dat zy daarom den jongeling altijd op een afstand hield, en hem soms wel wat erg behandeld had, wat zeker tegen haar eigen hart was; en dat zy zich dat dezer dagen byzonder verweet, nu zy vernomen had dat hy, er aan wanhopende ooit hare genegenheid te zullen verwerven, en toch geen mogelijkheid ziende om haar vooreerst onafhankelijk te kunnen onderhouden, het plan had opgevat om zijn geluk in de West te gaan beproeven.

„O, dat maakt haar tegenwoordig zoo ongelukkig,„ voegde SAARTJEN er by, met een traan in de mooie oogen; „en dan verwijt zy zich weer dat hare gedachten een oogenblik aan iemand anders behooren dan aan hare oude moeder. „

HENRIETTE was dien geheelen dag byzonder aangenaam en liefelijk voor my; zy had allerhande zoete oplettendheden aan tafel; prees my verscheidene malen in het aangezicht; en gaf my zelfs by het doorbladeren van hare teekenportefeuille, uit een open reden, een allerliefste teekening op rijstpapier ten geschenke.

In het schemeruur bracht ik SAARTJEN thuis; en het lustte my, daarna eene kleine stadswandeling te maken, in dat in de stad drukke uur, waarin de werklieden en schoolkinderen naar huis gaan, en de dienstmaagden hare boodschappen beginnen, hare minnaren toevallig tegenkomen, of elkander gewichtige mededeelingen doen omtrent de verschillende karakters van haar heer, haar mevrouw, den oudsten jongen heer, en de oudste juffrouw; by welke gelegenheden de heer er altijd beter afkomt dan de mevrouw, en de mevrouw beter dan de oudste juffrouw, terwijl de jonge heer een van tweën of een akelig „stuursch minsch,„ of „een heertjen„ is. Ik heb dit uit mijne vroege jeugd overgehouden, dat ik gaarne de lichten in de winkels zie opsteken, en ook ditmaal stond ik nu eens stil bij een in het donker vooral zoo plechtig smidsvuur, waaruit de gloeiende bouten schitterend te voorschijn kwamen, om onder de slagen van den voorhamer eene horizontale fontein van vuur uit te spreiden, waarby het zwarte gelaat van den smid fantastisch verlicht wordt; dan weder boeide my het wreedaardig schouwspel eener slachtery, waar de knechts in hunne bloederige wollen kousen tot over de kniën reikende, en met een ouden hoed over hunne blaauwe slaapmutsen, zichzelven bylichtten met een brandend kaarsjen, op gemelden hoed vastgekleefd, dat een tooverachtig licht in de opengehouwen koebeesten wierp, wier inwendige belangen zy verzorgden. De stadslantarens waren nog niet opgestoken, en zouden eerst twee uren later aanlichten, omdat het onmogelijk is dat een vreemdeling op een stikdonkere gracht in het water valt, als het nog niet langer dan anderhalf uur stikdonker geweest is.

Het gebeurde dat ik op zulk een donkere gracht voortschrijdende, zonder precies te weten waar ik my bevond, op eenigen afstand twee personen ontwaarde, waarvan de een even veel neiging had om den ander te ontloopen, als de andere gezind scheen de eerste terug te houden. Naderby komende, zag ik dat gemelde personen tot verschillende kunnen behoorden, en daarop hoorde ik eene zachte vrouwenstem, maar schor van zenuwachtigheid, duidelijk zeggen: „laat me los, mijnheer! of ik schreeuw.‟

Het leek my toe, dat de mijnheer tot wien deze bedreiging gericht was, en die een langen mantel droeg, van nature een vijand van schreeuwen was. Althands hy liet de persoon die gesproken had oogenblikkelijk los, en verdween in eene zijstraat. Ik had de stem herkend.

„Zijt gy het, juffrouw NOIRET? Wie durft u aanraken? Laat ik u thuis brengen,‟ sprak ik haar toe.

Het arme meisjen kon niet andwoorden; zy beefde van het hoofd tot de voeten, en ik had moeite haar op de been te houden.

„Het is verschrikkelijk,‟ snikte zy: „o indien gy zoo goed wilt wezen; het is ijsselijk....‟

Meer kwam er niet uit. Ik geleidde haar zwijgend tot naar de kleine komenywinkel, waar zy haar kamertjen had. In het voorhuis zonk zy op een bank neder. Het was er donker, want op de geringe nering kon geen licht overschieten. De vrouw uit de komenywinkel kwam naar voren loopen, met een baklamp in de hand.

„Och lieve help! wat scheelt de juffrouw! wat ziet ze bleek. Is de juffrouw verschoten? Ga gaauw in 't kantoortjen, juffrouw! ik ga de kaars opsteken.‟

Zy ging heen om den blaker van juffrouw NOIRET te halen, en ik bracht haar in een klein, van 't voorhuis afgeschoten kamertjen, dat zy my als 't kantoortjen had aangewezen, en dat dien naam te recht verdiende, daar er niets in stond dan een kleinen hangoortafel, vier matten tabouretten, en een leelijk gezicht in een lijstjen aan den wand, voorstellende den held VAN SPEYK.

„Maar me lieve gunst, wat scheelt er dan toch an!‟ riep de komenyvrouw uit, toen zy den blaker van SUZETTE aangestoken, en haar eigen lamp, daar er geen twee lichten noodig waren, onmiddelijk daarop uitgeblazen had.

Ik liet haar een glas water halen. SUZETTE dronk er een teugjen van, en het glas klapperde tusschen hare tanden. Nog kon zy niet spreken. Het klamme zweet stond haar op het aangezicht.

„Maar me lieve gunst,‟ begon de bezorgde, maar nog meer nieuwsgierige hospita al weêr, dat's nou toch wel een raar geval. De juffrouw het et disperaat op haar zenuwgestel. Wil ik na de apteek loopen en een rooie schrikpoeier halen?‟

„De juffrouw is aangerand,‟ zei ik; „er loopt kwaad volk. Ik was er by tijds by; men wilde haar afzetten.‟

„Angerand!‟ riep de hospita uit; „ofzetten! Ja, het is een ijsselijkheid dat er geen werk is. En mijn KOBUS is ook nog by den weg; dien kennen ze dan ook nog wel anranden en ofzetten, ofschoon ie juist niet by 'em het dan zen zulver orlozie, en *daar* is een stevige koperen kast om; dat's één geluk. Ja, ik heb al lang gedocht dat het niet pruissisch was hier in de stad. Der is nog reis een winter geweest dat et zoo erg was.

Et was in de tijd dat ik op allen dag liep van me derde. Maar toen brakken ze in by de lui, en kwammen voor de lui der bed staan, met een armpie van een ongeboren kind. Daar zal meheer wel van gehoord hebben. En dan stakken ze zoo'n armpie in brand, en ze draaiden het driemaal over de lui der hoofd om, en dan zeien ze, ja wat zeien ze ook? dan zeien ze: *die waakt, die waakt; die slaapt, die slaapt!* en in die omstandigheid, zal ik maar zeggen, daar je dan in verkeerde, daar bleef je ook in. Anranden! 't is wat moois in een kristenland! Gelukkig nog juffrouw dat ze je die japon niet of hebben angerand; dat zou een leelijkert wezen!"

En zy nam SUZETTE een toegespeld pak af, dat zy nog altijd stijf onder den arm hield, en lei het voorzichtig op een der matten tabouretten.

"Breng het boven, moedertjen," zei ik, "en laat ons even alleen, want ik hoop dat de juffrouw my den persoon zal kunnen beschrijven; dan zal ik hem aan de policie aangeven."

"Beskrijven; ja, dat gaat zoo ver as 't voeten het," andwoordde de klappei; "en weetje wat KOBUS zeit? ze krijgen er de verkeerden door te pakken. Laastleden varkemarkt hebben ze nog een jong gezel, een die hier, zel ik maar zeggen, vreemd was, opgepakt. Der komt ommers altijd op varkemart hier zoo'n poffertjeskraam? Nou, hy mocht zoo by die poffertjeskraam staan te kijken, na die groote koperen schuttels en zoo; daar komt er een diender na 'em toe; die leest op een pampiertje; en toen kijkt hy hem an. Nou die jonge wist van den prins geen kwaad. Maar de diender zeit teugen 'em: jongen, zeit ie, ga jy reis effen meê. Ik dank je vrindelijk, man, zeit den ander. Maar het holp niet, want de diender zei: maatje, zeit ie, kijk reis effen wat ik hier onder me jas heb. Nou dat waren niet anders as van die duimskroeffies, as meheer wel reis zel gezien hebben, daar ze een minsch meê vastskroeven, zel ik maar zeggen, dat ie geen vin verroeren kan. Nou die mocht die man niet, dat ie mijn slacht. Zoo gezegd, zoo gedaan; daar holp geen lievemoederen an; hy *most* en hy *zou* meê. Maar toen hy vijf dagen had zitten brommen — hy was toch maar al die tijd uit zijn werk, zie je — daar komt die zelfde diender in zijn hok, zel ik maar zeggen, of waar dat ie dan zat, en zeit, dat ie maar stilletjens vort zou gaan. Maar hy zei, neen, zeidie, dat gaat *zoo* niet. Want hy wou der verhaal op hebben, zie je, menheer! Maar dat weten we wel, dat gaat zoo ver as 't voeten het. Zoodat ik maar zeggen wil, dat beschrijven niet veel ofdoet; maar daarom zei KOBUS altijd, in die winter toen 'et nog reis zoo erg was: as *ik* er eentjen te pakken kreeg, ik zou 'em teekenen, dat ik 'em voor goed zou kennen..."

Ik herhaalde mijn wensch om met juffrouw NOIRET alleen te blijven. Zoodra de babbelachtige vrouw gegaan was, borst zy in tranen uit.

"Dit heeft hy my in de hand gestopt!" riep zy uit; "verbrand het in de kaars."

En zy wierp een violetkleurig briefjen op tafel, dat zy in hare zenuw-achtige spanning geheel verfronseld had. Daarop zeide zy met eenen innigen afschuw:

„Foei mijnheer VAN DER HOOGEN!"

Ik nam het briefjen op.

„Mag ik het bewaren?" vroeg ik haar. „Het kan my te pas komen."
Ik herstelde het in zijne vroegere gedaante, en stak het in mijn portefeuille.

Toen SUZETTE wat bedaard was, deelde zy my mede, hoe zy sedert eenigen tijd overal vervolgd werd door VAN DER HOOGEN. Hy was im-mer op haar weg. By het gaan van haar kamer naar het hofjen, en by het uitgaan der kerk; ja, in de laatste week had hy een paar malen het hofjen zelf tot zijne middagwandeling gekozen, en onbeschaamd by haar moeder ingekeken, en tegen haar, SUZETTE, geglimlacht. Zoo erg als van avond had hy het evenwel nog nooit gemaakt. Zy was uitgegaan om freule NAGEL een japon te passen, zonder hem nogthands te ontmoe-ten. De freule had haar by het heengaan, met hare gewone vriendelijk-heid, als SUZETTE zei, de bescherming van haar lakkei aangeboden; maar zy had het afgeslagen, omdat zy niet had gedacht dat het buiten al zoo donker was. Ondertusschen was de avond op eens gevallen, en zy was nog geen twintig schreden van het huis van den heer VAN NAGEL, of zy hoorde reeds den stap van VAN DER HOOGEN achter haar, terwijl hy haar door zonderlinge geluiden op zijne nabyheid opmerkzaam maak-te. Zonder op of om te zien had zy hare schreden versneld; in haren angst had zy gemeend hem te zullen ontvlieden door een zijstraat in te gaan; hy was haar ook dáár gevolgd. Toen zy op de donkere gracht was gekomen, had hy haar om het middel gegrepen, en haar eenige woorden toegesproken, die zy evenwel door den schrik niet verstaan had. Hy had haar daarop het briefjen in de hand gedrukt, dat zy zich zeker werktuigelijk had laten welgevallen. Daarop had hy haar willen kussen, en had zy de woorden uitgesproken, die ik gehoord had.

Na deze mededeeling, en nadat zy geheel van den schrik zeide beko-men te zijn, ofschoon zy nog altoos bleek zag, verzocht zy my dat ik haar verlaten zoude. Zy wilde zich door een der kinderen van haar hos-pita naar haar moeder laten brengen, die van niets weten moest.

Ik vertrok.

Op straat verdiepte ik my in ernstige overleggingen hoe my na dit alles te gedragen. VAN DER HOOGEN had my sedert onze eerste ontmoe-ting niet willen bevallen; en ik had, op gelaat en manieren af, weinig gunstige vermoedens van hem opgevat. Dat hy het hof aan HENRIETTE maakte, had ik terstond gemerkt, en met leede oogen aangezien. Ik vreesde dat indien niet louter haar geld, dan misschien haar geld gecu-muleerd met haar schoonheid den fat aanlokten; dien ik daarenboven voor een mauvais sujet hield, die haar ongelukkig zoude maken. On-danks alle hare kuren was HENRIETTE hiertoe te goed, en in gedachten had ik haar een man toegezegd, die haar door meerderheid in verstand verbeteren, en eenmaal tot eene lieve vrouw maken zoude, tot welker vereischten zy toch waarlijk vele bestanddeelen bezat. VAN DER HOOGEN had my, zoo als de lezer zich herinneren zal, met een woord gezegd, dat hy ook te Leyden had "geresideerd," en daar ik het geluk had in de sleutelstad menschen van allerlei stand te kennen, had ik al spoedig omtrent ZEd. eenige berichten ingewonnen. Deze waren niet gunstig voor den charmanten uitgevallen, en pleitten evenmin voor zijn gedrag als mensch, als voor zijne beginselen als amptenaar.

Ondertusschen was hy dagelijks voortgegaan met de jeugdige te bestormen, die hem waarschijnlijk wel niet liefhad, maar jong en onervaren, zich aan hare behaagzucht overgaf, en aan den prikkel van het romaneske, waartoe zy eenige neiging had. Daarenboven kon men VAN DER HOOGEN eenige uiterlijke voorrechten niet ontzeggen. Het was nu tusschen hen beiden eene *stille* liefdeshistorie geworden; dat wil zeggen, zoo gevaarlijk als eene liefdeshistorie zijn kan. Het biljet in den ruiker had dit voor my boven allen twijfel verheven. Ondertusschen had de charmante zich in het gebeurde met juffrouw NOIRET aan my vertoond als een lage dubbelhartige bedrieger en avontuurlijke lichtmis, die het op het geluk en de onschuld van onervarenen en weerloozen toelegde, en ik verachtte hem in het diepst van mijn ziel. Ik begreep dat het mijn plicht was juffrouw NOIRET voor alle verdere lagen te beschermen, en HENRIETTE, om een versleten leenspreuk te gebruiken, van den afgrond terug te brengen, aan welks rand zy in zulk slecht gezelschap zich bevond.

Wat ik eindelijk besloot zal het volgende hoofdstuk leeren.

Een hoofdstuk, waarmee de auteur ijsselijk verlegen is, omdat hy er zelf den mooien rol in speelt, iets dat hy wel weet dat hem in 't geheel niet past, maar dat hy toch voor ditmaal niet helpen kan.

HILDEBRAND, die door een samenloop van omstandigheden bestemd was om in deze geschiedenis een handelend persoon te worden, stond den volgenden morgen een half uur vroeger dan de vorige dagen op, en liep met een gewichtig gezicht en groote stappen de kamer op en neer, eene beweging die hy altijd aanneemt, als hy over iets belangrijks of als hy over niets denken wil. Somtijds zag hy veelbeduidend op naar de giftige pijlen aan den wand, dan weder betrachtte hy zijne heldhaftige houding in den spiegel, en eindelijk wijdde hy een groot gedeelte zijner aandacht aan de musschen, die in de tuin af en aan vlogen, en elkander

13*

niet zelden onaangenaamheden toevoegden omtrent zekere kruimels en kleine korstjens brood, die reeds in dit vroege morgenuur hare hartstochten in beweging brachten.

Hy kwam daarop geheel gekleed aan het ontbijt, eene omstandigheid die niemand bevreemdde, daar het zondag was, ofschoon er op dien byzonderen zondag morgen juist niemand naar de kerk ging dan de oude mevrouw. Mijnheer verklaarde *veel van de godsdienst te houden, want wat zou er zonder godsdienst van de maatschappy worden?* maar hy kon *het geteem van de dominé's in *deze* stad* niet aanhooren; voor mevrouw tochtte het in de kerk al te verschrikkelijk; en wat HENRIETTE betrof, zy ging wel, maar *zag er geen noodzaak in er een slender van te maken.*

HILDEBRAND nam den schijn aan van naar de kerk te zullen gaan, en had evenwel voorgenomen het niet te doen. Hy herinnerde zich, niet zonder ingenomenheid met de hooge roeping die hy in zich gevoelde, het zeggen van FÉNELON, in het treurspel van dien naam:

> *Dit is mijn eerste plicht, men dien de menschlijkheid,
> En zing daarna den lof der hemelmajesteit!*

Hy had zich den vorigen avond geïnformeerd waar de kamers van den heer VAN DER HOOGEN te vinden waren. Hy moest ze in een der middelbare straten van de stad boven een beddewinkel zoeken. De heer HILDEBRAND stapte er heen, in de vaste overtuiging den heer VAN DER HOOGEN thuis te zullen vinden.

Daar hy zich evenwel te binnen bracht dat de heer VAN DER HOOGEN, die een post aan het bureau der registratie had, dagelijks reeds om tien ure in den morgen aan dat bureau verschijnen moest, en dan nog wel tot twee uren na den middag druk werk had, kwam het hem niet onwaarschijnlijk voor dat gemelde heer VAN DER HOOGEN des zondags een weinigjen zou moeten uitslapen en dus hoogstdenkelijk nog op zijn bed zou liggen. Daarby voegde zich misschien heimelijk een weinig innerlijke neiging om de onaangename boodschap, die het *dienen der menschlijkheid* in dezen medebracht, nog een oogenblikjen uit te stellen.

Nu gebeurde het dat HILDEBRAND op zijn weg naar den beddewinkel in de middelbare straat, een plein over moest, waarop een kerk stond, waaruit het gezang der geloovigen krachtig opsteeg; en hy gevoelde lust om ten minsten nog een gedeelte van de godsdienstoefening by te wonen.

HILDEBRAND is geen voorstander van het te laat verschijnen in het huis des Heeren. Hy begrijpt dat Gods Woord er geenszins voor niet wordt voorgelezen, en veel minder om als een demper te dienen op het gedrang om plaatsen en het geschuifel met stoven; maar wel moet hy bekennen dat het iets byzonder plechtigs en indrukmakends heeft, zich op eenmaal van de stille straten in eene hoofdkerk te verplaatsen, waar een groote schare reeds met ontdekten hoofde ter nederzit, en onder het

statig intoneeren van het orgel zijn lofzang als uit eener harte opheft.
De aanblik eener gemeente vereenigd, ten minsten uiterlijk vereenigd,
in de dienst van God, heeft reeds op zichzelve eene aandoenlijke stich-
telijkheid; en wy zijn er, geloof ik, zoo menigen goeden en christelijken
indruk aan verplicht, dat het, al was het alleen daarom, de moeite
waard is de les van den apostel te betrachten: *laat ons de onderlinge
byeenkomsten niet nalaten.*

'''t Hijgend hert,'''

Zoo zong de saamgevloeide schare met de woorden van den tweeën-
veertigsten psalm:

> 't Hijgend hert, der jacht ontkomen,
> Schreeuwt niet sterker naar 't genot
> Van de frissche waterstroomen,
> Dan mijn ziel verlangt naar God.

o Gy, die meent dat te huis een *goede* preek te lezen — gy *leest* gewis
altijd *goede* preeken, en kunt niet dan *slechte hooren*? — o Gy, die meent
dat te huis een goede preek te lezen, en des noods een psalm er by, even
stichtelijk is als de openbare samenkomst; die het gebod des Zaligmakers,
om in de binnenkameren te bidden, tegen het bidden met de gemeente
overstelt, hebt gy dan nimmer het hartverheffende gevoeld, dat het gezicht van zoo vele menschenkinderen, uit alle standen, die met en rondom u hetzelfde lied aanheffen, hetzelfde woord der vertroosting aanhooren, en denzelfden Vader in de hemelen, in naam van denzelfden Ver-
losser aanroepen, te weeg brengt?

Jammer dat de organist de kracht van den roep der gemeente tot God
in een laf na-spel liet verloren gaan.

Een eenvoudig man van hooge jaren stond op den predikstoel, en
sprak de gemeente naar aanleiding der opgezongen woorden opwekkelijk
aan; hy deed daarop een eenvoudig, ootmoedig, en recht *biddend* gebed: een oprecht gebed des rechtvaardigen vermag veel, zegt JACOBUS.
Toen noodigde hy de gemeente andermaal tot het gezang; en nu werd
er uit den eersten psalm aangeheven:

> De Heer toch slaat der volken wegen gâ,
> En wendt alom het oog van zijn genâ
> Op zulken, die, oprecht en rein van zeden,
> Met vasten gang het pad der deugd betreden;
> God kent hun weg, die eeuwig zal bestaan,
> Maar 't heilloos spoor der boozen zal vergaan.

Dit waren ook de tekstwoorden van den grijzen evangeliedienaar.
*De Heer kent den weg der rechtvaardigen, maar de weg der godloozen
zal vergaan.* En met dit woord in het hart spoedde HILDEBRAND zich
naar VAN DER HOOGEN.

"Op de voorkamer!" riep de vrouw uit den beddewinkel, haar hoofd uit een achterkamer stekende; "den trap op, de eerste deur aan uw linkerhand."

HILDEBRAND volgde die aanwijzing. De deur van de voorkamer stond half open, en hy bevond zich op het grondgebied van den charmanten. Deze echter was er niet.

De kamer was niet byzonder charmant; zy was slecht gestoffeerd en alles behalve netjes. Een gemakkelijke leuningstoel was het beste meubel. Aan den muur hingen een paar prenten van ROBERT MACQUAIRE, en eenige vrouwenbeelden van de hand van kunstenaars, die zich byzonder op het naakt schenen te hebben toegelegd. Boven den schoorsteen een schermmasker, schermhandschoen en floretten, en de staart van een faisanten haan, dien VAN DER HOOGEN moest verbeelden eenmaal geschoten of gegeten te hebben. In den rand van den spiegel staken eene menigte invitatiekaartjens, waaronder sommigen van reeds zeer ouden datum. Op tafel stond een groot flacon met reukwater, en lag een deeltjen van PAUL DE KOCK opgeslagen. Er brandde een vuur in den haard dat echter in het laatste half uur slecht scheen onderhouden te zijn. Een onaangeroerd ontbijt stond op, en van den kook geraakt theewater onder de tafel. Dit beteekende dat de heer VAN DER HOOGEN waarschijnlijk nog in zijn slaapvertrek was. HILDEBRAND hoopte dat de hospita hem zou aandienen.

Weldra kwam er ook waarlijk iemand den trap oploopen, maar het kon de hospita niet wezen, want HILDEBRAND hoorde degelijke manslaarzen kraken. De bovenkomende persoon scheen een kleinen overloop over te gaan, en hy hoorde hem eene andere deur opendoen. Daarop vernam hy eene stem die uit de dekens scheen te komen, en "wie daar?" riep.

"BOUT, was het andwoord van den binnengekomene. "Lui beest, leg je nog al op je bed?"

"Hei, hei wat," andwoordde VAN DER HOOGEN; "'t is pas dag. Je moet bedenken dat ik zes dagen van de week voor dag en daauw op moet. Dat verhaal ik op den rustdag, man! D....ik heb koppijn, hoor! die wijn op de societeit is slecht."

Er volgde een gesprek waarvan ik niet alles verstond; maar wel merkte ik, dat het op het laatst over iemand liep, die zy "het zwartjen" noemden; en spoedig daarop werd het HILDEBRAND duidelijk, dat VAN DER HOOGEN zijn wedervaren met juffrouw NOIRET vertelde, waarvan de herinnering hem zoo veel genoegen scheen te verschaffen, dat hy in een geweldig lachen uitborst.

"Alles goed en wel!" zei daarop de persoon, dien HILDEBRAND BOUT had hooren noemen, en die een zeer raauw en onaangenaam geluid sloeg; "alles goed en wel! maar je bent toch een handtjegaauw. Waarom nu nog niet een beetjen gewacht, tot dat de jongen goed en wel in de West is?"

"BOUTJEN!" andwoordde VAN DER HOOGEN, die in dit gezelschap zijn lievelingsterm charmant voor een minder onschuldigen scheen te moeten verwisselen, "het zwartjen is zoo verd... mooi."

"Kinderachtig!" hernam de ander; "een reden te meer om geduld te hebben. Ik heb uit louter vrindschap voor jou een half jaar geijverd om den schimmelbek zin in de West te doen krijgen, en nu het eindelijk lukken zal, ga je met je eigen drieguldens je glazen ingooien. Als de meid het immers vertelt, hebje gedaan."

"Geen nood!" andwoordde VAN DER HOOGEN; "jongen, karel! ik hed haar zoo'n char..." (daar had hy zich haast versproken!) "verd... mooi briefjen geschreven; er komt van wanhoop in, en van eene eeuwige tederheid. Je moest het lezen, karel. En zóó was ze niet, of ze heeft dàt wel stilletjens aangenomen. En was die v.... karel niet gekomen.... Maar zeg reis, gaat hy stellig naar de West?"

"Hy is er zoo verliefd op, als hy eerst wanhopig was; 'k ben d...!" zei BOUT; " hy leeft in de stellige overtuiging dat hy binnen zes jaar op zijn minst half zoo rijk weerom komt als mijnheer KEGGE. Hoe maakt de dochter van dien blaaskaak het? HENRIET, hiet ze zoo niet?"

"Patent, karel, patent! Mooier dan ooit, en verliefd tot over de ooren. Weetje wat? zet terwijl reis thee voor me; ik kom zoo dadelijk by je."

De heer BOUT kwam daarop naar voren, en HILDEBRAND zag een gelaat dat de uitdrukking van de grootste onbeschaamdheid aan de hatelijkste geveinsdheid paarde. Zijne oogen hadden dien doordringenden, zinnelijken blik, die eerzame harten zoo byzonder pleegt te stuiten. Hy was een buikig man van vier-, vijfendertig jaar, en hy droeg een dichtgeknoopten blaauwen jas, een zeer glimmend geborstelden hoed, en een dikke bamboesrotting. Hy stond verbaasd iemand in de voorkamer te ontmoeten. HILDEBRAND maakte zich bekend, en verklaarde dat hy gekomen was om den heer VAN DER HOOGEN te spreken.

"En hebje al lang gewacht, mijnheer?" vroeg BOUT met gemaakte vriendelijkheid.

"Ik kom zoo op het oogenblik," andwoordde HILDEBRAND.

De waardige vriend belde, en verordende ander theewater. De juffrouw gromde, "dat het geen manier van doen was," en ging de trappen af met den theeketel. Vóór zy nog terug was verscheen VAN DER HOOGEN.

Hy zag er alles behalven aantrekkelijk uit, met zijne lange hairen ongekruld en woest over zijn bleek gezicht hangende, in een verschoten kamerjapon, op wollen kousen, en versleten pantoffels.

"Gy hier, mijnheer HILDEBRAND?" zeide hy by het inkomen.

"Ik had een boodschap aan u," andwoordde de toegesprokene.

"Charmant, charmant!"

"Mijnheer zal u misschien alleen willen spreken," merkte de waardige BOUT aan; "dan ga ik nog een kerkjen knappen; de kerk zal toch wel al aan zijn?"

VAN DER HOOGEN lachte schreeuwend om deze geestigheid.

Maar kan er ook iets grappigers bedacht worden dan met de kerk te spotten?!

BOUT vertrok.

„Je moet me eerst wat laten besterven," zei VAN DER HOOGEN geeuwende en een ei slurpende; „het is gisteren wat laat op de societeit geworden, en mijn keel is wat raauw van den chambertin."

„Ik heb niet veel te zeggen, mijnheer VAN DER HOOGEN!" zeide HILDEBRAND, vast besloten om maar in vredes naam met de deur in huis te vallen, en vooral niet rouwig wegens het vertrek van den achtenswaardigen BOUT.

„Het moet u niet verwonderen, mijnheer! als het huis van de familie KEGGE u eerdaags wordt ontzegd...."

De charmante werd, van bleek, vaal, en zag HILDEBRAND verbaasd aan; hy wist volstrekt niet hoe hy het met hem had.

HILDEBRAND maakte van deze gelegenheid gebruik om in éénen adem voort te gaan: „De heer KEGGE zal eerdaags weten, wie gy zijt, mijnheer! Uw dubbelzinnig gedrag zal hem bekend worden. Hy zal kennis dragen van de lagen, die gy de onschuld legt, terwijl gy zijne dochter het hof maakt."

De heer VAN DER HOOGEN wist zijne verlegenheid niet beter te verbergen, dan door in lachen uit te barsten. Hy begon daarop aan zijn derde eitjen, en andwoordde op een onverschilligen toon:

„Wie zegt dat ik zijne dochter het hof maak?"

„Ik!" andwoordde HILDEBRAND zonder te aarzelen; „ik, mijnheer! ik, die u deze gantsche week bespied heb; ik, die weet dat gy violette briefjens in haar bloemruiker stopt; ik, die ook weet dat gy by donkeren avond met violette briefjens over straat loopt, om ze argelooze meisjens in de hand te stoppen; ik, mijnheer! die ook weet welke slachtoffers de heer VAN DER HOOGEN elders heeft gemaakt, en die zorgen zal, zoo veel in my is, een dergelijk lot af te keeren van menschen, waarin ik belang stel."

De heer VAN DER HOOGEN deed zijn best om nog luider te lachen; wipte met zijn stoel achterover, en riep uit:

„Een charmante klucht! en mijnheer HILDEBRAND is alzoo dénonciateur van dit alles?"

„Hy kan het worden!" ging HILDEBRAND voort, die nu eenmaal op gang was; „als ik de stad verlaat zal ik den heer KEGGE waarschuwen. Maar eerst wilde ik uzelf dit komen aanzeggen. Ik wilde met open kaart spelen, opdat gy weten zoudt uit welken hoek het u aankwam als men u by den heer KEGGE met stugheid ontfing, of misschien wel de deur wees!"

„De heer KEGGE zal laster van waarheid kunnen onderscheiden," zeide de heer VAN DER HOOGEN, met eene geveinsde bedaardheid.

„Daarvoor heb ik dit bewijsstuk," andwoordde HILDEBRAND, het briefjen aan juffrouw NOIRET toonende; „men kent uw hand; een biljet vol van

de schandelijkste propositiën aan een eerbaar meisjen, dat als zy ze gelezen had, reeds meenen zou onteerd te zijn. Het zou mij niet moeielijk vallen uit uwe vroegere *residentie* meer dergelijke briefjens op te
dagen. Maar dit eene is genoeg.*

HILDEBRAND stak het paarsche papiertjen weder met bedaardheid
in den rokzak.

De heer VAN DER HOOGEN stond op. *En wie zijt gy, mijnheer!* voer
hy uit, maar lang niet op den toon die by zulk eene vraag gepast had.
*En wie zijt gy, mijnheer! om my op mijne eigene kamer de les te ko-
men lezen? Ik houd u voor een....*

"Geene beleedigingen!* zei HILDEBRAND, insgelijks oprijzende, en
hy voegde er by: *Uw opstaan verschrikt my evenmin als deze floretten.*

De heer VAN DER HOOGEN ging weer zitten.

Gy spreekt van de les lezen! ging HILDEBRAND voort. *Uw naam
en faam, uwe positie in de stad, het is alles in mijn hand. Ik ken uwe
afkomst, mijnheer VAN DER HOOGEN, weinig strookende met de airs,
die gy u geeft; ik ken uw vroeger gedrag, uw gedrag in deze plaats; ook
uw gedrag als amptenaar, en uwe nieuwste machinatiën om personen te
verwijderen, die u in den weg staan. Neem u in acht!*

Gy wilt my ongelukkig maken, gromde de heer VAN DER HOOGEN
tusschen de tanden.

Ik wil uwe beteren voor ongelukken behoeden, hernam de ander.
*Hoor hier: ik verklaar my in de eerste plaats voor den beschermer van
juffrouw NOIRET; naar haar zult gy geen vinger meer uitsteken. Haar
zult gy nooit, niet een enkel woord meer toespreken; zelfs niet groeten.
Indien ik ooit verneem dat gy haar tot eenigen den minsten overlast
zijt, zoo zal de geheele stad weten wie gy zijt: van den baron VAN NA-
GEL af tot uwe hospita toe. Voorts zult gy uwe visites by den heer KEG-
GE verminderen, en er afzien eenigen invloed op zijne dochter te willen
uitoefenen. Zoo ras ik iets verneem dat daarmeê strijdt, komt dit biljet onder de oogen van mijnheer KEGGE. Nu zal ik alles laten zoo als het
is. Deze twee dingen, mijnheer VAN DER HOOGEN, denk er om!*

Het is wel! zeide hy binnen 's monds; en, als of deze 't helpen konden, stiet hy de ledige eierdoppen op zijn bord aan duizend gruizementen.

HILDEBRAND vertrok, en was duizend pond lichter dan toen hy
den trap opkwam.

Het hofjen. De heer van der Hoogen af.

Het was heerlijk weder, en ik had niet veel lust my terstond naar huis
te begeven: ik verkoos liever nog eerst een stadscingel langs te wandelen. Wanneer men te Leyden studeert heeft men eene zekere voorliefde

voor stadscingels.　Verfrischt door de heldere lucht en den koelen wind, kwam ik de poort wederom binnen, en begaf my naar huis.

Het ongeluk scheen SUZETTE NOIRET te vervolgen.

Niet ver van den Zoeten Inval kwam ik SAARTJEN tegen.　Zy liep zeer haastig en met gebukten hoofde; en naderkomende zag ik, dat zy er zeer verschrikt en ontdaan uitzag, en bitter weende.

"Wat scheelt er aan, SAARTJEN?"

"Ach!" riep zy uit, "laat my gaauw voortgaan.　Juffrouw NOIRET ligt op sterven!"

"Wat!" zeide ik, hevig ontzet met haar voortstappende en aan SUZET-TE denkende, "en ik heb haar gisteren nog gesproken!"

"Dat kan ook wel zijn," andwoordde zy; "gisteren was ze nog heel wel.　Maar van daag heeft ze plotseling een overval gekregen.　Ik was in de kerk, en moeder was thuis by de kleintjens.　SUZETTE heeft oogen-blikkelijk om moeder gezonden; en nu kom ik, gelukkig en wel, uit de kerk, en daar hoor ik dat de goede juffrouw NOIRET misschien nu al dood is; zy is gelaten, zegt vader, en er is geen bloed gekomen, en de doctor heeft haar opgegeven.　Wat zal de arme SUZETTE beginnen?"

Zy snikte luid.

Ik ging met haar naar het hofjen.

De zoogenaamde Moeder van die inrichting, eene deftige gewezen keukenmeid, met een zeer laag jak en grooten witten halsdoek, stond in de poort met eene oude vrouw te praten, die een zwarten schoudermantel droeg, en duidelijk hoorde ik de woorden: "Zoodat ik je nou maar raad er dadelijk werk van te maken, want anders is een ander je al weêr voor; je gaat nou maar immediaat naar de heeren, en zegt: compliment, en dat nommer negen fikant is...."

"En dan?" vroeg de vrouw met den zwarten schoudermantel.

"Dan mot je je beurt wachten," zei de Moeder.

Die van den zwarten schoudermantel strompelde heen.

"Hoe is 't met juffrouw NOIRET?" vroeg ik aan de Moeder, als of ik van dit gesprek niets begrepen had.

"Afgeloopen!" zei de Moeder, haar hoofd schuddende.　"Och ja, ze heeft het daar zoo passies afgelegd; 't zal nou net een klein ketiertje ge-leden zijn.　't Is een heele omstandigheid: zóó gezond, en zóó dood. Gisteren ging ik haar deur nog voorby, en ze knikte nog teugen me; ik loof zelf dat ik nog aan haar raam getikt heb, en nog gevraagd hoe ze voer.　Ja wel! want ze zei nog teugen me: Heel wel, moeder!　Neen toch niet, dat was by TRIJNTJEN.　Och ja, dat zeg ik, een mensch kan der gaauw uit zijn!"

Wy gingen voort.　Een der bestjens, die op het hofjen woonden, stond met een zwart duifjenskiepjen aan de pomp; zy zag naar ons om, toen we haar voorbygingen, haalde de schouders op, en schudde het hoofd.

"Ze is uit den tijd!" zei de oude best, schudde nogmaals het hoofd, en ging voort met water op haar aardappeltjens te pompen.

Wy traden het huisjen van juffrouw NOIRET binnen. Door een klein portaaltjen, met platte roode steenen geplaveid, kwamen wy in het eenige vertrek, dat hare woning, en die van eene lange reeks van oude vrouwtjens vóór haar, had uitgemaakt. Het was een klein kamertjen, met matten belegd, en waarin een schoorsteen was, waaronder zy te gelijk haar potjen kookte en zich verwarmde. De meubelen bestonden in eene voor het vertrek vrij groote hangoortafel, een matten stoel of vier, en een groot bureau, waarop in het midden een geel theeservies met roode landschapjens stond geschikt, geflankeerd door een rond en een vierkant verlakt presenteertrommeltjen, op hun kant gelegd. In een hoek van dit vertrekjen stond de ladder, waarmee men naar het zoldertjen opklom, waarop de bedeeling turf en hout gestapeld was, die des winters aan de hofjensvrouwtjens werd uitgereikt, en die benevens eene wekelijksche uitdeeling van aardappelen en een potjen boter, dit hofjen tot het voordeeligste hofjen maakte van de vele hofjens, waarop de stad zich beroemde. Aan den witten muur hingen een paar silhouetten, waarvan het eene dat van een predikant scheen te zijn, en verder eenig huisraad dat geene andere plaats hebben kon. Op tafel lag een kwarto bijbel, en een fransch gezangboek, in welk laatste de goede vrouw nog dien eigen ochtend had zitten lezen; haar bril lag tusschen de bladen tot een bewijs waar zy gebleven was. Voorts was die tafel nu overdekt met allerlei glazen, lepels, kopjens, en zoo voorts, die men in het oogenblik van confusie gebruikt had. Een sterke geur van Hoffmansdroppels kwam ons tegen. Op den stoel, waarop juffrouw NOIRET het laatst had gezeten, lag nu haar witte poes, in een gemakkelijke kringvormige houding, op het groene saaien kussen te sluimeren.

Aan het hoofdeneinde van het bed, waarvan de gordijnen waren toegeschoven, zat SUZETTE doodsbleek en met het hoofd in de hand. De goede juffrouw DE GROOT stond voor haar met een vol glas water, en poogde haar te bewegen nog eens te drinken.

SUZETTE hief het hoofd treurig op, greep het glas aan, en nam werktuigelijk eene kleine teuge. Toen zag zy ons strak aan. Zy reikte my de hand:

"Ik heb mijn wensch," zeide zy; "het wàs by dag."

SAARTJEN hield zich schuw op een afstand, en was geheel verward. Zy snikte hevig, en viel op een stoel by de tafel neder. Juffrouw DE GROOT poogde vruchteloos haar iets te doen gebruiken.

Toen ze eindelijk wat bedaarde, wilde zy de doode zien. SUZETTE schoof het gordijn half open, en ik zag eene mooie oude vrouw in hare kalme ruste. Het heldere zonlicht, dat door het venster binnendrong, wierp een schuinschen straal op een gezicht, dat meer en meer van den doodsnik begon te bekomen. De oogen waren gesloten en weggezakt;

eenige weinige grijze hairen kwamen onder het mutsjen uit, en vonkelden als zilver, in den zonneschijn.   Hare dorre handen lagen plechtig gevouwen op haar borst.   SAARTJEN knielde by haar bed; blozende jeugd by het beeld des doods.   Zy legde haar lief handtjen op de hand der overledene, maar schrikte van de koude.   Zy had nog nooit een lijk gezien.   Toen vermande zy zich weder, en streek met haar zachte vingers langs het gerimpeld voorhoofd.   Daarop barstte zy in een hevig jammeren los:

„o Dat ik ook naar de kerk moest wezen!   Had ik u nog maar één oogenblikjen levend gezien, lieve juffrouw NOIRET! een enkel woordtjen van u gehoord!„

„Dat hebben wy geen van allen, lief kind!„ zei haar moeder, hare oogen met haar voorschoot afvegende.

„Neen,„ zei SUZETTE met een hartdoordringende stem, „geen van allen.„

SAARTJEN schoof het gordijn weder toe.

„Arme SUZETTE!„ riep zy uit, haar om den hals vallende, „wat zult gy beginnen!„ en zy snikte zoo luide, dat haar moeder haar tot zich nam, en zeide, dat zy zich een weinig matigen moest, want dat zy SUZETTE nog naarder maken zoude.

„Ik wenschte dat ik zoo schreien kon, juffrouw DE GROOT!„ zei de ongelukkige bedaard, en weder nam zy hare vorige houding aan, met het hoofd in de hand.

De doove buurvrouw kwam binnen.   Het was eene lange, schrale vrouw, die het bovenlijf met een grooten hoek voorover droeg.   Zy had mede een zwart kiepjen op, droeg een zeer lang chitsen jak, een groot wit schort, en een kalminken rok.   Zy zett'e een klein schoteltjen met een bord toegedekt op de tafel.

„Is buurvrouw ziek?„ vroeg zy op dien kennelijk doffen toon, aan dooven eigen.

„Ja!„ zei juffrouw DE GROOT, luid sprekende; „buurvrouw is heel erg!„

Juffrouw DE GROOT had echter niet luid *genoeg* gesproken.

„Dan mot ze maar wat eten,„ hernam de oude, en het schoteltjen opnemende, ging zy naar het bed.   „Je mot wat gebruiken, buur; kijk, hier heb ik wat gestoofde peertjens voor je.„

Zy wilde het gordijn openschuiven.

Juffrouw DE GROOT hield haar by den kalminken rok terug.

„Neen!„ schreeuwde zy zoo hard zy kon, „buurvrouw zal niet meer eten.   Buurvrouw is overleden!„

„o Zoo!„ zei de doove, het hoofd op en neder bewegende, als of zy het volmaakt verstaan had, „slaapt buurvrouw?   Zoo, zoo; dat is goed! dat wist ik niet. — Ik zag den doctor binnengaan,„ vervolgde zy tot my, „en ik docht, daar is zeker wat an de hand.   Wat schort buurvrouw eindelijk?„

Ik slaagde er in haar aan 't verstand te brengen, dat buurvrouw *niets* meer schortte.

„Dat is de derde buurvrouw,„ zei juffrouw SAMEI, want zoo heette de doove, „die ik verlies, en altijd aan denzelfden kant, in *dit* huisjen. De eerste was ENGELTJEN BOVENIS; die was drieënzeventig, en potdoof; ik ben ook wel wat hardhoorend, weet u? De andere was juffrouw DE RUITER, die de koffykan over der been liet vallen, zoodat ze der nooit van opekomen is; en dut is nou de derde; 't was een goeje vrouw, een beste vrouw; maar wel een beetjen eenzelverig. Och heer! is ze dood; ik docht nog zoo: kom an, een gestoofd peertjen, daar placht ze anders nog wel van te houën.„

De klink van de deur werd weder opgelicht, en binnen kwam een vrouwelijk wezen, wier oogen, gelaat en geheele houding de innigste, de hartelijkste deelneming vertoonden; het was freule CONSTANCE.

Er zijn schepselen in de wareld, die de bestemming om ongelukkigen te troosten daarin hebben medegebracht, en opdat men ze kennen zou, heeft de natuur het vermogen tot troosten in onmiskenbare trekken op hun gelaat uitgedrukt. Tot deze wezens behoorde de freule CONSTANCE.

Met eene niet in het minst hardvochtige, maar beminnelijke kalmte, trad zy binnen, en groette ons. Zy ontdeed zich daarop terstond van haar hoed en bont, en het gaf iets veel vertrouwelijkers, haar in deze sobere woning zonder dien opschik te zien. Toen trad zy op SUZETTE toe, die altijd even stroef het hoofd op de rechterhand deed rusten. De jonkvrouw greep haar by de linker.

„Ik heb van uw ongeluk gehoord, lieve juffrouw NOIRET,„ begon zy, met een zachte en hartdoordringende stem; „ik kom eens met u schreien; gy weet dat ik ook geen moeder meer heb.„

Het valt lichter van eene tedere en liefelijke ontroering, dan van eene groote en verpletterende smart te weenen. SUZETTE barstte in tranen uit, en kuste de banden der freule; ook aan de lange zwarte pinkers van deze hingen heldere droppels. SAARTJEN drong zich tegen de beide vrouwen aan, en in haar oog blonken door de tranen henen, de tederste aandoening en de diepste eerbied voor de troosteres.

Dat was eene lieve, eene hartbrekende groep. Lijden, medelijden, en lijdenstroost, in eene zachte en liefderijke omhelzing vereenigd. Ik noodig onze schilders uit, daar hunne krachten eens aan te beproeven, als zy een oogenblikjen willen uitrusten van mannen die pijpen rooken, en vrouwen die groente hebben gekocht.

„Een engel van een mensch!„ fluisterde juffrouw DE GROOT, en een traan viel op de tang, waarmede zy, op den in de verwarring half uitgedoofden haard, het vuur poogde te herstellen.

„Wie is de dame?„ vroeg de doove op haar gewonen luiden toon.

Ik poogde het haar te beduiden; maar het was my niet mogelijk.

"Ik kan je niet verstaan!" zeide zy; "maar dat weet ik wel, dat het lang duren zal, eer de rijkdom by PLEUNTJEN SAMEI's laatste leger komt om te huilen; — maar ik heb ook wel hooren zeggen, dat juffrouw NOIRET van geen lage komof was."

Dit gezegd hebbende stond de oude op, en begaf zich naar haar eigen cel.

De doctor kwam om naar SUZETTE te zien, en voor haar te zorgen nu de eerste schok voorby was. Zijn gelaat luisterde op als hy CONSTANCE zag.

"De freule reeds hier?" zeide hy; "het kon niet beter. Gy moet dadelijk gegaan zijn, freule NAGEL! — Ik beveel u deze patiente aan," voegde hy er by; "voor bedroefden zijt *gy* de beste doctor die ik ken."

Hy schreef een ontspannenden drank voor, en verliet ons, om wie weet welke andere ellende te gaan aanschouwen!

Het is opmerkelijk hoe gretig de mindere klasse is om met een lijk te sollen. Het is een stuk van liefhebbery. Al is iemand zijne betrekkingen ook *nog* zoo lief, naauwelijks heeft hy den adem uitgeblazen; ja, somtijds zijn er niet dan zeer bedriegelijke proeven genomen omtrent het wezenlijk doodzijn van den dierbare, of het lijk moet van top tot teen ontkleed en in het doodsgewaad gehuld worden, en het "heerlijke" bed weggehaald, om daarvoor den harden stroozak in plaats te geven. En ik heb by lijken gestaan, die aldus waren afgelegd, van personen die men nog geen uur te voren dood op hun stoel had gevonden.

De Moeder van het hofjen kwam dan ook met een allergewichtigst gezicht binnen, en moeder DE GROOT op zijde nemende, hield zy haar voor, dat men niets heiligers te doen had dan juffrouw NOIRET te ontweiden. "Juffrouw DE GROOT kon daartoe over *haar* beschikken; zy was er niet akelig van. Ook wist zy heel goed waar het doodgoed van juffrouw NOIRET lag."

Juffrouw DE GROOT beweerde evenwel dat het geen haast had, maar de Moeder van 't hofjen stond er toch op, dat het vóór de nacht geschiedde; "want het was maar om het bed, weetje; en dan, juffrouw NOIRET had zoo'n kostelijke sprei, altijd by winterdag, en die had ze zeker nu ook al weer op 't bed?" En zy ging kijken of het zoo was....

"Het *is* de sprei," zei ze bedenkelijk tegen juffrouw DE GROOT; "als je der nog toe reseleveert, mot je me maar laten roepen."

"'t Is wel," zei juffrouw DE GROOT, en de Moeder vertrok, om door het venster heen, met de doove buurvrouw een luid gesprek aan te knoopen over de noodzakelijkheid om juffrouw NOIRET af te leggen, en over haar kostelijke sprei.

"Wat *hud* de Moeder?" vroeg SUZETTE, weemoedig opziende, toen zy vertrokken was.

"Niets, lieve!" zei juffrouw DE GROOT: "ik zal voor alles zorgen. Bekommer u over niets."

„Men moet moeder met rust laten," hernam SUZETTE; „niets aan haar veranderen. ... voor dat ze...." Meer vermocht zy niet.

Weder liet zy het hoofd aan het hart der freule zinken, die haar liefderijk ondersteunde, en haar daardoor het meest versterkte, dat zy haar weenen liet.

SAARTJEN kon niet langer blijven; het huishouden vereischte hare terugkomst. Ik vertrok met haar. SUZETTE reikte ons beurtelings de hand. SAARTJEN kon geen woord uitbrengen; en HILDEBRAND was zoo sprakeloos als SAARTJEN.

Wy kwamen in den Zoeten Inval. De oude DE GROOT was in de ziel bewogen. Ik bleef nog langen tijd by die goede menschen over het ongeluk van juffrouw NOIRET praten. SAARTJEN vertelde my heel veel van de doode, en hoe zy hare dochter liefhad, en hoe die dochter haar aankleefde; en gaf duizend kleine trekken van de tederheid en aanhankelijkheid op, waarmede deze moeder en deze dochter elkander het leven hadden veraangenaamd.

Zie; moeder NOIRET was zoo goed als op haar stoel doodgebleven, als zy haar gezangboek had dichtgeslagen; de beroerte, die hare zwakke levenskrachten in een half uur tijds vernielde, had reeds in het eerste oogenblik hare spraak verlamd: maar zy had die niet noodig gehad, om SUZETTE iets te vergeven vóór zy henenging; en haar zegen — zy gaf haar dien gedurende haar leven dagelijks!

Wy spraken ook over den jongeling, wien de vertwijfeling aan eene vereeniging met SUZETTE naar de West-Indiën dreef. Ik verlangde zijn naam te weten. SAARTJEN deelde my meê dat zy hem den vorigen avond nog gesproken had, en dat zijn plan nu onwrikbaar vast stond, zoodat hy het ook nu aan haar ouders had geopenbaard, en nog eenige omstandigheden daaromtrent, die in een volgend hoofdstuk aan den dag zullen komen. Ik zweeg opzettelijk van het gesprek, dat ik op de kamer van VAN DER HOOGEN mijns ondanks beluisterd had.

Ik kwam te huis.

„Zoo lang heeft die kerk toch niet geduurd, onsterfelijke!" riep de heer KEGGE my toe, toen ik de kamer binnentrad. „Wy zitten pal op u te wachten. Een zondag is een vervelende historie, maatjen! Lag er maar sneeuw, dan konden we ten minsten narren. Jongens! mijn pantervel! hoe zouden de adelijke heeren en groote hanzen er naar likkebaarden. Maar zeg, onsterfelijke! ik sta beschaamd als ik weet waar je zoo lang geweest bent."

Ik deed verslag van mijn bezoek op 't hofjen.

KEGGE kreeg alweêr een traan in de oogen. Maar hy zeide:

„Drommels! dat was een naar akkevietjen voor je. Het zal daar een al-

gemeen gegrijn gegeven hebben. HANNAH, *my dear!* daar moet wat aan
gedaan worden, hoor! 't Is duivelsch jammer voor dat meisjen. Stuur
haar het een of 't ander."

"Wil ik haar een gebraden kuiken zenden?" vroeg mevrouw KEGGE
goedhartig.

"Allemaal gekheid!" riep de heer KEGGE uit. "Ze heeft immers geen
honger. Stuur haar een paar bankjens, dat zal beter welkom zijn; een
dooie is een duur ding voor zulke menschen."

HENRIETTE had zich afgewend, en stond kwanswijs naar haar papegaai te kijken! Ook zy had vochtige oogen.

Neen! dacht ik, zonderling mengsel van hardvochtige grilligheid en
gevoel! Gy waart toch veel te goed voor een VAN DER HOOGEN! En
indien gy freule CONSTANCE tot moeder of tot zuster hadt, gy zoudt
eene heele lieve HENRIETTE kunnen worden.

In het schemeruur poogde HENRIETTE, langs alle zijdelingsche wegen te weten te komen, hoe ik over haar en VAN DER HOOGEN dacht.
Ik ontdook hare listen, daar ik my voorgenomen had, my dezen dag
nog volstrekt niet uit te laten.

Des avonds wachtte men VAN DER HOOGEN, die meest alle zondag-
avonden by de familie doorbracht. Mijnheer, die de hoop gekoesterd
had nu eens een partijtjen te zullen kunnen omberen, was knorrig dat
de derde man uitbleef. HENRIETTE, die ongetwijfeld het meest verwonderd was dat hy niet verscheen, hield zich groot, en merkte aan,
dat hy misschien eene andere uitnoodiging had, en dat zy "'t ook
heel goed vond, dat hy er geen gewoonte van maakte om nu ook *alle*
zondagen te komen."

Wy brachten den avond door met platen en teekeningen te zien, waarvan de heer KEGGE een mooie verzameling had, die echter zonder smaak
of oordeel gerangschikt was, en zeer zeker veel te duur betaald.

Tegen tien uren verscheen er een violetkleurig briefjen. HENRIETTE
werd rood, en hield zich overtuigd dat hier misverstand heerschte, toen
de knecht het aan haar vader overhandigde; en toen deze het openbrak,
zag zy hem strak naar de oogen.

Toen de heer KEGGE het gelezen had, nam hy er zeer beleefd zijn
mutsjen voor af:

"Ik ben een lijk" verklaarde hy, "als ik er iets van vat!" En toen
vervolgde hy met een zekere plechtigheid: "Mevrouw KEGGE, geboren
MARRISON, mejuffrouw KEGGE, en mijnheer HILDEBRAND; hoort, bid
ik u, eens aan, wat dit geschrift behelst:

WelEdelgeboren Heer!

Dat is primo een leugen!

Sedert gy in uw huis personen admitteert, die mijn goeden naam pogen te be

te be.... Wat? Sakkerloot, dat's een drommelsch woord: *te bezwalken en te belasteren, zie ik my genoodzaakt, van het genoegen af te zien, om hetzelve verder te frequenteeren.*

Ik heb de eer te zijn

WelEdelgeboren Heer,

UwEdelgeboren Dienstw. Dienaar,

P. G. van der hoogen,

Van Huis, Zondagavond. *Surnumerair etc.*

"Dat ziet op my," zeide ik, het woord opnemende. "De heer van der hoogen anticipeert op zijn vonnis. Ik ben nu wel genoodzaakt te zeggen wat ik denk. De heer van der hoogen heeft zich aan my als een slecht voorwerp, en verachtelijk mensch doen kijken."

Ik deelde daarop zoo veel omtrent de zaak mede als volstrekt noodig was, en verklaarde wat ik hem by mijn bezoek van heden had opgelegd. "Gy ziet," zeide ik ten slotte, "dat hy zijn toevlucht tot onbeschaamdheid neemt."

"Daarom niet getreurd, onsterfelijke!" riep kegge uit. "Je hebt, dunkt me, royaal gehandeld. En nu, voort met den weledelgeboren heer van der hoogen! Ik ben een drilboor als zijn geele handschoentjens me ooit hebben aangestaan; en dan, dat hy altijd zijn mond vol had van groote hanzen! Het zal henriette nog al spijten."

Henriette andwoordde niet veel; maar mevrouw kegge sprak met volmaakte miskenning van 't punt in geschil, de gewone toevlucht van onverstandige vrouwen:

"*Ik* heb hem altoos een heel *beleefd* mensch gevonden. Hy heeft *my* nooit iets misdaan. *Ik* kom er rond voor uit, dat het *my* spijt, dat hy niet meer komen zal."

"Allemaal gekheid!" hernam de heer kegge. "Het eenigste is dat er nu niemand is voor de muzijk met hénriette. En gy spreekt ook van heengaan, onsterfelijke!" voegde hy er by, zich tot my wendende; "dan zijn we weer geheel alleen. Ik heb graag een manskarel over den vloer, om meê te praten."

De heer kegge schoof zijn stoel voor den haard, institueerde eene langdurige poking, en bleef daarop in gedachten zitten. Op eens wendde hy zich tot zijne vrouw.

"Hoe oud zou william nu geweest zijn?" vroeg hy op wat zachter toon, dan waarop hy anders gewoon was zich te doen hooren.

"Eenëntwintig," andwoordde mevrouw kegge.

Het oogenblik van treurig nadenken duurde niet lang voor den bewegelijken vader; maar wie zal zeggen, hoe veel smart dit enkele oogenblik in zich bevatte?

14

Een Groote Hans en Adelijke Heer. Besluit.

Maandagmorgen ten één ure, na den middag; indien men namelijk burgerlijk genoeg is het om twaalf ure middag te noemen; op dien dag en dat uur, stond ik op het bordes van het huis des heeren WILLEM ADOLF, baron VAN NAGEL, lid van de ridderschap, en burgemeester van de stad waarin al het boven vermelde moet zijn voorgevallen.

Het was een deftig huis, met een hardsteenen voorpui, waar de vader en de grootvader van den edelman insgelijks hun leven hadden gesleten, den roem nalatende, die meerder was dan hun adelbrief, den roem van beminnelijke menschen.

Een bedaagd bediende, in een stil en deftig liverei, opende de deur, liet my in eene ruime zijkamer, en vertrok niet eer om my te gaan aandienen, dan nadat hy my, geheel op de manier van een welopgevoed man, een stoel gereikt, en daarop naar het vuur gezien had.

De kamer had een eenigzins ouderwetsch, plechtig, maar toch comfortable voorkomen. Men zag aan alles, dat men by iemand van goeden smaak was. Het behangsel was rood trijpt, en desgelijks de canapés en de stoelen. Op den grijsmarmeren schoorsteenmantel, waaronder op een gepolijsten haard een net gebouwd turfvuur brandde, stonden twee antique vazen; en aan den wand hing, als eenige schildery, het portret van een man met de witte kraag en den met ruig bont omzoomden tabbaart der zestiende eeuw. Het gelaat was blozende, ofschoon het hair spierwit was; en in neus en mond was een sterke gelijkenis met den nog levenden erfgenaam van den eerlijken naam der NAGELS niet te miskennen. Er heerschte eene rustige waardigheid in de stoffeering van dit vertrek, die oogen en gemoed honderdmaal aangenamer aandeed dan de kleurige pracht by de KEGGE'S.

De heer VAN NAGEL liet wel wat lang wachten, maar toen hy ook binnentrad was hy geheel gekleed. Hy heette my terstond te gaan zitten, en vroeg met het welwillendste gelaat der wareld, wie ik was, en wat ik hem had meê te deelen. Ik maakte my bekend.

„En betreft uw boodschap eene zaak, die volstrekt onder vier oogen moet behandeld worden?"

„Ik zou zeggen van neen," andwoordde ik.

„Wees dan zoo goed my te volgen," zeide de heer NAGEL, die mijnen naam misschien van de freule gehoord had, en vermoedde dat ik in het belang van de moederlooze SUZETTE kwam.

Hy ging my voor naar eene groote tuinkamer, wier ruimte evenwel in dit saizoen door een groot chineesch verlakt kamerschut was beperkt. Die kamer leverde alles op wat de ziel tot genoegelijke genieting van zichzelve stemmen kan. Er was eene liefelijke eenstemmigheid tusschen het lichte behangsel en de zware sleepende damasten gordijnen, die allen tocht afweerden; tusschen de kleur van het breede vuurscherm by den haard, en de kleur van het kleed over de tafel; tusschen alle deze dingen, en de beminnelijke uitdrukking van gelaat, op het vrouwenportret dat boven den piano (zeldzaam voorrecht!) op het rechte licht hong, en tusschen dat gelaat en de edele en teffens zoo zachtmoedige trekken van den baron en van de jonkvrouw VAN NAGEL.

Toen ik gezeten was, begon ik den eerbiedwaardigen edelman mijne zaak voor te stellen. Ik zeide hem, dat ik my by hem interesseeren kwam voor een jong mensch, die eene ondergeschikte betrekking by de stedelijke administratie had. Ik verhaalde hem hoe die jonge mensch door een samenloop van omstandigheden (bedelaarsstijl), gebrek aan gunstige vooruitzichten, en hoofdzakelijk ten gevolge van de listige bemoeiïngen van een zijner superieuren, het voor hem noodlottig voornemen had opgevat, om naar de West te gaan, en dat ik dat voornemen door tusschenkomst van ZijnEd. hoopte te verijdelen.

„Ziedaar het argument van uw boodschap,„ zeide hy glimlachende; „nu de expositie met naam en toenaam, als 't u belieft!„

Ik verhaalde hem, dat ik van zekeren REINDERT DE MAETE sprak.

„Een oppassende jongen!„ merkte de heer VAN NAGEL aan, zonder my evenwel in de rede te vallen.

„Van zekeren REINDERT DE MAETE,„ zeide ik, „wien men, en wel voornamelijk een zekere mijnheer BOUT, die aan het hoofd schijnt te staan van het bureau, waarop hy klerk is...„ (De heer VAN NAGEL zag zijne dochter veelbeteekenend aan) „de West-Indiën zoo schoon en voordeelig heeft weten af te schilderen, dat hy, vol ambitie, en gekweld door eenige teleurstellingen, het voornemen heeft opgevat er naar toe te gaan. Ja, dat hier werkelijk al een begin van uitvoering had plaats gehad, daar de heer BOUT reeds voor hem, en met zijne toestemming, een engagement met zijnen (BOUTS) broeder, die in Suriname een plantaadje scheen te hebben, had aangegaan, dat hem als eerlijk man verplichtte, met de eerste gelegenheid te vertrekken....„

„En nu is uw verlangen,„ zei de heer VAN NAGEL, met voorkomende goedwilligheid, „dat ik den jongen DE MAETE zijn ontslag weiger.„

„Hetzelfde,„ andwoordde ik.

„Welnu!„ zeide hy, „hy zal het niet hebben, mijnheer HILDEBRAND! Hy zal het niet hebben, CONSTANCE! Wy laten onze kinderen niet weggaan, op eene recommandatie van den heer BOUT. Hebt gy ooit van een broer van den heer BOUT gehoord, die in de West zou zijn?„

„Nooit, papa!„ andwoordde de freule.

„Welnu, mijnheer!„ hernam de baron, „wy kennen mijnheer BOUT, en wy kennen den jongen DE MAETE. Wy zullen alles in orde brengen. Kent gy die beide heeren?„

„Den heer BOUT zag ik een oogenblik. DE MAETE heb ik nooit gezien.„

14*

„Zoo, zoo," andwoordde de heer VAN NAGEL;" nu, wees gerust.
Ik zal de zaak onderzoeken. DE MAETE zal niet naar de West-Indiën
gaan. Eene vraag, zoo het niet onbescheiden is; waarom interesseert
gy u zoo zeer voor iemand, dien gy in 't geheel niet schijnt te kennen?"

Die vraag maakte my verlegen, hoe vriendelijk de oogopslag ook
mocht wezen, waarmede de baron op mijn andwoord wachtte.

„Mijnheer!" zeide ik, en ik geloof dat ik bloosde, „er is eene dame in het spel, een jong meisjen, dat belang stelt in den jongen DE
MAETE, maar dat evenmin van den stap onderricht is dien ik heden doe,
als de jonge DE MAETE zelf."

„Ik dacht het haast," zei de heer VAN NAGEL, glimlachende. „Nu,
de zaak is er niet erger om, geloof ik."

Ik maakte eenige beweging om heen te gaan.

„Wacht nog een oogenblik," zeide hy, en zou voortgegaan zijn,
maar de knecht kwam binnen en diende den heer VAN DER HOOGEN
aan. Onwillekeurig kwam de uitdrukking eener onaangename gewaarwording op het gelaat van vader en dochter beide, doch werd even
spoedig onderdrukt.

„Zeg dat ik mijnheer nu niet zien kan, dat ik *en besogne* ben."

„Mijne dochter," voer hy daarop tot my voort, „heeft u gisteren,
geloof ik, ergens ontmoet?"

„Wy waren beiden in het huis eener treurende."

„Gy kent die juffrouw NOIRET?"

„Ik heb haar een paar malen ontmoet, en ken haar uit de berichten
van lieden uit den kring tot welken zy nu behoort."

„Zy maakt soms kleêren voor mijn dochter," ging de heer VAN
NAGEL voort, „en die is zeer over haar tevreden. Het is een bescheiden meisjen, en zy heeft ondersteuning noodig. Weet gy iets meer
van hare familie dan wy?"

Ik deelde hem al mede wat ik wist, en voegde er by, hoe SUZETTE
om haar allerliefst karakter algemeen bemind was by degenen die
met haar omgingen.

„Dat zei de doctor ook? niet waar, CONSTANCE?" andwoordde de
beminnelijke man. „Ik dank u, mijnheer! voor uwe inlichtingen. Gy
studeert te Leyden?" liet hy spoedig volgen, toen hy zag dat ik weder
mine maakte om te vertrekken. „Blijf nog een oogenblik. Ik heb u uit-
gehoord; nu moet ge niet in eens weggaan. Ik heb ook te Leyden
mijn graad gekregen." En daarop begon hy my eenige herinneringen uit zijn studententijd mede te deelen.

„Het is de aangenaamste tijd van 't leven, zegt men wel," zeide
hy ten slotte, „maar zoo ondankbaar ben ik niet jegens mijn overleden vrouw en lieve dochter, dat ik dat toestem; en daarenboven, het
is nog aangenamer in de wareld zich een Man te gevoelen, dan een
Student. Ik hoop dat gy het ondervinden zult."

Na nog eenige algemeene gesprekken, waaraan ook de jonkvrouw deel nam, verliet ik deze woning, die my als een verblijfplaats van zielsrust, verstand en deugd was voorgekomen, vol dankbaarheid aan mijn gestarnte, dat my in zoo weinige dagen onder zoo verscheidene daken, en met zoo vele lieve en goede menschen in aanraking gebracht had, om my in de overtuiging te versterken, dat beminnelijkheid en voortreffelijke deugden niet het eigendom van byzondere standen der maatschappy zijn, maar aan allen gelijkelijk kunnen toebehooren; terwijl ongetwijfeld die mensch het gelukkigst is, die ter dege weet wat en wie hy is, wat hij vermag en wat hy wil, zonder zijn heil te zoeken in datgene wat buiten zijn bereik ligt, zich verzekerd houdende, dat hy in het geruste midden van zijn kring ruim zoo veilig is als aan den zoo kwetsbaren omtrek.

Mijn kleine rol was afgespeeld; mijn werk riep my, en ik kondigde mijn vertrek aan. Drie dagen later werd ik weder wakker op mijne kamer in de sleutelstad, en tuurde ik in mijn hoekspiegeltjen om te zien of de Breêstraat nog breed was.

———

Maar nu zullen diegenen mijner lezers, die het geduld gehad hebben deze tafereelen te volgen, niet willen dat ik de pen nederleg, voor ik nog ten minsten iets vermeld heb omtrent het verdere levenslot der opgevoerde personen. Ik durf zeggen dat ik niet behoor tot die schrijvers, die er een genoegen in scheppen hunne lezers met teleurstellingen te plagen. Dit is onbehoorlijk, en schijnt my toe met die beleefdheid te strijden, die den auteur in dubbele mate betaamt. Daarom zal ik pogen aan dezen natuurlijken wensch zoo veel mogelijk te voldoen.

HENRIETTE KEGGE is in het verleden jaar gehuwd met een kapitein der rijdende artillerie, dien zy, vrees ik, een weinigjen op het uiterlijk genomen heeft, maar die gelukkig blijkt een zeer verstandig man te zijn, die haar karakter uitmuntend weet te vatten en te leiden, aan haar verstand en gaven een goede richting te geven, en zelfs een zeer gunstigen invloed geoefend heeft op de houding der geheele familie, mijnheer niet uitgezonderd, die er tegenwoordig veel minder op uit is de groote hanzen en adelijke heeren naar de kroon te steken, ze in 't geheel niet meer benijdt, en daardoor meer en meer by hen in aanzien komt.

Mevrouw is, naar ik hoor, nog altijd dezelfde weinig sprekende en weinig bewegelijke dame; alleen heeft het sterven van een harer twee lievelingen haar eenige bange dagen gekost. Ik ben zoo gelukkig niet, mijne lezers te kunnen mededeelen of het Azor geweest zij of Mimi! De heer VAN DER HOOGEN heeft zich in het beheer van zekere, aan zijne verandwoording toebetrouwde gelden zoo weinig charmant gedragen, dat hy het raadzaam heeft geacht op een goeden morgen zijn hôtel in den beddewinkel voor goed te verlaten, tot niemands spijt dan van den beddenmaker en zijne egade, die een halfjaar kamerhuur en een aardig sommetjen aan verschotten aan ZEd. te kort kwamen.

De Zoete Inval is nog altijd een degelijke koekwinkel, en tegen St. Nicolaas-avond zijn er nog immer prettige verguldpartyen. SAARTJEN is de verloofde van een hupsch jong mensch, die eene niet onbelangrijke affaire in manufacturen drijft. Ik recommandeer haar toekomstigen winkel aan het schoone geslacht; het zal een lust zijn om by haar te koopen.

SUZETTE NOIRET werd, onder den titel van kamenier, een zeer bevoorrecht persoon by de freule CONSTANCE. DE MAETE, door den baron in byzondere bescherming genomen, is zeer spoedig ter secretarie opgeklommen, en bekleedt nu den post van den heer BOUT, die aan de gevolgen van zijne ongeregelde levenswijs is overleden. Hy is de gelukkige echtgenoot van de mooie SUZETTE, en ik heb een brief van de jonge lieden, waarin zy zich veel inbeelden van "verplichtingen aan den heer HILDEBRAND."

De baron leeft nog steeds met zijne dochter in dezelfde kalme en liefelijke stemming. Zy beiden stichten zoo veel nut en doen zoo veel goed als zy kunnen; en de freule gaat met een hart vol liefde den tijd te gemoet, waarin de heer VAN NAGEL, die al zachtjens aan vrij oud begint te worden, haar hulp nog meer zal behoeven.

En de Grootmoeder?... is niet meer onder de levenden. Volgens haar uitersten wil is zy op het kerkhof by de Marepoort te Leyden, in het graf, waarin ook haar lieveling rust, bygezet. Haar hond heeft haar niet lang overleefd.

En ik ontfing uit haren naam een pakjen, waarin het ringetjen met den zakdoek, en iu het engelsch deze woorden:

"Gedenk aan den lieven WILLIAM en aan zijne grootmoeder,

E. MARRISON."

'S WINTERS BUITEN.

Onder de dingen, die men, zonder veel nadenken gewoon is by zichzelven vast te stellen, behoort onder anderen de meening dat het des
winters buiten even zoo onaangenaam is als des zomers louter zaligheid.
Menschen, die niet zonder opera's, concerten en soirées leven kunnen;
mannen die behoefte hebben dagelijks de societeit te bezoeken, en vrouwen die niet gelukkig zijn of zy moeten ten minste eenmaal des weeks
groot toilet maken, mogen zich in dit denkbeeld vastzetten, maar voor
stille huisselijke gemoederen, die van het by uitstek wareldsche genoeg
hebben, en den cirkel hunner genoegens, het zy die les hun zachter of
gevoeliger is voorgehouden, zachtjens aan hebben leeren inkrimpen,
voor hen is het er in den kouder tijd vooral niet minder genoegelijk als
in het warme saizoen; ja, geloof my, indien ik u zeg, dat op het stille
land, de winter oneindig veel korter valt dan in de stad met al hare —
ressources! Daar toch maakt hy met zijne voorhoede en nasleep van
donkere dagen een groot en langdurig jaargetijde uit, dat men door
allerhande in 't oog loopende kunstmiddelen zoekt op te korten en door
te komen; buiten daarentegen is hy slechts de spoedige overgang van
een gerekte herfst tot eene vroege lente. Want hoe kort een tijd ver-
loopt er tusschen het afvallen van het laatste eikenblad tot op het
uitloopen van den voorlijksten kastanjeboom!

Als het twee dagen van de zeven hard waait, en twee andere dagen
regent en hagelt dat het een weinig klettert, dan blijven de steêlui binnen hunne muren, *ook zelfs* gedurende de drie dagen van de
week die overblijven, waarop de zon by tijden door de wolken breekt
en allerliefst schijnt over de kwijnende natuur; want zy hebben van
's morgens af dat zy hun bed verlieten, tot twaalf uren toe, een nevel
gezien, en weten niet welk mooi weer daar in het najaar gewoonlijk op
volgt; en al weten zy dat ook; zy „gaan niet meer uit; zy kunnen niet
meer op het weer aan;„ zy durven niet zònder, zy willen niet mèt een
regenscherm wandelen; hun toch noodzakelijke overjas valt hun te zwaar;
en honderdmaal op een dag herhalen zy voor elkander de afgesletene
opmerking, „dat dit weer erger is dan een fiksche kou,„ en dat zy
naar een vuurtjen zouden verlangen, om de nattigheid, en ook stellig

stoken *zouden* indien het maar november ware. Het is dan half october, en hun winter is formeel begonnen.

Met november komt het vuurtjen, komen de tochtlatten met schapenvacht, de lange avonden, de morsige straten, en de onstichtelijke koude in de groote kerken; met en benevens alle soorten van overkleederen. Dan volgt december, met de boa's en de moffen, en de almanakken, morgenrood en avondschemering in onderlingen wedstrijd, en de St. Nicolaas, als het altijd te slecht weer is om uit te gaan, met een onverwachten sneeuwbui die op één dag twintig nieuwe dameshoeden bederft, en de kleine nachtvorsten die doen rillen, niet van koude, maar van schrik. Het heilig kerstfeest, op het land zoo liefelijk, zoo eerbiedig gevierd, en zich zoo harmonisch aansluitende aan de vredige stilte die het voorgaat en opvolgt, geeft in de stad het teeken voor drukte en gewoel en feestgejuich van allerlei aart; en na den ijsselijken nieuwjaarsdag, waarop honderden verkouden worden, wordt een eerlijk huisvader overstroomd van concertprogramma's, die hem met een benepen hart de hoofden zijner op uitgaan beluste dochters tellen doet; en er is een onafgebroken spreken en handelen in de stad over damespartyen en comedies en soirées littéraires, en soirées musicales, en andere soirées die noch het een noch het ander zijn, maar uiterst stijf, en vervelend, en akelig; en men verzadigt zich zoo over end' over aan de wintervermaken, dat men er in vier weken genoeg van heeft. En onderwijl regeeren de koude en de armoede, het ijs in de grachten, en de bedelary op de sluizen. En nog twee volle maanden kijkt men mismoedig elken morgen op den thermometer, en telt men morrende het aantal *wintertjens* op. En eer men den neus buiten de poort steekt, moet er groen aan de boomen wezen; en eer men te vreden is van zijne kleine wandeling, moet het ten minste mei zijn. Dat is dus een winter van half october tot de meimand toe. En dan heeft de steêman die buiten komt een gevoel, als of er een plotselinge, eene eensklapsche verandering van decoratie gekomen is; want hy heeft niets van al die opwekkelijke toebereidselen gezien die de natuur maakt, noch haar op den onderhoudenden weg harer stille vorderingen mogen gadeslaan. Hy heeft al de vreugde gemist, die de buitenman gesmaakt heeft, toen zijn eerste kip begon te leggen, en zijn eerste sneeuwklokjen bloeide op den naakten en harden grond. Hy heeft de ganzen niet zien vertrekken, en de spreeuwen en de kievieten niet zien aankomen, noch ook, drie dagen voor dat de wind zuiëlijkte, van zijn weêrwijzen tuinbaas of grijzen pachter gehoord dat de wind zuiëlijken *zou*.

Die een buiten heeft, en genoodzaakt of verstandig genoeg is er 's winters te blijven, staat des morgens met de zon op. Dat valt dan wat den tijd betreft nog al gemakkelijk, want ook de zon zelve is in dat jaargetijde niet zeer matineus. Maar laten wy elkander niets wijsmaken! Hierin staat steêman en buitenman gelijk, dat dit oogenblik het

moeielijkste is van den geheelen dag. Want het bed is warm, de kamer koud, en de mensch lui; daarenboven kan het water in de lampet
bevroren zijn, en de neiging om *zich nog eens om te keeren* is ons
geslacht als ingeboren. Maar heeft men eenmaal gezegevierd, dan heeft
men buiten ten minste de zelfvoldoening de zon werkelijk te zien; terwijl gy heeren en dames in de stad alweder het reusachtig *MANU-
FACTUREN* by uw overbuurman lezen moogt, of het beknoptere maar
niet minder tergende: SCHRIJF- EN KANTOORBEHOEFTEN;* hoogstens,
indien uw overbuurman een logementhouder is, hebt gy het voorrecht
uwe nuchtere blikken op te slaan tot het vergulde beeld van het lieve
hemellicht zelf, met stralen van een duim dik, en scheele oogen. Benijdbaar zoo gy op een gracht woont, en niets ziet dan het zwarte
ijs, met hoopen asch en vuilnis, daar tot uwe verkwikking op geworpen in het oogenblik dat gy uwe legerstede verliet; benijdbaar zoo gy
in een achterkamer huist, en over een smalle tuin tegen de donkere
gestalte van hooge pakhuizen met gesloten blinden op moogt zien!
Maar kom nu eens voor dit venster, dat op het oosten ziet, en zie
over het weiland heen, grijs van vederachtigen rijp, de koperkleurige
kimme met dien bloedrooden schijf, nog half bedekt en half opgere-
zen, die als wy kerstmis gehad hebben een rooden wedergloed op de
sneeuw zal werpen, duizendmaal mooier dan de beste bengaalsche vlam
over de zangerige helden van het vijfde bedrijf eener opera, of over
de heuvelen van doek in een ballet; of kijk door het andere raam
naar het westen uit, en zie de groene sparren met een dun en tinte-
lend weefsel behangen, en de statige menigte van eerwaardige dorre
beuken (een kaal hoofd is eerwaardig) daarachter met de toppen in
den nevel, die in zachte droppels langs de stammen leekt; die krijgen
ook na kerstmis hun schitterend sneeuwkleed aan, willen wy hopen.
Dat is alles mooi, zegt gy, mijn waarde lezer! maar men kan toch
den geheelen dag niet naar de zon en naar de boomen kijken; wat
voert de buitenman uit? hoe houdt hy zich bezig? waarmede vermaakt
hy zich?

Het is december; zijn hout moet gehakt, en hy gaat rond met zijn
opzichter, om te zeggen welke opgaande boomen aan de beurt liggen
en welk hakhout het kapjaar heeft bereikt. Ook is de jacht nog niet
gesloten, en hy laadt groote zes op zijn geweer in plaats van kleine,
want het haas heeft, zoowel als gy, zijn winterpels aan; en als hy
tot den donker toe de weitasch over den rechter en den hagelzak over
den linker schouder gedragen heeft, en het overgehaald geweer in de
hand, en een paar hazen en een paar houtsnippen voor zijne vrienden
in de stad bovendien, dan eet hy als een wolf, en wèl zoo goed als gy,
mijnheer, al gloeide uw kantoorkachel ook nog zoo, en al hebt gy u ook
nog zoo geanimeerd op de beurs. Des avonds is hy veel te moê om
zich te vervelen; hy maakt zich gemakkelijk met kamerjapon en pan-

toffels, en heeft het zeer druk over het haas dat hy in den looper schoot, en dat schreeuwde als een kind; het haas dat hy vlak in de kamer schoot, en mors dood lag; en het haas daar hy de wol heeft zien af-stuiven, dat ook werkelijk over den bol buitelde, maar toen de beenen weêr opnam, om hier of daar in een verborgen hoek te gaan liggen sterven; of wel met het wagen van gissingen waar dat haas mag zijn gaan drukken dat hy in de wijdte opgaan zag, en waar de snippen mogen zijn neergevallen, waar zijn geweer op geketst heeft. En zijn gezin en buren, om den haard vergaderd, hooren met belangstelling en welgevallen nog eens naar de oude jachtfeiten, van de drie hoenders met de twee loopen, en de twee eenden in één schot! — Komen ook de boeren niet betalen, en daarby hunne huisselijke zaken openleggen? En komt de dominé niet om een party te schaken? En schrijft gy zelf, daar binnen de muren, geen boeken genoeg voor hem? En krijgt hy niet tweemaal in de week een heel pak couranten, waarin hy tot zijn groote stichting leest van de bezoeken van koningen en princessen in de hoofdstad; van tabliers van diamanten en toiletten van goud, van acteurs die uitmunten in hun nieuwen rol; van groote, grootere, grootste, allergrootste, en extra allergrootste virtuozen; van stik-volle zalen, schitterende kapsels, en onvermengd kunstgenot; van plumbee-ring van holle tanden die hy niet noodig heeft, en *source de vie, le-vensbron, à ƒ 1.25 de doos,* die hy nog beterkoop heeft op het land, met en benevens de harrewarreryen over boeken-schrijven, waar hy zich niet aan bezondigt, vioolspelen, dat hy alleen tot zijn eigen genoegen doet, en de betuigingen van de redacteurs, dat het hunne gewoonte niet is datgene te doen, wat hy opmerkt dat zy juist in den geheelen stapel, dien hy voor zich heeft, onophoudelijk gedaan hebben.

Hy heeft ook zijn feestdagen. Het zal by voorbeeld koppermaandag zijn: koppermaandag, een dag, waarop de boekdrukkersgezellen by u in de stad de deuren afloopen met eene fatsoenlijke bedelary; laatste beroep op eene mildheid die reeds achtereenvolgende in de begeerig-heid van diender, koster, stovenzetter, lantarenopsteker, brandblusscher, brandbezorger, torenwachter, knecht van 't Nut, en van wie niet al? heeft moeten voorzien. Wy kennen hier niemand in dat vak dan den boschwachter, die ons zijn groen almanakjen komt aanbieden, en wien wy by die gelegenheid de houtbrekers nog eens aanbevelen, want, om de waarheid te zeggen, deze en de menigvuldige kraaien, zijn onze eenige winterrampen. — Maar ik wilde van koppermaandag spreken. Dan hebben wy by voorbeeld hier de groote houtveiling, een publie-ke feestelijkheid, oneindig meer vermakelijk dan eene groote parade, indien gy my gelooven wilt.

Tegen tien uren, half elf, kom dan eens kijken! Dan komen al de boeren by troepen door het bosch slungelen; een kennemer boer heeft nooit eenige haast ten zy op de alkmaarsche kaasmarkt, als het er op aankomt een goede plaats te "bedekken." Langzamerhand naderen zy allen, de een met de handen op den rug, en de ander met de handen in de zakken van 't wambuis, ter plaatse waar de parken nederliggen, en waar de opgaande boomen staan, die, met een blutsjen van den bijl en een nommer, ten doode zijn opgeschreven, en zoo onder de eersten als by de laatsten wordt naar de nommers gezocht. Elk hunner verbergt zijn plan en drift om te koopen en zijne belangstelling om te zien, onder het volmaaktste lacomisme.

"Zoo JÆPIE!" zeit de een; "mot jij ook een parrekie hebben?

"Nou jæ, jongen! ik kom rais kaiken!"

"Nou" — de boeren beginnen byna alle volzinnen met dit woord: "Nou, der bennen zwære parken genog bai; maar der is ook een party die sluw * binnen, hoor."

"Jæ," zeit een derde, die plan heeft er verscheidene te koopen; "en eer je ze thuis hebbe!"

"Zoo, JAN SPITTER, een paar nieuwe hutten ** der op anëtrokken!" zegt een ander tot den eigenaar van dien naam, die zin in het eigen park eiken heeft, waarvan hy nota neemt. "Nou dat gæt er op los, hoorje! JAN SPITTER zel 't ons allemæl te kwæd maken."

"Erg mooi weêrtje," merkt een vijfde aan, die verrast wordt in het opkijken naar een boekenboom, waarvan hy het ophout berekent. "Erg mooi weêrtje! maar der hangt nog veul wind an de lucht; ik mocht liever laien dat et wat droogde."

"Dat mocht ik net, broer," andwoordt een oud boertjen, zijn pijp in de tonteldoos stekende, en in een oogenblik de lucht met sterkriekende wolken benevelende.

"Daar bennen der nog zatter uit de stad ook, zie ik wel," merkt een armoedige boer aan, vreezende dat de steêlui hem zullen overbluffen.

"Kaik hy met zen gepoeste laarsies," zegt een jong karel met een bloedrooden wollen das om, die het met gemelde steêlui luchtiger opneemt. "Zoo bakkertjen, je mot zeker weer een vaifie plokken***?"

De bakker zet een verlegen gezicht, en neemt voor, zich te houden als of hy het niet gehoord heeft; maar bedenkt zich, haalt zijn tabaksdoos uit, steekt er met een echte bakkersgulzigheid zijn aandeel uit in de bleeke kaken, en andwoordt geestig: "Motje *mijn* hebben?"

Intusschen zit de eigenaar met de zonen van den huize by den boschbaas om den haard, waar een boekenblok van de grootte van een ossenrib, van 't hout van verleden jaar, aanligt, afkomstig van een boom die den boschbaas toevallig zoozeer is meegevallen, dat hy aan het ophout zijn geld waard was en hy den stam nog vrij had. Daar zit dan ook de dorpssecretaris met zijn doornenstokjen, groene wanten, en grijzen kop,

---

* D. i. dun, schraal.   ** D. i. hoosblokken.
*** D. i. een vijfjen strijkgeld of trekgeld halen.

en de beampte uit de stad, ten wiens overstaan "de aanzienlijke party hout zal verkocht worden." Een praatjen, een kop koffy — daar gaat de bengel, en alles verzamelt zich by nommer Een.

Nu worden de veilconditien voorgelezen, met verschrikkelijke bedreigingen tegen degenen die niet contant, dat is binnen zes weken betalen, de gaten niet behoorlijk dichten, of, by de rooiïng, honden in het bosch meebrengen; bedreigingen die, by gebrek aan dwangmiddelen, de kracht hebben van vriendelijke verzoeken. Daarop vangt het gedrang en de drukte aan. Sommigen koopen in 't begin omdat het "wel rais gaandeweg praiziger worden wil;" anderen stellen 't uit, in de hoop "dat het meeste volk zachtjens aan af zal trekken," en de beste koopjens op 't laatst te doen zullen zijn. De secretaris doet zijn best om ten duurste te veilen, en de koopers om voor het minste geld klaar te komen. Allerlei aardigheden worden over en weer gewisseld, en te meerder naarmate de houthakkers lustiger met het vaatjen rondgaan en de kleine stalletjens, die overal tusschen het gehakte hout zijn opgezet, meer te doen krijgen.

"Hadje nou je geld bewaerd!" zegt de secretaris, met een ongeveinsde bewondering voor het perceel dat hy met het uiterste van zijn stokjen aanraakt; "jonges, jonges! wat en boomen! Daar kenje wel twee jaer van stoken! Hoe veul voor dat parkie? Wie zet dat nou rais in voor twalef gulden? Al wou je maar zes geven? niet allemaal te gelaik, kindertjens? Drie gulden, met je driën wel." enz.

"Schai je der nou al uit," heet het een oogenblik later uit den mond van denzelfden magistraat, tegen een boer die aan bod is, en zoodra hy hem aanspreekt wegsluipt, uit vrees voor zijne bekende satyre. "Schai je der nou al uit, JANTJEN en dat voor een karel, die JAN HOUTKOOPER hiet. 't Is jandoppie skande."

"Nou, wie dut park koopt, die het et waif met de koekkraam en de flesch er op toe!" schertst hy al weder als hy een perceel nadert, waarby een vrolijke zoetelaarster, met een dikken schoudermantel om, hare handen zit te warmen aan de test, waaraan de boeren komen opsteken. "Daar geef ik zelvers zeuven gulden voor; zeuven en 'en kwart; en 'en half, en drie kwart; vol; eenmaal, andermaal; niemand meer as acht gulden, voor dat knappe vrouwmensch? En 'en half; — ZOO TEUNISSIE, hebje niet genoeg an *ien* vrouw, man? — acht en 'en half; negen; eenmaal, andermaal; kan de brandewain je niet verlaien, maat? Nog 'en kwart; 'en half; negen en 'en half; eenmaal, andermaal, derdemaal; geluk er mee; dat's 'en koopie, maat. Hoe hiet jy?"

"JAN VAN SCHOTEN."

"Zoo hiet jy JAN VAN SCHOTEN? hebje dan te Schoten geen hout, maat?" En zich tot den boschbaas wendende: "'t Is hier edaan, baas! Waar motten we nou na toe? Na dat stuk tegen 't land van SIJMEN, niet waar? Kom an, kindertjens. Jonges, jonges! wat zou SIJMEN

zeggen, as we dair rais met zoo'n heele bende op de pannekoeken kwammen. Dan mocht het waif den heelen dag wel deur bakken. Kom an,
maar weer van veuren of an. Nommer honderd en dertig; wie geeft
daar nou rais honderdendertig gulden veur; honderdendertig centen, dat
zal der veur 't begin beter na rooien," enz.

"Twee an bod; wie het eerst esproken?"

"*Ik* heb eerst esproken."

"Hoe hiet jy?"

"Ik hiet PIET DE WIT."

"Best hoor; ik zel zwart skrijven."

Ziedaar aardigheden, voorzeker niet van de allerfijnste soort, en die
zeer verre onderdoen voor alle mogelijke rondgaande stadsbonmots en
calembourgs, maar die uit een gulle vrolijke stemming voortkomen, en
in die stemming op het boerenland zeer goed opgaan, en opgaan zullen,
zoo lang, om den nekrologischen stijl te gebruiken, "zoo lang boeren-
aardigheden in Nederland op hare rechte waarde zullen worden geschat."

Onder dit alles roepen de mannen en vrouwen en kinderen, die met
drank, moppen en smakborden den trein, het geheele bosch door, volgen, en overal hunne draagbare tenten nederslaan, uit alle macht en als
of op ieder der aanwezigen de zedelijke verplichting berustte iets by
hen te verteeren: "Wie 't zijn beurt is!" "Je hebt al lang na een
slokkie verlangd, buur!" "ARIE, ARIE! wat is je keel droog!" "Avontuur je 't niet reis? zes der boven en twee der onder?" "Hier is KEESJE,
hier is KEESJE! je het *niet* te betalen; hy betaalt den koekebakker ook
niet!" En allen wenschen voor de zesenzeventigste maal "handgift"
te ontfangen; en de kleine boerenjongens dringen met de kinderen van
den dominé, en van den chirurgijn, en van het groote huis, door de
menigte in alle richtingen heen, om let te spelen, of schuilevinkjen achter de parken, of springen als jeudige acrobaten van den eenen stomp op
den anderen, of laten zich van den eigenaar van 't bosch op een
schellings koek tracteeren, daar hy hen voor zijn rekening zoo lang naar
heeft laten gooien, tot hy hem op niet meer dan een gulden te staan komt.

By den laatsten koop begint er al zoo wat reuring te komen, en by
het laatste nommer — laat het een mager boomtjen wezen, dood in
den top — wordt een vijfjen op gestoken; en een manneken uit de stad,
die te opgewonden is om te cijferen, blijft er tot algemeene vreugd aan
hangen. En de pret is uit, behalven voor den boschbaas en voor de
magistraten, die aan de veiling hebben geassisteerd, en op een stuk gebraden rundvleesch met graauwe erwten onthaald worden.

Maar het is in 't laatst van january, en uw barbier hangt u telken morgen verschrikkelijke tafereelen op van de duimen dik, die het in de
stadsgrachten gevroren heeft. Nu komt gy ook met een volksfeest voor
den dag, en verheft de borst trotsch op uw ijsvermaak; ik neem er mijn

hoed voor af; schoon ik niet van ijs houde en er liever buiten blijf, om- dat ik zoo dol op het levende water ben; uw Amstelkermis, o amstelaren, uw Maaskermis, o rotterdammeren! " bieden een treffend gezicht aan;" uwe courantiers kunnen er niet genoeg van zeggen; als gy wandelt, rijdt, harddraaft, kolft, biljart, bittert, en zelfs stookt op het ijs, waar zich alle standen aan hetzelfde vermaak overgeven, de hooggeborene in zijne polonaise en de watervoerder in zijn schippers buis; als een accoord van 't vereenigd gekras van duizend hollandsche en engelsche en friesche schaatsijzers de lucht vervult, terwijl de narrentuigen rinkelen, en de zoetelaars met brandewijn van "negentig graden!" die pogen te over- schreeuwen. Als al de pracht van met bont gevoerde en gezoomde douilletten, pelzen, en shawls door de heldere winterzon beschenen wordt, en eene weelderige maatschappy haar grootsten rijkdom tegen de soberste karigheid der natuur schijnt te willen overzetten. Maar denkt niet dat wy buiten ook geen ijsvermaak hebben; pret hebben wy, degelijke pret; en ik wenschte wel dat gy die ook hadt.

Ik onderstel dat gy zelf bezitter zijt van een of ander landhuis naby een klein dorp; daar zult gy ook een ijsvreugd zien, en indien gy van kinderen houdt, zal zy u verrukken. De volwassenen versmaden de- zen kleinen plas; maar hier hebben wy den kleinen dikken WILBERT met de mooie oogen, die zijn schaatsjens loopt halen, zoodra hy hoort dat de jonge heeren "er op mogen," en zijn nog kleiner broertjen mee- brengt, dat voor het allereerst begint te scharrelen. Alras verzamelt zich uit alle woningen een aardig troeptjen van boertjens en boerin- netjens, die elkander allen by den naam noemen, en zeer familiaar zijn met de jonge heertjens en jonge juffrouwtjens van de buitens, die hunne schaatsen binnen's kamers hebben aangebonden, met groot rumoer, en die met roode bouffantes en even roode wangen zich in den stoet komen mengen. Daar stijgt de vrolijkheid ten top, en het kleine grut glijdt, en scharrelt, en zwiert, en draait door elkander, en valt op een hoop, en poeiert elkander met sneeuw, en de jongens zitten de meisjens op hunne schaatsen na, en kapen ze de losse hoedtjens van 't hoofd, zonder dat ze daarom nog verkouden worden, en rijden er in triomf mee rond op de punt van hunne ijshaakjens: en de sleê gaat heen en weder met een heele vracht kleine meisjens er in, en met een heele bende kleine jongens er achter, en zwiert by het omdraaien zoo ver- schrikkelijk, dat zy het allemaal uitgillen. En dan zult gy, de land- heer zelf, lust hebben om den zoetelaar te spelen, en de vrolijke jeugd te verkwikken met koek en een schijntjen van brandewijn met suiker; en dan gaat er een vreugdekreet op; en de boerenkinderen hebben nog nooit zoo iets lekkers geproefd; en de werkman die de baan geveegd heeft wordt ook niet vergeten, en glist af en aan met zijn bezem over den schouder, en maakt gekheid met de kleine deugnieten, en krijgt onverziens een sneeuwbal aan zijn ooren dat ze tintelen; en dan raakt

de deugniet die den sneeuwbal gegooid heeft van de been, en schuift
een heel end ver over 't ijs voort; en daarop heeft een andere deugniet, die al tweemaal op zijn neus gelegen heeft, onuitsprekelijk veel
genoegen. En dan komt er een scheur in 't ijs "van de sterkte," zoodat het kleine ventjen dat voor 't eerst op een paar verroeste ijzertjens
staat, en met zijne dikke armen in een naauw buisjen in de lucht roei-
ende, zich de illusie maakt van voort te gaan, stilletjens afbindt; maar
de mannen van een twee of driejarige ondervinding spreken van balken
die er onder komen, en het is alles drukte en gejoegjag en geluk; en
al de jongens en meisjens weten niets prettiger dan dat het hard vriest,
en er morgen weer een duim dik ijs ligt in het gat dat heden gehakt
is, waarvan zy u des mórgens de bewijzen komen vertoonen op uw bed.
De donkerheid alleen maakt een einde aan de vreugd, waarin het middagmaal slechts een kleine pauze veroorzaakt. Maar laat het maar lichte
maan zijn, dan komt er nog menigeentjen weerom, en wel eens een
grooter slag van rijders ook, waarvoor de andere wateren des avonds
te ver of te vol gevaar zijn; en zoo gy geen lust hebt om mee te doen,
gy kunt het zien, daar gy voor den haard zit, die de gezichten uwer
lieve gade en schoone dochters verlicht met de vlammen van steenkolen, die vooral dan helder zijn, als gy er een splijt met de punt van
de pook, terwijl het vertrouwelijk schemeruur een macht van zoete
herinneringen meedebrengt, een overvloed van gezellige praatjens uitlokt. En wellicht brengen u de gesprekken uwer huisgenooten op het
een of ander schoon gedicht, of belangrijk boek, dat uwe kleine bibliotheek versiert; en des avonds als alles stil is in en om het huis,
leest gy er in uw kleinen kring uit voor, onder het genot van een glas
warme pons, of streelende kandeel; en denkt er niet aan, hoe in dat
zelfde oogenblik, in een der gehoorzalen van de hoofdstad, een jeugdig slachtoffer van zijne eigenliefde en van den secretaris eener geleerde maatschappy, in een zwart pak kleeren, en met een bleek gezicht, wordt *opgebracht* door een statigen stoet van achtbare mannen
om, tusschen zes waskaarsen, en, voor een aanzienlijke schaar van
heeren met en zonder ridderorden, en mooi gekleede dames (ik meen
"geachte vrouwenschaar"), eene verhandeling te lezen die verveelt, of
een dichtstuk dat al te akelig is, van een man die by vergissing met
zijn zuster trouwt, of van een juffer die zich dood treurt op een toren.

Wilt gy nog eene andere tegenstelling? Ja vergun er my nog eene;
gy houdt misschien niet van tegenstellingen, maar laat ik u nog op deze
ééne onthalen, zy zal treffend zijn. Maar nu verbeeld ik my u weder als
steêman, en gy woont te Amsterdam of te s' Gravenhage.

Het is in het laatst van february. In uw kring, in uw cercle, in uw societeit, hoe wilt gy? misschien wel in uw huis, heeft zich onder al de
oversluieringen der étiquette en *ont*sluieringen der caquets, een droevig
drama ontwikkeld. De schoone EMMELINE C. was op alle de feesten

van den winter reine du bal. Zy werd gefêteerd; zy werd geadoreerd. Hare moeder was trotsch op haar; zy was trotsch op zichzelve. Op de soirée van mevrouw v. W. ontmoette haar de jonge VAN STATEN, en maakte onbegrijpelijk *veel werk van haar.* Op het concert van — (noem éénen onovertrefbaren uit de tienduizenden onzer dagen) was het in het oog loopend hoe hy rondom haar fladderde; op het bal ten uwen huize (waar men zich zoo allercharmantst geamuseerd heeft, lieve mevrouw!) en op al de casino's week hy naauwelijks van hare zijde, was onbegrijpelijk aux petits soins, en men heeft zijn oogen zien vonkelen als tijgeroogen als zy met een ander walste. Deze jonge VAN STATEN had een zeer innemend uiterlijk, zeer goede uitzichten vóór zich, en een zeer respectable familie achter zich; wat wonder zoo hy op het meisjen *impressie maakte;* wat wonder zoo zy ten laatsten door een weinigjen te boudeeren weten wilde wat hy vóórhad. Wat doet het monster, op de laatste soirée die hy met haar bywoont? Hy ziet haar naauwelijks aan; met een stijve buiging vraagt hy haar ter naauwernood hoe zy vaart; als zy, op aller instantie behalve de zijne, zich aan den piano zet en zingt, ziet zy hem in den spiegel die daarboven hangt geabsorbeerd in een gesprek, met eene andere schoone? Neen, met heeren, met een geleerde, met een diplomaat. En een oogenblik later neemt hy de kaart op voor eene bejaarde dame, die, daar een andere bejaarde dame en twee bejaarde heeren het haar in 't omberen te lastig maken, hem verzocht heeft haar eens af te lossen. Den geheelen avond geen woord, geen blik van hem voor de schoone EMMELINE: en den anderen dag het gerucht door de stad, dat zijn engagement met de freule E. te X., dat reeds sedert dezen zomer gehangen moet hebben, er door is. — Het hart der arme EMMELINE is gebroken.... neen! vergiftigd. Van dezen oogenblik af is de gantsche wareld haar geveinsdheid en mommery, en het geheele mannengeslacht louter valschheid. Echter wil ook zy een mom dragen en evenzeer veinzen. Maar kan zy het weeren dat al hare vriendinnen haar in hare byeenkomsten beklagen, en dat zy weken lang onder den titel van *het meisjen dat infaam behandeld is* de toevlucht wezen moet der kwijnende conversaties op fluweelen sofa's, en der levendige tête-à-têtes, by marmeren schoorsteenmantels en in vertrouwelijke vensterbanken.

Maar nu zie ik mijn buitenman een bezoek brengen by een zijner boeren, en met hem nederzitten by zijn namiddag-koffy en boterham, in gezelschap van een koopman die met een hoog langwerpig pak op den rug op den boer reist, en in diepe stilte tegen zijn koffy blaast, terwijl de vrouw en de meiden zich bedenken of er ook wat noodig is. Maar de oudste dochter is naar stad, en mijn buitenman die gaarne over de jonge deernen praat, acht de gelegenheid geschikt om te vragen:

Wel JANTJEN! heb ik het al, of heb ik het mis, dat je dochter trouwen in het hoofd heeft?

Nou, heerschop! is zijn woordenrijk andwoord, *de lui willen zoo *veul* zeggen; 't zou er kwæd uitzien as we alles looven wouwen; ik zel niet zeggen dat ze niet rais deur een borst is ansniejen; maar trouwen zel ik maar zeggen: neen! dat laikt er niet nae.„

„Heije je nou al bedocht, TRIJNTJEN!„ zeit de koopman.

„Nou ja,„ zeit TRIJNTJEN; „geef me een kloentjen zwart garen.„

„En mijn een stuk of vier hemdsknoopies,„ zeit de vrouw.

„Ik had verleden najaar al gehoord dat ze met een vrijer te kermis geweest was,„ zegt mijn buitenman, die niets van dien aart gehoord heeft.

Maar de boer en de vrouw nemen bedenkelijke gezichten aan, die te kennen willen geven dat er te veel dak op 't huis is, en de landheer vindt het gepast zijn gesprek te veranderen.

„Hebje daar een potlammetjen?„ zegt hy, op een klein zwart dier wijzende, dat op de vuurplaat geknield ligt, naast een dikke kat, rood en zwart geplekt.

„Och jæ,„ zeit de vrouw; „we hebben twee lammetjens van dat ooi, ien witje, en ien zwartje, dat dan dut is. Maer 'et iene het ie zoodra 't geboren was elikt en opëknapt, maer het zwartje het ie laten leggen. En hy wou 't niet leten zuigen ook, of we mosten hem vasthouen; en nou leten we 't dan maer zoo drinken uit een trekpotjen. 't Is maer het akelikst dat het overal veuligheid doet.„

„Ja,„ herneemt de boer, „en mot meheer de kalven niet rais zien?„ En mijnheer staat op, en volgt hem naar het hok waar zy zich bevinden.

„Kaik hier; der zijn der drie; twee kuitjens, en een bulletjen; dat iene kuitjen is van daag ekomen. Leelijk hair, niet waar, menheer!„

„Hy is al heel zwart.„

„Hillekendal, meheer! maar weetje wat *ik* zeg, je mot geen beest om zen hair verachten; ik denk dat 't niet past, en dat je der geen zegen op hebben kenne, zel ik maar zeggen. Je hebt menschen die zijn er zoo keurig op, kaik! maar ik zeg dat het niet past, en ik zel dat zwarte kuitjen anleggen, zoo goed as dat bonte; en weetje wat *ik* denk: 't is nog beter as een heele witte, want die worden dan schrikkelijk van de vliegen 'eplaagd, en ze zain ook erg kouwelik; gunder staet er iene, die het een rond jaer met et dek eloopen„

„Maar as 't nou eens een *rood* kuitjen was?„

„Ja, *dan* most het weg; die brandrooie mag ik niet,„ zegt de philozoïsche boer, die geen beest om zijn hair wil verachten, maar wien dit vooroordeel te machtig is. En plotseling het vroeger gesprek weder opnemende, gaat hy, ten overstaan van de twee kuitjens en het eene bulletjen, die hy beurtelings op zijn hand laat zabberen, voort:

„Nou kaik, je bent best onderricht ook, hoor! En ze had er zinnen wel op 'em 'steld ook, zel ik maar zeggen, maar ik en 't waif hadden gien erge zinnighaid in de borst, en deerom is er dan ook niet van kom-

15

me; want HIL is en erg best maidje, kaik, dat laikt er niet næ; 't is me stiefdochter, maar of was 't men aigen, 't kon niet beter zain, en de miester zait dat hai er nooit zoo ientje zien hadde, en zoo erg gnap, zel ik nou maer zeggen, in 't gunt daer hai in 'leert het; en 't waif zait dat HIL zoo erg best is voor skrobben en skuren en keezen, en zoo hillekendal gnap in 't werk, dat en best waif zou d'ie er an had hebben. Maar jæ, 'k miende den nou, zel ik maer zeggen, dat ze zoo'n best maidjen is, om reden dat ze 't zoo in iene hiel end' al uit 't hoofd 'zet hadde. 'k Zaide: HIL! zaidik, das nou iens veur de fidel met HAIN, maer je weete dat 't veur 't lest is ook. Nou, ik zag ze wel, dat ze erg zuinig keek, maar ik daan of ik 't niet bespeurde, en 't eerst dat ie weer weter veur der drege, zag ik dat zem gnap op zai douwde, en 't leek wel dat ze zaide: Vaer wil hillekendal niet van je ofweten. Maer zoo as 't gaet, menheer, 't laikt wel, zel ik maer zeggen, of je niet van mekaer of kenne, as je 't iens op mekaer begrepen hebbe: 't was met main en GEESSIE, dat nou de vrouw van TAK is, krek al ien in me jonge taid, maer ik was er vaêr veul te skrael van skaiven, en nou heb ik an MARIJTJEN en erg best waif. Nou, maer ik zagge dan wel dat et met HIL en HAIN niet goed of zou komme, en ik zaide teugen 't waif: je kant 't nog wel rais inzien, maer as 't na *main* zin geet, dan mot de borst weg. Maer de vrouw miende dat ie zoo erg best in 't werk was, en dat we hum niet allienig wegzenden magge omdat ie rooms kattelijks is, want dominé hadde zaid, dat we dreegzeem met de roomsen wezen motten, en 't waif het by de miester 'weund, en die weet et den erg best, en die zaide ook zoo. Maar ik zeg: nou MARIJTJE, de borst *mot* weg, zeg ik; of je nou hoog of leeg danse, de borst mot *nog* weg; want ik bin alan baas bleven in huis, en dat wiet 't waif ook wel; en deerom toen ik alan zaide: de borst *mot* weg, zaide 't waif: wel nou, leet ie geen, as jai denke dat 't veur HIL der best is, en zoo is ie 'geen ook.

„En wat zei HIL er wel van?„ vraagt de landheer, die als hy uw laatste romans gelezen heeft, o heeren uit de stad, denken moet dat het meisjen ten minsten eenige teeringen gezet heeft.

„Wel nou, deer wil ook dan ook wel leuven dat je HIL wezen mot om zoo te doen as zai daan. Ik speurde in 't beginne wel dat het er niet an en stond, maer ik zaide: HIL, zaide ik teugen der; nou, leg niet te knijzen ook, maidje, want de borst *is* ienmael weg, en hai *blaift* weg. En kaik, ze is weer an 't keezen 'geen, en op melkers taid onder de koeien 'geen, krek of der niks beurd wazze!„

En de houten klink wordt opgelicht, en de heldin der historie verschijnt, het helder voorhoofd met het schoone mopjen beplooid, het geele jakjen aan, een hengelmand onder den arm, en vrolijkheid en schalkheid in de blaauwe oogen; en de landheer geeft haar een vriendelijk kneepjen in de wang, en zegt:

"Zoo HIL, ik zei daar net tegen je vader, dat je zoo'n knappe meid wordt, en dat het me wondert dat je nog niet aan 't vrijen bent."

"Vrijen, menheer?" zeit HIL, "ik weet niet wat ik liever dee!" en ze huppelt haastig voorby, en doet haar moeder bescheid op de boodschappen, en helpt den reizenden koopman in het opladen van zijn pak, en vraagt hem lachend of hy wel weer zou kunnen opstaan, als hy er mee voorover viel.

"Zou jy me helpen, HIL," vraagt de koopman met een smeekend oog, "as je me zag liggen?"

"Daar zou ik rais over denken!" zegt de vrolijke HIL. "Dag DORIS! wel thuis maet; val maar niet, hoor, en *as* je valt, DORIS! al is 't ook nog zoo laet in de nevend...."

"Nou, wat dan?" vraagt de koopman met een sentimenteelen lach.

"Kom den hier, hoor, den zel ik je ophelpen. Dag DORISbuur!"

———

De maand maart is in 't land, met hare gehate afwisseling van sneeuw, storm en regen. De geheele stad hoest en proest, en vraagt met verontwaardiging, hoe zy aan den onverdienden naam van lentemaand komt. De buitenman vraagt het niet, want voor hem is zy rijk aan bemoedigende verschijnselen, aan bewijzen van nieuw leven en nieuwe kracht der natuur. Als hy in de heldere dagen of op de heldere uren van den dag, zijn esschen stok opneemt en rondwandelt, ziet hij alom de braakakkers vervuld met deftige schapen en vrolijke lammeren, die op de stoppels grazen; ziet hy den ploeg drijven door de stoppels van andere, die dit jaar hun vrucht zullen moeten opbrengen. In zijn vijvers zijn de eenden gekomen, die een nest zullen bouwen onder de lage takken van den sparreboom aan den oever; de hazelaars bloeien; zijn moestuin wordt sedert vrouwendag in orde gebracht, en weldra zullen zijn doperwten worden gelegd; nog een veertien dagen en de stier begint rond te gaan, en de merels zingen luide en heerlijk in zijn nog dor hout. Eer de maand ten einde loopt, zijn hem de eerste kievits-eieren gebracht, en is zijn bloemkool reeds gepoot; en naauwelijks is de wispelturige april daar, of de ooievaar laat zijn lange pooten op zijn dak nederkomen; zijne perziken beginnen te bloeien; zijn violenbed is blaauw; zijne kuikens komen uit; een lichtgroen waas spreidt zich over zijne boomen, en de donkergroene garst schiet op zijne akkers op: de bloesem der wilde kastanje vertoont zich reeds in den knop; en den 18den of uiterlijk den 19den, verkondigt de blijde nachtegaal met een helder geörgel en een schellen slag dat hy daar is, om het lied der lente te zingen. Iederen morgen hoort hy aan zijn ontbijt nieuwe berichten van boomen die reeds geheel groen zijn, en op iedere wandeling ontmoet hy nieuwe bloemen.

15 *

In den tuin vertoont zich reeds de groene hoop des zomers boven de aarde; de wilde tortels en blaauwe duiven vliegen af en aan door het geboomte, met dwarsche takjens in hunne roode bekken; de zwaluw scheert over het water en vliegt den stal binnen, om zijn nest op te hangen boven de ruif; het jonge vee loeit reeds in de weide, en de melkkoeien zullen met den eersten mei kunnen worden uitgezet... En des zondags zijn de wegen vervuld met wandelaars uit de stad, die al die schoone wonderen komen bezien, en waaronder zich een enkele vertoont, die reeds een witte zomerbroek heeft aangetrokken, in de zalige overtuiging dat hy een rechte primula veris is.

GERRIT WITSE.

Studenten-angst.

De goede stad Leyden heeft binnen den omtrek van hare deels nog staande, deels tot wandelingen geslechte wallen, twee territoriale schoonheden, die men niet genoeg roemen kan, te weten, de Breêstraat, welke naar uitwijzen van oude oirkonden en van de adressen van brieven van alle tijden, vroeger Breedestraat moet geheeten hebben, en het Rapenburg, door den ramp van 't jaar Zeven zoo befaamd, „leggende, volgens ORLERS, langs een breede straete, een schoon breed water, met hooge en groote schoone lindeboomen ter wederzijden beplant ende besettet, onder denwelcken het in den zomer seer vermaeckelycken te wandelen is". Dit Rapenburg is aan beide zijden zeer net betimmerd, en men vindt er schoone huizen, die het vermogen en den colossalen smaak onzer vaderen eer aandoen. Deze omstandigheid neemt echter niet weg dat er eenige zeer leelijke en zeer mismaakte gebouwen worden opgemerkt; onder welken vooral uitmunten 's rijks museum voor natuurlijke historie, de academische bibliotheek, en de hoogeschool zelve; want het lands- en stadsbestuur schijnen edelmoedig te hebben besloten, de verfraaiïng en opsiering der stad voortaan aan den smaak der respective inwoners over te laten, even als het gouvernement de belooning der menschenredders aan de Maatschappy tot Nut van 't Algemeen. Het laatstgenoemde gebouw staande en gelegen op den hoek der Nonnensteeg, levert de niet onaardige vertooning op van een oud klooster, met moderne vensters, door eene nieuwmodische barrière afgesloten, en op welks dak zich eene mede niet onaardige verzameling van duivenhokken en peperbossen vertoont, die den hoogdravenden naam van toren en observatorium dragen. Indedaad wekt het bovenste gedeelte van het gebouw eene fiere gedachte aan den voortgang van kunsten en wetenschappen en de oneindige vorderingen van den menschelijken geest op, terwijl de dikke muren en gewelven daaronder de kuische nagedachtenis der Witte Nonnen in zegening houden. Welk eene in 't oog vallende omkeering bracht de loop der tijden hier te weeg! Ter zelfder plaatse waar de schuchtere nieuwelingen, bedeesd en op twee gedachten hinkende, voor het altaar traden, voor hetwelk zy eenmaal met een blijmoedig en kalm hart de wareld en hare begeerlijkheden moesten vaarwel zeggen, zouden in latere tijden de rampzalige *groenen*, in vertwijfeling aan alle aardsche grootheid, nederzitten; waar de eerbare rei der gesluierden, van hare stiftsmevrouw voorgegaan, den plechtigen choorzang aanhief, zou later eene zwartgetabberde rei de zitplaatsen bezetten en een gedegend doctorandus, ex auctoritate rectoris magnifici, tegen de gantsche wareld de stoute stelling volhouden, dat artikel honderd en zooveel van het wetboek volstrekt niet in strijd is met artikel honderd en zooveel, of wel dat men onbillijk is indien men alle kinderkwalen zonder onderscheid aan de gevaarlijke liefhebbery van tandenkrijgen toeschrijft, of anders dat een ooggetuige beter een historie schrijven kan dan iemand die by „hooren zeggen" leeft, en somtijds ook wel dat men hebreeuwsch moet kennen om de hebraïsmen in het Nieuwe Testament te kunnen opsporen en beoordeelen. Lang zoude ik deze tegenoverstelling van het Eertijds en Thands nog kunnen volhouden, indien ik niet te vreezen had voor onnaauwkeurigheden, die Leydens vele oudheidkundigen my nimmer vergeven zouden. In het kort: alles wat men vroeger hier gezien en gehoord heeft is veranderd en vernieuwd, behalve het latijn, dat veeleer verouderd is, en, tot den echten toon van CICERO teruggebracht, zijne klassiekste vormen met wonderbare smijdigheid leenen blijft en zal blijven leenen tot in het laatste der dagen, aan iedere wetenschap der wareld, het zij de romeinen daar eenig begrip van hebben gehad ofte niet.

Als men het ijzeren hek dóór en het plein óver gaat dat naast het eerwaardig gebouw een uitgebreidheid van tien passen beslaat, treedt men, door eene hooge poort, welks posten met vele convocatiebriefjens beplakt zijn, een breeden gang binnen, waar men op het stille uur (het tweede na den middag) waarop deze geschiedenis aanvangt, niemand tegenkomt; stijgt men dan aan het einde een ruimen steenen wenteltrap op, en gaat men, boven gekomen, linksom en rechtuit, zoo komt men aan eene verhevenheid van twee trappen, en ook deze beklommen hebbende en de deur openende die men vlak voor zich ziet, zoo bevindt men zich in een klein vertrek, met witte muren en een houten vloer, waarin men een tafel, een paar stoelen, met en benevens een verroesten kachel en toebehooren gewaar wordt.

Dit weinig gezellig vertrek draagt den ondichterlijken naam van het *zweetkamertjen*, en zeker niet ten onrechte. Hier toch is een soort van vagevuur, waarin elk die de zaligheid van een examen of promotie wenscht te smaken, een poostijd verblijven moet alvorens hy tot het genot dier hemelvreugd wordt toegelaten. Belangrijke plek gronds! In dat kleine kamertjen, o mijne lezers! hebben alle de groote mannen die aan de leydsche academie zich ooit door stalen vlijt en onafgebroken arbeidzaamheid den doctorshoed verworven hebben, om naderhand de wareld met hunne doctrinae praestantia te verbazen en te verrukken, in dit kamertjen hebben zy allen, *incredibile dictu*, zich eenige oogen-blikken *klein* gevoeld. Ja, daar heeft de kloeke verdediger uwer rech-ten, die nu, zonder blikken of blozen, uwe party met volzin op volzin van louter kracht ter aarde werpt, een oogenblik het hart in de keel voelen kloppen, op het denkbeeld dat professor die of die het hem niet vergeven had dat hy zoo slecht college had gehouden, en zich wreken zou door strikvragen. Daar heeft die arts, die nu zoo stout-moedig doortast in uwe maag en ingewanden, menig droppel zweets gelaten, als hy bedacht dat zijne professoren zoo veel meer wisten dan hy zelf. Daar heeft die dikke rector, aan wien uw oudste zoon niet dan sidderend zijn thema vol heele en halve fouten overgeeft, eenmaal zelf gebeefd, uit vrees dat men een andere dialoog van PLATO op zou slaan dan die waarin hy het beste thuis was. En daar heeft ook HILDEBRAND, uw onderdanige dienaar, een koude rilling over zijn rug voelen loopen, als zijne verbeelding speelde op al wat gevraagd zou *kunnen* worden!

Het eigenaardige van dit vertrek is dat de patient het binnentreedt met een witten das, een wit gezicht, en een zwart pak kleederen, en gevolgd wordt van eenige vrienden en negligé, met cloaks, rottingen, petten, en honden. De patient gaat op de tafel zitten, en de vrienden loopen heen en weer. De patient fluistert, en de vrienden spreken luid. De patient beweert dat hy er in zit, en de vrienden beweeren dat hy gek is. De patient verlangt naar het oogenblik om binnen te komen, maar hy geeft voor dat hy hoopt nog lang buiten te blijven. De vrienden wedden dat hy den eersten graad zal krijgen, en hy wedt dat de tweede zijn deel zal zijn. De patient heeft op dat oogenblik een onbepaald respect voor iedereen die den titel van hooggeleerde voert, en beschouwt de faculteit als een raad van louter goden; de vrienden beweeren dat het gewone menschen zijn. De patient houdt het er wel degelijk voor dat zij van het crimineele beginsel uitgaan om de academische graden aan geen onwaardigen te verkwisten; en de vrienden beweeren dat zy alleen in de wareld gekomen zijn om een jong mensch er door te sleepen. De patient herinnert zich heimelijk aller-lei spookgeschiedenissen van ongelukkigen, die door hunne verlegen-heid of door rancune van examinatoren zijn gedropen; en de vrienden halen alle mogelijke anecdoten op van sluwe vossen, die hunne exami-natoren een rad voor de oogen gedraaid hebben, of een aardigheid ge-zegd by het krijgen van simpliciter. In 't kort, de patient doet hier alle mogelijke kennis op, die hem, als hy morgen of overmorgen of over een maand een ander patient in de bange ure by moet staan, zal te pas komen; en de vrienden debiteeren alles wat zy totaal vergeten zullen zijn, telken reize als ook zy op hunne beurt in 't geval komen van in het zweetkamertjen de ootmoedigste oogenblikken huns levens te slijten.

De persoon nogthands, dien ik mijne lezers wilde voorstellen, voldeed in zoo verre niet aan de formaliteiten die in deze rampzaligste aller folterplaatsen gevorderd worden, dat hy dien verzeld van slechts een enkelen vertrouweling binnentrad. Hy had de zeldzame kracht bezeten niemand buiten dien vertrouweling deelgenoot van zijn examengeheim te maken, den pedel verzocht het verraderlijke briefjen ad valvas academicas niet aan te plakken; en degenen die er achter gekomen waren dat hy gisteren zijne demonstratie (hy was medicus) had gedaan, omtrent het uur van het examen misleid.

Het was een jongeling van een niet ongunstig uiterlijk, ofschoon men volstrekt niet zeggen konde dat hy schoon was; en de witte das en gedrukte stemming, waarin de omstandigheid waarin hy verkeerde hem bracht, konden niet gezegd worden hem te flatteeren. Hy was van eene gewone grootte, maar de vriend, dien hy medebracht, kon geacht worden klein te zijn; een nadeel hetwelk hem niet belette er op dit oogenblik vrij wat aannemelijker uit te zien, dan de examinandus. Zijne bruine oogen hadden een schalken blik, en zijn vrolijk gezicht en de vlugheid zijner bewegingen staken wonderlijk af by den bedrukten ernst van hem, die in dit droevig kamertjen gekomen was om zich op de zenuwschokkende examenbel voor te bereiden.

De examinandus zette zich naar het oud en wettig gebruik op tafel neder, en keek op zijn horloge. De deur stond wijd open, en hy genoot een onbelemmerd uitzicht op de kamer der facultas medica.

„Vier minuten over tweën. Toch nog te vroeg," zeide hy mistroostig.

„Wis en zeker te vroeg," zeide de kleine, „maar je hebt mijn raad ook niet gevolgd."

„En wat was je raad dan?" vroeg de ander afgetrokken, en naar den trap ziende; want hy hoorde daarop eenige beweging, en was nieuwsgierig of het prof. S. dan wel prof. M. zou zijn die het eerst verscheen.

„Mijn raad? lieve hemel! dat je op je bed hadt moeten blijven tot één ure, en geen enkel boek meer inzien."

„Neen, dat 's ook maar gekheid," zei de ander, die op dit punt gedecideerd scheen te zijn; zeker ten gevolge van de ondervinding van dezen huidigen dag, daar hy met radelooze angst nu dit, dan dat dictaat had opgeslagen, van het eene boek den introitus nog eens had doorgelezen, en van het andere het register nog eens bestudeerd.

„Vervolgens hadt je moeten ontbijten; op je gemak weetje," ging de ander voort.

„En een glas madera drinken?" vroeg de grootere.

„Neen, jongen, dat weet ik niet; je mocht reis aan het doorslaan raken," andwoordde de kleine.

„Doorslaan is goed," zei die van de pijnbank.

„Ja, dat kan er naar wezen," zei die van den vloer. „Je moet altijd denken dat het latijn is."

"Dat's een geluk!" sprak die van den witten das; "ik wou niet dat het in 't hollandsch was; een stommigheid in 't hollandsch is zoo dubbel stom."

"Dat is waar," hernam die van den zwarten strop, "maar je dient primo latijn te kennen, en ik voor my, heb me meer op me moedertaal toegeleid, weetje. Maar jy hebt nog al een aardig Cicerootjen in je mond zitten, dat's zeker! Maar wat ik zeggen wou: je hadt je niet moeten aankleeden voor tweën."

"Daar heb je MACQUELIN al," zei de lijder.

"Je wou wel dat BROERS een operatie te doen had," zei de ziekentrooster.

"Mijnheer BROERS is al lang binnen," zei de pedel, en die brave kwam met een kwitantie van de college-gelden.

"GERRITJEN, GERRITJEN, wat zit je der in, ging de getuige voort.

"Wel een beetjen," andwoordde de gedaagde.

"Neen, niet een beetjen!" vervolgde de kwelgeest, "maar machtig veel, man! Maar as je my vraagt of je ooit bang genoeg wezen kunt, dan moet ik zeggen: neen, kerel! want, weetje, je hebt toch maar slecht college gehouden, en dan dat je reis gezeid hebt dat de osteologie zoo'n droog ding is! Denkje niet dat dat overgebracht is?"

Het slachtoffer deed een poging om te glimlachen, maar hy had geen genoegen.

"En daarenboven," ging Jean qui rit voort, "wat het ergste is: het is bekend genoeg dat je een stommeling bent."

"Je steekt er den gek meê," zei Jean qui pleure, maar waarlijk, ik weet er minder van dan je denkt. Maar wacht reis, daar gaat de bel!"

Nog één oogenblik, en het slachtoffer sprong van de tafel, volgde den pedel, die hem de deur der medische faculteitskamer ontsloot, en trad met een bescheiden tred en lichte buiging voor zijne beulen, maar de tuchtknaap dribbelde met een luchtigen pas achter hem aan, en zett'e zich op de harde bank der toehoorders, vrij wat meer op zijn gemak dan het slachtoffer op den gladden stoel der examinandi.

Drie kwartier daarna werd er weder gebeld, en de jongeling moest buitenstaan. Bedaard trad hy met zijn satelliet de kamer uit; maar zoo ras de pedel de deur achter hem sloot, sprong hy een voet hoog, en drukte de hand zijns vriends in toomelooze opgewondenheid. Hy was een ander man; er was licht in zijne oogen, en vrolijkheid om zijn mond.

"Hoe is 't geweest?" vroeg hy aan zijn vertrouweling.

"Minnetjens," zei de ander.

"Leelijkert!" riep de geëxamineerde uit, hem in den arm knijpende.

"Ik verlies mijn fijne flesch!" hernam de toehoorder; "'t zal mooi wezen als je den tweeden graad haalt."

"'k Wou ik hem al had "zei de zwartrok, en zijn aangezicht betrok weer.

Weer ging de bel. De pedel trad de kamer deftig binnen, en kwam de kamer deftig weer uit. De gedaagde ging zijn vonnis hooren.

Maakje geen illusie! fluisterde de vleier hem in.

Met een schijnbaar hoogst kalm gelaat wachtte de geëxamineerde de uitspraak af. De decanus sprak verscheidene latijnsche volzinnen uit, maar hy hoorde ze zonder ze te verstaan; hy wachtte slechts op één woord, en dat woord kwam: *summa cum laude.*

Heb ik het niet gezeid! zei de vriend, die gezegd had dat hy zich geen illusies maken moest, als zy samen den trap afstormden, met vrij wat meer geweld dan zy dien waren opgestegen.

Ik had er een heimelijke hoop op, zei de man die een fijne flesch verwed had, *dat hy den tweeden zou hebben.*

Ik kan wel zien dat het goed afgeloopen is, zei de hospita toen de candidaat thuis kwam en de trappen op vloog, om zich te verkleeden en een brief aan zijn vader te schrijven. *Ik kan wel zien dat het goed afgeloopen is,* zei ze tot den vriend, die beneden wachten bleef, om vervolgens hem in triomf naar de societeit te voeren; *ik heb de heele week al gedacht, menheer moet zeker een examen doen! — En menheer heit toch vast simma cum laudis?*

Ja, juffrouw! zei de ander, *daar kon je wel zeker van zijn, ofschoon mijnheer er nooit heel gerust op was.*

Nou, niet waar? zei de juffrouw! 't Is een beste heer, en knap ook; maar weetje wat et is, hy het geen forducie op zijn zelvers; en as het dan teugen een examen loopt, dan kan die zoo melankerliek zijn; net as meheer POSSEL, die u zeker nog wel gekend het, dat kleintje, dat was ook zoo. As dat een examen doen most, ik en me man, we hebben menigmaal teugen mekaar gezeid, hij kan wel in een oortjens doossie; hy *wist* zijn dingen wel, daar niet van, maar de schrimpeljeuzigheid, weet u. Ik ben altijd maar blij as U by meheer komt, want hy is anders zoo'n vrolijk mensch, net as meheer ook; maar in die dagen is het dan onnoozel!*

. De candidaat kwam beneden, en werd door de hospita *wel gefiliciteerd.* Daarop toog het tweetal naar de societeit, en ook daar regende het gelukwenschen, want de candidaat was zeer bemind. Alleen werd zijne vreugd verbitterd door een paar jongelui die ook van een candidaats zwanger gingen, en hem vermoeiden met informatien hoe die en hoe die vroeg, en of ze *dat* weten wilden, en *daar* diep intraden; op alle welke vragen de candidaat niets anders andwoordde dan dat het hun mee zou vallen.

De candidaat tracteerde daarop zijn tafel op wijn, en na den eten kwam er een drowski voor, en reed de candidaat met een vriend en nog een vriend naar den Deyl (het was in february), en dronk daar thee; en 's avonds had de candidaat den vriend van het zweetkamertjen, en den vriend van den Deyl, en nog twee andere vrienden, en een kwart ankertjen cantemerle op zijn kamer, en zat men voor de opgeschoven vensterramen (het was nog altijd in february), vele cigaren te rooken en vele verhalen op te snijden; en des nachts om één ure sprongen er kurken van champagneflesschen, en zaten twee der vrienden hoogdeftig te redetwisten

over den besten regeeringsvorm, en traden twee anderen in eene vergelijking van de kantsche en hegeliaansche philosophie, waarvan geen van
beiden iets af wist, en stelde een vijfde een toast in op de harmonie tusschen de faculteiten. En 's nachts om twee uren waren de vrienden
weggegaan, op den vriend uit het zweetkamertjen na, die met kleine
oogen zat te luisteren naar een verhaal, dat de candidaat hem met veel ge-
heimzinnigheid en in diep vertrouwen deed: hoe hy hartstochtelijk verliefd was op een meisjen, dat hy verleden jaar, op een voetreisjen door
Gelderland, op het terras van een klein buitentjen had zien zitten met
een witte duif op haar hoofd; en hoe hy by juffrouw SCHREUDER toevallig een vrouwenportretjen had gezien dat op haar leek als twee droppelen
waters; en hoe hy dat dadelijk gekocht had, en hoe of zijn vriend dat
vond? Waarop de vriend van het zweetkamertjen hem zwoer dat hy het
aan niemand vertellen zou, uit vreeze van anders alle geldersche meisjens
die kleine buitentjens hadden en witte duiven hielden op de spraak te
zullen brengen. Maar daarop nam hy het ernstig, en stelde een toast op
de lieve dame in, en de candidaat dronk dien met een traan in de oogen,
en de vriend vertelde daarop dat ook hy dol verliefd was, maar dat hy
ongelukkig in de liefde was, en dat dit al zijn derde verliefdheid was:
waarop het uitkwam dat zijn eerste verliefdheid geweest was op een meisjen in een kostschool, dat hy alle zondagen in de fransche kerk zag, en
zijn tweede op een meisjen dat al in stilte geëngageerd was geweest, en
dat deze derde verliefdheid zich de dochter van een gepensioneerd kolonel had tot voorwerp gekozen, die *gloeiend tegen* hem was," en
hem niet luchten of zien mocht. En over drie uren trok de vriend de
deur van het hôtel des candidaats achter zich toe; en des anderen daags
's morgens om acht ure werd de candidaat wakker, met het zalige gevoel dien dag geen examen te behoeven ondergaan.

Ouderenvreugd.

Met een geopenden brief in de hand en een glans van genoegen op
zijn gelaat begroette de heer WITSE zijne gade aan het ontbijt.

*Morgen komt onze candidaat thuis," zeide de heer WITSE.

*Onze wie?" vroeg mevrouw zijne echtgenoote.

*Onze student," andwoordde de heer WITSE. *Maar hy is nu can-
didaat. Hy schrijft my dat hy zijn examen gisteren gedaan heeft. Het
zal wel goed geweest zijn, daar ben ik niet bang voor."

*Wy beleven genoegen aan dat kind," zei mevrouw WITSE, water op
de thee schenkende. *Is het niet buitengewoon gaauw, dat hy dat
examen gedaan heeft?"

*Zeker liefste, zeer zeker. Hy is pas vijf jaren te Leyden, en je moet denken, hy heeft drie jaar gebruikt voor zijn eerste examen...."

"Zijn propaedeutisch, niet waar?" viel mevrouw WITSE met deftigheid in, trotsch dat zy het moeielijke woord zoo goed had leeren uitspreken.

"Juist, mijn kind! Dat is een ding, daar de meesten luchtig over heen loopen. Maar *hy* heeft er zijn werk byzonder van gemaakt. Hoor eens, hy kost ons daar ginder een handvol geld, maar de medicijnen, heb ik altijd hooren zeggen, is een dure studie; en hy moet *niets* verzuimen."

"Maar hoe lang zou hy er nu nog wezen moeten, nu hy candidaat is?"

"Wel, ik weet het niet. Hy wilde er graag de chirurgie en de obstetrie by leeren, en dat zal nog wel wat tijd kosten. Maar wie weet waar hy dan ook geschikt voor is!"

"Zoo, zou je dat denken?" vroeg mevrouw WITSE, het mes, waar zy zich een boterham meê maakte, halfweg in het brood latende steken, en haar man strak aanziende.

"Alles is mogelijk, liefste!" andwoordde haar echtvriend, den brief nog eens inziende. En een blijde glimlach vertoonde zich op zijne wezenstrekken.

"Maar staan daar niet zekere jaren voor?" vroeg mevrouw weder, terwijl zy hare oogen zedig nedersloeg, en met eene byzondere oplettendheid haar boterham in reepjens sneed.

"Wat meenje?" vroeg de heer WITSE, die hetzelfde meende als zijne egade.

"Wel!" andwoordde de goede vrouw, de punt van haar mes met groote naauwkeurigheid beschouwende, "om zoo 't een of ander te worden."

"Wat een of ander, moedertjen?" vroeg de echtgenoot lachende, en van verlangen brandende het groote woord dat hyzelf niet uit dorst spreken, van de lippen van zijne wederhelft te hooren.

"Wel," andwoordde mevrouw WITSE; "hoe oud was de jonge hoe-hiet-ie-ook-weer zoo wat, toen hy professor wierd?"

"Tut, tut, tut!" andwoordde de heer WITSE, terwijl zijne oogen van genoegen schitterden, en zijn aangezicht zich zenuwachtig bewoog; "je moet zoo hoog niet vliegen, moedertjen. Als hy maar een knap doctor wordt, dat is heel wel."

"Dat is ook zoo, hernam zijne vrouw, wie het speet dat zy zich zoo onvoorzichtig had uitgelaten. "Het hoeft ook niet; ik zal heel te vreden zijn als hy maar gelukkig is in de praktijk. Wy mogen ook niet alles vergen."

"Wel neen!" zei de heer WITSE.

"En daarenboven" — ging mevrouw voort — "wie weet of het goed voor hem zijn zou. Een professor moet immers zoo allerverschrikkelijkst studeeren!"

"Dat moet hy zeker, vrouwlief!" was het andwoord; "maar dat was voor onzen GERRIT het minste."

„Ja, dat wil ik ook wel gelooven!" hernam de moeder van GERRIT; „maar toch, ik zei dat daar nu zoo, maar ik kan je eerlijk zeggen dat ik er nooit aan denk."

„Je moet het nu weer zoo heelemaal niet weggooien!" andwoordde GERRITS vader.

„Neen!" zei GERRITS moeder: „dat nu juist niet."

„Het is meer gebeurd," zei WITSE, zonder eigenlijk te weten wat dit beduidde.

„o Ja; waarom zou het ook niet kunnen plaats hebben," zei mevrouw.

„Men kan zich niet *meer* appliceeren dan GERRIT," hernam WITSE.

„En hy zou, geloof ik, wel veel geschiktheid hebben om te onderwijzen!" ging zy voort.

„Dat geloof ik ook; en ik denk ook wel dat ze zulke jongelui in 't oog houden," voegde *hy* er by.

„Het zou een groot geluk wezen!" merkte *zy* aan.

„Dat zou het zeker," verklaarde *hy;* „maar je kunt er niet op aan: Verdiensten worden niet altijd erkend. Net als met die prijsvraag."

„Maar hy had toch het accessit," zei de moeder.

„Hy had de medaille moeten hebben," zei de vader.

„De gekken krijgen de kaart," zei de moeder, die op eenmaal alles aan het geluk begon toe te schrijven.

„Het zou goed klinken," zei de vader: „professor WITSE!"

„Och kom, WITSE!" zei de moeder, wier beurt het nu was om nederig te zijn; „vlei er je toch niet meê!"

„Dat doe ik niet!" andwoordde haar echtvriend; „ik zeg maar dat het mooi klinken zou."

Er volgde eene stilte; mijnheer tuurde in 't Handelsblad, en mevrouw zette een boordtjen van een kous op; maar hun beider gedachten waren by het professoraat van GERRIT, waarvan zy zich elk voor zichzelven overtuigd hielden, indien maar op dit ondermaansche ware verdiensten op haar rechten prijs werden geschat.

Een geruimen tijd bleef het gelukkige echtpaar in deze zoete overdenking verdiept. Daarop brak de heer WITSE het stilzwijgen.

„We moeten toch iets ter eere van den candidaat doen, dunkt me?" zeide hy.

„Dat heb ik ook al gedacht," andwoordde zijne eenstemmige dierbare.

„Een dineetjen zou wel aardig zijn."

„Ja; wie al zoo? de VERNOOIëN, dunkt je niet?"

„Best; ik zal ze zelf gaan vragen; en dan de VAN HOELS vóóral! Vrijdag is nog al een goede dag."

„Maar we moeten volstrekt mevrouw STORK hebben."

„Die kent GERRIT in het geheel niet," merkte WITSE aan.

„Goed!" andwoordde zijn gemalin. „Voor mijn rekening; zy zal hem wel bevallen; 't is een allerintéressantste vrouw. Weetje wel dat er by VERNOOY een nichtjen gelogeerd is? Dat is ook een vreemdtjen. Nu, hoe meer hoe liever. Maar dan dienen er nog een paar heeren ook by. De jonge HATELING?"

"Ik weet niet of GERRIT wel heel HATELING-achtig is," merkte mijnheer WITSE aan.

"He, waarom zou GERRIT niet HATELING-achtig zijn?" vroeg mevrouw "'t is een heel aangenaam jong mensch, en ik vind het zoo'n knap uiterlijk; jongens, 't is zoo'n knap uiterlijk. Je moet denken: HATELING-achtig? Van wien van onze jonge menschen houdt GERRIT nu eigenlijk? Sedert hy op de academie is, gaat hy met niemand van de rotterdamsche jongelui meer om."

"My is 't wel," zei de heer WITSE. "En zouden we WAGESTERT ook niet vragen?"

"Wel zeker! WAGESTERT," andwoordde zijn egade; "dan zijn we secuur dat het een vrolijk diner wezen zal."

Het diner-project was gereed: en hoewel het ter eere van GERRIT was opgemaakt, was er echter by de keuze der gasten weinig op zijn genoegen gelet. Tot verschooning zij gezegd, dat het oogmerk·van dit ouderenpaar veeleer was om met den knappen zoon te pronken, dan om den oppassenden zoon een genoegelijken dag te bezorgen.

De heer WITSE ging dien dag reeds vroeg uit om verscheidene bezoeken af te leggen, en hy deed zulks met den brief van GERRIT in den zak, en gaf aan alle huizen waar hy kwam breed op van de ongehoorde kundigheden van zijn zoon GERRIT. Daar zijn verscheidene wegen om een zoon of dochter ongelukkig te maken, en de heer WITSE had sedert lang dezen ingeslagen.

Om de waarheid te zeggen, het was 's mans zwakke zijde. De heer WITSE was een zeer welgesteld man uit den deftigen burgerstand, en notaris van beroep. Hy had een zeer goed en helder verstand en ook veel verworvene kennis; maar zijne denkbeelden omtrent de meerderheid van een gestudeerd persoon waren alleroverdrevenst. Men kon niet zeggen dat hy zijn zoon als kind bedorven of over 't paard getild had, want hiertoe was hy te beredeneerd geweest; hy had den jongen GERRIT eene zeer goede opvoeding gegeven, en wel onder den duim gehouden. Maar zoo ras hy als student was ingeschreven, had hy de onbepaaldste hoogachting voor hem opgevat, in welke hoogachting de moeder zeer genegen was te deelen, daar de jongeling haar eenige spruit was. Haar kundige man, die algemeen om zijn helder hoofd geacht werd, geloofde niets te zijn, in vergelijking van een zoon, die ja zich altijd zeer op zijne studiën bevlijtigd had, maar toch wellicht nog in vele opzichten beneden hem stond, vooral in punten waar het op een klaar en onderscheidend inzicht aankwam. De beste zijde van 's mans overtuiging in dezen was, dat zy hem zeer liberaal denken deed over alles wat de studiën en bekwaamheden van GERRIT kon uitbreiden en in de hand werken; GERRITS bibliotheek

was een van de beste die ooit een medisch student bezeten had, en dat
hy, na zijnen graad verworven te hebben, Berlijn en Parijs zien zou, leed
geen twijfel.

Meisjenskwelling.

KLAARTJEN DONZE zat in de zijkamer van mijnheer en mevrouw VER-
NOOY in de vensterbank, en maakte een schellekoord voor den aanstaanden verjaardag van haar vader, en hief tusschen beiden haar lief gezicht
op, om eens op de Hoogstraat te kijken, maar keerde het meestal teleur-
gesteld weder af en tot haar werk.

KLAARTJEN DONZE was eene frissche, vrolijke, prettige geldersche
deerne, van nog geen achttien jaar. Zy had bruin haar, in vele lange krullen langs haar wangen nedervallende, en voor het overige in een zware
vlecht op haar hoofd saamgestrengeld, een sneeuwwit voorhoofd, groote
blaauwe oogen met een heldere tinteling en vrijmoedigen opslag, blozende
wangen, en een mondtjen zoo plaisirig geplooid, dat men niet wist wat
men er liever van krijgen zou: een kus of een zoet woordtjen.

KLAARTJEN DONZE was buiten opgevoed; had als kind alle jaren het
eerste groen gezien; kippen, eenden en goudvisschen gevoerd, den kuif-
bal geslagen, en, zoo lang zy een pantalon droeg, op een hit gereden.
Zy kende alle soorten van boomen onderscheidenlijk, en wist daarenboven wat ze waard waren. Zy kreeg alle jaren te paschen een potlammetjen
en hield op den zolder van een schuur meer dan twintig duiven, die uit
haar hand aten. Zy groette de knapen van het dorp niet als "mannen"
of "vrienden," maar als JANNEN, HENKEN, KOERTEN, of hoe zy heeten
mochten. Zy zag niet op tegen een beetjen sneeuw of een beetjen vorst,
en had honderdmaal in haar jong leven in een regenbui zitten hengelen.

KLAARTJEN DONZE was sints eenige dagen by haar oom en tante VER-
NOOY te Rotterdam gelogeerd. Zy was nog nooit in Holland geweest, en
had zich machtig veel van het logeeren in eene stad als Hollands tweede
koopstad voorgesteld. De donkere Hoogstraat was haar zeker vrij wat
tegengevallen, en ook wist zy niet dat keien en klinkers zóó vuil konden
wezen, als die van Rotterdam by slecht weer doorgaans zijn, wanneer het
is (ik gebruik de uitdrukking van eene lieve rotterdamsche zelve) als of het
waterchocolaad geregend heeft. Een paar malen was zy uit geweest. De
breede Blaak met hare menigte van winkels; de Boomtjens en de vrolijke
Wijnhaven met hare schijnbaar door elkaar gewarde schepen met kleurige
wimpels en nommervlaggen, de deftige Leuvenhaven met zijne statige huizen, bevielen haar nog al; maar het Nieuwe Werk vond zy de moeite niet
waard eene wandeling genoemd te worden, en de plantaadje telde zy onder
de omstreken van Gorkum. Meest behaagde haar het ruime watergezicht op

het Hoofd; maar oom VERNOOY, die het haar deed genieten, vond het er te winderig, en moest er den rug aan toekeeren, terwijl zy met een lachend gezicht den wind liet begaan, die de strikken van haar hoed deed plapperen tegen het luifel, en de punt van haar shawl achter haar opdreef. Overigens liep zy met meer gerustheid achter de paarden in haars vaders stal, of onder de koeien op haar vaders weide, dan in het gedrang van eene rotterdamsche straat, waar hooren en zien haar verging van de menigte van overrijwagens, die zy altijd meende dat het opzettelijk op hare voeten gemunt hadden. Meer dan akelig vond zy het, wanneer (als in de Draaisteeg geschiedde) de grond zich plotseling voor hare voeten opende, of smeerige pakhuisknechts met rollende vaten haar gedurig noopten haar toevlucht te nemen tot een of anderen stoep, en als er van oogenblik tot oogenblik iets uit de lucht werd nedergelaten, dat *van onderen* scheen genoemd te worden.

Haar oom en tante meenden het zeer wel met KLAARTJEN, en waren allerbeste, hartelijke menschen, die haar met veel nadruk te logeeren gevraagd hadden, by gelegenheid dat zy hare ouders in den verleden zomer op een klein toertjen naar Kleef een bezoek hadden gegeven; maar zy namen juist niet veel deel aan de vermaken der stad. KLAARTJEN had gehoord dat er te Rotterdam een schouwburg was, waar de hollandsche en fransche acteurs uit den Haag beurtelings het tooneel betraden, en niet minder dan drie concertzalen; dien ten gevolge had zy zich voorgesteld dat deze établissementen machtig veel tot haar genoegen zouden bydragen en haar op een gantsch nieuwe wijze vermaken. Mijnheer VERNOOY was de goedhartigste koopman die ooit op twee beenen liep, en zijne even goedhartige vrouw hoorde nooit een boos of onaangenaam woord uit zijn mond; hy was altijd even joviaal en opgeruimd; maar des avonds als hy zijn kantoor sloot, toog hy naar de societeit Amicitia en maakte daar zijn vaste partijtjen; daarop kwam hy met slaan van tienen thuis, en was dan weer even goedhartig en joviaal als toen hy uitging; maar van schouwburg of concert was intusschen niets gekomen.

Deze teleurstellingen maakten evenwel de lieve KLARE niet ter neer geslagen. Zy bleef haar eigene vrolijkheid behouden, ofschoon zy nu en dan wel eens naar huis verlangde, al was het maar alleen om te weten of de duiven haar nog zouden kennen.

Nu zat zy in de vensterbank aan de donkere Hoogstraat, en dacht aan buiten, en keek dan weer eens naar de straat, en verwonderde zich over het aantal malen dat een lantarenvulder door de volksmenigte in het uitoefenen van zijn beroep werd gestoord. Het was omstreeks twaalf ure, en het koffygoed stond op tafel.

Mevrouw VERNOOY kwam binnen. Zy was eene dikke dame van een veertig jaar met een rozerood gezicht en eene belangrijke onderkin, en die als zy sprak eene rij zeer groote witte tanden ontblootte. Zy droeg eene heel blonde tour onder haar muts, en was gekleed in een schotsch-

merinoschen japon met aanmerkelijke ruiten. Stilzwijgend zette zy haar
sleutelmandtjen op tafel neer, en begon koffy te zetten.

„Nu, KLAARTJEN," zeide zy, terwijl zy water opgoot, „er is goed
nieuws. We hebben een prettig vooruitzicht tegen overmorgen."

„Tegen overmorgen, tante!" zei KLAARTJEN, het schelkoord op de
vensterbank neerwerpende en een vrolijk gezicht toonende.

„Ja," andwoordde mevrouw VERNOOY; „raad eens, wat?"

„We gaan naar de comedie?"

„Neen, kind! er is vrijdag geen comedie."

„Naar het concert?"

„Mis, mis!" zei tante, en bang dat er nog meer vermakelijkheden van
die soort in de weelderige verbeelding van haar nichtjen op zouden komen, voegde zy er by: „we gaan uit dineeren."

„Uit dineeren," hernam KLAARTJEN, een weinig nedergeslagen;
„en by wie?"

„Ja, dat is het punt! by wie?!"

„Dat kan ik onmogelijk raden."

„Nu; ik zal 't je dan maar zeggen; by de familie WITSE. GERRIT
is overgekomen.... Nu, KLAARTJEN, bloos maar zoo niet."

„Lieve tante, ik bloos in 't geheel niet," zei KLAARTJEN, opstaande
en in den spiegel kijkende; „ik heb immers dien man nooit in mijn
leven gezien!"

„Dat's goed; maar je hebt genoeg van hem gehoord," hernam tante
met een lachjen: „en hy interesseert je wel."

KLAARTJEN liet tante praten, en nam haar schelkoord weer op.
Indedaad, het was alles behalve eene onwaarheid dat de lieve meid
genoeg van den jongen WITSE vernomen had. Mevrouw VERNOOY was
eene goede vrouw, ik geloof dit reeds te hebben opgemerkt, maar die
juist niet gebukt ging onder overmaat van verstand. Zy had volstrekt
geen kinderen, schoon haar welvarend voorkomen de spotterny had uitgelokt dat zy er wel gehad, maar ze even als SATURNUS, heidenscher
gedachtenisse, opgegeten had, en daar zy twee meiden hield die nog
daarenboven door een naaister, een werkster, en een oppasser ondersteund
werden, was haar leven vrij gemakkelijk, liever nog: zy had niets te doen.
Van lectuur hield zy juist niet byzonder veel, behalven als zy ziek was, iets
dat haar zeer zelden gebeurde; en daar zy zich toch gaarne ergens meê vermaakte, had zy er hare zinnen op gezet te bestudeeren, welke menschen
in Rotterdam en elders al zoo geschikt waren om te zamen in het huwelijk te treden. Veelal leidden deze berekeningen tot geen degelijk resul-
taat, maar nu een mooi nichtjen te logeeren hebbende, kon zy niet nalaten haar in dit opzicht zoo speculativen geest met deze bezig te houden,
met het vast voornemen de slotsom harer overdenkingen indien mogelijk
te verwezenlijken. Na lang rondzoekens, reeds voor dat KLAARTJEN
gekomen was, en na haar in gedachten meer dan tienmaal telkens met

16

een anderen bruidegom voor het altaar te hebben gebracht, was zy eindelijk stil blijven staan by het denkbeeld dat de jonge student WITSE een geschikte party voor haar nichtjen zijn zoude. Deze was een jaar of vier ouder dan zy; zijne ouders bezaten een redelijk vermogen, en behoorden daarenboven tot hare beste vrienden, waartoe hoofdzakelijk medewerkte dat er niemand in de gantsche erasmiaansche stad gevonden werd, die geduldiger en liefderijker de lofreden op den knappen zoon aanhoorde dan de heer en mevrouw VERNOOY. Toen zy dit huwelijk alzoo by haarzelve had vastgesteld, kon zy zich onmogelijk in de toekomst eenig geluk voor KLAARTJEN denken ten zij het werkelijk, eerst voor den burgerlijken stand voltrokken en vervolgens door haar lievelingspreêker ingezegend was, en begon het ook langzamerhand tot de artikelen van haar Ed. geloof te behooren dat het in den hemel aldus was besloten. Zy twijfelde er dan ook geen oogenblik aan of GERRIT zou tijdens het verblijf van KLAARTJEN wel eens overkomen, en pijnigde zich met te willen uitvinden hoe deze overkomst des noods door te drijven zoude zijn. Ongedachtig aan de woorden van haar grooten tijdgenoot NAPOLEON BUONAPARTE (van wien zy, in 't voorbygaan gezegd, nog niet volkomen geloofde dat hy volkomen dood was), dat niets de harten zoo zeer bevriest als de vurige geestdrift van anderen, was zy begonnen om dagelijks op zeer ongepaste oogenblikken, uit eene opene rede, den roem van den jongeling uit te meten, en gebruikte daartoe alle de lofreden die zy uit den mond van mijnheer en mevrouw WITSE had opgevangen; en daar deze met verwonderlijke eenstemmigheid op het punt van GERRITS knapheid nederkwamen, en inhielden hoe werkzaam GERRIT was, en hoe verstandig GERRIT zich te Leyden onder de jongelui gedroeg, en hoe gezien GERRIT by zijn professoren was, en hoe GERRIT in alle wetenschappen thuis was, kreeg de blijhartige KLARA natuurlijk geen ander denkbeeld van den bewierookten jongeling dan dat van een ondragelijken pedant, een soort van wezens 't welk in hare oogen wel het alleronuitstaanbaarste aller creaturen mocht geacht worden; weshalve zy zich wel gewacht had naar het uiterlijk van dezen onmensch te vragen, by zichzelve vaststellende dat het niet anders kon of hy moest sprekend op den bleeken ondermeester van het dorp in haar vaders nabuurschap gelijken. Mevrouw WITSE had de dwaasheid gehad, zonder GERRITS weten, daar hy zelfs niet vermoedde dat zijn goede mama dergelijke prullen bewaard had, afschriften te verspreiden van een paar versjens, die GERRIT op zijn twaalfde jaar gemaakt had, en die natuurlijk middelmatig waren, maar zoo als verzen van kinderen meestal, in zulk een hoog ernstigen toon geschreven, en zoo vol van dood en eeuwigheid, dat KLAARTJEN, aan wie zy getoond waren, er in haar hart vreesselijk om gelachen had. Het vooruitzicht derhalve van met dezen wonderman aan ééne tafel te zullen zitten, wond haar volstrekt niet tot dien graad van vrolijkheid op, waarop hare tante gerekend had.

"Het zal zeker een heel feest zijn," ging deze waardige dame voort, om KLAARTJEN tot grootere verrukking te nopen; "GERRIT is gepromoveerd."

"Hola, hola, vrouwlief!" viel de heer VERNOOY in, die juist binnentrad; "zóó ver is het nog niet."

"Ja wel!" zei mevrouw VERNOOY, die voor iedere afdinging bang was; "ja wel, schatlief; hy is gepromoveerd."

"Waarlijk niet," andwoordde hy, zich in zijn armstoel vlijende, "maar hy heeft een examen gedaan. Een heel groot examen. WITSE heeft me verteld dat het twee dagen geduurd heeft; — maar hoe het examen heette, dat ben ik vergeten; zoo veel is zeker: den eenen dag heeft hy een heel lijk geanatomiseerd, en den anderen dag heeft hy... enfin! heeft hy weer wat anders gedaan, maar alles even knap."

"Bah," zei KLAARTJEN; "een lijk."

"Hy heeft zeker de hoogste?" vroeg mevrouw VERNOOY.

"De hoogste wat?" vroeg haar man.

"De hoogste,... och, hoe heet het ook weer; ik meen het hoogste, weetje, het allerhoogste; zoo veel als, zal ik maar zeggen, zoo veel als primus op 't latijnsche school. Hy was alle jaren primus. Weetje wat primus is, KLAAR?"

"Neen, tante!" zei KLAARTJEN, die het zeer wel wist, maar met een allereenvoudigst gezicht.

"Primus is" andwoordde tante op goelijken, onderwijzenden toon, "als men de hoogste is van zijn klasse, maar dan op de latijnsche school, weetje. Dan is er prijsuitdeeling in de fransche kerk, en dan doen al de primussen gratiassen. Weetje wat een gratias is?"

"Neen, tantelief."

"Heden, weetje niet wat een gratias is?" vroegen mevrouw VERNOOY en haar echtgenoot te gelijk.

"Waarlijk niet."

"Gunst, weetje dat niet," ging de tante voort; "het is een bedankje voor den prijs. Ik ging altijd met mevrouw WITSE mee, als het prijsuitdeeling was, maar het heette dan eigenlijk promotie. Jongens, GERRIT deed het zoo mooi; maar me hart kon kloppen als hy op moest komen. Ik heb lang geweten wat de rector dan zei; hoe was 't ook weer."

"Ja," zei VERNOOY, "hoe was 't ook weer; *acide* WITSE...."

"*Et excipe pryzia;* ja, KLAAR, ik ken ook me latijn. Weetje nog wel van op één na de laatste keer, VERNOOY?"

"Wel zeker!" andwoordde deze met rustigheid; ofschoon al de verschillende keeren voor zijne herinnering vrij verward dooreen schemerden.

"Hy was de langste van al de jongens!" ging zijne gade voort; "o het stond zoo grappig één zoo'n lange jongen onder al die kleinen. Maar hy was ook de eenigste die een rok aan had. En die nieuwe handschoenen, weetje wel, VERNOOY?"

16*

„Ja,„ zei VERNOOY met een lief lachjen dat hy niet wist thuis te brengen;„ met die nieuwe handschoenen.„

„Ze droegen toen„ vervolgde zijn wederhelft, „van die heele geele handschoenen; dat herinner je je nog wel, KLAAR: pâtes de canard, weetje? Nu, die had hy ook aan; wat stond het hem lief; als zoo'n eerst fatjen! Maar je kondt goed zien dat ze nieuw waren; met zulke platte toppen, je weet wel!„

„Ja, zulke lange platte toppen,„ lachte VERNOOY; „Ja, wat gebeurde er ook weer met die handschoenen?„

Dit was gewaagd. De heer VERNOOY bouwde op de enkele, hoezeer wel eenigzins opgevijzelde vermelding van een paar eendenpootgeele handschoenen de vermetele onderstelling, dat zy waarlijk eene historische rol hadden gespeeld, terwijl zy niets dan een lijdelijk sieraad waren geweest, volstrekt niets dan een lijdelijk sieraad, voor den jongen heer WITSE.

„Hoe meenje dat, VERNOOY?„ vroeg zijne gade met bevreemding; „er gebeurde niets mee, voor zoo veel ik weet.„

„Ja wel!„ andwoordde de gemaal, bloedrood wordende, en zijn kopjen uitdrinkende om zijne verlegenheid te verbergen; „ja wel, er gebeurde iets met die handschoenen. Liet hy ze niet zoo gek vallen of zoo: ja, daar staat me iets van voor.„

Tante had gedurende deze flaauwe herinnering altijd door ongeloovig het hoofd geschud. „Nu, dat weet ik dan niet,„ zei ze daarop; „dat weet ik dan niet; maar ik weet wel dat het mooi was om hem te zien: ik kon er niets van verstaan, dat voelje, KLAAR, want het was alles latijn... of was het ook grieksch, VERNOOY?„

„Ja,„ zei VERNOOY, zijne wenkbraauwen veelbeduidend zamentrekkende: „als ik me wel bezin, geloof ik dat het grieksch was.„

„Nu, dat doet er niet toe. Ik mocht het graag zien. Dan wees hy met zijne handen op de tafel, waaraan de... hoe hiet het ook weer? zaten.„

„Curatoren,„ vulde VERNOOY aan.

„En dan lei hy zijn hand op zijn hart, en dan stak hy haar rechtop; want er kwam van den hemel in, en alles zóó netjens, zóó knap, en zóó gracieus...„

„En alles met handschoenen pâtes de canard?„ vroeg het schalke KLAARTJEN.

„Alles met handschoenen pâtes de canard,„ ging tante voort in haar goelijken ijver om haar nichtjen door alle mogelijke woorden, wenken, en tafereelen voor den jongen WITSE te intéresseeren; „het was een lust om te zien. Verscheiden menschen zeiden dat *hy* 't het mooist van allen deed. Het ging ook zonder een woord te haperen.„

„Maar wat was het ook weer met die handschoenen?„ prevelde VERNOOY; „me dunkt toch...„

Och kom! zei mevrouw, bevende dat die gedroomde handschoe-
nenhistorie nog eene schaduw werpen zoude op de bevallige schildery,
die zy van GERRIT als knaap had opgehangen; *je verwart het met wat
anders. Er was heusch niets van. Ik weet *wel* dat we gelachen hebben
om dien kleinen jongen, die zoodra hy het boek in zijn hand had, zich om-
draaide en naar zijn plaats ging, en de heele gratias vergat.*

Dat zal het geweest zijn,* zei de goedhartige echtgenoot, die blijde
was iets te kunnen aangrijpen dat zijne onvoorzichtige herinnering over-
schaduwde. *Ja, ja, die kleine jongen, ik zie hem nog vóór me.*

Maar zeg, tante, vroeg de geldersche zoo naïf als zy kon, *mijnheer WITSE heeft nu toch geen prijs gekregen, wel?*

*Wel neen, kind! aan de academie — wel foei. Of het zou een me-
daille moeten geweest zijn,* liet zy spoedig volgen, om ook van deze
wending party te kunnen trekken; heb je daar ook van gehoord,
VERNOOY?*

Neen, zei VERNOOY, *neen, dat's 't geval niet — men krijgt by
zoo'n gelegenheid een graad.*

*Nu juist, een graad; daar wilde ik je hebben. Naar dat woord heb ik
daareven gezocht. GERRIT is zeker van den hoogsten graad, niet waar?*

Zeker, zeker, zei de heer VERNOOY; *ja, wel zeker. Ja, dat heeft
hy ook geschreven.*

De lezer weet beter, maar VERNOOY, die gaarne iedereen en vooral
zijn vrouw zoo veel mogelijk gelijk gaf, verzekerde dit uit den overvloed
van zijn goedig hart, ex mera conjectura. Dat evenwel deze byzonderheid, in de schatting der eenvoudige KLARE, den laatsten doodsteek gaf
aan den persoon van GERRIT WITSE, dien zy zich nu onmogelijk anders
voor kon stellen dan als een verwaanden wijsneus met de geele handschoenen van de promotie, spreekt van zelf, en wordt door een iegelijk
gevoeld die aan neuswijze knapen en geele handschoenen een hekel heeft.
Lang had zy zich goed gehouden; maar nu moest zy eens met blijkbare
ironie spreken.

Nu, zei KLAARTJEN, *ik verlang ijsselijk om dat wonder van geleerdheid toch eens te zien.*

Zieje wel, dat je toch wel verlangt, andwoordde haar tante, die het
al weer ten besten opnam. *Daar bloosje al weer. Nu zulje me toch
niet weer opstrijden dat je niet bloost, meisjen. Wat zeg jy, VERNOOY,
bloost ze niet *razend?**

Allerverschrikkelijkst, andwoordde VERNOOY. En zeker het moest
allerverschrikkelijkst wezen, indien de goede man, die een slecht gezicht
had, het konde opmerken; vooral wanneer men bedenkt dat KLAARTJEN,
in de schaduw van een overgordijn, met den rug naar het venster zat,
en dat wel naar een venster in de rotterdamsche Hoogstraat, straat waarin, naar het getuigenis der oudste hoogstratenaars, de zon nog nimmer
geschenen heeft.

„KLAARTJEN‚" zei oom, die wel van plagen hield, „je moet oppassen‚ meid, dat hy niet met je hartjen strijken gaat, hoor!"

„Dat heeft geen nood, oom."

„Nu, ik ben benieuwd wat daar nog van komen zal‚" zei tante; „bewaar het goed, kind!" En zy hoopte dat deze vermaning voor het jonge meisjen zoo veel zeggen zou als: „werp het den jongeling hals over kop voor de voeten."

In dat geval stond de kans zeer slecht, want KLAARTJENS tegenzin had zich hoe langer hoe vaster geworteld.

„Zoo'n wijs heer zal op my niet letten!" zei KLAARTJEN luid, „en ik ben ook tegen zoo veel geleerdheid niet opgewassen." In stilte dacht zy: „al was hy zoo wijs als SALOMO, hy zal er by my niet aan hebben; ik zal den verwaanden gek mijn rug toedraaien."

Zoo onschadelijk was de koppelliefhebbery van tante VERNOOY.

Vrienden hartelijkheid.

De dag van het groote feestmaal ter eere van GERRIT WITSE, med. cand.‚ die, als den lezer uit onze schets gebleken is, ten opzichte zijner verdiensten zoo geheel anders dan zijne ouders was gestemd, was aangebroken.

Het was omstreeks drie ure na den middag dat de jongeling bezig was zijn toilet te maken. Was het dat hy tegen de pleizierigheid van dezen dag als tegen een berg opzag, te welker gelegenheid zijne ouders waarschijnlijk tot walgens toe met hem zouden wenschen te pronken? Was het dat hy zich het geeuwende schrikbeeld der verveling voorstelde, waarmede hy zou hebben te worstelen in een kring van menschen waarvan de meesten hem onverschillig lieten en de overigen hem ergerden? Was het een dezer gewaarwordingen afzonderlijk, of was het wellicht een aangenaam mengsel van beiden, dat hem in het werk des kleedens zoo langzaam deed voortgaan, en hem nu en dan een aanmerkelijke poos deed verwijlen met een kleedingstuk in de hand, of doelloos uit het raam staren, of zonder vermoeid te zijn op een stoel nedervallen, met al de verschijnselen van het levensverdriet?

Eene sierlijke inleiding, opzettelijk geschreven om u van de ware oorzaak af te leiden. Deze was geene andere dan dat zijne gedachten met een voorwerp vervuld waren verre verheven boven het geurig stuk zeep, of het schoone overhemd, of den satijnen das, die hy beurtelings in de hand nam. Hy had dien morgen het Leesmuseum bezocht. Wanneer hy zich voor een dag of wat in zijn vaderstad bevond, was het Leesmuseum, waarvan de oude heer WITSE lid was, steeds zijne toevlucht. Daar stelde hy zich altijd weer voor dat hy zijn tijd op een aangename wijze zou kunnen doorbrengen, ofschoon de uitkomst hem meestal teleurstelde. Met gespannen verwachting trad hy er op de leestafel toe, maar bemerkte meestal tot zijn smart dat die tafel behalven de Lloydslist, en de Oost-Indische Courant, en het Heerenboekjen, niets anders behelsde. dan hetgeen hy te Leyden gewoonlijk dan reeds gelezen had; het zelfde nommer van de Letteroefeningen, met het zelfde aantal steken op *de jonge dichters* (ik meen *dichtschool*), en de zelfde zeer huisselijke beeldspraak van *ongare kost, keurige schotels, goed gekruid, sterk aangezet,* en wat dies meer zij; denzelfden Gids, met dezelfde beweerden omtrent het ongepaste dat Holland graven en ridders gehad heeft, omtrent den bloeitijd van JAN (een alias dien hy ons voor de hollandsche natie opdringt), en het leelijke van de rhethoriek; met en benevens dezelfde citaten uit het vorige nommer; hetzelfde Leeskabinet, met denzelfden groenen omslag; en dezelfde Boekzaal der geleerde Wereld, met een versjen op de begrafenis van Ds. die en die, en het vijftigjarig bestaan van Ds. zoo en zoo. Dan keerde hy zich tot de nieuwuitgekomen boeken. Ook daarvan had hy er reeds, dank zy der gedienstige zorgen van één VAN DER HOEK en een half dozijn HAZENBERGEN vele gezien; en de anderen schenen hem te zwaarlijvig toe, om ze in zoo weinig dagen te verteeren. Meestal kwam het daarop neder, dat hy dan toch maar de voorrede van een paar fransche nieuwtjens ging zitten lezen, waarin de schrijver beweerde dat hy met zijne conscientie was te rade gegaan, om een zeer zedeloos, met zijne aesthetica, om een zeer smakeloos boek te schrijven. En zoo was hy dezen morgen verdiept geweest in de lezing van de voorrede van Ruy Blas van VICTOR HUGO.

Deze voorrede, hoe sluitend en klevend, bondig, krachtig, en boeiend de redeneering ook zijn moge, was niet zóó, of zy liet hem wel éénige oogenblikken los, om zijne oogen te laten weiden, nu eens over de Beursbrug, dan eens over de Blaak, die door een aardig zonnetjen beschenen, er nog al heel vrolijk en plaisirig uitzag. En op eenmaal (ik zal het maar kort maken), daar ziet hy duidelijk de schoone, die hy in *het paradijs van Nederland,* als de blinde MOENS zegt, met de witte duif op het hoofd had gezien; de schoone die hy slechts eenmaal had aangeblikt, en die hy volstrekt niet kende, 't geen een reden te meer was geweest om gestadig over haar te denken, ja, te mijmeren, ach! te dweepen.

Ik zal niet zoo vermetel zijn van te beweren dat het boek hem uit de handen viel, want daar behoort nog ongelijk meer toe; neen! maar hy wierp het neder; hy wierp het neder, hy nam zijn hoed, hy trok zijn handschoenen aan, vloog de trappen van het Leesmuseum af, stormde de deur uit. De schoone was de Blaak opgegaan en had zich dus rechts gekeerd. Zal hy haar nawandelen? Neen, hy kent al het onaangename van de luifels der hoeden. Links slaat hy den hoek om, ijlt de Visch-steeg door, draaft langs de Wijnstraat, galoppeert door de Koningsteeg, en komt bedaard en met een gezicht als of er niets gebeurd was de Blaak weder opwandelen. Zy is het waarlijk! Ja, dat vrolijke gezicht, die vriendelijke mond, die speelsche uitdrukking van oogen! Hy groet haar. Hemel en aarde! zy heeft hem terug gegroet. Een paar huizen verder staat hy stil, en tuurt haar lieve houding na, en bewondert met een verliefd oog haar vluggen gang. Zy steekt de Houtbrug over; hy staart haar na tot dat zy in de Keizersstraat verdwijnt. Nu stuift hy weder voort en naar het museum terug, de trappen op; daar ligt Ruy Blas nog; werktuigelijk neemt hy zijne vorige houding aan en het boek op. Dat was verbijstering. Hy had haar moeten nagaan; moeten weten waar zy bleef. Hy keert op zijne schreden terug, de Houtbrug over, de Keizerstraat door. Hy ziet haar niet meer; haar spoor is uitgewischt. Verliefder dan ooit en op zichzelven ontevreden, loopt hy de geheele stad door en tuurt in alle ellewinkels, of hy het groenzijden wintergewaad ook weer te ontdekken krijgt, dat hem zoo hevig heeft aangedaan, of den hoed van bruin satijn, met een enkelen struisveder, die de plaats bekleedt waar hy weleer de witte duif heeft zien nederzitten, die hy zoo zeer heeft benijd. Te vergeefs! nergens, nergens, voor geen venster is zy te zien, de schoone... ja! hoe heet zy? Hy weet er niets van, en lacht over zijne dwaasheid. Zoo keert hy huiswaarts.

In deze stemming vinden wy hem op zijne kamer. Maar neen! Er is een straal van hoop in zijne ziele opgegaan. De berekeningen van een mensch in WITSES toestand zijn stout. Er was by den heer en mevrouw VERNOOY een jong meisjen gelogeerd, een nichtjen, welker naam hy niet kende; de naam der schoone geldersche kende hy evenmin; dit was een punt van overeenkomst. Zy kon het zelve wezen, en indien zy het ware, het was hem meer waard dan de eerste graad op alle mogelijke examina.

Onder zulke gedachten geraakte hy eindelijk gereed, nadat hy reeds eenmaal zijn das uitvoerig had omgestrikt vóór hy zijn overhemd nog aanhad, en later zijn rok had aangetrokken, voor hy nog eerst het noodige laagjen gelegd had met zijn satijnen vest.

Hy kwam beneden. Er waren reeds gasten aanwezig. Hy hoorde hunne stemmen in de zijkamer. Met een kloppend hart opende hy de deur.

„Daar hebben we onzen candidaat!" riepen papa en mama te gelijk. De candidaat boog zich voor mijnheer en mevrouw VAN HOEL.

Mijnheer en mevrouw VAN HOEL waren menschen van omstreeks vijftig jaren, waarvan zy er vijfentwintig in den huwelijken staat hadden doorgebracht. Zy behoorden tot den deftigen koopmansstand, en ZEd. was wat men een man van gewicht noemt. Hy keek op de societeit zeer ernstig en als zeer veel macht hebbende rond, en was er op straat zeer op gesteld dat men hem groette, eene eer die hem, het fortuin dat hy gemaakt had in aanmerking genomen, ook ten volle van de geheele wareld toekwam. Mevrouws toon en deftigheid hadden met den aangroei van haars êgaas vermogen gelijken tred gehouden, en zy was eerst eene pretentieuse, daarna wat men eene *heele* vrouw noemt, en nu byna ongenaakbaar geworden. Het waren zeer oude kennissen van mijnheer en mevrouw WITSE; en toen zy beide nog jonge echtparen waren, zagen zy elkander byna dagelijks, en hielpen de dames elkander hare japonnen knippen, en gingen de heeren te zamen uit visschen. Deze overdreven hartelijkheden hadden echter gaandeweg opgehouden, naarmate, om eene platte uitdrukking te gebruiken, de VAN HOELS de WITSES waren over het hoofd gegroeid; maar toch kon er nog nimmer eenig belangrijk feest gevierd worden by een van de beide familiën, of zy noodigden elkander wederkeerig; zy waren voor elkaar een noodzakelijk kwaad. De oorzaak der verkoeling moet echter niet alleen in de uitbreiding van des heeren VAN HOELS vermogen gezocht worden; nog eene andere kleine omstandigheid had daar schuld aan; want, gelijk de heer WITSE, zoo had ook de heer VAN HOEL een eenigen zoon, en het is wel bekend dat er niets doodelijker is voor vriendschappelijke betrekkingen dan kinderen, vooral als zy volwassen beginnen te worden. WITSE had een knappen, oppassenden jongen, den roem van alle scholen, en daarna een sieraad der academie; terwijl de zoon van mijnheer en mevrouw VAN HOEL een eigenzinnige domkop was, waarvan niets was te maken, en die zich, tot jaren van onderscheid gekomen, al spoedig als een losbol onderscheidde, en naar de Oost gezonden was, omdat men niet wist wat er hier meê uit te richten. Zoo kwam het by dat mijnheer en mevrouw VAN HOEL GERRITS natuurlijke vijanden waren geworden. Zoo kwam het by dat de heer VAN HOEL nooit een brief van zijn zoon ontfing, waarin deze, als bewijs hoe goed het geld dat zijn vader hem moest overmaken geplaatst werd, breed opgaf van het telkens verbeteren zijner vooruitzichten, en van de bewonderenswaardige stappen die hy tot zijne fortuin maakte, of hy haastte zich dit op de societeit Amicitia luidkeels mede te deelen, en zulks liefst aan het tafeltjen naast dat waaraan de heer WITSE zich in 't Handelsblad verdiepte, met byvoeging, „dat men niets beters doen kon dan zijne kinderen naar de Oost zenden, en niets dwazer dan ze te laten studeeren, waardoor ze niet dan een zeer late carrière maakten; daar hadje by voorbeeld de jonge doctoren!„ Zoo kwam het by, eindelijk, dat er nooit of nimmer een wilde studentenparty, een klein straatgeruchtjen of iets dergelijks had plaats gehad, niet noemenswaardig in vergelijking van het groote landgerucht dat het daarna maken moest, of mevrouw VAN HOEL kon het niet langer uitstellen mevrouw WITSE eens een bezoek te brengen, by welke gelegenheid zy haar dat nieuws mededeelde, met vele verzuchtingen haar beklagende dat zy nog in de onzekerheid was of haar zoon er al of niet was by geweest, en „maar hopende, hartelijk hopende, dat dit het geval niet mocht geweest zijn; hy was *hier* wel voor een knappen, heel knappen, braven

jongen bekend, maar men kon het toch nooit weten! En te Leyden!...
och, de jongelui werden er zoo spoedig bedorven."

De candidaat boog zich voor mijnheer en mevrouw VAN HOEL.

Na de gewone begroeting, waar nu ook nog een compliment met het
volbrachte examen by kwam, waarby de heer VAN HOEL den hartelijken
wensch voegde, dat dit een stap nader mocht zijn tot eene spoedige
promotie en eene brillante praktijk; en waarby mevrouw de vriendelijkheid had het deelnemend beklag te voegen, dat de meeste menschen
"een *ouden* doctor verkiezen," zeide de heer VAN HOEL, die met de armen op den rug de panden van zijn rok splijtende voor het vuur stond
en den binnenkant zijner handen door de vlammen liet koesteren: "Ik
heb, geloof ik, mijnheer WITSE van morgen ontmoet?"

"My, mijnheer?" vroeg GERRIT verbaasd; "ik weet niet dat ik de
eer gehad heb...."

"Neen, dat merkte ik," hernam de heer VAN HOEL met een schamper
lachjen, en schuins uit naar GERRITS moeder ziende: "'t was op de
Blaak; — maar ik merkte wel dat je my niet scheent te zien."

"Inderdaad, ik heb u niet gezien," andwoordde GERRIT kleurende.

"Och! die jonge *geleerden*," merkte mevrouw VAN HOEL aan, hare
handen vouwende en hare nieuwe capretten handschoenen tusschen de
vingers aandrukkende; "och, die jonge geleerden zweven zoo in een
hooger sfeer, dat ze niemand meer zien."

"Dat kan wel eens een enkele keer gebeuren, niet waar GERRIT?"
viel zijn mama daarop in, die een hoogere sfeer voor haar zoon nog al
een geschikt departement vond.

"Liever niet," zei GERRIT; "het komt op de Blaak zoo weinig te pas."

"Ja!" andwoordde de heer VAN HOEL, de schouders met gemaakten
ernst ophalende; "het is hier maar een *koopstad*; daar moeten we ons
hier maar meê behelpen."

"Zoo meen ik het toch niet," hernam GERRIT al weder, nu eerst be-
merkende dat de heer VAN HOEL aan 't gifzuigen was.

De deur ging open. GERRIT zag verlangend om. Er trad geen
schoon meisjen binnen, maar een jongeling, die naar GERRITS smaak
alleen een schoonheid had kunnen genoemd worden indien hy een meisjen geweest ware. Hy was een van die "mooie mannen," waarvan de
jongelingen misschien veel meer jaloersch zijn dan de jonge dochters
verliefd. Zacht, zwart, krullend hair, een spierwit voorhoofd, een al-
lertederst teint, blinkende oogen, en coquette bakkebaarden waren zijn
deel. Kracht of majesteit was er in 's mans gelaat niet, zelfs geen hartstocht; en evenmin in zijne houding, die tot de zwak apollinische behoorde. Het was de heer HATELING, een jong mensch van goeden huize,
die op kamers woonde, en aan een der voornaamste kantoren van Rotterdam den handel bestudeerde. Deze jongman was iemand die volmaakt
berekend was voor zijne plaats achter een lessenaar, en voor zijne plaats

op een diner; dat is: hy kon goed cijferen, en goed praten. Overmaat van verstand of smaak bezat hy niet, maar hy "las toch nooit hollandsch," eene omstandigheid die altijd een hoogen dunk van beiden geeft. Hy was een spotter met al wat studie heette, of, zoo als hy het noemde, "zoo hoog vloog." Overigens, daar zijne positie als eenloopend gezel medebracht dat hy gaarne uit eten ging, had hy den goeden weg ingeslagen om veel uit eten te worden gevraagd; en daar hy veel uit eten gevraagd *werd*, was hy ook een geroutineerd dinerganger, en wist hy uitmuntend goed wat hy doen moest om by die gelegenheden te behagen.

Terwijl deze Narcissus nog bezig was zijn compliment te maken, kwam er, met veel schutterigheid en eene zeer verhitte kleur, eene dame binnentreden van een jaar of zesentwintig, die een zwarten japon droeg om te toonen dat zy bedroefd was, en een zeer blooten hals om te toonen dat zy alle behaagzucht niet had afgelegd. Zy was noch mooi, noch leelijk, zeer blond en zeer druk. 't Was mevrouw STORK, de jonge weduwe van een man dien zy aan de teering verloren had. De heer en mevrouw WITSE waren eerst onlangs met haar in kennis geraakt; zy maakte derhalve allerhartelijkst, allerbevalligst, en allerinnemendst haar compliment voor mijnheer en de "lieve mevrouw." Daarop werd zy aan de VAN HOELS voorgesteld, waarop zy dadelijk met een allerliefst lachjen en mooien mond met tanden vroeg: of zy van de familie van mevrouw VAN HOEL te Utrecht waren, die zy het plaisir had te kennen, en dat een aller-allerliefste vrouw was. Toen wendde zy zich weder tot de heeren WITSE, en plaagde den ouderen, en zei allerlei galanteriën aan den jongeren, met al de vrijmoedigheid eener getrouwde dame, en met al de behaagzucht eener ongetrouwde. Nog had deze naauwelijks al de aanwezigen gegroet, of wederom ging de deur open. Mevrouw VERNOOY trad binnen, gevolgd van KLAARTJEN DONZE.

Eene siddering ging over GERRITS hart; eerst werd hy bleek, en toen hoog rood; want zy was het; de schoone geldersche, de jonkvrouw van zijne gedachten!

Met een goelijken knik aan den ingang van de deur en een nog goelijker lach drukte de heer VERNOOY, die nu ook volgde, GERRITS hand. "Hartelijk, hartelijk, man!" riep hy uit. "Je bent nu candidaat; heet het zoo niet?"

"En zeker met al de graden?" vroeg mevrouw VERNOOY, minzaam glimlachende.

"Ja," zei mevrouw WITSE, het hoofd vrolijk opheffende; "daarvoor was geen zorg; maar hy wilde 't niet schrijven. Nu, 't is nog al een knappe jongen, vindje niet. We beleven plaisir aan ons GERRITJEN."

"GERRITJEN," die door deze aanspraak al weer een tamelijk kinderachtig figuur maakte, rees niet in de achting van KLARA, wie hy echter, wat voorkomen en uiterlijk betrof, niet was tegengevallen, ja, zoo zeer

meêviel, dat zy er inwendig boos om werd.   Neen! dacht zy; geen voet
achteruit!   Dat hy er redelijk uitziet bewijst niets tegen zijne pedanterie.
Pedant moet hy wezen.

GERRIT had haar zeer beleefd gegroet, en de dames hadden het zeer
druk met de vreemde.   Zijne moeder scheen terstond zeer nieuwsgierig
te zijn om te weten hoe het haar in Rotterdam beviel, en hoe hare familie in Gelderland voer, ofschoon er tot nog toe geen sterveling was die
wist of zy een vader en moeder, en broeders en zusters had al dan niet.
KLAARTJEN andwoordde op alles met een onbedeesd en vrolijk gezicht.

GERRIT kon zijne oogen niet van haar afhouden.   Hoe schoon was zy
van naby gezien.   Hoe weelderig waren hare vormen; hoe doorschijnend
haar blanke hals: hoe zuiver de omtrekken van haar gelaat, en de lijnen
van hare gestalte.   Hoe liefelijk en helder klonk hare stem; hoe vriendelijk was hare spraak, hoe levendig waren hare bewegingen, hoe bevallig
was de schoone KLARA in alles.

Juist maakte hy zich gereed haar, zoo ras zijn hartklopping eenigzins
bedaard zou zijn, eens nader toe te spreken, toen de laatste der gasten
verscheen, en de opmerkzaamheid der geheele vergadering tot zich trok.

Het was een man, wiens ouderdom tusschen de vijftig en zestig in
zweefde, wat hy evenwel gedeeltelijk ontveinsde door een valsche toupet
boven een paar zeer blozende wangen rond te dragen.   Het overige van
zijn fysionomie bestond geheel uit een wijden witten das met wuivende
slippen, en groote, slappe hemdsboorden.   Hy droeg een ruimen zwarten rok, een blaauwlakenschen pantalon, een zeer ouderwetsch fluweel
vest, met nederdalende strepen.   Het was de heer WAGESTERT, by zijne
vrienden voor een origineel bekend.   Deze man had het, door kracht van
originaliteit, tot de in deze huichelende en huichelary onderstellende,
aanmoedigende en uitlokkende wareld zeer benijdbare hoogte gebracht,
dat men hem het recht toekende alles te mogen zeggen wat hem voor den
mond kwam, een recht waarvan hy dan ook rijkelijk gebruik maakte.
Daarby had hy iets zeer eigenaardigs in de wijze van zich uit te drukken;
ja zijn vocabulaire verschilde geheel van dat van andere menschen, en hy
plag te zeggen, dat het jammer was dat men by nieuwe uitvindingen hem
niet raadpleegde hoe de dingen heeten moesten.   Zoo noemde hy, om een
voorbeeld te geven, het schoone geslacht geregeld met den naam van
appelbijtsters, daarby op hare grootmoeder EVA zinspelende, en gaf hy
de artsen nooit een anderen eeretitel dan die in het woord *tongkijkers*
lag opgesloten.   Medicijnen en vrouwen waren zijne grootste antipathiën,
en hy was gewoon te beweren dat hy zonder de laatsten wel leven, en zonder de eersten wel sterven kon.   Deze merkwaardige man leefde op kamers op de Nieuwe Haven, van een onafhankelijk inkomen, en daar hy
niets om handen had, had hy niet zoo zeer de luiheid als wel de geestigheid dagelijks tot elf, twaalf ure op zijn bed te liggen, en in deze gemakkelijke houding te lezen, te schrijven, en alles uit te voeren wat hem voor

den geest kwam. Hy was gewoon in persoon verschen zalm te koopen, en ze in een netjen thuis te brengen. Hy had de leelijkste teef uit heel Rotterdam, en onderhield twee grijze katten, die door dezelve teef gezoogd waren. Op de societeit dronk hy nooit iets anders dan fachingerwater, en aan tafel nooit iets anders dan portwijn. Hy had een stok, waarvan de knop in de schaduw gezien het portret van LODEWIJK den XVI. vertoonde, en een horloge, onder welks glas een vlieg geteekend was, waarvan men zweeren zou dat hy over de plaat liep; een universeel zakmes, met honderd geriefelijkheden, was zijn getrouwe metgezel, en hy wist het soms zeer geestig te pas te brengen. In 't kort, niets was duidelijker of meer bekend, dan dat de heer WAGESTERT een origineel was, en hy deed dan ook zelden den mond open, zonder de voldoening te smaken, van den een of ander uit het gezelschap waarin hy zich bevond te hooren mompelen: *Die WAGESTERT heeft,* of, zoo als de rotterdammers van alle klassen zeggen: *heit* toch altijd wat raars.*

De binnenkomst van dit humoristisch genie, en de plichtplegingen die hy jegens de gastvrouw en de gasten in 't werk stelde, waren een soort van koddige parodie op de wijze waarop dit gewoonlijk geschiedt, en schoon de heer WAGESTERT deze aardigheid by alle gelegenheden herhaalde, zoo vond zy echter ook ditmaal genade in de oogen zijner bewonderaars.

Men was nog bezig er om te glimlachen, toen de knecht binnenkwam met de tijding, dat de soep op tafel was. De heeren boden de dames hunne armen aan, met dat traag empressement, waarmee men altijd te werk gaat indien men niet recht weet aan wien het toekomt om de eerste te wezen, en de heer WAGESTERT, die, alhoewel alle appelbijtsters verachtende, echter zeer goed wist welke appelbijtsters er het liefst uitzagen, bood zijn geleide, op eene al weder kluchtige wijze, aan KLAARTJEN aan. KLAARTJEN had nimmer een origineel gezien.

Men ging aan tafel, en het eerste dat GERRIT bemerkte, was dat de plaatsing hem allerminst beviel.

Dan, hier is het de plaats een meêwarig woord van beklag voor u te uiten, edelaardige menschenvrienden! die goed genoeg zijt nu en dan aan uwe vrienden diners te geven. Het is nog niet genoeg dat gy by alle poeliers rondzendt om een soort van gevogelte of een soort van wild dat nergens te krijgen is; niet genoeg dat gy u afslooft om de fijne schotels van het laatste diner dat gy bywoondet op zijde te streven, en zoo mogelijk te overtreffen; niet genoeg dat gy met eigen mevrouwelijke hand het blanc-manger bereidt, of u de harde noodzakelijkheid oplegt, op een ongelegen uur uw rumgelei te proeven. Gy moet ook nog eene party, op dat punt allerlastigste, allerkitteloorigste, en alleronverdraagzaamste wezens, gy moet uwe gasten schikken! en wel zoo, dat zy allen naar hun zin en naar hun smaak gezeten zijn; en wel zoo, dat alle antipathiën gescheiden, en alle sympathiën gepaard worden; en wel zoo, dat gy daarby eene billijke hulde aan ieders achtbaarheid en jaren brengt; en wel zoo, dat de jonge meisjens niet te hoog, en de oude vrijsters niet te laag zitten; en wel zoo, dat gy een geanimeerd discours verwachten kunt, en wel zoo, dat de rij bont, immers zoo bont mogelijk, zij! En als gy aan alle deze zoo zeer vervlochtene en verwikkelde (het woord dateert van 1830) verplichtingen poogt te voldoen, en met de grootste naauwgezetheid altijd het lichtere aan het zwaardere hebt opgeofferd, dan komt de een of andere gast, indien niet uw eigen zoon of echtgenoot, die uw schikking allerdolst vindt, en zich over zijne plaats beklaagt. De roekelooze weet niet wat hy zegt! Dat hy eene andere schikking voorstelle, en hy zal zien hoe alles in de war loopt! Maar hy zegt het niettemin, dat is, hy overlegt het in zijn harte, en mokt en mort in stilte. Beklaagde hy zich nog maar altijd overluid, uwe verandwoording zou hem doen verstommen; maar neen, hy houdt zich overtuigd van uwe verkeerde bedoelingen, van uwe hatelijkheid, van uw lust om hem te krenken, te grieven, naar het hart te steken, en neemt die overtuiging met zich in het graf. De ondankbare! hy wist niet voor welke jammeren gy hem bewaard hadt!

Voor GERRITS moeder was de schikking byzonder moeielijk geweest, door de omstandigheid dat het getal harer gasten oneven, en er een overscharige heer was. Noodwendig moesten er dus ergens twee heeren naast elkander zitten; de een moest natuurlijk haar zoon zijn, en de ander... de heer WAGESTERT, zult gy mogelijk zeggen, die toch een vrouwenhater is? Dit zou ondertusschen een heel domme raad van u zijn, mijn lezer! Want het was juist daarom dat de heer WAGESTERT in alle gezelschappen tusschen twee dames geplaatst was, en alle mevrouwen zich dat genoegen betwistten; want wat is voor mevrouwen piquanter dan het gezelschap van een vrouwenhater? De heer WAGESTERT zat alzoo tusschen mevrouw WITSE zelve en mevrouw VAN HOEL. Maar het was niet dit wat GERRIT zoo verschrikkelijk ergerde. Evenmin dat mevrouw VERNOOY in het midden van den vriendenkring zat, tusschen den heer VAN HOEL en zijn vader, en zulks als »een pareltjen in 't goud;« als zy nederig aanmerkte. Maar dat hy aan 't lager end van de tafel, vlak tegen hem over, zien moest de personaadje van HATELING, geplaatst.... naast zijne moeder, zoo ver goed! maar ter andere zijde naast KLAARTJEN, die aan zijns vaders andere hand gezeten was, dat was een ding hetwelk hy mama niet vergeven konde, al had zy hem ook de drukke mevrouw STORK toebedeeld aan zijn rechter, en den hartelijken mijnheer VERNOOY aan zijn linkerhand; want omdat de laatste de goedigste was, was hem het lot te beurt gevallen, geene andere dame te hebben dan mevrouw VAN HOEL, die ook, om de waarheid te zeggen, wel voor twee dames door kon gaan.

Het diner begon met dat geheimzinnige *conticuere omnes*, waarmede alle diners aanvangen; de soep werd met stomme aandacht gegeten, alleen verpoosd door de aanmerking omtrent de verandering van athmosfeer, te gelijker tijd aan de vier hoeken van den disch gemaakt, en eene kleine vrolijkheid door WAGESTERT te weeg gebracht, die de schildpadsoep *pepersop* noemde, hetwelk iets geheel nieuws was.

Het «verre de vin après la soupe» bracht eenige opschudding te weeg, daar meest al de dames hare gehandschoende handpalmen op hare glazen hielden, om te beletten dat de heeren de snoodheid hadden haar te schenken.

Eenige oogenblikken later had mevrouw STORK de exigeance van een glas water te vragen, hetwelk al de vrouwelijke leden der vergadering den moed gaf onmiddelijk hetzelfde verzoek te uiten.

Na afloop dezer ceremoniën, werd het verkeer langzamerhand levendiger, luider, en drukker.

Mevrouw STORK bestormde GERRIT met een zeer geënthusiasmeerd gesprek over allerlei boeken; over den Corsair van Lord BYRON, de Nôtre Dame van VICTOR, de Gedenkschriften van WALTER SCOTT, den Jocelyn van LAMARTINE, den Maltravers van BULWER, en een aantal min bekende romannetjens en novelles, die GERRIT nooit had hooren noemen. Het eene was «haar charme,» het andere was «de favori van wijlen den heer STORK!» Dit had zy 's nachts gelezen; dat, toen zy met STORK haar tourtjen maakte; een ander had zy op de wandeling meegenomen; dit had zy aan eene vriendin uitgeleend, en dat wilde zy absoluut aan GERRIT zelf uitleenen; over het een vroeg zy zijn oordeel, over het ander «wilde zy zijn oordeel volstrekt maar liever niet weten, daar zy er in het geheel geen kwaad van hooren kon!» Met dit had zy zoo veel innige sympathie, en in dat,» zy zei het met neergeslagen oogen en een treurigen zucht, «was zoo veel dat op hare omstandigheden sloeg»....

Aan 's jongelings anderen kant zat de hartelijke VERNOOY zich te vermaken in GERRITS kunde en belezenheid, blijkbaar in het beaudwoorden van den waterval van woorden die het molenrad van mevrouw STORKS tongetjen om deed loopen; en fluisterde telkenmale mevrouw VAN HOEL zijne «bewondering over den knappen jongen» toe; al weder tot zijn niet gering nadeel in de schatting van die dame, die met onbegrijpelijk veel statigheid hare oogen over een gezelschap weiden liet, waaraan zy naar haar inzicht den grootsten luister byzette. En wanneer GERRIT zijne oogen maar opsloeg, dan zag hy den mooien HATELING, die met den zoetsten glimlach tusschen zijne gladde bakkebaarden, een allervrolijkst gesprek voerde met de schoone KLARA, en al zijne hoffelijkheid en galanterie over haar zat uit te gieten. Mevrouw WITSE zag met een welgevallig oog op HATELING neder, die een groot favori van haar was, en keek dan weer eens tot GERRIT op, dien zy toeknikte «of hy niet extra goed zat?» waarop zy, daar hare stem hem niet bereiken kon, om het hem rechtstreeks te vragen, aan HATELING en KLAARTJEN begon te vertellen, dat zy GERRIT niet beter had kunnen tracteeren, dan door hem naast mevrouw STORK te plaatsen, die een savante was, «dat's te zeggen, geen eigenlijke savante, want zy was heel lief, maar een stille savante, die alle talen kon, veel gezien had, en onbegrijpelijk interessant was.» Dan schertste zy weder eens met WAGESTERT over de slechtheid van de mannen, en riep mevrouw VAN HOEL tot getuige, die ze ook «al heel slecht vond.» En intusschen vertelde mevrouw VERNOOY zoo veel liefs en goeds van KLAARTJEN DONZE, als zy ooit liefs en goeds van GERRIT uit papa WITSES mond gehoord had; en de laatste was niet ongevoelig voor haar lief gezichtjen. De heer VAN HOEL zat met een sceptisch en ironisch gezicht mevrouw STORK gade te slaan, in zijn koopmanstrots zéér laag neêrziende op al dat onzinnig gesnap, en sprak tusschenbeiden een wijs woord met WITSE en VERNOOY, by welke gelegenheid hy machtig veel zoo aan het staats- als aan het stadsbestuur te berispen vond, en de wareld beklaagde, dat zy geene oogen had om er «die knappe menschen in te kiezen, die zich gaarne de moeite zouden getroosten, alles op pooten te stellen.»

Het dessert kwam, en mevrouw WITSE liet met zekeren nadruk de flesschen veranderen.

De heer VERNOOY, in de goelijkheid van zijn hart, begreep dadelijk dat er een toast op den jongen candidaat wezen moest, maar hy was de man niet om toasten in te stellen. Wel is waar hy was hier waarschijnlijk de oudste, maar hem dacht de eer kwam den hoogaanzienlijken VAN HOEL toe, die 't er, dacht hy verder, ook veel beter af zou brengen dan hy. Nu was het zeer zeker dat de hoogaanzienlijke heer VAN HOEL van dezelfde opinie was, maar hy gevoelde geen zier lust of roeping tot de zaak; en schoon de gedachte aan den noodzakelijken toast ook in WAGESTERTS hoofd opkwam, hy smoorde ze met de bewustheid dat hy «nooit toasten instelde en het weergasche gekheid vond,» waarby ook nog kwam dat hy het niet kon. Het was in dezen als met zijne geheele zonderlingheid, die in vele opzichten niet anders was dan het pis-aller zijner mislukte pogingen om met eenige gratie en goeden uitslag te handelen als andere menschen. Blooheid en onhandigheid hadden in een schoon, eendrachtig en zusterlijk verbond hem tot een vertreder aller vórmen en bespotter van alle beleefdheden gemaakt. Een geschrikt paard slaat aan 't hollen, breekt den toom, en trapt den wagen stuk.

Het dessert werd gediend, en niemand sprak den toast uit. VERNOOY werd hoe langer hoe benaauwder. Hy vond het onbeleefd en onbehoorlijk om het te *laten*, maar als hy er aan dacht om het te *doen*, brak het koude zweet hem uit. Twee of driemalen sloeg hy de hand aan zijn glas om het plechtig op te nemen, maar telkens liet hy het weder staan; ja, tweemaal hief hy het werkelijk op in de hand, maar bedacht zich, en verborg zijn voornemen onder het voorwendsel van mevrouw VAN HOEL een onbeduidende aanmerking te maken omtrent de kleur van den wijn, en het aangename van een puntig glas. Ondertusschen werden de omstandigheden al nijpender en nijpender. Mama WITSE begon met eene hooge kleur hare oogen ongerust te laten rondgaan, en maakte telkens kleine pauzen in haar gesprek. Verscheidene glazen waren reeds ledig, en alle flesschen gedelibeerd. Het moest eindelijk. VERNOOY vermande zich, en met een bleek gezicht, een doomig voorhoofd, en trillende lippen, zeide hy: «Vrienden, wy moesten eens een vol glaasjen inschenken.» Hoewel nu het gesprek in de laatste oogenblikken groote gapingen had gehad, waarin men de dessertmessen duidelijk hun werk had hooren verrichten, zoo was het oogenblik, waarop de goede VERNOOY deze inleiding maakte, allerongelukkigst gekozen, want WAGESTERT had juist een appel uit het dessertmandtjen genomen, en begon er de appelbijtsters als van ouds mede te plagen.

De goede man ontveinsde daarop zichzelven gesproken te hebben, en wijdde veel aandacht aan de figuren van het tafellaken. Een oogenblik daarna vermande hy zich weer. «Vrienden!» zeide hy.

«Ik geloof dat mijnheer VERNOOY iets zeggen wilde,» zei mevrouw WITSE, zich over de tafel heenbuigende tot dat zy hem in 't gezicht kreeg; «niet waar, VERNOOY?»

«Ja, KEETJEN,» zei de hartelijke man, «ik wilde een glaasjen brengen aan GERRIT, om hem nogmaals te feliciteeren met zijne bevordering tot candidaat. Ik heb geen kinderen, maar ik verheug my zeer in 't geluk van mijne vrienden die ze wel hebben, en er genoegen aan beleven. Met GERRIT meen ik het goed, en ik durf zeggen, dat we dit allemaal doen. Dus GERRIT! van harte, man.»

«GERRIT! GERRIT! GERRIT! mijnheer WITSE!» klonk het met allerhande intonatie over de tafel; de glazen werden neushoogte opgelicht, en daarna gedronken.

«Mijnheer WITSE!» zei ook KLAARTJEN, maar 't was als of er iets spottigs in haar gezicht was; en haar compliment werd ook maar in 't voorbygaan uitgebracht, want HATELING had beweerd, dat hy aan de amandelen van buiten zien kon of het filippines waren of niet, en ten bewijze bood hy haar op zijn lepel een dubbelen aan. Zy nam een der tweelingen, en het verbond werd aangegaan tegen de eerste maal dat zy elkander weer zouden ontmoeten, «maar niet onder den blooten hemel.»

«Welke toast met algemeene opgewondenheid gedronken werd!» zei WAGESTERT koddig deftig: «niet waar, moeder WITSE? Leve de volharding! GERRIT studeert voor professor, doet hy niet?»

«Foei, mijnheer!» zei mevrouw WITSE.

KLAARTJEN en HATELING glimlachten.

Het pijnlijk oogenblik was voor GERRIT spoedig voorby, en hy genoot een soort van vrede, toen mevrouw STORK op den inval kwam dat hy «zeker wel heel mooi reciteeren kon, en of hy het niet eens doen wilde; 't was nu zoo'n goede gelegenheid.»

Dit is meer beweerd. Als het geheele gezelschap verzadigd is van al-

17

lerlei spijzen en wijnen, de sinaasappelen rondgaan, en de amandelen gekraakt worden; als degeen die reciteeren zal een hoofd heeft als twee anderen van benaauwdheid en warmte, natuurlijke gevolgen van epulae lautae in een groot gezelschap, en de toehoorders, aangezien het gebruik van de gaven des wijnstoks en der vijf warelddeelen, zeer vatbaar zijn om op den stroom van het rythmus de haven van Morfeus in te drijven, dan heet men dat „een goede gelegenheid om eens te reciteeren.„ Ik weet niet hoe GERRIT hierover dacht, maar dit wist hy, dat het te geener ure zijn vak was, en hy verontschuldigde zich alzoo. Maar mevrouw STORK sloeg hare blikken diagonaal over de tafel om mevrouw WITSE te hulp te roepen.

„Is dát waar, mevrouw?„ vroeg zy op den toon van het hardnekkigst ongeloof, „dat uw zoon nooit reciteert?„

Mevrouw WITSE verklaarde dat zy integendeel vond dat hy het heel lief deed.

„Eigen verzen?„ vroeg KLAARTJEN.

En de belegering werd voortgezet met verdubbelden moed, en al die het meenden of niet meenden vormden een koor, waarvan de inhoud was dat GERRIT zou reciteeren. Deze bleef echter onverbiddelijk.

Mevrouw VAN HOEL was daarop de eerste om hem dit kwalijk te nemen, en merkte met een lief lachjen aan: „dat dit zeker te min was voor een geleerde als GERRIT.„ Zijne moeder vroeg hem: „of zy de versjens niet eens halen mocht die hy op zijn twaalfde jaar op haar verjaardag gemaakt had.„ KLAARTJEN lachte. GERRIT volhardde.

„Het mooiste vers„ zei WAGESTERT, om er een wending aan te geven, daar de zaak ernstig werd, „dat ik ooit in mijn leven gehoord heb, is een vers van vier regels op BERONICIUS, die een groot dichter, en, met permissie, een groote lap was.„

„Och! en hoe was dat, mijnheer WAGESTERT?„ vroeg mevrouw STORK, „hoe was dat?„

„Mevrouw!„ hernam WAGESTERT zeer plechtig, „het was een grafschrift, een grafschrift op den grooten BERONICIUS, die in een moddersloot een plotselingen dood gevonden had. Het luidt aldus:

> Hier leit een wonderlijke geest,
> Hy leefde en stierf gelijk een beest;
> Het was een misselijke sater:
> Hy leefde in wijn en stierf in water.„

Hoe geestig ook voorgedragen, dit meesterstuk van BUIZERO had niet dat uitwerksel van vrolijkheid hetwelk de heer WAGESTERT daarvan gaarne gezien had. Er moest dus nog een punt aan gemaakt worden, en GERRIT was er het slachtoffer van.

„En weetje nu wel, mijnheer de candidaat in de beide medicijnen, wat het mooie van dit vers is?„

"Volstrekt niet!" zei GERRIT met veel nadruk.

"Weetje dan niet welk een groote lofspraak het voor den overledene inhoudt?"

"Neen!" zei GERRIT, byna overbluft door den zonderlingen man, voor wien hy wel wist dat men somtijds niet genoeg op zijne hoede wezen kon. Het geheele gezelschap verbeidde met gespannen verwachting.

"Niet!" zei WAGESTERT eindelijk, nadat hy GERRIT lang en strak had aangezien. "Niet! Dan zal ik het je uitleggen. Hierom, mijnheer de candidaat, omdat het bewijst, mijnheer de candidaat, dat de groote dichter BERONICIUS by leven noch sterven medicijnen gebruikt heeft."

Daarop nam hy zeer lakoniek een handvol ulevelletjens, stak ze in zijn zak, en fluisterde mama WITSE in: "Voor me kindertjens!"

Het geheele gezelschap lachte, vooral mevrouw VAN HOEL, en het: "die WAGESTERT! enz." was in volle kracht. GERRIT had een driegulden willen geven voor eene repartie, maar hy vond er geen, voor en aleer hy dien avond op zijn bed lag, zoo als dat in dergelijke gevallen den snedigste overkomen kan, en mevrouw STORK leidde hem af, door hem te raadplegen over de hieroglyphen van verscheiden ulevelpapiertjens, met kalveren die *vos*, en heggen, die *est* beteekenen, en in welker ontcijfering de mooie HATELING oneindig veel knapper was dan hy.

Het laatste "tafellestjen" (het woord is van HOOFT), de gember, ging rond. Gember is eigenlijk een hatelijk eten; een ernstige wenk om heen te gaan. De dames stonden op, en de heeren volgden spoedig.

In de andere kamer maakten de eersten een ijsselijk dispuut, daar zy allen mevrouw WITSE wilden helpen in het schenken der koffy; het werd echter bygelegd, en de schoone HATELING distribueerde de kopjens. Nu begaven zich de heeren, met het kopjen in de eene en het schoteltjen in de andere hand, in een zeer druk gesprek. Zy hadden den geheelen dag nog *zoo* wijs niet gekeken.

"Nu of nooit;" dachten onze couranten, vlugschriften, verzen, en al dat moois in den jare 1831. Het werd echter *toen* niet gedaan, en het is acht jaar later zoo taliter qualiter te recht gekomen. "Nu of nooit," dacht ook GERRIT in den jare 1838, op dien gedenkwaardigen na-den-eten, daar KLAARTJEN by den schoorsteen stond, en een geborduurd haardscherm bekeek. Hy naderde haar met zoo veel vrijmoedigheid als hy verzamelen kon.

"Uw Buiten, juffrouw DONZE, ligt, meen ik, aan den straatweg tusschen...."

Daar keerde WAGESTERT, die aardigheden aan HATELING stond te verkoopen, zich kort om, stiet GERRIT aan den elboog, en de kop koffy, dien hy in de hand had, vloog over het kleedtjen van grijs gros-de-naples, dat KLARA's lieve leden omgaf.

GERRITS verwarring was verschrikkelijk. De dames vlogen toe, be-

17 *

halve mevrouw VAN HOEL; er werden geene zakdoeken gespaard om het vocht op te nemen. Mevrouw STORKS mond stond niet stil van te beweeren dat eau de cologne een panacé was tegen alle vlakken; mevrouw VERNOOY verhaalde een troostrijke legende van een interessante vlak, die van zelf verdwenen was; en verscheiden dames te gelijk vonden het gelukkig, dat het „nog al in de plooien" kwam. Mevrouw VAN HOEL voerde aan, dat champagne in 't geheel geen vlakken naliet, eene vertroosting die hier minder te pas kwam; mevrouw WITSE maakte duizend excusen voor haar zoon en voor haar koffy; een praktisch vernuft ried KLAARTJEN de voorbaan achter te laten zetten; WAGESTERT merkte aan dat zy een lief souvenir van mijnheer had; HATELING zweeg met een triomfanten glimlach; mijnheer VAN HOEL sprak nog eens van distracties en van de Blaak; GERRIT deed zijn best om een redelijk figuur te blijven maken. En de schoone KLARA-zelve deed niets dan lachen over al de drukte en ontroering, en herhaalde honderdmaal dat het niets was, met een gezicht dat gelukkig geheel met deze lichtvaardige beschouwing der zaak overeenstemde.

Evenwel, nadat alles tot rust kwam, had GERRIT den moed niet zijn gedoodverwd gesprek over het Buiten aan den straatweg op te werken, en liet het veld aan HATELING over.

De speeltafeltjens werden gezet, en er vormden zich drie partytjens.

Mevrouw STORK verklaarde zich een gepassioneerd liefhebster van omberen, „een charmant mooi spel;" mijnheer VAN HOEL zei met al de bedaardheid van iemand die het dagelijks doet, dat hy er ook wel van hield, en GERRIT moest de derde man zijn.

De rest van 't gezelschap verdeelde zich aan twee bostontafeltjens. Aan het eene vertoonde zich GERRITS vader, met mevrouw VAN HOEL en mijnheer VERNOOY; aan het andere zaten mevrouw VERNOOY, KLAARTJEN DONZE, WAGESTERT en HATELING.

Mevrouw STORKS hartstocht voor het omberspel scheen min of meer hare bekwaamheid te overtreffen; althands er was eene zekere onevenredigheid tusschen deze twee vereischten, die den heer VAN HOEL kennelijk hinderde. HEd. redeneerde machtig veel onder het spelen, en niet zelden gebeurde het dat zy al pratende een of andere kleinigheid over het hoofd zag. Zy had eene geheimzinnige wijze om de kaarten door hare hand heen en weer te schuifelen telken reize als zy moest opspelen, en het kwam wel voor dat, als de heeren heel lang op de beslissing hadden zitten te wachten, zy plotseling de gewichtige vraag opperde, wie van hun beiden ombre was; ook scheen er, ten gevolge van haar weduwtranen iets in hare oogen te zijn, dat haar het kenmerkende tusschen een heer en eene vrouw soms niet duidelijk deed onderscheiden; soms had zy ook de aardigheid haren partner de slagen zonder naspeurlijke reden af te nemen, of den ombre de geestige ver-

rassing te bereiden van aan het einde van een spel een kaart op
te spelen van eene kleur waarin zy vroeger gerenonceerd had; en dat
alles onder het mededeelen van gewichtige anecdotes omtrent voles die
zy gemaakt, en lichte sans prendre's die zy gewonnen had, en het uiten
van smaadredenen op alle andere spelen, die by omberen vergeleken
zoo simpel waren. VAN HOELS beleefdheid was in een gestadigen strijd
met zijn achting voor het plechtig omberspel. Hy was zeer ernstig en
stroef, en als hy zich niet weerhouden *konde* eene aanmerking te maken,
dan richtte hy zich tot GERRIT als wrijfpaal. "Mijnheer WITSE, je
moet nooit troef uitspelen, of je moet er in dóórgaan;" "mijnheer WITSE,
je moet altijd....." Maar wy kunnen geene lessen uitdeelen, lezer!
en gy zijt even onschuldig als GERRIT.

Aan het boston-tafeltjen met mevrouw VAN HOEL heerschte een ander
gebrek. Mijnheer en mevrouw WITSE, schoon altijd in de beste harmonie levende, konden namelijk op het gevaarlijk stuk van des duivels
prentenboek niet best te zamen overweg, en namen het elkander geregeld eenigzins kwalijk als zy een spel verloren, waarin zy malkaârs whist
geweest waren; by welke gelegenheid de goede VERNOOY altijd als
scheidsman door mevrouw WITSE werd in den arm genomen, en altijd
beweerde dat zy onmogelijk anders had kunnen spelen, en dat WITSE
ook onmogelijk anders had kunnen spelen, en dat hy het zelf was
die ongelukkig zoo erg tegenzat. Deze waardige man was eigenlijk
een van die weinige schepselen die voor het kaartspel geschikt zijn,
en wie het in 't geheel niet schaadt het te plegen. Het wond hem
niet op, het verveelde hem niet, het verbitterde hem niet; hy kon
tegen zijn winst, hy kon tegen zijn verlies; hy bleef er vrolijk, en wat
alles zegt, "geheel dezelfde" by.

Wat het derde partijtjen betreft, daaraan werd de hoogste toon gevoerd door WAGESTERT, die niet zoo als VERNOOY naar den ouden
stijl de klaveren uit aardigheid *klavooren*, de harten uit dito beurtelings
harsens of *hartzeer* noemde, en by ieder hachelijk spel beweerde dat
het zoowel vriezen als dooien kon, — neen, de heer WAGESTERT was
veel origineeler, en obstineerde zich de poppen allen hare koninklijke
namen te geven, als van SARAH, DAVID, ESTHER enz. Maar HATELING
schermde er zachtfluisterend tegen KLAARTJEN met zijn "malheureux
au jeu, heureux en mariage" tusschen, en speelde haar de slagen toe,
en was haar whist met een teder gevoel in de oogen, en hielp haar op
het boston-kaartjen kijken, en kwam zoo dicht by haar aangezicht,
dat hare mooie krullen zijn wang en bakkebaarden aanraakten, en prees
mevrouw VERNOOY's verstandig spelen; en mevrouw VERNOOY was verrukt van den lieven, hupschen, gezelligen HATELING, die zoo geschikt
was om uit eten te gaan!

Het laatste toertjen werd bepaald; de mooie zijden beurzen kwamen
voor den dag. Mevrouw STORK, die het niet wist, maar aanmerkelijk

verloren had, had de edelmoedigheid al de viesjens door elkander te gooien; aan de andere tafeltjens oordeelde men dat niemand iets gewonnen had.

Men stond op.

Nog eenmaal waagde GERRIT zich aan KLAARTJEN, en vroeg haar naar de ligging van haar Buiten; hy vertelde haar hoe hy het gepasseerd had, en haar had gezien. "Hy deed toen een voetreis."

"O!" zei KLAARTJEN, "een voetreis, een geleerde reis zeker, mijnheer WITSE!"

Hy kon niet andwoorden; tranen van spijt sprongen hem in de oogen.

"Is dat ùw boa, juffrouw DONZE?" vroeg HATTLING, haar met dat kleedingstuk naderende, en hy wierp het haar over de gladde schouderen.

De gasten vertrokken.

Nog eene foltering wachtte GERRIT.

"Waarom wou je nu niet reciteeren?" vroeg zijn mama, toen alles tot rust was.

"Omdat ik het niet kan, mama!" was zijn andwoord.

"Och," zei de oude WITSE, "wy zullen er maar niet over spreken; maar het is een miserabel ding. De menschen zeggen allemaal dat je knap bent, en wanneer er iemand is, dan ben je altijd stil en ingetrokken. *Wy* merken er het minste van. Ik kon duidelijk aan mijnheer VAN HOEL zien, dat hy dacht; is dat nu die knappe WITSE?"

"Ja, GERRIT! het is *niet* plaisirig," voegde mama er by. "Daar hadtje nu mevrouw STORK. Het mensch heeft waarlijk geen moeite gespaard; ze heeft je op alle manieren aangepakt! Het is een knappe vrouw, eene heele byzondere, knappe vrouw" — zy drukte op elk woord — "en je waart zoo strak als een pop."

"Mevrouw STORK liet me niet aan 't woord komen, lieve moeder!" zei GERRIT met een flaauw lachjen.

"Nu, vriend! dat's eens, maar nooit weer," zei papa; "ik bedank er voor; wat hebje aan je geleerdheid, als je ze niet toont."

GERRIT ging dien avond naar zijn kamer, en weende over zijne geleerdheid. "Ik wenschte wel," zei GERRIT, de deur op het nachtslot gooiende, "ik wenschte wel, dat ik een stommeling was."

Doctors lief en leed.

Twee jaren later zat de jongeling, dien wy als med. cand. verlaten hebben, als med. doctor in eene geldersche stad aan het ontbijt. De kamer, die hy hier gekozen had, was nog zoo veel mogelijk op den voet van een studentenkamer ingericht; het eerwaardig gelaat van den grooten HUFELAND, dat te Leyden met een paar spelden aan 't behangsel was vastgemaakt geweest, had intusschen een zwaarmoedige lijst gekregen; maar het gevilde menschenbeeld, den doctoren zoo aangenaam, hing ook hier als wedergade van dien zekeren tabel, waarop men in zachte overgangen den Apollo van Belvedère in een kikvorsch veranderen ziet.

Maar waar was het vrouwenbeeldtjen, dat zoo sprekend op KLAARTJEN DONZE geleek? Lang had hy het te Leyden nog voor zijne oogen gehad; maar daar de vriend van het zweetkamertjen, die in het geheim was, het hem over de schoone met de duif op 't hoofd lastig maakte, en zekere rotterdamsche herinneringen hem daarby een kleur in 't aangezicht joegen, was het zachtjens aan naar het achtervertrek verhuisd, zonder op te houden hem ook daar somwijlen een blos in 't aangezicht te jagen.

Twee jaren verliepen, en GERRIT werd ouder, en, zoo als hy meende, wijzer. Hy zag vele andere meisjens, en het ontbrak niet aan kleine verliefdheden voor een dag, of een week, of een maand. De schoone KLARA geraakte op den achtergrond. Te Rotterdam kwam zy niet meer. Mijnheer en mevrouw VERNOOY werden schaars door hem bezocht. Haar naam werd zelden genoemd. Het portretjen geraakte by andere teekeningen in een portefeuille.

Heden echter daar wy den doctor aan zijn ontbijt vinden, vinden wy de herinneringen aan het bevallig meisjen weder by hem opgewekt. Vóór hem ligt een brief van den vriend uit het zweetkamertjen, die hem meldt, dat hy het hart van den kolonel vermurwd heeft, en zijne schoone dochter, in spijt van zijn knevelbaard, getrouwd. Hy kan niet nalaten er by te melden, dat de vooroordeelen by den krijgsman tegen zijn persoon, by nader inzien, toch zoo sterk niet geweest waren, als hy zich in het eerst wel verbeeld had.

„Hy ook reeds getrouwd,„ mompelde GERRIT. „Een zoekend advocaat. Wat heeft hy een vrouw noodig? Maar ik, die een zoekend doctor ben — ik behoorde reeds lang gehuwd te wezen. Welk doctor krijgt een degelijke praktijk, zoo lang hy niet een degelijke vrouw heeft?„

Een degelijke praktijk. Hy had nog zoo goed als in het geheel geen praktijk. Maar zoo veel te meer collega's. Nog gisteren was er een kers-versch van de utrechtsche hoogeschool gearriveerd. Hy had geen praktijk, maar zoo veel te meer tijd, dien hy *toch* niet in zijne geliefde boeken mocht doorbrengen. Of moest hy niet op straat gezien worden, als of hy iets te doen had? moest hy niet beleefd zijn en bezoeken afleggen, als of niets hem beter smaakte? zoowel als zijn patent betalen, alsof hy zijn patent verdienen kon?

Eén geluk was er voor GERRIT, als hy aan huwen dacht. Vele jonge doctoren verkeeren in het volgend troosteloos dilemma; zy hebben eene vrouw noodig om praktijk, en zy hebben praktijk noodig om een vrouw te krijgen. Maar GERRIT WITSE was bemiddeld. De heer notaris had acten genoeg gemaakt in zijn leven, om zijn zoon het opmaken der gewenschte huwelijksacte mogelijk te maken, al was het ook dat zijne keuze viel op een meisjen, dat behalve haar deugd en haar schoonheid niets ten huwelijk bracht. Had KLAARTJEN DONZE iets meer? Was KLAARTJEN DONZE reeds gehuwd? Hy wist het niet. Maar waarom dacht hy nu weder aan KLAARTJEN DONZE?,,

Het sloeg negen ure. GERRIT kleedde zich, en begaf zich naar het militaire hospitaal, waar hy, by gebrek aan eigen praktijk, het een voorrecht achtte het ziekenbezoek van den chirurgijn-majoor te mogen bywonen, en van daar naar de weinige zieken in achterbuurten en stegen, die hem door een ouden collega welwillend waren opgedragen. Hy hoorde met het uiterste geduld hunne eenzame klachten aan, loopende over ,,geruusch, zuzelingen, en drilligheden in den kop, knoeperingen in den hals, stiktens in de long, draaiïngen van 't hart, water over hetzelve hart loopende, watergal, koekeren van winden ,,, en wat dies meer zy, met en benevens ,,loopende wurmen, vliegende jichten, en stijgende moeren.,,

Toen weder naar huis. ,,Zijn er ook boodschappen?,, Andwoord, als gisteren: ,,Neen.,,

Daarop moest de oude collega bezocht en verslag afgelegd worden van de opgedragene patienten. De oude collega was een man van een zeventig jaren, die op zieken en gezonden gromde, en daardoor veel ontzag onder beiden had. Zijn taal scheen orakeltaal, zijne recepten werden als sibyllijnsche bladen op prijs gesteld, en zulks vooral door de artsenymengers, die den ouden doctor afgodeerden. In gevallen die eenigzins ernstig waren, schreef hy er gewoonlijk vijf in de vierentwintig uren. De jonge doctor kon het hem moeielijk naar den zin maken. Reeds verkorf hy het grootendeels door de militaire praktijk in het hospitaal by te wonen. De bloedzuigers hadden des geleerden grijzaarts sympathie in geenen deele.

Voor deze maal echter bleef het schrollen op de ,,non missurae cutem,,, dat zich anders dagelijks herhaalde, achterwege.

,,Ik heb hoofdpijn,,, zei de oude collega, ,,en het rijden hindert my van daag. Wees zoo goed, in den achtermiddag een buitenpatient voor my te bezoeken; de dochter van vrouw SIJMENS, te Sprankendel. Een mooie wandeling. Gy kunt met de koelte terug komen. De meid is zwaar ziek.,,

De opgedragen taak was WITSE niet onaangenaam. Sprankendel was een schilderachtig gehucht te midden van lachende heuvelen, ter zijde van den grooten weg gelegen. De wandeling derwaarts mocht een groot uur kosten. Na zijn maaltijd genuttigd te hebben, aanvaardde hy ze welgemoed. Hy zou het buitenverblijf voorbygaan waar hy eenmaal de schoone KLARA had zien zitten, met de duif op 't hoofd.

Het geschiedde. Maar nooit scheen een buitenverblijf zoo uitgestor-

ven als dat waar hy thands zoo gaarne leven gezien had. Het was een
warme dag; niemand waagde zich op het terras, door een brandende
zon beschenen. Aan den gantschen voorgevel waren alle zonneschermen
zorgvuldig gesloten. Eenige witte duiven zaten onbewegelijk op het dak,
en schitterden in het felle licht. *Zie daar de duiven,* zeide WITSE,
*maar waar is de schoone? Misschien logeert zy weder by de eene of
andere tante, waar de een of andere HATELING haar het hof maakt; misschien, wie weet het? staat zy op het punt zoo'n wezen te trouwen. Arme
vrouwen, die het ongeluk hebt een mooi gezicht te hebben! Welke
strikken spant men uw geluk! Gy meent dat men u liefheeft met al de
waarheid, al de kracht, al den eenvoud eener eerste liefde, en ondertusschen....*

Ondertusschen zat het onschuldig voorwerp dezer misanthropische be-
spiegelingen hoogst waarschijnlijk aan een goeden maaltijd.

WITSE moest weldra den straatweg verlaten, om het schoone Sprankendel op te zoeken. De kleine beek, waar het gehucht zijn naam naar
droeg, wees hem het naaste pad tusschen de vruchtbare heuvelen. Nu
eens verschool zy zich als een gantsch onbeduidende sprank byna geheel
onder overhangende struiken en onkruid; maar dan kwam zy weder dartel en helder te voorschijn, met niet weinig drukte van een hooger grond
afdalende. Eindelijk bereikte WITSE den oorsprong, waar het water
zachtkens uit het zand opwelde, en een kleine kom vormde, waaruit zich
verscheidene spranken in onderscheiden richting over gladde keisteenen
een weg baanden.

Een jeugdig echtpaar scheen dit plekjen, schaduwachtig en koel, tot
een rustplaats te hebben uitgekozen. De bevallige jonge vrouw op het
gras nedergezeten hield een vrolijken krullebol op den schoot, die tegen
de waterbellen en schuimkrinkels lachte; de jeugdige man, met een glimlach op de lippen, zag beurtelings naar moeder en zoon.

Ziedaar het geluk dat ik verlang, zuchtte WITSE.

Een zijpad bracht hem by de weduwe wier dochter zijne zorgen behoefde. Het was haar eenig kind niet. Zy had nog eene dochter, die met
de nu zieke haar bystond in het wasch- en bleekwerk; dat voor een gedeelte in haar onderhoud voorzag, en daarenboven een zoon die voerman
was, en het drietal koeien verzorgde dat zy op de omgelegene heuvelen
weidde. Het was een dier gelukkige huisgezinnen die geen vreemde hulp
behoeven; waar nimmer gebrek is, maar ook nimmer overvloed, en zui-
nigheid en werkzaamheid onontbeerlijk zijn.

Voor de deur vond onze arts de oudste dochter, een beeld van gezondheid, bezig een dier groote koperen melkkannen te schuren, die in heu-
velachtige streken op het hoofd gedragen worden.

Hoe gaat het met BARTE? vroeg hy haar.

Olik, doctor, olik, zei de deerne, haar voorhoofd met het buitenste
van de hand afvegende. *Heeroom is er by.*

En zy vervolgde haar taak. In zulke huishoudens moet zoo lang mogelijk alles zijn gang gaan. Slechts den hoogeren standen is het vergund zich aan hunne zieken te *wijden.*

GERRIT trad binnen. Op bevel van den ouden doctor was het volslagen donker in die ziekenkamer. Op WITSE's verzoek om „ een beetjen licht te maken, rees eene kleine gestalte, die voor een stoel op de kniën gelegen had, op, en stiet een luik open. WITSE trad inmiddels voor de hooge en benaauwde bedstede, waarin de zieke lag.

Het was onmogelijk in haar eene jonge dochter van naauwelijks achttien jaar te erkennen. Nog voor weinige dagen was zy het evenbeeld harer gezonde zuster, en zoo vrolijk als zy mooi was. Maar nu lag zy machteloos uitgestrekt, met een bleek gelaat, dat akelig afstak by de gitzwarte hairen die ordeloos uit haar mutsjen te voorschijn kwamen; hare wangen waren gantsch geslonken, haar ingevallen oog half gesloten, hare lippen zwart als inkt.

„BARTE,„ sprak WITSE met een nadrukkelijke stem. De zieke opende de oogen, en staarde den vreemden doctor met verbazing aan.

Hy nam haar by de hand. Die hand was droog als leder.

De pastoor en de broeder stonden verslagen by de bedstede, wachtende op hetgeen de doctor zeggen zou. De moeder lag weder op de kniën voor een stoel, den rozekrans in de handen, dien zy sedert drie dagen niet had nedergelegd.

De pastoor schudde het hoofd.

„Zou ze sterven?„ vroeg de broêr, die een karel als een boom was, en barstte in tranen uit, als hy dat woord van sterven uitte.

De moeder zag op, en staarde strak en angstig naar den doctor.

„Wy hopen van neen,„ zei WITSE, „maar ga van het bed. Gy benaauwt de zieke.„

Nogmaals schudde de pastoor het hoofd.

„Zou ze sterven, heer pastoor?„ vroeg de broêr andermaal.

„By God zijn alle dingen mogelijk,„ sprak de geestelijke. Maar hy schudde ten derde male het hoofd. De goede oude hield van BARTE.

„*Frustra cum morte pugnabis,*„ zei hy tot WITSE.

„*Expecto crisin,*„ andwoordde deze. „De ziekte is nog niet op het hoogst. Doch, doe gy uw plicht,„ voegde hy er zachtkens by.

De moeder vloog op. Het doodvonnis van haar dochter was geteekend! Zy gaf een gil en ijlde de deur uit. GERRIT ijlde haar na.

Hy vond haar aan de voeten van een jonge dame, die juist uit een hittenwagen gestapt was, en de teugels nog in de handen hield. „Mijn kind, mijn kind!„ riep de ongelukkige vrouw, de kniën der jonge dame omvattende. „Mijn kind is dood!„

Hare stem verzwakte, hare handen gleden naar beneden, haar hoofd zakte doodsbleek op den grond.

"Help deze vrouw, doctor!" zei KLAARTJEN DONZE. "Zy ligt van haarzelve. Is hare dochter gestorven?"

"Neen, juffrouw DONZE," stamelde GERRIT ontroerd. "Haar dochter is niet dood. En zoo MIEKE my helpen wil hare moeder op te tillen, en GILLES uw paard mag bezorgen...."

Dit laatste was niet noodig. "Laat maar los, MIEKE!" sprak KLAAR-TJEN DONZE, die een traan in de oogen had, maar geen oogenblik hare bedaardheid had verloren. En zy bracht zelf haar klein paard by het hek, waaraan zy het vastbond.

Intusschen droeg WITSE met behulp van MIEKE de verstijfde moeder naar een ander vertrek, waar zy haar op een bed nederlegden. KLARA volgde hen op den voet.

"Wat moet er gedaan worden, mijnheer WITSE?" vroeg zy.

"Drink een glas water, juffrouw DONZE!" sprak GERRIT, gelukkig dat zy hem herkend had; "en laat dit meisjen het ook doen. Wees zoo goed de kleederen van de oude vrouw los te maken. Laat haar azijn ruiken, zoo die er is, en wrijf haar de polsen en de slapen van het hoofd. Zie dat gy haar een teug water ingeeft." En hy begaf zich op nieuw aan het leger van BARTE.

Na eenige oogenblikken kwam hy terug. KLARA lag op hare beurt geknield, en hield de hand der oude vrouw zachtjens in de hare. Deze was een weinigjen bygekomen, en zag het schoone meisjen met een na-melooze uitdrukking van dankbaarheid en liefde aan.

"Ik weet immers, vrouw SIJMENS," zei KLAARTJEN, "dat gy den moed niet verliezen zult. BARTJEN is nog niet opgegeven — en de goede God is almachtig."

"Wy moeten allen voor één God verschijnen," zeide de oude vrouw, er aan denkende dat KLAARTJEN niet roomsch was.

"En tot een zelfden God bidden," andwoordde KLARA, "en door een zelfden troost getroost worden. Wat zoekt gy, vrouw SIJMENS?"

"Mijn paternoster," zei de oude vrouw. "Ik had het zoo even nog."

"Als gy bidt," sprak KLAARTJEN, "laat het zijn in een vast vertrou-wen op de macht en de liefde van God. Zulk bidden zal u versterken, vrouw SIJMENS, en God zal het verhooren. Gy weet hoe gevaarlijk mijn moeder geweest is, en zy is nu weder zoo frisch en gezond als ikzelve. En BARTE is zoo veel jonger."

"Het was een bloem op aarde," zei de oude vrouw, en een glans van vergenoegen kwam op haar gelaat. Daarop betrok het weer. "Te den-ken," zeide zy, "dat ik haar by haar vader onder de groene boomtjens brengen moest!...."

"De doctor zegt dat er nog hoop is, vrouw SIJMENS! Als gy den moed verliest, doet gy zonde," zei KLAARTJEN, een paar groote tranen af-wisschende.

De doctor bevestigde het.

„Kom aan, MIEKE,„ zei de oude vrouw, zich vermannende, „doe mijn jakjen dicht; ik ga naar BARTE.„

„Maar gy zult u goed houden, niet waar, vrouw SIJMENS?„ vleide KLAARTJEN.

„Komt *gy* nog eens terug?„ vroeg de moeder.

KLAARTJEN beloofde het. Het was nu haar tijd om te vertrekken. GERRIT hielp haar het paard losmaken. Met een wip was zy in het rijtuig. GERRIT reikte haar de teugels. Daar reed zy heen.

Maar nog even hield zy haar paardtjen in, dat zulks kwalijk genoeg scheen te nemen, en met zijn kop trok en schudde, als van zoo kribbig een hitjen te wachten was.

„Doctor,„ zei KLAARTJEN, „hoe laat komt gy morgen by de zieke?„

„Reeds in de vroegte, juffrouw DONZE,„ was het andwoord.

„Zoudt gy, terugkomende, even op Wildhoef willen aankomen, om te zeggen hoe het gaat?„ vroeg zy blozende.

„Zonder twijfel,„ betuigde GERRIT, volstrekt niet voor haar onderdoende.

En zy liet het hitjen weder opschieten, dat een sprong deed waarvan GERRIT schrikte.

„Geen nood!„ zeide zy: „wy kennen malkaar.„ En het hek van de werf uitdraaiende, op eene wijze die geen amsterdamsch koetsier haar zou verbeterd hebben, liet zy het vurige paardtjen zijn hart ophalen aan den zandweg, en draafde heen.

„Zal de dokter blieven naar stad te rijden?„ vroeg GILLES.

„Dank u,„ zei WITSE, „ik wandel liever.„ En nog eens de beschikkingen herhalende die hy gegeven had, nam hy de te huisreis aan.

Zijn eerste werk was een hoogen heuvel te beklimmen, of hy KLAARTJEN ook nog kon gewaar worden. Dit gelukte. Rustig zat zy achter haar lustig paardtjen, dat zy meesterlijk regeerde, en eerlang vergunde in den stap te komen. Met een onuitsprekelijk welgevallen sloeg GERRIT haar gade. „Welk eene ontwikkeling in dat meisjen!„ riep hy uit; „welk een kloekheid. Zulk een vrouw zou my lijken, verlegen en linksch als ik altijd ben. Zoo als ik haar daar nu zie....„

Maar het hitjen sloeg een bydehandschen zyweg in; echter niet dan na groote lust geopenbaard te hebben om een tegenovergesteld pad van naby in oogenschouw te nemen. KLAARTJEN DONZE was voor heden niet meer te zien. Maar morgen....

Cetera desunt.

1840.

BYVOEGSEL DER DERDE UITGAVE, TOT DE NAREDE EN OPDRACHT AAN EEN VRIEND.

Byna twaalf jaren zijn verloopen en de toegezegde *nieuwe vertoo- ningen* * verschenen niet. Wel lagen, reeds op het oogenblik der toezegging, eenige schetsen gereed, maar het *spelen* met de Caméra Obscura, waardoor ze tot een boekdeel zouden zijn aangegroeid, moest ophouden. De tijd van het *incidere ludum*, waarvan mijn motto gespro- ken had **, was met nadruk daar. Ik kon voortaan mijn instrument beter gebruiken.

Sommige mijner vrienden beweeren dat ik er sedert niet of weinig aan gehad heb; anderen meenen dat het my nog altijd goede diensten gedaan heeft. Zoo dit laatste het geval mocht zijn, blijft het met te meer nadruk: *non lusisse pudet*.

Intusschen heeft eene te groote belangstelling de uitgevers tot een derden druk van HILDEBRANDS boeksken verleid, en zy wenschten; het woord blijft natuurlijk geheel voor hunne rekening; zy wenschten dien te verrijken met hetgeen zy maar al te wel wisten dat nog in de sedert lang geslotene portefeuille voorhanden was. Had hy moeten weigeren? Dan zou het toch waarlijk geweest zijn: *lusisse pudet*.

Ik weet niet of de te dezer gelegenheid voor 't eerst aan 't licht ge- brachte opstellen beter of slechter dan de andere zijn. Maar het zou my verwonderen, daar allen te zamen de voortbrengselen zijn van een zelfden geest en tijd. Veel is er in het geheele boekdeel, dat ik u thands ten derden male aanbied, dat ik nu anders zou gevoelen, beschouwen, en voorstellen. Veel dat *le mérite de l'à-propos* verloren heeft. Maar ik geef het zoo als het is en voor hetgeen het is. *Il faut juger les écrits d'après leur date*, blijft een treffelijke spreuk. Indien ik op dit oogenblik gelegenheid of genegenheid had om dezelfde vorm van schrij- ven te gebruiken, ik zou meenen tot iets belangrijkers, iets geestigers verplicht te zijn; en vooral tot iets dat van een dieper menschenken-

---

* Zie Narede, Tweede uitgave.
** *Non lusisse pudet, sed non incidere ludum*, dat is:
Men schaamt zich 't spelen niet, maar 't altijd door te spelen.

nis en vruchtbarer levensbeschouwing getuigde. Indien ik daartoe on-
vermogend ware, ik zou moeten zeggen, ik heb een dozijn jaren te
vergeefs geleefd.

Waarde vriend, er heeft, sints ik u voor de eerste en tweede maal
het meerendeel dezer onbeduidende opstellen opdroeg, al vrij wat plaats
gehad in en rondom ons. Het leven is ons sedert eerst duidelijk, ja, wy
mogen wel zeggen eerst *bekend* geworden, en op onderscheidene wijzen
werden wy by den ernst des levens en by onszelven bepaald. Het is
wel eens bang geweest daar binnen, en donker daar boven. Er hebben
tranen gevloeid, van wier bitterheid onze vrolijke jeugd, ondanks al
haar verbeeldingskracht, geen denkbeeld had. Gelukkig indien wy
vreugden en ook vertroostingen hebben leeren kennen, waarvan de
kracht en zaligheid in onze jonge harten niet was opgeklommen. Zy
zijn er; en Diezelfde die ons onze vrolijke jeugd schonk, heeft ze te
zijner beschikking, en geeft ze aan die ze behoeft. Danken wy Hem
die ons een hart gaf om *alles* te gevoelen, een hart waaraan niets men-
schelijks vreemd bleef, en dat ook voor het goddelijke niet onaandoenlijk
is. Ook in dien speeltijd van onzen geest, waaraan dit boekdeel ons
herinnert, stonden wy nu en dan stil, als op eene aanraking met het
hoogere, met het hoogste. De tijd is gekomen om daaraan geheel ons
hart over te geven, en by het waarachtige licht alles en allen, maar
allereerst onszelven te zien. Neen, het is de vraag niet meer van *spelen*,
maar wel van wederom *kinderen te worden*. En daar is een *kind zijn*
waarin alleen de kracht, de wijsheid, en de vreugde van den man
gelegen is.

1 October 1851.

VERSPREIDE STUKKEN

VAN

HILDEBRAND.

Een Aanhangsel tot de 4de, volledige, uitgave zijner

CAMERA OBSCURA.

VOORUITGANG. (*)

Klein, klein kleuterken!
Wat doe jy in me hof;
Je plukt me'n al de bloemkens of,
En maakt het veel te grof.

OUD DEUNTJEN.

Spoken! o, ik heb allen eerbied voor ons beter licht; maar het spijt my razend, dat er geen spoken zijn. Ik wenschte er aan te gelooven, aan spoken en aan toovergodinnen! o Moeder DE GANS; lieve Moeder DE GANS! laarzen van zeven mijlen! onuitwischbare bloedvlek op dien noodlottigen sleutel! en gy, stroom van rozen en paarlen uit den mond der jongste dochter! hoe verkwiktet gy my in mijne jeugd! Mijn grootmoeder kon de historie van Roodkapjen al zeer goed vertellen. 's Zaturdags-avonds, als zy haren bystand kwam verleenen aan het vouwen van de wasch; alvorens zy dat gewichtige werk aanvaardde, in het schemeruur; en de kleinste zat op haar schoot en speelde met haar zilveren kurkentrekker in de gedaante van een hamer. Hoe blonken hare oude oogen, als zy den wolf nabootste, op het oogenblik dat hy toebeet! Zekerlijk: ″Vader JAKOB en zijne kinderen,″ is een mooi boekjen; ″de brave HENDRIK″ is allerbraafst; maar ik had toen een afkeer van al die geschriften, op wier titel prijkt ″voor kinderen,″ ″voor de jeugd;″ en wat betreft titels als: ″Raadgevingen en Onderrigtingen,″ zy waren my een gruwel. Als kind begreep ik de nuttigheid van het nuttige niet zoo zeer. Maar ik had een mooie editie van Moeder DE GANS: half fransch, half hollandsch, zonder omslag, zonder titel, en al de bladzijden boven en beneden als een jachthond behangen. Van de poëetische zedeleer aan het eind van ieder verhaal, cursijf gedrukt, begreep ik niets. Maar ik begreep het verschrikkelijke van het: ″Zuster ANNA, Zuster ANNA! ziet gy nog niets komen?″ en dan het wrekend zwaard van den opgedaagden

(*) Dit stukjen was door den autheur losweg geschreven, in de stemming die het motto, waarmeê het ditmaal pronkt, aangeeft. Hy meende er schertsende meê te velde te trekken tegen het al te mathematische in wetenschap en opvoeding. Onloochenbaar is het, dat hem hier en daar een ernstiger wenkjen is ontvallen, en wat daar waars en behartigenswaardigs in zou kunnen zijn, neemt hy ook nu niet terug; maar hy wilde niet gaarne, dat men zijn opstel voor eene opzettelijke smaadrede op alle wetenschappelijk onderzoek aanzag, en het er voor hield als of hy eene kinderachtige lofrede op kinderachtig bygeloof had willen schrijven. (Aant. bij den 2den druk van dit stukjen in 1840). (*Verz. O. en V.*)

broeder! o Die Blaauwbaard, die verschrikkelijke, die gruwelijke, die heerlijke Blaauwbaard! Was my zijne geschiedenis de schoonste der geheele verzameling, toch was ik er eenigzins bang voor. Als ik het boek in handen nam, draaide ik er om heen, met eene zekere begeerige schuwheid, als eene mug om de kaars. Eerst las ik al het andere, eindelijk viel ik op den vrouwenbeul aan, beet toe, en verslond zijne historie. Mijne ademlooze belangstelling, mijne bleeke wangen, mijn kippevel, mijn omzien naar de deur, mijn hevig schrikken als er in die oogenblikken iets van de tafel viel, of iemand binnenkwam: dat alles staat my levendig voor den geest, en ik wenschte, o ik wenschte, dat ik dat alles nog zoo gevoelen en genieten konde. Gelooft gy, dat die tijd verloren was? dat zulk een uur niet tot mijne vorming medewerkte? dat het mijne verbeeldingskracht niet uitzette, sterkte en voedsel gaf?

En nu, — waar mijne Moeder de Gans van die dagen gebleven is weet ik niet *. Mijne jongere broers en zusters hebben er nooit zoo veel werk van gemaakt. Ik heb ze nooit in hunne handen gezien. De kinderen onzer dagen lezen allerhande nuttigheid, geleerdheid, vervelendheid. Zy lezen van volwassenen, die zy niet begrijpen, en van kinderen, die zy niet zouden durven navolgen. Eerst van Engeltjens met jurkjens en broekjens, die hun spaargeld aan een arm mensch geven op het oogenblik dat zy er speelgoed voor denken te koopen; later van groote mannen, naar hun begrip versneden en pasklaar gemaakt **. En dan worden zy altijd *leerzame jeugd* en *lieve kinderen* genoemd. Men weet niet, dat, ofschoon menig volwassene wenscht kind te zijn, er geen kind ter wareld is, dat zich gaarne dien titel hoort geven. Het verstandige woord van VAN DER PALM tot de jeugd: « ik wil u niet vernederen, maar opheffen ***, » is voor de meeste kinder-auteurs een onbegrepen wenk. En wie wil altijd leerzaam en lief heeten? Kinderen zijn er te bescheiden toe.

Doch dit alles verandert. Onze kleine morsbroekjens zijn anticipaties op volwassen menschen. Voor hen bestaat, van moeders schoot af, geen enkel vroom bedrog, geen enkele wonderbaarlijke jokken meer. Moeder de Gans is veracht; zy weten dat al wat zy vertelt onmogelijk is; dat er nooit katten geweest zijn, die spreken konden: dat er geene moei ter wareld uit eene pompoen eene koets kan maken; zy weten, dat St. Nicolaas niet door den schoorsteen komt; dat « wie aan een zwarten man gelooft, van zijn verstand beroofd is!» dat alles natuurlijk toe moet gaan,

---

* Ik moet hier recht doen aan de edelmoedigheid van mijnen vriend BACULUS, die my voor eenige maanden alleraangenaamst met een exemplaar van dit mijn lievelingswerk verraste. De goede man deed wat hy kon; maar het was mijne Moeder de Gans niet.

** Of men laat hen bladren in boeken, als b. v. *De fabelen van* GELLERT, (die *niet* voor de jeugd geschreven zijn), opdat zy toch vroeg zouden leeren hunne naasten te mistrouwen en met de vrouwen te spotten.

*** *Bijbel voor de Jeugd*, D. I. p. 3.

met handen gemaakt of voor geld gekocht worden. — Het is mooi, het is verstandig. Het is beter.

En toch geloof ik, dat het geheel afsluiten dier bovennatuurlijke wareld; het volstrekt beperken der kinderlijke begrippen tot het gebied van het physiek-mogelijke, zijne kwade zijde heeft, en in menige jeudige ziel den grond legt tot een later scepticisme, rationalisme, of ten minste tot een zekere koelheid voor eene menigte van zaken, die anders op het gemoed plegen te werken. Waarlijk, men maakt der jeugd te veel indrukken onmogelijk. Onze kleine mannetjens zijn al te verstandig, al te wijs. Zy leeren te veel op zinnen en zintuigen vertrouwen, en dat wederspannige van te willen zien en tasten alvorens aan te nemen, blijft. Gy leert uwe kinderen vroeg van een *Lieven Heer* spreken, die alles ziet en hoort; ijver dan ook niet te zeer tegen die verhalen der kinderkamer, met welker indruk een dergelijk geloof veel beter strookt, dan met dien van uwe volksnatuurkunde, vroegtijdig ingeprent. Maar gy vreest, dat uwe kinderen bang, vreesachtig, lafhartig zullen worden. Eilieve! indien dit in hun bloed of in hunne zenuwen is, zullen zy het toch worden; zoo niet voor spoken, dan voor beesten, voor dieven, voor struikroovers. Eene kinderziel *wil* hare verschrikkingen hebben. Het wonderbaarlijke — hoe verlokkelijk is het! of is het u niet een genoegen, spook- en wondergeschiedenissen te lezen? Ik voor my lees SWEDENBORG liever dan BALTHAZAR BEKKER. Gy doorbladert de *Mille et une nuit* met genoegen; een onzer eerste mannen leest ze sedert onheugelijke jaren dagelijks. Gy gaat tooverballetten zien; gy zijt de vrijwillige dupe van eenen FAUST, eenen SAMIëL en een *Cheval de Bronze*. Het bovenzinnelijke, het onbegrijpelijke streelt u. Welnu, die trek is by uwe kinderen nog grooter. Laat der jeugd dan hare wonderen! aan haar al het schitterende der schatrijke verziering, aan haar Brisemontagne, aan haar de Schoone Slaapster, aan haar den Rijst-en-Brij-berg en Luilekkerland: voor u de flaauwe dorre, ware werkelijkheid, voor u onze kleine groote mannen, onze wakende leelijken, en onze arme wareld, waar men niets gratis heeft; dat is eerlijk gedeeld, of zoudt gy willen, dat kinderen zoo wijs zouden zijn als gy kinderachtig zijt?

Dichters, schrijvers, schilders onder ons! gelooft gy niet, dat gy veel, oneindig veel, aan uwe minne, uwe kindermeid, uwe grootmoeder verschuldigd zijt? Hebt gy u zelve wel eens betrapt op een' indruk in de kinderkamer ontfangen? Kunt gy u niet voorstellen, dat de schoone wareld uwer idealen dáár is aangelegd, dáár allereerst bevolkt — en zoudt gy tegen het opkomend geslacht wreed kunnen zijn?

Zóóveel voor de kinderen. Maar inderdaad ons aller lot is droeviger geworden, sedert men zoo vlijtig aan het opdekken der waarheid is gegaan. De verziering is meestal mooier; het bedrog minder vervelend. *l'Heureux temps que celui de ces fables!* riep VOLTAIRE, en het ware te wenschen, dat hy het wat beter gevoeld had, de leelijke spotter! hy zou er zoo velen niet uitgekleed hebben. Hy zou niet medegeholpen hebben aan het afbreken onzer schoone luchtpaleizen, aan het verwoesten onzer heerlijke Eldorado's. Arme tijden! In plaats van wonderdieren en wonderkrachten — natuurlijke historie en physica; in plaats van toovenary — goochelboeken. Wat heeft de poëzy al niet verloren: geen vogel fenix meer, zich in zijn ambergraf van geurig hout verbrandende en uit zijne asch herlevende; geen salamander meer, in het vuur ademende; geen ceder meer, te weliger groeiende, naarmate hy meerder gedrukt wordt. In spijt van het Engelsche wapen, geen éénhoorn meer. Geen vliegende draak, geen basiliscus. Monsieur le Baron DE BUFFON en meerdere liefhebbers van zijn stempel hebben al deze geslachten uitgeroeid; nijd en moord blazende tegen illusiën, is het alsof zy eenen grooten maaltijd van al deze gedierten hebben aangericht. Het zou een schoon onderwerp voor eenen belangrijken roman kunnen zijn: *Nera, of de laatste der Zeemeerminnen.* — De familiehaat van het geslacht der Natuuronderzoekers en der edele Zeebewoonsters kon er treffend in geschetst worden. En wat zijn wy op een aantal punten beter dan onze vaderen onderricht! De padden zijn niet vergiftig, en hebben geen diamant in het voorhoofd (het was anders eene schoone allegorie, eene moreele waarheid); de walvisch is geen visch en JONAS heeft in een haai gezeten; de ooievaars dragen hunne zwakke ouders niet, als AENEAS, op den rug; de olifanten gelijken meer op menschen dan de apen; men moet niet gelooven, dat de jakhalzen de prooi des leeuws opsporen; — dit alles hebben die heeren ons geleerd, en voor al de schoone wonderdieren, die zy ons hebben weggenomen, gooien zy ons eenige ellendig verdroogde Mammouten en Ichthyosauri en Mastodonten naar het hoofd, waarvan wy álles gelooven moeten wat zy ons verkiezen te vertellen. Ik betwist het nut dier wetenschappen niet. Maar maken ze ons hart niet koud? De schoone natuur blijft naauwelijks schoone natuur, als men haar zoo koelbloedig geclassificeerd en geanatomiseerd heeft. Sla ze op, die boeken der natuurlijke historie, met hunne klassen, orden, familiën, geslachten, soorten, met hunne natuurlijke en kunstmatige stelsels — hoe dikwijls zult gy er te vergeefs naar een vroom en hartelijk woord van bewondering en verrukking zoeken. Waarlijk, men heeft de wonderdoende natuur te veel ontcijferd, te veel met passers, ontleedmessen, tabellen en vergrootglazen nageloopen.

GÖTHE (of een ander, maar ik meen dat het GÖTHE was) sprak uit mijn hart, toen hy microscopen en vergrootglazen met zijn anathema trof. Ons oog, dacht GÖTHE of die andere, ons oog en ons schoonheids-gevoel zijn slechts ingericht en geschikt om de schoonheid dier wareld te begrijpen, die onder het bereik onzer zinnen valt. Daarom moeten wy onszelven het onrecht niet doen, ons in eene wareld te begeven, waarvoor wy geen zin, geene sympathie hebben; die ons, aan andere proportiën gewend en voor andere vormen ingericht, leelijk moeten voorkomen. En inderdaad, daar is voo my iets ondankkaars, iets onbescheidens in, in het bezit dezer groote aarde, nog dátgene te vervolgen wat buiten onze heerschappy ligt: eene nieuwsgierigheid, die wy dan ook gewoonlijk met walging, afschuw of ontzetting boeten. Of gevoeldet gy niet een akelig mengsel dezer drie gewaarwordingen, toen de oxygeen-microscoop u de verschrikkingen van een droppel water vertoonde, en sidderen deed, voor de afgrijselijke gedrochten, die er zich in bewogen? Voor my, het geluk van des morgens met een blij gelaat mijne lampet aan te grijpen, en het heldere frissche water op mijne handen te gieten, heeft veel van zijne bekoorlijkheid verloren, sedert ik het klare vocht als het vehikel dier horreurs heb leeren beschouwen; sedert ik niet kan nalaten, aan die monsters te denken met schorpioen-staarten en meer dan griffioen-klaauwen gewapend, die er elkander in bestrijden *. Lieve medemenschen! wat is uw gevoel, als gy denkt, dat gy by iederen tred duizend moorden begaat; by iederen zucht duizend heirlegers verplaatst, met iedere ademhaling gansche benden inademt, dat de kus der min er duizenden verplettert, ja wat meer is, dat gy in iedere porie uwer huid eene gastvrijheid uitoefent, waarby die van HATEM, wiens tent honderd poorten had, niets is? Ik voor my wenschte niet te weten, dat ik zoo overgoedertieren ben. Waarlijk, vrienden! dat alleven is niet uit te houden. Bedenkt het toch! misschien heeft er op dit oogenblik een tournooi plaats in de hoeken van uw mond, of eene bataille op den zoom van uw oor. Misschien, mejuffrouw! viert het uitschot der oneindig kleinen een bachanaal op uw smetteloozen hals; misschien, hooggeleerde! gaat er eene rij van dartele ijdeltuiltjens ten dans in de plooien van uwe kin! — Bah! het is afschuwelijk! hoe dit gebroed afgeschud? hoe dit krioelend heelal ontloopen? Helaas! aantrekkingskracht en middelpunt-schuwende kracht — de onverbiddelijke wetenschap zegt het — verbieden het u. Zalige tijd toen gy het niet wist! Toen kondt gy in uwe gedachten schoon, zuiver, _alleen_ zijn — maar gy hebt van den Boom der kennis gegeten, en zijt uzelven een afschuw geworden. Ik voor my geloof dan maar liever aan „de Enckhuizer Seemaremin!„

Ziedaar voor de natuur. Hoe ging het met de geschiedenis? Ook dáár moest, tot in kleinigheden toe, de waarheid, de koude waarheid, hardnekkig vervolgd worden. Ik keur goed, dat nieuwe onderzoekingen aan een SARDANAPALUS recht laten wedervaren, en veranderingen maken, niet minder gewichtig als die van den _Médecin malgré lui_, als hy het hart van de linker- naar de rechterborst verplaatste — maar, by voorbeeld!

---

* Sedert men begonnen is de insekten-wareld te beschaven, waarvan de heer BERTOLOTTO met zijne Industriëlles een verheven voorbeeld gegeven heeft, is er ten minste een lichtstraal van troost gekomen. En wanneer de Maatschappy tot Zedelijke Verbetering en het Matigheids-genootschap der Infusoria zullen zijn opgericht, is het te verwachten, dat de Oxygeen-Microscoop ons vreedzamer tooneelen zal kunnen aanbieden.

De ton van DIOGENES is een klein hutje geworden, alsof de slechtste ton niet ruim zoo aardig was als het kleinste hutjen der wareld. Van de wolvin, die ROMULUS en REMUS zoogde, is een gemeen vrouwspersoon gemaakt. DAVID was zoo klein niet, en GOLIATH niet zoo heel groot. Men bedoelt het hebreeuwsche, als men van ERASMUS zegt, dat hy 12 jaren oud was, vóór hy het A. B. C. kende; de pannekoeken, die Czaar PETER te Zaandam at, waren zoo'n gemeen gebak niet, en zijn scheepstimmeren was juist niet veel. En dan al die steden, gesticht door mannen, die op dien plek nooit geweest zijn, en al die mooie gezegden, die zoo mooi niet waren, en waar iets anders mede bedoeld was; en dan die heerlijke gezangen, welke geen dichter gehad hebben; en dan! die bekrompenheid om getallen te ratificeeren; LEONIDAS verdedigde Thermopylae wel met slechts 300 Spartanen, maar daar waren nog andere honderden by, dat geene Spartanen waren; in plaats dat ST. URSULA met elf duizend maagden den marteldood onderging, onderging zy dien met geene elf duizend maagden; wat en hoeveel waren het er dan? — en dan dat uitlachen, als wy medelijden hebben, b. v. met TASSO en PETRARCA, door te zeggen, de een had het zoo hard niet te Ferrara, en de andere was niet zoo heel verliefd. — Zie, indien een geestig schrijver gezegd heeft, dat de historie niets anders is dan eene fabel, waaromtrent men overeenkomt; waarom zijn er dan zoo vele spelbrekers, die ons met een' hatelijken grimlach overal iets ontnemen, iets veranderen, iets verbroddelen? — Ik geloof, dat dit alles nuttig is, — maar ik zou er by kunnen schreien. — Eilieve! geef my dat kleine boekjen eens aan: dáár, van den rand dier canapé. Ik dank u. "Daer was eens een Koning en eene Koningin...."

Nog iets. Weet gy wat my verbaast? Dit: dat, terwijl onze tijd er zoo op uit is, om alle vorige geschiedschrijvers en overleveraars beschaamd te zetten voor het minste krulletjen, dat zy te veel of te scheef gemaakt hebben, diezelfde eeuw alles in het werk stelt, om hetgeen onder hare oogen gebeurt, zoo veel mogelijk opgesierd en mooi gemaakt tot de nakomelingschap te brengen. Wy, die op álles medailles slaan, op álles Ode's maken, álles ten breedsten uitmeten en zoo pittoresk mogelijk voorstellen; wy die in de bewondering van ons zelven schrijven en zingen, en alles als in het vuurwerk onzer opgewondenheid zetten; wy die aan alles wat het onze is eene romaneske, eene ridderlijke tint geven; — wy nemen de goede voorgeslachten zoo ernstig te biecht, en vallen hun zoo hard, omdat zy hier en daar de Helden en de Wijzen wat in het *Held en Wijze zijn* geholpen hebben, omdat zy hier en daar een lichtjen, een bloemtjen, een pareltjen, een gordijntjen hebben aangebracht. Het is onbillijk.

"Daer was eens een Koning en eene Koningin, die so bedroeft waren," etc.

1837.

HET WATER.

Neen, ik kom van mijn denkbeeld terug, dat er, in spijt van NEW-
TON en HERSCHELL, eene verandering in ons wareldstelsel zou hebben
plaats gehad. Mijn barbier had er my byna toe overgehaald. "Die
komeet van HALLEY," had hy wel tienmaal gezegd, "is niet pluis geweest!" — en toen nu de winters wegbleven, en het in Italië kouder
was dan by ons; toen de meimaanden novemberweêr meêbrachten;
toen ik zaturdags vóór paschen (en het was een late paschen van 't jaar)
over den straatweg narde, en op oudejaarsmorgen laastleden drie bloeiende viooltjens plukte — toen begon ik in den man met den langen
blaauwen jas, en de zilveren oorringetjens, die altijd iets te scheeren
en altijd iets te praten weet, geloof te stellen, en ik zei met hem: "die
komeet van HALLEY zal het hem gedaan hebben."

Maar nu schijnen alle dingen weêr op den ouden voet te zijn, en indien
het al waarschijnlijk is dat wy een' uitstap hebben gemaakt, het is zeker, dat wy weêr zijn teruggebracht, dat wy weêr te huis zijn. Het
is weêr winter in january. Mijne grootmoeder was trotsch op den
winter van Vijf en negentig, toen er nog zoo geen kachels waren, en ik
verhef my op de koude van Drieëntwintig, toen er van de veertig jongens maar zeven school kwamen, van welke ik er één was; wien de
lofspraak, die het my van den meester bezorgde, op een bevroren neus
te staan kwam; om niet te spreken van een kaartjen van vlijt, dat my
ontging, omdat mijne handen veel te rood en veel te koud waren, om
een mooi middelmaat schrift te schrijven, op en tusschen de lijn, met
zuivere ophalen, en zonder aandikken. Helaas! ik heb het in het
schrijven nooit heel ver gebracht, en daarom laat ik nu ook maar drukken.

Ik mag wel een wintergezichtjen. Alle landschapschilders beginnen
met wintergezichtjens, waaruit volgt, dat een wintergezichtjen gemakkelijk en eenvoudig is. Er ligt in de soberheid der natuur in de
koude maanden iets aantrekkelijks, iets plechtigs, iets kalm verhe-
vens. Indien deze bevroren ruiten het maar wat beter wilden gedoogen,
hoe zou ik het vergezicht genieten! Waarlijk, het is schoon! Een

heldere, blaauwe lucht, geheel klaarheid, als wilde de zon met licht vergoeden wat zy aan warmte onthoudt. Een heerlijke noordsche dag:

» Een telg der zon in sneeuwkleedy.«

Maar de sneeuw is nog weinig. Hoe liefelijk rust dat weinige op de immergroene dennentoppen; al de andere boomen hebben het afgeschud; maar ook de lange, lange beukenlaan met hare onafzienbare reeks graauwe takken heeft iets indrukmakends. En het verre verschiet, hoe duidelijk is het, hoe scherp teekent zich dat rieten dak tegen den azuren hemel!..... Maar daar is iets, dat voor mijn gemoed al de schoonheid van dit wintertooneel bederft, het is.... moet ik het zeggen? het is, het ijs!

Een heldere frissche noordsche dag doet een mannelijk bewustzijn van kracht, een gevoel van gezondheid ontstaan. De koude geeft een edelen moed; zy sterkt de ziel gelijk de spieren. Men weet ook wel, wat mannen en wat beginselen het Noorden heeft voortgebracht; welke gezonde, reine, zuivere en heldere denkbeelden er van het frissche Noorden zijn uitgegaan; welke edele krachten het forsche Noorden heeft ontwikkeld; welke reuzen, gewoon de sneeuwvlok in den baard te voelen, en den hagelsteen te hooren kletteren op het harnas,

Met daden in de vuisten,

uit het geharde Noorden zijn opgetreden. En daarom: ik acht, ik eer de koude, den zuiveren, gezonden wind — de blanke, smettelooze sneeuw; — maar het ijs — o, vergun my het ijs te haten.

De koude maakt de beweging noodzakelijk, de luiheid onmogelijk, of het moest de luiheid van het bed wezen. Alle inspanning, alle vlijt, iedere vermoeienis wordt met het zaligste beloond, wat men in den winter genieten kan: warm te worden. En dan de haard! de dierbare haard! O gy, middelpunt aller wintergenoeglijkheden! Vurig voorwerp der vurige liefde van huismenschen en huisdieren! Onderpand en outer der huisselijkheid zelve! Hoe veel verliest gy van uwe bekoorlijkheden, van uwe waarde en van uw gezag in die laffe, wakke, flaauwhartige, waterzuchtige winters! Men verachteloost, men vergeet, men spreekt kwaad van u. Tweemaal in de week wil de schoorsteen niet trekken, zesmaal in de veertien dagen is het hout te vochtig om te branden; dagelijks zijt gy als een twistappel in de huisgezinnen, als de een u te warm en de andere niet warm genoeg aangestookt acht. Maar nù, gy wordt van een noodzakelijk kwaad, een onbeschrijfbaar geluk, van eene gedoogde dienstbode een gevierde princes! — Men moedigt u aan, men prijst, men verheft, men bewondert u; gy wordt aangebeden! Uren kan men u zitten aanstaren! Gy zijt het ideaal van winterheil! Gewis, voor de lustige vlammen gezeten, met het boek van een lievelingsschrijver in de hand, en het vooruitzicht van een krachtigen wintermaaltijd des middags, of van opwekkelijke punch des avonds, nu en dan een blik te slaan op het bevrozen tooneel, dat buiten is, de helderheid van hemel, aarde en haard te genieten, — het flikkeren van de witte sneeuw met dat der geele en oranje vlammen te vergelijken.... het is zalig — Maar het ijs, het ijs. Waarom ijs? —

Ja, het ijs is voor my een voorwerp van afschuw. Het moest winter kunnen zijn zonder ijs. Ik bemin den winter, — ik gevoel, dat ik den winter noodig heb; — ik zie veel minder tegen het korten der dagen, dan tegen onze natte, schrale voorjaren op — maar noch het glas water, dat ik telken avond op mijne nachttafel gereed zet, moest stollen, noch de lieve, breede vijver, waarop ik hier het uitzicht heb — mijn mikrokosmus, noch mijn makrokosmus moesten bevriezen! En waarom niet? ach! gy zoudt de vraag niet doen, zoo gy wist, hoe dierbaar my het water is, het heldere, levende water! welke aandoeningen het in my opwekt, welke gedachten het my toespiegelt — hoe teder ik het bemin.

COOPER verhaalt van een zeeman, die niet inzag, waartoe er éénig land op de wareld noodig was, dan effentjens een klein eiland en dan ook nog maar, om den wil van het zoete water. Zóó verre gaat mijn hartstocht niet. Het is het vaste land, dat my het water te meer doet waardeeren; maar ik bemin het dan ook met een gloed, dien aller zeën en stroomen te samengedreven vocht niet in staat zou wezen te blusschen.

Zie, daar stort zich de schuimende waterval met daverend geweld uit de hoogte neder in de diepte. Het is een prachtig gezicht, een majestueus gedruisch. De zeven kleuren des lichts worden gescheiden; de lucht dreunt, en de wind voert het witte, vlokkige schuim wijd en zijd mede. De harde rots siddert, en geheele brokken worden afgescheurd; de pasgeboren stroom voert ze mede als lichte vederen, en ploft ze neer in de diepte, waar hy-alleen ze kan oplichten. Water! gy zijt de sterkste, de krachtigste, de edelste der vier hoofdstoffen! De aarde is stom, dood en roerloos; maar uwe stem is als de donder, uwe spraak heeft allerlei geluid; gy leeft, gy zijt als bezield: gy beweegt u naar alle kanten als eene kronkelende slang, als eene bevallige schoone, als een onstuimig ros, dat struikelblok acht, noch slagboom ontziet! Onzichtbaar is de lucht, maar gy blinkt als een edel metaal, met maagdelijk smettelooze reinheid! Uwe veerkrachtige oppervlakte werpt de vermogende stralen der zon terug, en doet het trillend geluid huppelen naar uwe maat! Het vuur is afhankelijk van voedsel en lucht; maar gy zijt vrij en u-zelf genoegzaam, ja, gy vernietigt zelfs het vuur, waar het (te vroeg!) naar de oppermacht staat over al de elementen! Schiet heen, koninklijke bergstroom! schiet heen en heersch, vervul de dalen, splijt de heuvelen, spot met den trots en het zelfvertrouwen der vaste stof! Richt uwen weg werwaarts gy wilt! Zwel schuimende, verbreed u bruischende! Word gevreesd en geëerd! En leg u dan ter ruste in den schoot des breeden oceaans: hy-alleen is uwer, gy zijt zijner waardig! Gy beiden zult leven totdat de aarde zal worden opgerold als een kleed, en alle hoofdstoffen zullen branden!

Gegroet, gegroet, gy frissche stroomen en heldere rivieren! Gy dooradert de aarde, gelijk het bloed de leden doorvloeit van de kinderen der menschen! Wee, wee het oord, dat gy veracht! Dáár is woestijn, verschrikking en hongersnood! Gezegend de landen, door u gezuiverd, gevoed, verrijkt, gesierd en gelukkig gemaakt! Wel moogt gij den hemel wederkaatsen, en de wonderen des hemels weerspiegelen, gy weldadigen! Wel mogen de zaden der liefelijkste bloemen nedervallen aan uwe oevers, de weelderigste takken der schoonste boomen hun lommer over u uitbreiden, de geurigste kruiden van wederzijde u toewalmen! Geen olmenkruin toch spiegelt zich in uwe helderheid, en geen lelie buigt zich met liefde naar uwe frissche rimpeling, of zy groenen en bloeien door u! De wijnbergen aan uwe zoomen voeden uit u de verkwikkende trossen, en de goudgeele oogst bootst het gedruisch uwer golven niet na, dan als een hulde, U toegebracht! Gy doorwandelt de aarde goeddoende, en waar gy de oorden in liefde omhelst, daar baren zy welvaart en vruchtbaarheid, schoone dochteren, op hare beurt moeders van vrede en geluk!

Aan dezen oever lust het my te toeven en het heerlijk tooneel te genieten. Met hoe sierlijk eene bocht beweegt zich de blaauwe rivier over hare bedding, en besproeit de groene zoomen, frisch en vrolijk door hare bevochtiging. De zon giet er haar licht over uit; maar het is of zy hare stralen slechts even indoopt, en dan schuchter terugtrekt, met eene tinteling als van vuurvonken en diamant. De lage wilg met zijnen hollen knokigen stam, de slanke popel, wuivende van het zachte koeltjen, het hooge en dichte riet, de scherpe blaren en de zwarte pluimen schuddende; het kleine boerenhuis, waaruit het blaauwe rookwolkjen geestig en langzaam opstijgt, en in de lucht vervloeit: de roodbonte koe, tot de kniën in het water, een koel bad nemende op gindsche zandplaat, — het wordt alles getrouw verdubbeld door het klare vocht, en zijn dun vernis doet ieder voorwerp schooner glanzen. Kunt gy de lust weerstaan met my in dit bootjen te stappen? — Reik my de hand, en ik zal u midden in dit liefelijk tooneel brengen. Een oogenblik zal het geplas der riemen de liefelijke stilte afbreken, een oogenblik de effenheid gestoord worden, en dan zullen wy ons op den stroom laten drijven. O wellust! te drijven, te vlotten, zich te laten gaan! Losser van het stof der aarde, als een golf onder de golven, zich over te geven aan den vriendelijken Geest der wateren, wiens onzichtbare hand u voorstuwt over zijn gebied. Zie, nu is het hemel

boven en onder en rondom u: en gy gevoelt uzelven het gelukkig middelpunt eener sfeer van schoonheid en weelde. Dat gy,uwe. luite by
u haddet; de zachte melodie is het liefelijkst op het water. De mal-
sche noten vallen er op neder als dons, en zacht, als de boezem eener
vrouw, heft het water ze op; en verzoet, maar versterkt, als verkwikte
hem die aanraking, zweeft de toon van rimpel tot rimpel, van golf tot
golf, en vervult beide de oevers met de wellust des geluids. Waarlijk,
het water is bezintuigd, is gevoelig; het bemint al het schoone, het
welluidend toongeruisch, de zachte kleurschakeering, den zoeten geur.
Ik zou den riem niet met woestheid kunnen bewegen, noch onnoodig
rumoer maken in een element, zoo aandoenlijk, zoo zacht. Ja, het
edele water, het doet de aarde leven: het verheugt ieder landschap!
het is het schoonste sieraad aan het weelderig kleed der schepping!

Maar des avonds, als zich de breede schaduwen nedervlijen aan
uwen boezem; als de maan haar troostend licht doet trillen op uwe effenheid, en al de starren in u haren glans verdubbelen; dan, heerlijke
vloed! is er eene stem, die opstijgt uit uwe bedding, en roerend en verlokkend spreekt tot mijne ziel! Dan is het geluk, op den alleruitersten
rand des oevers te staan, my overgevende aan zoet en weemoedig gepeins. En telkens als het windtjen zich verheft, en in den stroom een
stroomender plekjen vormt, is het alsof de lokstem inniger en verlei-
dender wordt. En het oog volgt uwe oppervlakte, tot waar zy met
de geheimzinnige schemering ineensmelt, en duizende gedachten, duizende herinneringen golven af en aan met uwe rimpeling. Het is
een wellust!

Zoo stond ik menigen schoonen zomeravond aan uwen rand, liefste
aller vijvers! gy wéet, of ik u liefheb. Thans! — (helaas! ik schrijf
dit alles bij een groot kolenvuur!) thans zie ik treurig naar u uit! —
gy zijt een ijsklomp; gy zijt verstijfd, roerloos, dood. Voor weinige
dagen zag ik de bleeke winterzon nog schijnen op uwe golving, en de
groene dennen ter linker-, de lommerlooze groepen van acaciaas en
beuken ter rechterzijde in uw spiegel weêrkaatst; en met welgevallen
rustte mijn oog op het zonnige plekjen, dat hoenders en duiven plach-
ten uit te kiezen, om zich te verkwikken aan uw vocht. Helaas! wat
is er van u geworden? wat anders zijt gy, dan

’t Misvormde lijk van ’t uitgebloeide schoon!

Wat is het harde, het gevoellooze ijs? Stof, koude, ziellooze
stof als de logge aarde; — SHAKESPEARE noemde het water *valsch*,
maar hy lasterde: het water is zoo oprecht als doorschijnend: het vleit
niemand met de onmogelijkheid van gevaar, wie het waagt zijn heiligdom in te gaan; het is het ijs, dat valsch en verraderlijk is — Het
ijs! O, het is dubbelhartig, het is een bastaard, het is, om het met
een woord te noemen, dat ik aan een onzer beroemdste hoogleeraren

verschuldigd ben, en dat een verschrikkelijk vonnis van veroordeeling uitspreekt; het ijs is *hybridisch!* — Ik wenschte dit zelfde wintertooneel te zien, maar zonder dat ellendige deksel op hetgeen de natuur schoonst en vriendelijkst en bezieldst heeft. Doch werwaarts ik mijne oogen wende, nergens ontdekken zy het voorwerp mijner liefde; het ligt onder dezen dikken, nijdigen, blaauwen zark begraven, en ijdele slaven van het vermaak dartelen over dat graf!

Neen, gevoellooze, onvermurwbare korst, beeld van onverschilligheid en koude wreedheid! Neen ellendig namaaksel van glas! Mijn voet zal u niet betreden! Ik zal niet, als een lichtzinnige dwaas, mijne zolen met ijzer schoeien, om u te vereeren, en de rustplaats te ontwijden van mijne dierbare! Lig dáár, en mest u met het kostbare bloed der aarde! Maar wee u, huichelaar! die uit valsche schaamte uwe afkomst verloochent, en voor uw mindere door wilt gaan! Roem vrij op uwe sterkte, op uw geweld! Die boeien zullen verbroken worden. Ik zeg u, het zal dooien! In den lieven lentewind zal het triomflied der vrijheid weerklinken; en de schoone dochter der natuur zal haren kerker uitbreken, en op nieuw schitteren voor het aangezicht der zonne!

Laat ons nu nog eens stoken.

BEGRAVEN.

Mijne vrienden! men zal ons allen begraven.

Ziet er uw lichaam op aan: gezond, sterk, vlug, gehoorzaam aan uwen wil, gevoed, gevierd, gekleed, opgeschikt! Er zal een tijd komen, dat het daar nederligt; nederligt op een bed, hoop ik! — zielloos, koud, stijf, in een enkele doodswâ gehuld, onder een lang wit laken — als een steen. Het is nog het uwe, het zal dan het uwe niet meer zijn. Het is dan niet meer een persoon, maar een ding. Men staat er by; liefde en genegenheid staan er by, en zoo zy niet dan weenende het kunnen aanzien, niet dan weenende er van kunnen scheiden, zy schamen zich byna zoo veel gevoeligheid, zoo veel eer te bewijzen aan een onding, dat rede en godsdienst haar leeren geringschatten. Maar neen! zy schamen zich niet — de menschelijkheid zou er tegen opkomen; de liefde ziet hem dien zy heeft lief gehad nog in zijn lijk; beminnelijke liefde! — Men strekt u eerbaar en voorzichtig uit. Zoo men u aanraakt, om te voelen of gy reeds koud, en hoe koud! gy zijt, men doet het met eene zachtheid als of gy sliept, als of men schroomde u wakker te maken! Men spreekt niet dan fluisterende in de doodkamer. O! voor wie u teder beminde, is het eene behoefte, het doove lijk nog eens by ùwen naam te noemen. Zachtkens, en met eerbied, vlijt men u in uw laatste verblijf neder. Statig voert men u ten grave. Met ongedekten hoofde ziet men de kist nederdalen. Met plechtigen ernst wordt de schop aarde er op geworpen: dàn eerst heeft men met dat doode lichaam gedaan. — Maar neen! wellicht schrijven achting of liefde een kort woord op uwen zerk, of planten zy eene vriendelijke bloem op uwe zode, en komen van tijd tot tijd weder, om te zien waar men u gelegd heeft, en uwer te gedenken, op de plaats, waar gy niet zijt, doch waar datgene rust wat men het langst van u behield; — waar de menschelijkheid van u afscheid nam.

Ik weet wel, dat het tot de *verstandigheden* onzer dagen behoort, dit alles bekrompen, belachelijk en onnoodig te vinden. Men heeft zoo veel boeken gelezen! Ik weet wel, dat het eenen sterken geest bewijst, wanneer men den heldenmoed heeft, van te zeggen, „het is my om het even wat er na mijn dood met mijn lichaam gebeurt, ik zal er niet van voelen; om het even waar het liggen zal, ik zal er niettemin dood om zijn; het kan alleen voor mijne familie van belang wezen, dat my eene eerlijke begrafenis ten deele valt; maar, wat raakt het my?" — Ik weet, dat men den engelschman bewondert, die wilde, dat er ten algemeene nutte, knoopen van zijn gebeente en snaren van zijne ingewanden zouden gedraaid worden — maar ik gruw er van. Ik weet, dat het vrijzinnig beginsel in dezen zoo sterk is, dat het reeds op onze publieke inrichtingen gewerkt heeft, en de zaak der dooden "minder omslachtig is gemaakt; — ik begrijp, dat hiermeê het vrij algemeen nalaten van den rouw in verband staat, en dat men zijne mannelijkheid toont, door te zeggen: "ik wil niet dat het zich iemand aantrekke als ik sterf;" — maar ik beklaag de menschen, die zoo heel wijs zijn, en zich zelven zoo menig zoete gedachte onmogelijk maken, en wier gantsche leven, door eigen schuld, een gedurige worstelstrijd is tusschen hoofd en hart; en ik spreek mijn "wee!" uit tegen die groote mannen, die de wareld zoo hebben gemaakt. Maar de eerste schuld ligt toch by hen, door wie al die wijsheid is uitgelokt; by hen, die de zaak des gevoels zóó ver trokken, dat het verstand boos werd. Toen wy lang op eens anders kerkhof, waarmeê wy niets hadden te maken, geweend hadden, en naar starren en wormen en welkende bloemtjens gekeken, toen kwamen de tegenvoeters en de afbrekers, de spotters en de prozaïsten, en dreven de andere mode door: de worm werd dood getrapt; de seraf naar huis gestuurd; de zerken werden voor afbraak verkocht; de lange witte zakdoeken werden gemeen; men zag naauwelijks om naar zijne eigene dooden; en daar hadden wy A + B = C. De thermometer daalde van Bloedwarm tot Vorst. Het sneeuwde groote ideën. Het was een frissche, maar op den duur onaangename koude.

Wat nu de groote ideën aangaat, ik laat nog gelden, dat groote mannen ze uitspreken. BYRON mocht, onafhankelijke genie die hy was, en na al wat hy ondervonden had, nog eens zeggen:

Ik wil niet, dat mijn stervensmaar
Een enkel uur van vreugd bederf',
Noch eisch, dat vriendschap, als ik sterf,
Zal siddren by mijn baar.

schoon ik liever zijne zachtzinnige *Stancen*, beginnende "o! Weggerukte in schoonheidsbloei," leze. — Maar dat ieder schoolmeester en schooljongen zich tot eene dergelijke grootheid van ziel wil opheffen, — zie, dat is wat forsch, dat vind ik belachelijk en ongelukkig tegelijk! En als men de leer der onsterfelijkheid, als men de goddelijke Openbaring durft misbruiken, om my te bewijzen, dat mijn menschelijk gevoel dwaas of schuldig is, dan beklaag ik hen diep, die de vriendelijke leer des Bijbels zoo weinig verstaan.

Neen, het is onnatuurlijk, onverschillig te zijn, of ons stoffelijk bekleedsel met eerbied, met belangstelling, met liefde zal behandeld worden of niet; of het in bekenden, en den levende dierbaren grond zal rusten, dan in verre landen of diepe zeën zal vernietigd worden. Gy zult het niet gevoelen, zegt gy, met een kalmen glimlach. — Zoo! gaat u by uw leven *niets* aan van hetgeen na uwen dood geschieden zal? Is het denkbeeld te leven in de nagedachtenis der uwen u reeds nu geheel onverschillig? Laat de hoop op de lof der nakomelingschap, waarvan gy niets hooren, niets ondervinden zult, u geheel koud? Of is zy veeleer een sterke prikkel voor uwen ijver, een troost (de éénige!) by de onaangenaamheden, die de weg des roems u opwerpt, by de ondankbaarheid des tijdgenoots? of, zoo gy u ook dáár overheen gezet hebt — eilieve! zeg my eens oprecht: verheugt het u wel eens te denken, dat uwe beeltenis in handen zal komen van dien uwer vrienden, dien gy het liefst hadt; dat, na uw' dood, de ring, dien gy aan uwen vinger draagt, zal overgaan aan die welbeminde hand die hem dragen zal, tot dat zy verstijft? dat uw zoon in uw huis zal wonen, in uwen armstoel zitten? dat uwe familie u zal zegenen over de liefderijke, de edelmoedige wijze, waarmeê gy over het uwe hebt beschikt? — Verhard uw gemoed eerst tegen al deze aandoeningen, en zeg dan, dat by den dood alle gemeenschap tusschen u en uwe naasten ophoudt, en dat het u om het even is, hoe zy by uwe sponde staan, wáár zy uw lijk begraven zullen!

My is het eene aangename gedachte — en my dunkt, zy zal mijn sterfbed gemakkelijk maken — te hopen, dat eene vriendelijke, eene zachte hand my de oogen zal sluiten, en mijn hoofd goed leggen; dat menige treurige gedaante in de eerste dagen dat sterfbed zal naderen, "om hem nog eens te zien;" dat menig sidderende hand mijne koude vingeren zal opvatten, om ze mistroostig weêr te laten vallen; dat menig weenend oog met moeite afscheid zal nemen, ook van dit onbeteekenend overschot; en dat men my met ernst en plechtigheid uitgeleide zal doen naar eene rustplaats, my dierbaar, als de rustplaats van dierbaren. — Ja ook dat! ik gevoel het, ook dàt zal my een troost zijn, — te weten, dat, uit *wier* armen my de dood ook scheure, ik tot dezulken ga, die ik zal hebben beweend, — dat één zelfde graf hen en my, en eenmaal die my treurig overleven moesten, zal besluiten; dat wy dáár allen te zamen zullen rusten.... O, het is niets, het is niets! ik weet, dat het niets is, maar het is eene zoete gedachte, — en ik bid de verstandigen der aarde, my niet uit te lachen, maar my te benijden.

Men weet, op wat wijze de gewoonte van in het heiligdom te begraven, in de wareld is gekomen. In het eerst bouwde men de kerken op de graven, naderhand stichtte men de graven in de kerken. Waar de asch der martelaren rustte, wier bloed het cement der kerk is, dáár richtte de eerbiedige dankbaarheid der eerste christenen het bedehuis op, de beste eerzuil! Later bracht men vaak hun dierbaar gebeente uit het onaanzienlijk graf, waarin het vernachtte, naar de kerk over, en begroef het onder het outer. In hunne nabyheid te rusten, was sints lang de vrome wensch van menig stervende, en de eerste christen keizer was de eerste, die in den gewijden omtrek der door hem gebouwde kerk een graf begeerde. Het was een stoute wensch; maar hy vond alras navolging en voldoening. Opvolgers van den grooten bekeerde verboden het begraven in het heiligdom; doch de christenheid vond het denkbeeld te stichtelijk, de rust in Gods huis te benijdbaar, om ze op te geven! Het begraven in de kerken werd algemeen. Ieder belijder van den naam des Heilands sterkte zich onder de vermoeienissen en de lasten des levens met het denkbeeld, dat de Heer hem rust zou geven in Zijn huis; en het scheen hem bemoedigend Zijne wederkomst aldaar af te wachten. Elke zerk van het plaveisel werd een grafsteen, en de gemeente vond het opbouwend, om de woorden des levens te hooren, gezeten op de verblijven der sterfelijkheid; en over levenden en dooden wulfden zich de gewijde bogen, waaronder de leer verkondigd werd van Hem, die de dooden levend maakt, en roept de dingen die niet zijn, alsof zy waren. Onze grootouders vonden dit alles nog troostrijk. Met uitzondering van weinigen, was een graf in de kerk hun een dierbare, eene onschatbare bezitting. Geen bewijzen der schadelijkheid van de dooden voor de levenden konden hen van hun stuk brengen. En toch dat moest niet zijn! Onze eeuw was rijp, om het offer te brengen. Onze onverschilligheid maakte het misschien gemakkelijk. Maar zoo gy hier of dáár nog een ouderwetsch christen ontmoet, wien het grieft, dat hy niet rusten zal in het graf zijner vaderen, in de schaduw van het heiligdom, waar hy en zy aanbaden — bespot hem niet, bid ik u: — Broeders! het is eene eerbiedwaardige zwakheid.

——

Maar weet gy, wat *ik* bespottelijk, wat *ik* ergerlijk vind? Het zijn uwe wapenborden, uwe grafnaalden, uwe eerzuilen in de kerk; uwe lofverzen op stof en assche, onder het oog van God en in Zijn heilig huis op aarde geschreven. Het zijn de troféen van dwazen trots, wareldsche ijdelheid, nietigen rijkdom, verwaande wetenschap, bloedigen oorlog, dáár te pronk gesteld, waar ootmoed en nederigheid met gebukten hoofde zich voor het oog des Heeren stellen. Het is de hulde, vaak overdreven, altijd dáár misplaatste hulde, in het huis ter eere Gods gesticht, toegebracht aan alle soort van verdiensten; waarlijk, het is een vreemd, een (laat ik het zeggen!) belachelijk schouwspel die bonte rij van allerlei deugden en gaven, in het heiligdom, geloofd, geprezen en vergood. Het zijn de deugden en gaven van den krijg, der geleerdheid, van het kabinet, der kunst, der nijverheid gehuldigd in de overblijfsels van menschen van allerlei neiging, allerlei gedrag, allerlei geloof en ongeloof. O! het belgt my niet, dat de gemeente, aan wie het oordeel niet toekomt, hun allen gelijkelijk een plaats ingeruimd heeft in hare kerk, maar dat zy er liggen als zondaren! — niet als groote mannen, niet met den titel van *naturae se superantis opera*, niet onder de uitgebreide vleugelen der faam, niet onder de brallende uitspraken van tijdgenooten en vereerders, maar in stille afwachting van het oordeel Desgenen, "die weet wat er in den mensch is!" — Wilt gy de namen uwer groote mannen beitelen, en vergulden, en lauweren, en omstralen; wilt gy hun standbeelden oprichten, zuilen stichten, wilt gy hunne deugden voor de nakomelingschap vereeuwigen, de jeugd door hun doorluchtig voorbeeld en de eer, die hun weervaart, prikkelen; — naar de openbare plaatsen, naar de akademiepleinen, naar de raadhuizen, naar de trappen der paleizen, naar de schouwburgen, naar de markten, met uwe vereering! Hier — is het heilige grond. Ontbindt uwe voetzolen! Hier geene namen, geene lofspraken geüit, dan die den Hemel welgevallig zijn! Hier wordt alleen God en zijn Zoon geprezen, en in Hun naam geroemd! Wilt gy hier zuilen oprichten, doe het zoo vaak de Heer u uit groote benaauwdheden redt, in groote gevaren behoedt: "Eben Haëzer; tot hiertoe heeft ons de Heer geholpen." Maar — hier geene menschvergoding! hier God alléén en het geloof!

Ik weet, dat onze protestantsche leer het kerkgebouw niet als heilig doet beschouwen; maar ik weet ook, dat onze christelijke nederigheid ons de praalzucht, in zijn omtrek althands, behoort te verbieden. Ik weet, dat onze strenge overtuiging: God aan te bidden in geest en in waarheid! uit voorzichtigheid, in aanmerking nemende de menschelijke zwakheid, niet duldt, dat wy voorstellingen van CHRISTUS en zijne daden op aarde in onze bedehuizen ophangen; maar evenmin voegen er die beelden, welke er de aandacht van Hem afleiden, en by eigen grootheid stil doen staan. Neen, niets, niets moest de éénheid van doel in het heiligdom breken, alles moest op God wijzen — alleen op God *!

Maar ofschoon dit aloude misbruik (zoo als het in mijne oogen *is*) niet geheel met het begraven in de kerken heeft opgehouden, het is er toch aanmerkelijk door gefnuikt; — wy allen zullen onder den blooten hemel rusten, en wat men op ons graf moge schrijven of oprichten, het zal geen gemoedelijk christen ergeren. O! dat denkbeeld heeft ook veel schoons, veel zoets, veel zaligs, te rusten in een liefelijke streek, te midden der natuur, die wy bemind hebben, in een zacht graf, waar rondom

---

* Zoo moesten, dunkt my, de kerken ook volstrekt niet vernederd worden tot verzamelingen van curiositeiten. Ik ken eene stad, anders uitmuntende door den prijs, dien zy op het deftige harer bedehuizen stelt, waar onder anderen, op een der pilaren van de hoofdkerk, de maat is aangewezen van een befaamden reus en van een niet minder beruchten dwerg, die in die stad geleefd hebben. Evenmin moest men dulden, dat men de heiligdommen tot eene soort van groote pakhuizen gebruikt, waar brandemmers en ladders aan de muren hangen. Over het geheel kon er meer orde en eenvoud en zindelijkheid en betamelijkheid heerschen. Een Apostel heeft gezegd: "Laat alle dingen eerlijk en met orde geschieden."

het alles bloeit en groent, waarover de zwoele winden waaien, waarover
de heerlijke starren des nachts schijnen!

Ik kan evenwel niet zeggen, dat de hoog-romaneske begraafplaatsen
onzer dagen my altijd evenzeer bevallen.

Velen zijn veel te zwierig, veel te bloeiende, veel te kunstig, veel te
rijk, veel te overladen met dichterlijke symbolen. De dood is arm, en
heeft hare eigene poëzy. Waar de natuur de begraafplaats schilderachtig
maakt, is het wèl; waar de kunst het doet, verraadt het de menschelijke
zucht om àlles op te schikken te zeer. Het verschilt als een wilde bloem
en een gevlochten krans. Niet by iedere zerk moet eene roos geplant zijn;
niet over ieder graf een treurwilg weenen. Doch dáár staan zy geheel gereed, om op de dooden te wachten. Het zijn hier niet droefheid en liefde,
die ze by de rustplaatsen van het voorwerp harer vereering planten; — het
is het overleg van den aanlegger, die weet hoe het behoort, die ze elken
doode als voorbestemt, en liefde en achting vooruitloopt.

My bevallen onze oude dorpskerkhoven nog altijd het best, en misschien te beter, omdat zy zoo weinig van hoven hebben. — Onze oude
dorpskerkhoven, zonder eene verwaande spreuk, of eenen heiligen tekst,
die in ieders hart van zelf opkomt, op het hek; zonder kunstmatigen opschik, zonder weelde, zonder van buiten aangebrachte dichterlijkheid,
waar de doodenschaar eenen breeden kring om het huis Gods slaat, in
welks omvang het „gy zijt stof!" gepredikt wordt, en welks toren ten hemel wijst! verkondigen dood en opstanding met meer waarheid, meer
ernst, meer nadruk, meer onversierde welsprekendheid! Zy zijn *natuur!*
geen *smaak!* Het hooge gras, de willekeurig opschietende bloem, de
eenvoudige gedenkteekenen, het armelijke van het geheel komt overeen
met de gedachten, die my dáár vervullen. Geene begrafenis-plechtigheid
werkt ook zóó zeer op mijn gemoed, als die, zoo als ze by ons op het platte
land plaats heeft. Dan luidt de oude dorpsklok uit den toren, en de kleine
optocht komt langzaam nader. Geene beampten, geen noodiger met een
gewichtig gezicht; alleen de bloedverwanten, de vrienden, de buren.
Geen ander rijtuig, dan de wagen, die den overledene gediend heeft, om
voor zich en de zijnen het eerlijk onderhoud te winnen, voert hem nu ten
grave, en deze wordt getrokken door zijn geliefd paard, den deelgenoot
van zijnen arbeid. Met het gezicht in de groote zwarte huik verborgen,
zitten de vrouwen op de kist zelve. By het graf spreekt de leeraar, aller
vriend, een kort woord: de kist wordt neergelaten, de naaste betrekking
werpt er de eerste aarde op: en den eerstvolgenden zondag gaat hy over
dat graf ter kerke, waar hy woorden van troost hooren zal. Want in den
kleinen kring eener landgemeente heeft men bevrediging voor aller behoefte.

Uit dit alles ziet men wel, dat ik juist niet veel gevoel voor ceremo-
niëele begrafenissen, lange rouwsleepen, *magna funera!* Het is dikwijls
akelig, zulk eene masquerade te zien, met aangetrokken rouwcostuum en
aangetrokken treurige gezichten. Maar het begraven van stadswege, zoo

als dat reeds hier en daar plaats heeft, is toch een koud denkbeeld. Neen, de buren, de buren moeten begraven; geene daartoe aangestelden, die, als op hoog bevel, uwen dierbare, als ware hy publiek eigendom geworden, komen opeischen en weghalen, terwijl de gewoonte hun verbiedt eenige deelneming ook maar vóór te doen. Maar zóó ver gaat de koelbloedigheid in sommige plaatsen, dat, indien gy arm zyt en niet hebt om uwen vader, of uwe moeder, of uwe dierbare vrouw, of uw lief kind eene eerlijke begrafenis te geven, men u niet van de kosten ontheft, zonder op het rouwlaken met groote letters het verwijt te schrijven: « VAN DE ARMEN.» Dat is toch wat heel hard, en neemt de gantsche weldaad terug!

———

Ik sprak met een woord van het rouwdragen: ik wilde te dezer gelegenheid mijne denkbeelden daaromtrent blootleggen. Ik weet wel, dat men somtijds, uit aanmerking der bekrompene omstandigheden eener groote familie, die men nalaat, de bepaling maakt, dat niemand het zwarte kleed zal aantrekken. Maar o, waar deze, of eene andere nog geldiger reden niet bestaat, mijne vrienden! maakt, bid ik u, die bepaling niet. Laat het nooit eene gril wezen, die gy denkt dat u schoon staat, nooit een genomen party worden, waarvan gy niet wilt terugkomen. Gy weet niet, hoe gaarne men over dierbare betrekkingen rouwt, hoe zoet het is, eenen geliefden doode voor het oog der wareld deze kleine hulde te brengen! Honderd vertoogen over de nietigheid der uitwendigheden, honderd bewijzen dat het rouwkleed *niets* bewijst, honderd voorbeelden van huichelaren, die het ontwijdden, van lichtzinnigen, wie het verveelde, nemen niets weg van het zoet weemoedig gevoel, waarmee de hartelijk bedroefde het aantrekt! En o! ik weet, op den bodem uws gemoeds *is* die wensch, dat men uw dood niet onopgemerkt voorbyga, dat men het niet te veel zal achten, iets voor uwe nagedachtenis te doen. Maar uw verstand weerspreekt dien? Zijt dan zoo hardvochtig verstandig niet — zijt natuurlijk, zijt eenvoudig, zijt menschelijk, zijt althands niet wreed jegens anderen. Ziet! ik wenschte, dat al die philosophen-, al die studenten-ideën maar één hoofd hadden, om ze met een enkelen slag van de wareld te doen verdwijnen!

———

Het dorpjen O. is zóó weinig uitgestrekt, dat het zelfs geene kerk heeft, maar welk vlek is zóó klein, dat het geene begraafplaats behoeft? Dáár is zy een lieve zandige heuvel, van waar men op bosschen en hoven nederziet, en in de nabyheid blinken de witte duinen. Enkelen der bewoners van de naburige stad hebben er graven. Dáár bracht ik mijn eerste offer aan den dood. Daar legde men een mijner vroegste en beste vrienden weg. Ik was toen achttien jaren oud. Het was een heldere dag, en de zon scheen liefelijk op het vredig landschap en het kleine kerkhof. Het geheele tooneel staat in al zijne bijzonderheden my nog levendig en helder voor den geest. Met eenige der naaste betrekkingen en nog een vriend van den overledene, wachtte ik er het lijk op. Nóg zie ik den voorsten drager de kist tegen den heuvel optorschen. Toen werd zy op de planken gezet, en daarna voorzichtig nedergelaten op die eener zuster — almede eene jeugdige doode, die eene zelfde kwaal ten grave had gesleept! Het was geen kuil; het was een grafkelder. Van dat oogenblik af heb ik iets tegen grafkelders. My dunkt ze zijn zoo kil! De moederlijke aarde klemt zich niet om den doode, opdat hy zijn stof met het hare vermenge; maar hy blijft aan zich zelven overgelaten; dit geeft onaangename voorstellingen. Ook begraaft men den doode niet — men bergt hem veeleer weg. De zon wierp hare heldere stralen in den geheelen kelder, en de witte kist met hare koperen ringen glinsterde in haar licht. Maar weldra schoof men den zwaren steen op de opening, en het licht werd langzamerhand uit dat somber verblijf uitgesloten. Ik weet wel, dat dit my byzonder aandeed, en dat ik met belangstellende aandacht de zwarte schaduw verder en verder over het deksel sluipen zag, tot dat zy de laatste lichtstreep had verzwolgen. Maar het moest zoo zijn. Toen ik het graf verliet, had ik een vreemd gevoel. Het was my duidelijk, dat ik aan eene droevige plechtigheid had deelgenomen, maar dat ik *hem* had zien begraven, dien ik zoo zeer geacht en bemind had, by wiens bed ik zoo vele nachten had gewaakt, dien ik na zijn dood zoo dikwijls beschouwd had, zoo als hy daar lag, rustig uitgestrekt, met blijmoedigen glimlach en effen voorhoofd, — dat hy nu in dien donkeren kelder lag, voor altijd weg uit mijne oogen... het was mij wonderlijk.

Nooit bezoek ik dat kleine dorp, of ik bezoek dat graf. Nooit geleid ik iemand in den omtrek van dien kleinen heuvel met blaauwe zerken en groene zoden, of ik wijs hem er heen en zeg — *dáár rust een mijner vrienden; hy was een goed mensch!*

Ik eindig zoo als ik begon: *Mijne vrienden men zal ons allen begraven!* O dat wy allen, als deze, dezulken by ons graf vergaderen, die ons betreuren; dat ons aller nagedachtenis in zegening blijven moge! Zoo slape ons stof rustig in den schoot der aarde, tot dat de groote en ontzachelijke dag des Heeren komt!

EENE TENTOONSTELLING VAN SCHILDERYEN.

Mijn vriend BACULUS heeft een klein boekjen geschreven, waarin hy over het verval der kunst klaagt en een weinigjen knort. Als oorzaak van dit haar verval geeft hy voornamelijk op, dat zy buiten haar doel is geplaatst; dat zy niet op haren rechten prijs geschat wordt. De kunst is een meisjen, dat leelijk wordt by gebrek van aanbidders. Hy bewijst u, dat de kunst in het geheel niet meer wordt aangebeden, maar wel te kijk en te koop gezet, als iets byzonders en aardigs, als eene curiositeit. Hier-in nu is dunkt my veel waarheid, en het staat in zijn boekjen, in sier-lijk fransch te lezen. Inderdaad, het komt my meer en meer voor alsof de groote kunst zoo ingekrompen was, dat men met haar als met een dwerg op de kermissen rondreisde. Gy begrijpt dat dit leventjen haar zekere kwade gewoonten doet aannemen, en haar in hare eigene oogen vernedert. Ook is zy sedert lang niet vrij te pleiten van aller-lei populaire ondeugden en begeerten. Zy is van tijd tot tijd vrijpostig en onbeschaamd, ophakkerig en beslissend. Zy houdt van bonten op-schik, schreeuwt drie tonen te hoog, en is nu en dan wel eens wat heel los in den mond; daarby heeft zy iets wreeds en koelbloedigs gekre-gen. — En wat denkt gy nu van de tentoonstellingen van schilderyen? BACULUS ijvert er geweldig tegen, en als men de dingen een weinig-jen uit de hoogte beziet, is men het zeker met hem eens; maar dan heeft men gevaar om fantastisch te worden, zoo als de lieden van het onderzoek zeggen; daarom laat ons uit de laagte opkijken *, en dan zullen wy toestemmen, dat de jaarlijksche expositiën groote en veelzij-dige *nuttigheid* hebben. Maar het is vervelend altijd over nuttigheden te praten: duizend lezers doen dit maandelijks in duizend lezingen; en voor een liefhebber der schilderkunst is één uurtjen, in eene zijkamer met een portret van KRUSEMAN of eene zee van SCHOTEL alleen gela-

---

* Ὥσπερ, ἄν εἴ τις ἐν μέσῳ τῷ πυθμένι τοῦ πελάγου οἰκῶν, οἴοιτό τε ἐπὶ τῆς θαλάττης οἰκεῖν, καὶ διὰ τοῦ ὕδατος ὁρῶν τὸν ἥλιον καὶ τὰ ἄλλα ἄστρα. τὴν θάλατταν ἡγοῖτο οὐρανὸν εἶναι, κ. τ. λ. PLATO. Phaedon. C. 58.

ten, ruim zoo aangenaam, als de aanblik van die gantsche zaal vol goud en kleuren, waar de kunstgewrochten in lagen opgestapeld zijn, en waarin de regenboog dooréénschemert als die der zijden draden in de weerschijnen sakken onzer grootmoeders.

Of welke speldeprikken (neen, dolksteken!) denkt gy, dat eene aesthetische ziel zich voelt geven, als zy een kaarslicht van SCHENDEL, voorstellende een ouden bedelaar (levensgrootte) met een kandelaar in de hand, hangen ziet tusschen twee grasgroene landschappen, van ik weet niet wien: met duizend boomen, die elk zoo groot zijn als de kaars van den grijzaart, en daar boven misschien een ruiker van BLOEMERS, geflankeerd door het portret van een gouden huzaren-officier en de mislukte afbeelding van een opengesneden kabeljaauw met byhebbend gezelschap van roggen en mosselschelpen?

En echter verzuim ik niet de tentoonstelling te bezoeken, en kan ik er met innig genoegen uren doorbrengen. — Eerst maak ik den toer van de schilderyen, en doe er zoo veel wetenschap op, als noodig is, om in de gezelschappen te redetwisten over „het mooiste van allen," vast besloten het met de vrouw des huizes of de liefste dochter eens te zijn; om vervolgens de haagsche en amsterdamsche tentoonstellingen onderling te vergelijken, waarin mijne geographische positie my altijd het oordeel helpt vellen; om daarna de portretten van mijnheer en mevrouw A. B. C. en het geheele alphabet te roemen, echter sterk volhoudende, dat zy volstrekt niet geflatteerd zijn; en eindelijk des noods met de jonge dames te lachen over het slechte toilet van deze of gene, die, verbeeld u! verkozen had in het groen te worden voorgesteld, terwijl zy toch zoo *heel* blond is, en den heeren in te fluisteren, dat zy voor dien groenen japon te weinig goed heeft gebruikt; hetwelk ik ten laatste alles completeere met de volkomene ontleding van één zeer slecht stuk, en de uitvoerige beschouwing van „dat kleine stukjen, waar ik wel een uur by had kunnen stilstaan, zoo klein als het was!-

Maar dan keer ik my, vermoeid van kleuren en tinten, verguldsel en vernis, verwarde nommers en nagekomen stukken, tot de beschouwing dergenen, die met my opgekomen zijn om te zien, wat er al zoo in een jaar tijds is op het doek gebracht. Van de gladde, zachte, gepolijste gezichten in lijsten tot de menschelijke troniën in hoeden; van de *tableaux de genre* aan den wand, tot de *tableaux de genre* op den vloer; en uren lang zou ik kunnen besteden in natuurbeschouwing van dien af- en aanvloeienden stroom van kunstbeschouwers. Het verwondert my dat er geen schilders nederzitten om studiën te maken. Ik heb er eene geheele verzameling van schilderyen opgedaan. Zie hier eenige nommers van mijn catalogus.

N°. 1. *Een teekenmeester zijn eigen werk beschouwende.*

Het is een kort, tenger mannetjen, min of meer graauw van tint, met kleine, grijze oogen, en een scherpe kin. By het binnentreden overziet hy de zaal in de vier richtingen, met een kennersoog, en geen stap gaat hy verder alvorens hy zijnen bril heeft opgezet. Hy is gekleed in een vettigen, versleten, zwarten rok en dito pantalon. Een lederen stropjen van eigen maaksel knelt om zijn hals, en hy draagt een katoenen overhemd, op de borst fijntjes geplooid. Hy vergoedt het volslagen gemis aan handschoenen door de buitensporige lengte van de opslagen zijner roksmouwen, die hem tot het tweede lid der vingeren komen. In het voorhuis reeds heeft hy den catalogus opengeslagen en naar binnen omgevouwen. Hy heet AEGIDIUS PUNTER. De P. blinkt op de bovendrijvende bladzijde. Hy is nu bezig, met een zeker manuaal, alleen den teekenmeesters eigen, een volslagen potlood met eene lange, scherpe punt uit zijn kamizoolzak op te delven. Wilt gy meer van hem weten? O! het is niet moeielijk, in hem een dier ongelukkige martelaars der kunst te onderscheiden, die "miskend worden," en wier schitterende gaven alleen bekend zijn aan de jonge dames, die hunne voorbeelden copiëeren. Het ontbreekt hem aan aanmoediging en tijd, anders werd hy een van de grootste schilders van het land. Dan had hy een ridderorde, dan ging hy naar Italië, dan kwam hy in de nieuwe editie van het Groot Schildersboek!.... Maar niemand let op hem. Hy gelooft somtijds dat hy een te stipt christen, een te naauwgezet burger is, om een schildersnaam te maken. Overigens, wanneer hy over de kunst spreekt, gebruikt hy de woorden: toon, kracht, geest, warmte, vergelijkende tint en wat dies meer zij, zoo dikwijls als de doorluchtigste van het gild. Zijne voornaamste verdienste bestaat in de edele onverschrokkenheid, waarmede hy zich aan alle genres waagt. Hy teekent kerken, hy teekent historie, hy teekent landschap naar de natuur; hy vervaardigt, zoo gy het verkiest, uw portret in waterverw of crayon; hy doet al wat gy wilt. Maar hy maakt jaarlijks één schilderytjen, dat hy naar de tentoonstelling zendt. Het maakt de bewondering uit van zijn vrouw, van zijn meid, van al zijn kweekelingen, en van al de leden van het kunstlievend gezelschap, waarvan hy lid is.

Maar altijd wordt het slecht geplaatst, allerslechtst geplaatst! Hy ziet in de commissie een schandelijk complot, tegen zijn opgang en belangen saamgespannen. Hy leest den Letterbode, hy leest het Handelsblad; nooit is er melding van zijn stuk gemaakt. O! welke zoete droomen droomt hy den eersten nacht nadat hy het heeft ingepakt, en met een uitvoerig adres verzonden! Het zal de verbazing van alle aanschouwers uitmaken! TEYLERS museum zal het willen aankoopen; de Princes van Oranje zal het moeten bezitten; een liefhebber zal aanbieden het met goud te beleggen. Groote schilders zullen hem zijn penceel benijden: vreemdelingen zullen naar de plaats zijner woning komen reizen, om den grooten PUNTER te zien; en wanneer hy hun dan, zoo eenvoudig en nederig als hy is, in zijn simpel zwart rokjen, en op zijn hooge schoenen, de deur zal openen, en zy vragen: "is de groote PUNTER te huis?" welk een triumf zal het zijn, te zeggen: "dat ben ik zelf, mijnheer! om u te dienen!" — Helaas! zijn stukjen komt weerom — het is niet in aanmerking gekomen. — Eens, eens — de waarheid eischt van den geschiedschrijver, dat hy het verhalen zal — ééns scheen het in aanmerking gekomen te zijn. Eene dame van rang en liefhebbery had er aan een kunstkooper last op gegeven. De kunstkooper schreef aan PUNTER, en PUNTER schreef aan den kunstkooper. Hoeveel woordenstrijd had deze briefwisseling tusschen juffrouw PUNTER en haar waardigen egâ gekost, als het haar voorkwam, dat hy te zedig was in het bepalen van den prijs, en zy hem toescheen voor een eersten keer wel wat inhalig te wezen. Eenige dagen duurde het vóór hy een tweeden brief ontfing. Reeds wisten al zijne jonge juffrouwen en de geheele stads teekenschool, dat het stukjen van meester PUNTER was "aangekocht voor een kabinet:" reeds had men er hem in zijn kunstlievend gezelschap meê geluk gewenscht; reeds had hy vol ijver en hoop een nieuw stukjen begonnen. Het zou ditmaal in den smaak van OSTADE zijn. Twee passedijzende boeren, met de echt ostadische korte pijpjens, en den eeuwigen wingerttak belet vragende door het venster. De een geheel spel; de ander half bierkan! — Hy zou er het dubbel voor vragen van hetgeen zijn eersteling had opgebracht; en zijne vrouw zou een kerkboek krijgen met een slot. Zoo zou hy langzaam opklimmen tot de hoogste hoogte; zoo was het FRANS HALS, zoo VAN DIJK, zoo REMBRANDT gegaan. — Maar, o slag des noodlots! daar brengt hem de koelbloedige post een brief! — Men had zich in het nommer vergist. De kunsthandelaar is beleefd genoeg vergeving voor deze onachtzaamheid te vragen. Vergeving voor deze onachtzaamheid; wat onachtzaamheid! Neen, hy vrage veeleer vergeving voor eene der schrikkelijkste grieven, die men een eenvoudig burgerman kan aandoen! Vergeving voor een dolksteek, die een van blijdschap zwellend hart doorboort; voor een mokerslag, die honderd der schoonste luchtkasteelen doet inéén storten! vergeving voor een zedelijken en schilderlijken moord! — Ziedaar een enkele bladzijde uit de geschiedenis van dit klein, tenger mannetjen. Verbaast het u thands, dat zijn rok zoo kaal, zijn gelaat zoo geel, zijn mond zoo droevig geplooid is, dat hy de ambitie verliest zijne sluike hairen éénmaal in de maand te doen knippen? Zie hem daar nu weder op de tentoonstelling. Zijn stukjen — het is ditmaal eene keukenmeid, die een koperen emmer schuurt — zal wel weer slecht geplaatst zijn — zeker te hoog of te laag voor menschelijke beschouwing. De vorige maal was het, alsof het zijne bewonderaars onder de engelen zocht, nu zal het misschien in de diepte zijn nedergestort. *Flectere si nequeo Superos Acheronta movebo*, zucht hy niet, want hy verstaat geen latijn. Zijn vader was een rijtuigschilder, beroemd om zijn blinkend en nooit barstend vernis; maar de zoon had te veel "zenie," om by het vak te blijven. Hy vorscht met schijnbare onverschilligheid de plaats uit, aan zijn meesterstuk beschoren. Het schikt nog al wat de hoogte betreft; maar in dit hoekjen is immers weer niets geen licht op den koperen emmer. Ach! de geheele wareld gaat er ook voorby. Nutteloos staat deze Apelles op de wacht: noch de tripjens, noch de voet van zijne keukenmeid worden beoordeeld! niemand zegt iets van den koperen emmer, waarvan zijne vrouw immers had betuigd, dat zy meende er haar muts in te kunnen opzetten! Als de bewegelijke rij der aanschouwers, *die toch waarlijk by erger prullen stilstaat,* tot zijn werk is genaderd, schijnen zy plotseling gezicht en spraak verloren te hebben.

Stilzwijgen is een vloeck die meer bijt dan kwaadspreken.

Zijne eigen onafgebroken aandacht wekt zelfs niemands opmerkzaamheid op. — *En daar moesten zy dan die lijst nog om beschadigen!* zucht hy — *die lijst van twaalf gulden tien!* want het verguldsel had een knaauw gekregen, doordien het nog nat was, toen hy zijn tafereel inpakte, en, een maand te vroeg, verzond. Troosteloos verwijdert hy zich, om in stilte zijn gemoed te koelen aan het portret van dien poedelhond, wiens rechter oor misteekend is; maar, daar is het alsof hy iets hoort in den hoek van *zijne* schildery. Inderdaad! Eene jonge welgekleede dame en een dito jonge heer staan er in eene gebukte houding op te turen. Zoo schijnt dan nog iemand het der moeite waardig te vinden! Zie, hoe lang vertoeven zy: het zijn zeker liefhebbers; ontegenzeggelijk kenners! — Maar welk een onderdrukt gelach, nu zy er afstappen? Gerechte hemel! zy trekken een gezicht alsof zy het vrolijkste *Jan Steentjen* gezien hadden, in plaats van zijne eerbare keukenmeid, en nog even vangt hy de woorden op: *het heeft meer van een hond.* — Dat verwijt geldt, arme kunstenaar! het katjen op uw vóórgrond, niet veel grooter (ik beken het) dan een schaap van het kleinste ras! Het katjen, waarvoor uw eigen poes tot model verstrekte; het katjen, dat gy uitteekendet, des avonds, terwijl uwe tedere gade uw slaapmuts warmde op haar stoof! En (tot overmaat!) daar hoort hy diezelfde jonge lieden hunne bewondering uitgillen over dienzelfden poedel, wiens rechter oor misteekend is — *het is,* zeggen zy, nota bene! *het is alsof hy leeft.* *De naam is alles.* zucht hy, en kijkt op zijn zilveren zakuurwerk, het zilveren zakuurwerk van zijn eerzamen vader, den rijtuigschilder, beroemd door zijn blinkend en nooit barstend vernis. Het uur is geslagen, hy moet les geven. Ga heen, ongelukkig martelaar! ga heen naar de jonge juffrouw C. en vertel haar voor de honderdste maal, *dat zij toch hulplijnen moet zetten;* zy heeft het weder vergeten, en nu is de geheele anjer scheef; ga heen, en bedenk u onder weg nog eens, of gy u wel wagen zult aan die voorstelling van de heldendaad van VAN SPEYK, waarvan ook al voorstellingen genoeg zijn. Vervolg uwe lessen van uur tot uur, en van dag tot dag! Met een weinig meer talent zoudt gy misschien, met een weinig minder zeer zeker gelukkig zijn.

N°. 2. *Een familietafereel.*

Het is een mijnheer en eene mevrouw van middelbare jaren, en een jonge heer en eene jonge juffrouw in den bloei der jeugd, en een kleine jongen van zeven jaar daarby. Ik beschrijf u hun costuum niet; er is weinig opmerkenswaardigs aan. Het zijn menschen uit den deftigen middenstand, goede lieden, niet haagsch, maar kleinstadsch gekleed. Ik sla een blik op de physionomiën. Mijnheer ziet, dunkt my, een weinig knorrig. Vraagt gy de reden? Deze menschen komen eigenlijk zóó pas uit eene naburige stad met eene calèche aangereden, waarin zy met hun vijven hebben gepakt gezeten. Mijnheer heeft drukke affaires, waarby zijne tegenwoordigheid slecht gemist kan worden; hy ziet tegen alle uitstapjens op als tegen zoo vele bergen, en hy houdt daarenboven niet van rijden. Maar mevrouw wilde zoo „dolgraag„ de tentoonstelling zien; al de mevrouwen zagen die. In een zwak oogenblik, hy moest het bekennen, had hy het haar beloofd. Ik meen wel, aan den avond van een dag, dat hy geen lust gehad had menschen te zien. Ook waren de kinderen nooit in den Haag geweest, en het Haagsche Bosch — „het was zoo heerlijk!„ Vroeg in den morgen kwam het rijtuig voor. Het was tamelijk mooi, ja! het wàs mooi weer! Maar, zoodra de paarden het Haagsche Bosch, „dat zoo heerlijk was,„ hadden bereikt, of het spel sprak, scheen het dat donkere wolken den hemel betrokken, en nóg was het hôtel van prins FREDERIK niet in het gezicht, of de stortregen kwam neder! — In het plan stond, dat men op het Tournooiveld, in den Doelen, af zou stappen, en zich eerst behoorlijk en op zijn gemak verkwikken. Mijnheer is gesteld op zijn leefregel. Maar men heeft geen regenscherm! en dan — de straten! — men vindt dus beter dadelijk op de tentoonstelling aan te rijden. Van dat de eerste zwarte wolk was komen aandrijven, en de eerste rimpel op papaas voorhoofd bespeurd is, heeft mama alles in het werk gesteld, om het gesprek levendig te houden. Zy was onuitputtelijk in de verhalen van de genoegens, die zy in hare jeugd in dit „eigenste Haagsche Bosch„ gesmaakt had. Maar byna geen woord is er gesproken sedert de eerste vochtdruppel viel, en het „daar hebben wy het al!„ van de lippen van het achtbaar hoofd des huisgezins geklonken heeft. Mevrouw, die de reis heeft dóórgedrongen; het jonge meisjen, dat haren vader met haar vooruitgebabbel over dat feest heeft verveeld; en de jonge heer, die gezworen heeft, dat het mooi weer zou blijven, voelden zich als het ware verandwoordelijk voor iederen regendrop, die viel, vallen zou, of zou kunnen vallen, en ongerust zagen zy elkander aan. „Kom aan dan maar! — de tentoonstelling!„ had papa gezegd, toen het rijtuig stil hield, en de familie werd uitgepakt. Maar in de stemming, waarin Z. Ed. verkeerde, viel het hem nog al tegen, dat hy voor ieder persoon van zijn gezin een catalogus te koopen had, alleen de kleinste uigezonderd. Maar mevrouw! — Haar triomfante blik roept my toe: „wy zijn er!„ en het beminnelijkst lachjen vervangt, zoodra zy zich in het locaal gevoelt, den angstigen trek, die in de volle calèche om haren mond speelde. Ondertusschen is deze lieve familie nu véél te vroeg gekomen. Daar is nog byna niemand: dit valt de nog wel eenigzins wareldsche dame tegen; niemand om gezien te worden! niemand om hare lieve dochter te zien! Het is waarlijk een mooi gezichtjen, en my dunkt het gelukkigste van allen; eene ongemaakte vreugde verschijnt op haar gelaat, nu zy de bonte rijen van tafereelen overziet. Maar zy had zich toch alles veel grooter en veel mooier en veel treffender voorgesteld. Tien zulke zalen, duizend meesterstukken! Zy telt pas zestien jaren. — Mijnheer haar broeder is een jaar ouder, en dus in dien lieven leeftijd, waarin men meent voor iets goeds te zullen gehouden worden, wanneer men den schijn aanneemt van iets kwaads, dat men niet is. Hy heeft al de airs, al de bewegingen van een recht lastigen wijsneus, en schijnt nog in twijfel te hangen wat hy liever wezen zal, éen fat of een lompert. Hy verbeeldt zich kunstkennis te hebben, en is, om daarvan proeven te geven, gestadig in de contramine. Al de stukken, die zijne goede moeder opgetogen doen staan van verrukking, acht hy infaam geschilderd, slecht van kleur, dwaas van gedachte, plat, zonder diepte, kortom rechte bokken van ongerechtigheid, die hy met al de fouten van alle slechte schilderyen belaadt. Zijne zuster dwingt hy tot de bewondering van grove, wilde, breedgepenceelde studiekoppen van bandieten en ijzervreters „waar genie in zit,„ en die haar volstrekt beter moeten bevallen, dan het liefste heiligenbeeld der wareld. Hy is altijd eene schildery of wat vooruit, en zoekt ter sluik de nommers op in den catalogus, en toont dan zijne meerderheid over zijn vader door hem in strikken te lokken, en tot dwaze weddingschappen te verleiden, over den waarschijnlijken autheur van dit of dat tafereel, waarvan de gedrukte letter hem den schilder heeft doen kennen; en na bewezen te hebben, dat hy dien aan zijne lichtvalling, of aan zijne behandeling, of aan zijne stoffaadje, of aan zijne ordonnantie kent, laat hy den goeden man, die toch al niet wèlgemutst is, van tijd tot tijd eene ongelukkige figuur maken. Mevrouw heeft een treurig gebrek aan ordelijkheid in hare beschouwing. Nu is zy in dit gedeelte der zaal, maar plotseling verplaatst zich hare nieuwsgierigheid naar het tegenovergestelde; nu eens wordt zy door deze of gene uitstekende verwe aangetrokken, dan weder verlokt door haar aangeboren zucht om gelijkenissen op te merken. „Zie toch eens, lievert! vindje niet, dat dat jongentjen veel van ons PIETJEN heeft?„ Het tafereel, waarvan zy spreekt, is de voorstelling van een lief kind, met het hoofd voorover gebogen op den kop van een patrijshond, en door een onzer eerste meesters geschilderd. (Een recht serafijnengezichtjen, waarmeê ik, in het voorbygaan, de moeder geluk wensch). PIETJEN — het is het zevenjarig jongetjen, dat ik u nog niet beschreef — PIETJEN is een onge-

lukkig wicht, door de engelsche ziekte mishandeld, met een groot drie-
kant hoofd, en bleek, zeer bleek! In zijne fledsche oogjens schemert
maar een flaauwe levensvonk. Ik weet niet recht, of hy een zakdoek by
zich heeft. Maar aan zijn costuum is smaak, noch kosten, noch tijd gespaard. De kinderen van onze dagen worden allerdichterlijkst, aller-
theatraalst gekleed. Eene vierkante uhlanen-muts met een gouden kwast
siert zijn hoofd, en een schotschbont pakjen, waarvan de breede plooien
door een nog breeder verlaktlederen riem met énormen gesp worden in
toom gehouden, en waarvan de ruiten zoo groot zijn, dat de rug van het
schaap volmaakt een gevierendeeld wapenbord vertoont, begraaft zijne
tengere ledematen. Een fijn geplooid kraagjen, dat hem in de ooren
prikt, wordt naar hetzelfde stelsel van inperking te keer gegaan in iedere
buitensporige golving, die het zou kunnen aannemen, door een dasjen van
turkschgeele zijde, zeer uitvoerig gestrikt. Een wit engelschlederen
broekjen, tot groote zielesmart van mama, aan de trede der calèche by
het uitstappen vuil gemaakt, omkleedt zijne kromme beentjens, eindi-
gende in witte kousjens en lage schoentjens. ″Vindje niet, lievert! dat
dit jongetjen veel van ons PIETJEN heeft?″ vraagt de moederlijke moeder.
Maar hoe groot is hare ontzetting, nu zy, opziende naar een andwoord,
niet haren echtvriend gewaar wordt, maar wie weet welk een groot haagsch
heer, met eene ridderorde en een knevelbaard. ″Excuseer, mijnheer!″
en met eene kleur als vuur ijlt zy weg, en sleept haren wettigen gemaal
voor de beeltenis van den lieven jongen, ″die zoo veel van PIETJEN heeft.″
  Zoo heeft men een geheel uur gesleten. Mijnheer meent, dat het lang
genoeg is: de wijsneus beweert, dat er niets ″eigenlijk moois″ is; de
jonge juffrouw heeft een dollen zin opgedaan, om met een blooten hals
en gouden ketting geportretteerd te worden; en mevrouw vindt, dat men
niet weg moet gaan vóór men de haagsche menschen nog eens gezien heeft.
Het rijtuig, dat intusschen weer vóórgekomen is, zal daarom nog wat
wachten. Maar de haagsche menschen komen nog niet; de *beau-monde*
zou nog niet *kunnen* komen. Men slentert nog een half uurtjen; en ziet,
de zon breekt dóór! Men moet van het goede weer gebruik maken, om
naar het haagsche bosch te gaan, ″dat zoo heerlijk is.″ De familie ver-
eenigt zich by den uitgang. ″Heden mijn tijd!″ zegt mevrouw, ″daar
hebben wy het stukjen van KO nog niet gezien: dat moesten we toch nog
eventjens opnemen.″ — ″Och! laat het stukjen van KO nu maar rusten!″
zucht mijnheer. ″Het zal wat wezen!″ merkt de wijsneus aan. Maar
mevrouw durft de moeder van KO niet onder de oogen komen, tenzij ze
het stukjen van KO gezien heeft. Ko nu is een neefjen van de familie, een
bedorven kind, dat niet onaardig teekent, weshalve zijne moeder besloot, dat hy moest schilderen, en toen hy iets dragelijks voortbreugen
kon, besloot zy al verder, dat hy iets naar de tentoonstelling zenden
moest. ″O zijne koetjens! men denkt dat ze zullen gaan bulken!″ En
nu de zaal weer binnen. En nu zoekt mijnheer in den catalogus, en me-

vrouw in den wilde, en de dochter in schijn, en de wijsneus in het geheel niet naar het stukjen van KO. Het stukjen van KO is nergens te vinden. *Hoe groot zou het zoo wat zijn? Zeker niet zoo heel groot.* Einde- lijk vindt men een stukjen met koeien, van RAVENSWAAI, of een ander, — ja, dàt zal het wezen, dat is wel zoo wat in zijn manier — en liever zon- der den catalogus op te slaan, uit vrees van gedétrompeerd te worden, sleept mijnheer de familie nu mede, volmaakt tevreden over het stukjen van KO. — Daar gaan zy heen. Het is ondertusschen weer begonnen te regenen. Het geheele luchtruim schijnt uit graauw papier gesneden. Daar gaan zy heen, om het haagsche bosch te zien, *dat zoo heerlijk is,* en op het scheveningsche badhuis te eten, *dat zoo voornaam is,* om daarna huiswaarts te rijden: mijnheer met de zekerheid, dat hy morgen dubbel zal moeten werken; mevrouw, maar half tevreden, omdat zy zoo weinig men- schen gezien heeft; de zestienjarige met den hopeloozen wensch in het hart, om met een blooten hals en een gouden ketting te worden gepor- tretteerd; en de wijsneus, veroordeeld om den geheelen weg over met den kleinen schotschen engel op zijne knie te zitten.

N°... — Maar neen, ik stap van de nommers af; ik weet niets ver- velenders en ontrustender dan getallen; ik geloof, dat zij u in sommige omstandigheden de koorts op het lijf jagen. Ik sluit dus mijn catalogus, en verzoek u liever, u met my te verplaatsen te midden van dien bon- ten hoop van aanschouwers, nu het uur *du bon ton* geslagen heeft, en het vol wordt in de zaal. Welk een gefluister! welk eene drukte! welk een gedrang! maar een zacht, een beleefd gedrang, een gedrang van zijde en fluweel! Zie deze oude barones, geleund op den arm van haren zoon, den kamerheer. Zy is blij dat ze boos kan zijn, omdat er nog altijd eenige burgerlieden in de zaal zijn gebleven. — Zie deze brillante modemaakster, met haar valsch goud, en geplekt zijden kleed, zich de airs gevende van eene freule, en nu eens met eene radde haagsche tong, dan eens in slecht fransch, de schilderyen ruim zoo luid beoordeelende, als de hoogste hooggeborene. — Aanschouw dat lieve burgermeisjen, slachtoffer van de eerzucht haars broeders die schrijver is by een mi- nisterie, en alzoo een bril en veel fijner laken draagt dan zijn vader uit den lintwinkel. Hy wilde volstrekt niet vóór het *fashionable* uur naar *de expositie*; en nu leeft zijn lief zustertjen, die zich wel naar hem schik- ken moest, in gestadige angsten, en durft zich niet in het gedrang wagen, en heeft de vermetelheid naauwelijks, om zich voor het beeld van de *oude vrouw den Bijbel lezende* te plaatsen, waarvan zy zoo veel heeft hooren spreken; zy bereikt het eindelijk, maar beschouwt het niet dan met een schuchteren blik, en gereed om de vlucht te nemen voor de eerste groote dame, die er haar lorgnet op schijnt te zullen rich- ten. Ach! zy gevoelt zoo diep en zoo dikwijls, dat zy maar een *juffertjen* is. Tot haar groot geluk redt haar de komst van haars broeders chef uit al de pijnlijkheden dier folterzaal. — Geef u de moeite den blik van stomme bewondering dezes eenvoudigen, van onverschilligheid dezes onbeduidenden, onderling, en met het oog van verachting dezes veertigjarigen jongelings, „die zoo véél gezien heeft in zijn leven en op zijne reizen,„ te vergelijken. — Let op dezen rampzaligen Narcissus, gelukkig door zijn bont vest en zijne stroogeele handschoenen, die, op den knop van zijn rotting zuigende, zichzelven voor eene zeldzame vereeniging aller mannelijke schoonheden houdt; die de dames meer belangstelling vergt dan al de portretten van geleerden, en cavalerie-officieren, en zeemannen in de zaal, en waardig is, om in al de bochten, waarin hy zich wringt, te worden afgebeeld, om de bewondering aller tentoonstellingen uit te maken. De onbetaalbare levende ledeman! — Sla uw oog op dezen geaffaireerden aanschouwer, neen doorvlieger van de zaal, wiens gewichtig gelaat het telkens luider uitgilt, „dat hy wel wat anders te doen heeft dan schilderytjens na te loopen;„ — op deze jonge dame, die zelve schildert, en, met een tuyau in de hand, niet rusten kan vóór zy de stukken van haren lievelingsschilder gezien heeft, „dan is haar de rest onverschillig;„ — op dien student, die sterven zal, zoo er niet spoedig iemand komt, aan wien hy vertellen kan, dat hy de laatste *Exposition* te *Dusseldorf* gezien heeft. — „Maar wie is die jonge mensch,„ vraagt gy, „met dien lagen, breedgeranden hoed, die wilde hairen, dien dikken stok, dat heele korte jasjen, dien wijden geruiten pantalon? — Het is een schilder, een jong schilder.„ Gy vergist u; het is de vriend van iemand, met nog lager, nog breeder gerander hoed, met lange, maar schoone, gekrulde hairen, met een nog dikker, maar ook mooier stok, met een nog korter, maar fluweelen jasjen, en nog bonter pantalon. En *die* iemand is een schilder. *Deze* is zijn *alter ego*, zijn onscheidbare, zijn jakhals, zijn bewonderaar, zijn namaaksel, zijn overdruk, zijne schaduw. Hy wandelt met den schilder, hy doet keertjens te paard met den schilder, hy ontbijt met den schilder, hy gaat met den schilder naar den schouwburg, hy rookt, hy zwetst, hy biljart met den schilder; alleen hy schildert met den schilder niet. Dagelijks kunt gy hem in deze zaal vinden; want hy is een hartstochtelijk bewonderaar der schilderkunst en der schilders. Indien gy op dezen afstand het woord *artiste* op zijn voorhoofd meent te lezen, zult gy hem tot den gelukkigsten der stervelingen maken. Ook is *zyn* schilder hem menig idée verplicht, en zoo hy wilde..., ja zoo hy wilde!...

Zult gy nu nog vertoeven, totdat de laatste laatsten *du beau monde* verschijnen, die de zaal door huns gelijken bijna ontruimd vinden, en tot hunne groote wanhoop weder volgeloopen met „gepeupel,„ dat reeds gegeten heeft —? Of willen ook wy nu maar heengaan, uit vreeze, dat deze of gene onderzoeker òns uitteekent, als caricaturen van onverdragelijke leegloopers, die zich het air van opmerkers geven? —

1838.

DE WIND.

Het stormt buiten. Hoort gy het, mijne vrienden? het stormt. De wind is verschrikkelijk: vlaag op vlaag; hy loeit om uw dak, hy fluit door iedere opening, door elken doortocht. Hy beweegt uwe deuren en vensterramen. Het is noodweer. Zegt niet: *laat ons opstoken en byeen schikken, en eten en drinken, en zoo hard spreken, dat wy den wind niet hooren.* Het is epicurische lafhartigheid. Gelijk gy, by zacht en liefelijk weer, den blik wel duizendmaal uit het venster werpt, en de vriendelijke natuur in al haar rustig schoon aanschouwende, telkens uitroept: *het is heerlijk!* zoo ook past het u, op een dag als heden, althands een enkele maal naar den orkaan te luisteren, zijn woeden aan te zien, te denken aan de algemeene beroering, en te zeggen: *het is ontzachlijk!* Dit dunkt my, betaamt een man. Zy, die het niet willen — ik vreeze dat zy de stormen des levens met dezelfde kleinmoedigheid zullen zoeken te ontduiken. Neen, zy zeker zijn het niet, die in rampen en verschrikkingen, in onheil en nood zich van hun toestand overtuigen durven, of in den storm des tegenspoeds het hoofd opsteken en zeggen: *hier ben ik!* Zy sluiten hunne oogen voor het gevaar; zy schuwen het in te denken; zy sterken zich het hart, noch oefenen hunne zielskracht; zy hebben geen nut van hun leed; het zijn bloodaarts. Laat òns naar den storm luisteren.

Die wind, die ontzettende wind! van waar komt hy? werwaarts gaat hy henen? Vergeefsche vragen, door zijn krachtigen adem medegevoerd en verstrooid! De onzichtbare, de geweldige, de alomtegenwoordige! De reus der geheimenis! Hoog, hoog boven de aarde, om de lenden der bergen worstelt, woelt en geesselt hy; door rotsspleten en spelonken waart hy rond met snerpend geloei; in den diepen afgrond gromt hy; in de eenzame woestijn, waarin geen geluid gehoord wordt dan het zijne, drijft hij het zand te hoop; door de wildernis wandelt hy om met luidruchtig geweld: — en de onmetelijke zee, — is hy niet grooter dan zy? haar broeder, haar ontzachlijke speelgenoot, haar woedende bestrijder!

De onafhankelijke: hy waait werwaarts hy wil. Als gy hem uit het Oosten wacht, verheft hy zich in het Noorden. Gy gelooft, dat hy sluimert in het Zuiden — ziet, hy staat op in het Westen! Hoe spoedig is hy ontwaakt, hoe ijzingwekkend is zijn kreet, hoe onwederstaanbaar zijn aanval! De sterke; soms is hy speelsch en dartel; maar wee! wee! als het hem ernst is, want vóór hy den kampstrijd aangaat, is zijn triumf verzekerd. Het woud gaat hy door, als door SANHERIBS leger de slaande Engel des Heeren. De wateren woelen, zieden en branden. Hy ontbloot de beddingen, hy scheurt de steenrots van haar voetstuk af. De gelederen der golven breekt hy door, en speelt met haar schuim als waren het witte vederen, haren gehelmden kruinen afgerukt. Te vergeefs, zoo de zee zich opheft als een bezetene, dol van woede, bruischende van toorn. Hy grijpt haar aan, en schudt haar — tot zy machteloos en stuiptrekkende nederstort — en wie zich aan haar borst vertrouwden, wie zich waagden op hare gevaarlijke diepten .... Heere! behoed hen! zy vergaan.

Krachtige stem der natuur! hoe schokt gy de harten der menschen. Alle geluid van het onbezielde is door u, levende stem der lucht! Gy spreekt: de echo der bergen, de schoot der wateren, het dichte lover andwoordt u. Maar gy, gy overschreeuwt die allen. Wel moogt gy de stem des Heeren heeten. — Voorzeker neen: geen ontgrendeld rotshol, geen gonzende knods, geen losgelaten vleugelpaard, geen adelaar met klappende wieken bracht u voort, gy zijt de stem des Almachtigen. Zijn Geest is een adem, een aanblazing, een krachtig ruischen. Woest was de bajert, woest en ledig: geen orde, geen onderscheiding, geen licht, geen geluid. De duisternis zweefde over den afgrond. Alles stil en levenloos. Maar een krachtig, een zwoel, een vruchtbaarmakend windgedruisch ging over de diepte. Het was de adem Gods, broedende * over de wateren. Zy sidderden op die aanraking: die siddering was leven. De stilte was gebroken. Van dat oogenblik gingen van God uit scheppende kracht, orde en leven! — In het suizen van den avondwind behaagde het Jehovah den eersten zoon des stofs te verschijnen; en uit den wervelwind sprekende tot JOB, leerde Hy hem sidderen voor de mogendheid zijner almacht. — Hoort gy dit plechtig geloei? Welnu! zulk een gedruisch vervulde het gebouw, waar de discipelen byeenzaten op den Pinksterdag; het was Gods Geest, op aarde nederdalende in het ruischen van een geweldig gedrevenen wind.

Maar die symbool der kracht Gods, zoo onzichtbaar, zoo geducht, is het ook niet een schaduw zijner weldadigheid? Ziet, nu is hy geweldig en verpletterend; maar hy is toch geen woestaart, alleen uitgaande tot verdelgen! Als alles doodsche stilte is; de zon brandend; de korst der aarde gespleten; het geboomte verschroeid; het pas opgeschoten veldgewas schraal en met stof bedekt; als de kanker der verteering in stilte voortvreet, en de stinkende damp des verderfs hevelt uit het laauw moeras: dan verheugt zich de dood in een rijken oogst. Maar, in de verte ziet gy een wolkjen, niet grooter dan uw vuist, en het is u als hoordet gy den slagregen reeds ruischen: want de bode des Heeren is

---

* Gen. 1, vs. 2. Vg. Deut. 32, vs. 11. Hebr.

opgestaan, de breedgewiekte wind, die het in één oogwenk tot u zal brengen. Hy komt, de afgebedene, de gezegende! Voor zich henen drijft hy den pestwalm, die om uwe hoofden zweefde, en onder zijne wieken voert hy mede de trezoren der vruchtbaarheid en des bloeis, der gezondheid en der kracht. Hy vernieuwt het gelaat des aardrijks. Hy vaagt het stof af van den oogst; de sluimerende groeikracht wekt hy op uit hare bezwijming. Verkwikkend gaat hy om, en deelt frissche teugen uit van welvaart en van leven.

Herinnert gy u dien weelderigen zomeravond, dien gy zoo zeer genoot? De dag was drukkend geweest en benaauwd. De zon, krachtig tot het laatst toe, was ondergegaan te midden van purper en rozen. Nog zongen de vogelen niet. Er lag eene zwaarte op de geheele natuur. Alles was stil. Maar daar ontwaakte een zacht gerucht, het suizen van een liefelijk koeltjen. Hoe vingt gy het op met dorstige lippen, met hoe veel wellust ademdet gy het in, en liet het spelen door uwe bedaauwde lokken! Het kwam vriendelijk aangezweefd, beladen met den geurigen waassem van blad en bloem, en koelde lover en grasscheuten. Fladderend streek het over het laauwe water, en helderder en frisscher rimpelde dat, en ruischte als verheugd; de toppen der boomen vingen aan welluidend te zwatelen: — het was een liefelijk inéénsmelten van zachte en vredige geluiden. Het was u, als hoordet gy een stem van enkel liefde. Welnu! het was de stem der liefde Gods. Zoo ruischte zy den profeet in de ooren, op den top van Horeb, waar hy stond en den Heer verwachtte. En ziet, de Heer ging voorby, en een groote en sterke wind (als deze!) scheurende de bergen, en brekende de steenrotsen voor den Heere henen. Doch de Heer was in den wind niet. En na dezen wind eene aardbeving; de Heer was ook in de aardbeving niet. En na de aardbeving een vuur; de Heer was ook in het vuur niet. En na het vuur de stemme eener zachte koelte. Toen sprak de Heer tot ELIA. — Dit, mijne vrienden, staat in den Bijbel, opdat gy het lezen zoudt, in dezen stormachtigen tijd! O, 's nachts, 's nachts, als gy slapeloos nederligt, en de ontboeide wind gierende omgaat om uw huis, als een brullende leeuw, die schijnt te zullen binnendringen — dan gaat eene huivering u door de ziel! Zegt my, hebt gy gebeden? God, de Heer! voor wien stormen en orkanen zijn als dienaren, die, als Hy ze roept, tot Hem komen en zeggen: „Hier zijn wy!" — God, die ze uitzendt en terugroept, als boden en slaven, die Almachtige is zachtmoedig en liefderijk als eene zachte koelte. Slaapt dan in! Al waart gy ook tedere moeders, wier zonen verre zijn; misschien wel op den breeden vloed! Nog eenmaal gebeden, en dit bedacht! en het zal u wezen, als zweeg de wind, en als omringde u alleen de zachte, de kalmte aanbrengende liefde Gods. Slaapt in; die liefde sluimert nooit. Vreest niet — gelooft alleenlijk.

1838.

ANDWOORD OP EEN BRIEF UIT PARIJS. *

Eindelijk heb ik hem gezien, mijn vriend, gezien en bewonderd! Het monster van Bleeklo, de aangebedene, de gevierde, de hoop van allen die nog niet wanhopen aan den goeden smaak en den echten geest der hollandsche schilderschool; van allen die nog gelooven in het dunne coloriet van VAN DIJK en het krachtig penceel van FRANS HALS. Hoe zal ik u een denkbeeld geven van zijn manier, van zijn talent, ik die het Vaticaan niet gezien heb, en dat nog wel aan u, die geen der naaischolen van Bleeklo te vinden weet; of zeg my, kunt gy vergelijkingen maken, tusschen de vermoedelijke bekwaamheden der verschillende echtgenooten van de verschillende naaivrouwen BLOK, OVER DEN KANT, PREVEILIE en anderen? Neen voorzeker, gy weet niet, dat noch de man van juffrouw OVER DEN KANT, noch die van juffrouw BLOK, noch die van juffrouw PRE-VEILIE, noch zelfs die van NAATJEN DE ZOOM, nooit ofte nimmer het penceel behandeld hebben, overmits deze geen van allen den maagdelijken voor den huwelijken staat hebben verwisseld: en toch hoog over het hoofd van juffrouw DE ZOOM zetelt het genie, zetelt de hoop des vaderlands, het is haar vader. Het is niet de kunstenaar, dien gy in hem groet, het is de kunst zelve. Naauwelijks heeft hy den ouderdom van acht en zestig jaren bereikt; welk een heerlijke dageraad gaat voor de hollandsche schilderschool op! — Helaas! ik weet niet hoe ik het u duidelijk zal maken wat wy in hem te wachten hebben, wat zijn talent karakteriseert, wat hem op de onbereikbare hoogte die hy besteeg, geheel alleen doet staan, *geheel* geïsoleerd! En toch, ik wil het beproeven; ik wil het beproeven; want ik wil den Avondbode een vlieg afvangen, en het Handelsblad vooruit zijn. Ik wil u, in het hartjen van Parijs, het vaderlandsche bloed van edelen trots doen gloeien; ja gloeien, ja tintelen, ja bruischen moet het!

* Het volgende stukjen, hier om den wille der volledigheid opgenomen, is niet meer dan een grap. Het is de *parodie* van een brief aan Hildebrand door zijn vriend Baculus geschreven; brief, waarvan de inhoud enkel bestond uit eene (overigens welverdiende en welsprekende) lofrede op het genie der beroemde Treurspelspeelster RACHEL.

Gy zult weten wie onze Bleekloosche DE ZOOM is, al zou ik ook aan de aesthetische beschouwing van zijn talent iedere uitboezeming van vriendschap en hartelijkheid ten offer brengen; al moest ook dit mijn geschrijf veel meer van een feuilleton in een der genoemde dagbladen, of van een artikel in den Letterbode hebben dan van een vertrouwelijken brief — al moest van bladzijde 1 tot bladzijde 4 toe, DE ZOOM, DE ZOOM, DE ZOOM! uw lezende aandacht absorbeeren.

Zoo ik begin met u te zeggen dat DE ZOOM een monster is, zeg ik niet te veel. Hy heeft, als ik reeds zeide, pas acht en zestig jaren bereikt; nooit heeft hy een meester gehad; de natuur deed hem geboren worden met dat eigenaardig gevoel van 't schoone en verhevene, dat hy met zoo veel waarheid en kracht op het doek weet uit te drukken. Als een klein kind op school, teekende hy reeds zijn meester uit op de lei, met een pijp in den mond, en maakte hy patroontjens voor zijn zuster die uit borduren ging. Ook beschilderde hy niet zelden de deuren der pakhuizen en der nachtwachtsverblijfjens, met wit en rood krijt. Een voorbyganger vond hem met dit werk bezig en bewonderde de kracht van zijne schetsen. Die voorbyganger was zelf kunstenaar. Hy was huisverwer en glazenmaker. Weldra vertrouwde hy hem de kunst toe en wijdde hem in in de geheimen van het tempermes. Niet lang duurde het of hy begon zich op de uithangborden toe te leggen. Het eerst leerde hy koffykannen en theepotten schilderen: daarna werd hem zelfs de uitvoering van een glas bier toevertrouwd. Het opmerkelijkste was het schuim. Nooit had men zulk schuim gezien. Het was meer dan bierschuim; het was champagneschuim. Verbeeld u, mijn waarde! welk een verbeeldingskracht in een verwers jongen, wiens vader mandemaker was, en die dus, naar alle waarschijnlijkheid, nooit champagne had zien schuimen. Langzamerhand liet zijn meester hem toe ook wapens te malen: en hierin was het vooral dat zijn goede smaak uitschitterde. Met voorbeeldelooze stoutmoedigheid bracht hy alles tot het natuurlijke terug; alle leeuwen, geel met zwarte manen, gelijk de echte barbarijsche; hy wist van geen roode, geen blaauwe, geen zwarte. Die hem van *keel en sabel* sprak presenteerde hy een pak slagen, en hy zou eens byna gestorven zijn van woede, toen men hem zeide, dat sommige wapenschilders roode arenden hadden voorgesteld met blaauwen neb en blaauwe klaauwen. "Want," zeide hy, "een arend is bruin." En hy had gelijk. Ondertusschen was hy nu op de hoogte om tot het eigenlijk dierschilderen, voor zoo ver dit zijn meester te pas kwam, over te gaan, en reeds had hy werkelijk de schets gemaakt van een *dorstig hart*, toen de ongelukkige *troubles* van die dagen — tusschen 85 en 90 — ook den jeugdigen DE ZOOM in hunnen maalstroom meêvoerden. Hy verdween nu voor een poos van het tooneel en men hoorde niet van hem. Men spreekt van een spotprent die hy op den prins zou hebben gemaakt, waarvan de hoofdgedachte was: *een groote goudsbloem, die door*

20 *

een keeshond van zijn steel werd gebeten; en van nog eene andere op de engelsche natie, waarvan de voorstelling vergeten is geraakt. Hoe het zy, men zou DE ZOOM byna vergeten hebben, ware hy niet voorleden jaar plotseling weder te voorschijn gekomen met zijn meesterstuk: *'t Is een toer om der op te komen.* Het denkbeeld is niet nieuw. Een groot paard staat geheel opgetuigd en gezadeld, en een zeer klein man maakt zich gereed het te bestijgen, 't welk hem, aangezien de kleinheid van zijn postuur, zeer moeielijk valt. Alles is in deze schildery leven en beweging. De pogingen van den dwergachtigen ruiter, *die der niet op kan komen*, spreken door het groene jachtbuis heen dat hy aanheeft — men ziet hem vlak op den rug — in alle de spieren. Met veel geestigheid heeft de schilder zijne laarzen en sporen zóó zwaar en colossaal voorgesteld, dat men gevoelen moet dat ook deze eene belemmering zijn om het paard te bestijgen. Het uitstekendste van alles is echter het paard zelf, in welks voorstelling men zeggen mag dat het genie van DE ZOOM het zenith van zijne kracht heeft bereikt. Met voorbeeldelooze stoutmoedigheid heeft hy over de zwarigheden van zijn bestek, ja zelfs over de natuur gezegepraald, en de evenredigheden zoodanig weten te beheerschen en in te richten, dat vooral de hoogte van het ros, en dus de moeielijke bestijgbaarheid, sterk in 't oog springt. Dit heeft ten gevolge gehad, dat de hals zeer ingedrongen heeft moeten worden, en zelfs de kop niet dan klein kon wezen. Zoo als het dier is voorgesteld gelijkt het teffens op een paard, een olifant, en een hazewindhond; maar de karakters dezer drie schepselen spelen zoodanig dooreen in de schildery dat men zeggen kan dat het scheppend genie des schilders hier een nieuw wezen heeft voortgebracht. Ik spreek niet van de uitvoerigheid waarmeê het hoofdstel en de gestreepte rijbroek van den ruiter zijn afgemaald: noch van het landschap, waarover een donderwolk hangt, die door een magisch licht, dat uit den grond schijnt op te komen, wordt verlicht. Mijn bestek verbiedt my, hier verder over uit te weiden. Ook vergt gy het niet. Hetgeen ik van DE ZOOM gezegd heb, zal u genoegzaam hebben doen blijken, dat dit jeugdig talent gemakkelijk alle andere talenten in ons vaderland achteruitzet en overtreft.

DE ZOOM is niet groot van postuur; zijn gelaat is meer vervallen dan mooi. Gewoonlijk draagt hy een blaauwen slaapmuts met witten omslag: hy rookt en snuift beide. Hy draagt sedert vijf jaren een bruinen jas, halfsleets op een boelhuis gekocht. Zoo zag ik hem vóór my, bezig zijnde aan het portret van een zijner vrienden. Hy leide de laatste hand aan het hair, om vervolgens tot het voorhoofd over te gaan: want hy behoort niet tot die losbollen van schilders, die, voor zy nog eens geteld hebben hoeveel rimpels gy in uw tronie hebt, maar aanstonds, zes, zeven groote streepen neerzetten, kris, kras, heb ik jou daar! en u langzamerhand als uit een mist in het leven roepen.

„Men moet met orde werken,„ zegt hy; „menig schilder heeft een portret bedorven door aan den bakkebaard te beginnen vóór hy de wenkbraauwen hun eisch gegeven had.„ „Dit hair,„ zeide by my, „komt u wat stijf voor, maar de man draagt een pruik,„ voegde hy er by, „en ik zeg altijd, een pruik moet een pruik blijven.„

Van waar — o mijn vriend, verklaar my dit raadsel! — van waar heeft een mandemakerszoon deze stoutmoedige denkbeelden? O! het genie! Het genie!... Ik moet afbreken.

Bewaar dezen wèl. Ik wil hem naderhand laten drukken.

Uw vriend,

Hildebrand.

17 January 1839.

PS. Wisch de tranen over den dood van SCHOTEL uit uwe oogen.

TEUN DE JAGER.

Het laatste eenigzins teekenachtige dorp aan Hollands westelijken kustkant is zonder twijfel het armelijk Schoorl. Het ligt aan den voet der duinen, ter plaatse waar die het allerbreedst zijn, om by Kamp plotseling geheel af te breken, en tot aan Petten toe het land hunne bescherming te onttrekken, en dat groote open daar te stellen, hetwelk de beroemde Hondsbossche Zeeweering, tot welker instandhouding zoo veel paalwerk en zoo veel maaltijden onvermijdelijk zijn, noodzakelijk maakt. Even als in het aangrenzend Bergen, treft hier den wandelaar het aangenaam schouwspel eener hooge, met dicht kreupelhout en koele bosschaadjen bewassen duinhelling, en van die heerlijkheid, welke BORSELENS, BREDERODES en NASSAUS onder hare vroegere bezitters telt, af, tot aan ons klein Schoorl toe, gaat men, langs een bevallig slingerenden zandweg, ter wederzijde altijd in de schaduw van eiken, iepen, berken en allerlei geboomte, langs welks stammen zich hier en daar het klare duinwater in kronkelende beekjens voortdringt, en waartusschen zich aan weêrskanten, van afstand tot afstand, de kleine stulpjens der bewoners vertoonen, aan de oostzijde niet zelden half in het duin begraven, en van boven graauw van bloeiende mossen en knoestige zwam.

Ten einde van dit aangenaam pad steekt het groene torentjen van Schoorl spits in de hoogte, om op het eigenlijk dorp en zijn vele graanakkers neder te zien, waar de gort geoogst wordt, die tot de vermaardheden der alkmaarsche markt behoort. Die deze liefelijke bosschaadjen doorwandeld heeft, en, na zich eerst in den koelen lommer en daarna in de eenige herberg van het dorp te hebben verkwikt, nog hooger noordwaarts op wil, moet eerst zijne rekening met het geboomte sluiten; want hem toeft niet anders dan het Hondsbosch, dat in het geheel geen bosch is, daarna de Zijpe, Westfrieslands grootste drooggemaakte vlakte, en dan de woestijn van het Koegras, tot dat hy by den Helder in het Marsdiep staat te staren, en aan den oostkant het eiland Texel ziet opdoemen, waarvan reizigers verzekeren, dat er een lief boschjen bestaat tusschen de Burcht en het Schild, nietig overschot van vroegere woudpracht!

Het was in de laatste dagen van september 183*, op een zeer vroegen morgen, voordat de zon nog op was, dat de kleine deur van een der straks beschreven stulpjens, aan den duinkant naby Schoorl, openging, en zich een jonge man op den drempel vertoonde, die met oplettendheid lucht en windstreek in beschouwing nam. Een schoone bruingevlekte patrijshond was reeds, zoodra de bovendeur was opengegaan, over de onderdeur gesprongen, en rolde zich nu met kennelijk genoegen voor zijne voeten in het zand, of sprong tegen zijne kniên op, en legde zich dan weder voor een oogenblik, met de voorpooten uitgestrekt en den kop daartusschen, neder, om straks weêr op te springen, zachtkens jankende en alle de geluiden en figuren ten uitvoer brengende van een jachthond, die genoegen smaakt. Over 't geheel is er geen dier, dat lichter te vermaken valt, en minder spoedig blasé is: zijn meester behoeft slechts naar het geweer te grijpen, en deze beweging roept dadelijk de schitterendste vooruitzichten van genot en zaligheid voor de ontvlamde verbeelding van den hond, waarvan ik my overtuigd houde, dat de opgenoemde vreugdeteekenen slechts flaauwe bewijzen zijn, vergeleken by het gevoel, dat zijn ruige borst doortintelt, en zulks niettegenstaande hy zeer wel weet, dat al de genoegens van den dag zullen bestaan in loopen, staan, drijven en apporteeren, zonder ooit of immer eenige hoop te kunnen voeden op het geringste aandeel in den buit.

De jonge jager — want het was er een — zag er in zijn versleten groen buis, met de oude weitasch en ouden hagelzak kruislings over de beide schouders, de broek in de laarzen, de groene lakensche muts schuins opgezet, en het kort dubbel jachtgeweer, met het groen, afhangend cordon onder den arm, recht teekenachtig uit. Hy was groot en forsch, een blonde zoon der Celten, en zijn bruin verbrand gelaat deed het helder blaauw zijner oogen te meer uitkomen; maar op dit oogenblik, als hy eerst naar de lucht en daarna om zich keek, hadden zy eene neerslachtige uitdrukking.

„Koesta, Veldin!" riep hy, en het was, of de blijde sprongen van het dier hem verveelden, dat niet gehoorzaamde aan dit bevel, maar zijne kniên nog steeds met dezelfde vrolijkheid bleef lastig vallen, daar hy de deur sloot. Hy gaf Veldin een schop.

Het dier droop met den staart tusschen de beenen af, en jankte.

„Kom maar hier, Veldin!" hernam de jager, berouw toonende. En hem den kop streelende, voegde hy er by: „Kan jy 't helpen, dat de baas slecht gedroomd het?"

Hy nam den weg aan naar het dorp.

Indien de Schoorlsche jeugd haar TEUN den Jager, want zoo heette hy algemeen, op dezen vroegen morgen had zien gaan, zy zou haar oogen naauwelijks geloofd hebben. Want nooit zag zy zijn oog zoo droevig, nooit zoo ter aarde geslagen; nooit was zijn stap zoo slenterig en onverschillig. Hy was onder hen voor den opgeruimdsten borst

van het dorp bekend, en hetzij hy de kinderen en nieuwsgierige knapen wonderlijke jachtleugens diets maakte, hetzij hy de jonge meisjens
koude hagelkorrels in den halsdoek vallen liet, of de oude besten met
zijne vrolijke invallen opleukerde by het spinnewiel, altijd scheen het
uit zijn hart te komen, uit zijn zorgeloos en blijmoedig en luchtig hart.
En toch behoorde TEUN de Jager tot die gestellen, by wie de vrolijkheid minder eene eigenschap dan een vermogen der ziel schijnt te zijn,
en was er onder deze levendige beek zijner opgeruimdheid, waarin zich
niets dan licht en bloemen schenen te spiegelen, een bodem van ernst
en droefgeestigheid. Aan deze gaf hy zich niet zelden in de eenzaamheid over, en eene kleinigheid was in staat, hem in die stemming te
brengen. Dan was hy moedeloos en zwaarmoedig. Dan dacht hy,
zonder merkbaren overgang, aan zijne moeder en zijn vader, die hy
had zien sterven, en aan de groene boomtjens van het kerkhof; dan
zag hy voor zichzelven geen ander verschiet dan van armoede en gebrek, tot de tegenwoordigheid van menschen hem uit de mijmering op-
wekte, en hy weer de vrolijke, grappige TEUN de Jager was van altijd.
De jacht was zijn lust en zijn leven, en van half september tot 1 january genoot hy eerst recht. Met het vrolijkste gezicht van de wareld
ging hy telken morgen vóór de zon in 't veld; maar wonderlijke dingen kon hy denken op de lange, eenzame wandelingen, met het geweer
in de hand, en niemand rondom hem dan zijn getrouwe Veldin. Heden scheen er veel naargeestigs op til te zijn voor zijn hoofd en gemoed, want traag en druilend was reeds het begin.

Zijn gelaat helderde evenwel niet weinig op, toen hy by een klein
huisjen stilstond, dat zich aan zijn rechterhand half tusschen het geboomte verstak. Hy luisterde aan het gesloten venster. Eén oogenblik scheen hy te aarzelen; toen vermande hy zich, en tikte met de
bruine knokkels twee- driemaal tegen het oude luik. Een geluid van
binnen, alsof er een stoel verzet werd, beandwoordde dit sein.

Hy glimlachte.

»Ze zullen er wezen!« riep hy luide.

»Wel goed!« andwoordde eene welluidende vrouwenstem, die uit de
diepte scheen te komen.

Nog een oogenblik vertoefde hy, en langzaam vloeide de glimlach
weg op zijn lippen, en hernam zijn gelaat de sombere uitdrukking van
zoo even. Hy hief zijn hoofd op en wenkte den hond.

Hy floot zachtkens. Veldin was dichter by dan hy gedacht had, en
sprong uit het hooge toeterloof, waaronder zich vlak naast het stulpjen een kleine duinsprank verschool, te voorschijn.

»Duivelsche hond! moet je nou al zuipen?« gromde hy baloorig.
Maar terstond veranderende, zei hy zacht tot zichzelven: »Als ZIJT-
JEN wist dat ik knorrig op den hond was! Ik verdien van daag on-
gelukkig te zijn.«

Een ongelukkige overtuiging voor iemand, die ter jacht gaat.

Nu verhaastte TEUN de Jager zijne schreden, en bereikte het dorp. De hond scheen het akkerland voor zijne bestemming te houden, en verwijderde zich rechts af. Hy riep hem terug.

„Hierheen, Veldin!„ zei hy vriendelijk: „je mot klimmen, man! Ze hebben de stoppels nog niet noodig; in 't duin is nog genoeg te grazen.„ En by wendde zich links.

„Mot je boven wezen, TEUN?„ vroeg een man, die ook al op scheen te zijn, en plotseling te voorschijn kwam, met een grijs buis met jachtknoopen, een stok in de hand, en een hoed, met een groenen band er om, op.

„Ja, JANTJEN!„ andwoordde de jager; „ze zijn nou nog te drok bezig op de geest.„

„Je spreekt een waar woord,„ zei de oppasser van het Berger Bosch, want die was het. „Wil je niet reis opsteken?„ vroeg hy er by, hem minzaam zijn pijp voorhoudende.

„Dank je, JANTJEN!„ hernam TEUN: „'k heb van daag me tabak nog niet verdiend. Je bent er al vroeg by. Heb je een strooper op 't spoor, of hoe zit het?„

„Neen, maat!„ andwoordde de oppasser. „Ik ga op Schoorldam af; ik mot te Alkmaar wezen, en ik rij met JAAPIE mee. Een gelukkige jacht!„

„Dank je, hoor!„ zei de ander. En van den hond gevolgd, naderde hy het duin, en maakte zich een weg door het kreupelhout, nat van den mist, waaruit duizend nietswaardige mosschen verschrikt opvlogen, en klom naar boven.

Toen hy den top des heuvels bereikt had, zag hy op het dorpjen terug. De zon begon de kim te bereiken, en wierp reeds hare eerste stralen uit. De najaarsmist begon te blinken van al die kleurige tinten, die het doen schijnen, alsof de regenboog op aarde is afgedaald; het kruis op de torenspits begon te glimmen, en de droppelen, die aan de punten der dichte bladeren beefden, namen hunne poëetische gelijkenis van schitterende juweelen aan. Zijn oog zocht het plekjen, waar ZIJTJENS stulpjen zich onder het geboomte verschool. Niets bewoog zich daar, en ook in geheel het dorp was alles nog in stilte begraven; een enkele haan kraaide; een enkele hond kroop langzaam uit zijn hok te voorschijn; maar geen menschelijk wezen bewoog zich. Alleen zag hy, op het rechte pad naar Schoorldam, den jachtoppasser, die zijnen weg met haastige schreden vervolgde.

„Alles slaapt nog,„ zei TEUN de Jager tot zichzelven, „en ZIJTJEN is zeker ook weer ingesluimerd. Zouën ze allegaâr droomen? — Gekheid!„ vervolgde hy, en haalde zijn veldflesch te voorschijn, en zich houdende, alsof hy den hond toedronk: „Komaan, Veldin! den eersten zen dood!„

Daarop spande hy de beide hanen van zijn dubbelloop, en begon het jachtveld af te treden.

In geheel Schoorl en Bergen was geen beter jager dan TEUN. Hy behoorde tot die weinige gelukkigen, die zoo goed als zeker van hun schot zijn. "Weet je wel, waar 't an houdt," had oude KRELIS eens gezegd, daar hy voor *De Roode Leeuw* met eenige boeren op de bierbank zat, en TEUN voorbykwam, beladen met een zwaren jachtbuit: "weet je wel, waar 't an houdt, dat TEUN de Jager, als er twee hoenders opgaan, de een vóór hem en de ander achter zijn rug, ze toch allebei neêrleit?" — "Omdat ie een dubbel geweer het," had men geandwoord. — "Mis, maat!" had KRELIS gezeid: "omdat ie een dubbel man is." Vandaar, dat TEUN de Jager ook nimmer klaagde over al die contrariëerende omstandigheden in de vier elementen, waaraan een aantal jagers het alleen toeschrijven, zoo zy platzak thuis komen, en zelden breed opgaf van hazen of patrijzen, die hy wel niet thuis bracht, maar waarvan hy zich overtuigd hield, dat zy in een of andere onnaspeurbare krocht aan hunne wonden zouden moeten overleden zijn.

De teug, het voor een jager zoo welluidend getik der hanen van zijn geweer, de vrolijke zonneschijn, schenen TEUN de Jagers somberheid te verdrijven en hem moed in te boezemen; de omstandigheid, dat hy het jachtveld werkelijk bereikt had, wekte zijnen geest op. Veldin sprong wakker voor hem uit, en begon al spoedig zeer gewichtig met den neus langs den grond te snuffelen.

"De hond begint nou al te werken," zei TEUN; "dat zal goed gaan."

Ook duurde het niet lang, of een schuchter haas sprong op. De twee schoten vielen, het een na het andere. De hond sloeg aan; het haas was vrij.

"Wat duivel nou?" riep TEUN de Jager, en smeet het geweer neder. Verbaasd zag hy den langoor na, die nergens gekwetst was, en, van den hond vervolgd, de vlakte doorvloog, tot hy aan de andere zijde van een duin verdween, waar Veldin hem woedende en met een onophoudelijk kort keffen nazat, maar telkens grond verloor.

Hy floot den hond terug, en laadde op nieuw.

"Ik dacht wel, dat ik ongelukkig wezen zou!" riep hy uit. "Nou, 't was maar een haas! Zacht, Veldin!" En hy vervolgde zijn weg.

"'t Was maar een haas," zei TEUN de Jager; maar wat wilde hy dan? Laat ik u iets van ZIJTJEN vertellen, en gy zult het begrijpen.

Ik zal niet beginnen met te zeggen, dat ZIJTJEN de mooiste was van al de Schoorlsche meisjens; want zulk eene uitdrukking zegt soms niets, soms te veel, en is in alle gevallen afgezaagd. In duizend verhalen is het meisjen altijd het mooiste van den omtrek. Maar zeker was zy een allerliefst kind, teerder en fijner dan de meeste boerinnetjens, en dat het zilveren oorijzer van zondags, in de week zeer goed missen kon, om er allerbevalligst uit te zien. Zy was een weeskind en de steun en troost van eene oude grootmoeder en een doofstom broêrtjen van een jaar of tien. Dit drietal maakte te zamen het kleine huishouden van 't stulpjen onder 't geboomte uit. En behalve hare grootmoeder en het ongelukkige kind, had ZIJTJEN niemand liever dan TEUN den Jager, en indien zy 't hart gehad had, om ooit ofte ooit aan haar grootmoeders dood te denken, zou zy er misschien al heel na aan toe geweest zijn, om zich voor te stellen, TEUN de Jagers vrouw te worden. Zoo als de zaken nu stonden, plaagde zy TEUN en TEUN haar uit alle macht, en verder kwam het niet. Maar de oude groot- moeder mocht TEUN graag hooren schertsen, en het doofstomme kind was overgelukkig, als het hem naderen zag, en als hy het leerde, knip- pen van steenen te maken om mosschen te vangen; en ZIJTJEN zag TEUN met groote, heldere, donkerblaauwe oogen al heel vriendelijk aan, als hy den jongen voorthielp en liet hobbelen op zijn knie, tot hy van vreugd het eenig geluid maakte, dat hy te voorschijn kon brengen. En 's avonds, als TEUN naar huis ging, gebeurde het wel, dat zijne lippen haar blank aangezichtjen (en ook niet meer) aanraakten; en het *wel te rusten, TEUN!* was er niet minder vriendelijk om.

Maar gisteren avond had ZIJTJEN hem erg geplaagd, want het was reeds de zesde dag van de jacht, en schoon TEUN menig haas had thuis- gebracht, hy had nog geen enkel patrijs geschoten.

Neen, TEUN-broêr! had ZIJTJEN gezegd: *hair, dat gaat nog, maar veêren kan je niet schieten; die zijn je te gaauw of, maat!*

Hoeveel hoenders wil je, dat ik je morgen thuisbreng? vroeg TEUN.

Ik zal 't je maar niet te zwaar opleggen, jongen! andwoordde ZIJ- TJEN. *Schiet er twee, en ik zel leuven, dat je 't nog kenne.*

't Zel beuren, ZIJ! riep de jager, en sloeg zijn arm om haar mid- del: *'t zel beuren na je woorden, of mijn naam zal geen TEUN de Ja- ger meer zijn!* En hy trok haar naar zich toe.

Bedaard, TEUNTJEN!* riep het meisjen; *geen gekheid, hoor! Zoe- nen? ben je raar? Als er maar eerst hoenders zijn, dan zellen we reis kijken. Foei, jongen, geen gekheid!* En ze lachte, dat ze schater- de, om aan de ernstige waarschuwing klem by te zetten.

Erg best, andwoordde de minnaar; *maar weetje wat, ZIJ? geef me een zoen op hand; en als ik je morgen geen hoenders breng, zoen me dan nooit weêr; maar breng ik ze mee, wee je gebeente!*

Gedaan! riep ZIJTJEN vrolijk, en zy trad naar hem toe, en gaf hem een fikschen handslag, en liet zich een kus op de wang drukken, waarby haar mondtjen zich iets of wat minder afdraaide dan anders; en de doofstomme jongen, die het aanzag, lei zijn hoofd in zijn nek, sprong in het rond van genoegen, en klapte in de handen op het heu- chelijk gezicht.

Verbaast het u dat TEUN de Jager heden met eenige verachting op *maar een haas* nederziet?

En toch, had hy het haas maar gehad! want het scheen er meer en meer naar te staan, alsof hy niets thuis zou brengen. Te vergeefs

had hy reeds een paar uur door het breede Schoorler duin omgedwaald,
door valleien, waar hy tot over de enkels in het dichte, bruine mos
stapte; over witte blinkerts, waar het drooge, rollende zand zijne voet-
stappen uitwischte; langs vlakten, waarin brakke poelen den grond door-
weekten; nergens, om een Noord-Hollandschen jachtterm te gebruiken,
„nergens bedekte* hy leven.„ Wel speurde hy hier den voet van een
haas, en verder het gewei ** van hoenders; maar noch het eerste, noch
de laatste deden zich voor. Hy schoot met zekere kwaadaardigheid
een witten uil, die zich op zijne lichte diabolische wieken uit een hees-
terwilg ophief; raapte hem op, en smeet hem verachtelijk van zich.
Veldin berokkende hem ook nog eene laffe teleurstelling daar hy voor
iets stond, dat, toen het eindelijk uit het dikke mos opvloog, bleek
niets meer dan een slechte leeuwerik te wezen; en zoo verliepen de trage
uren, en TEUN de Jagers neêrslachtigheid kwam terug, nog vermeerderd
door de vermoeienis en de hitte van den stijgenden dag. Op eens
was het, alsof er een luchtig windtjen opstak, dat verkwikkend door
zijn bezweete hairen blies, en toen hy daarop nog één hoogen witten
zandheuvel besteeg, zag hy de groote zee voor zich.

De zee is altijd een ontzachelijk gezicht; maar als men haar ziet op
een volstrekt eenzamen plek, met niets dan het dorre duin links en rechts
en achter zich, zonder hut aan het strand, of zeil op hare vlakte, dan grijpt
de aanblik dier uitgestrekte ledigte u dubbel aan. U overvalt een gevoel, alsof gy nu werkelijk aan de uiterste grens der wareld stondt;
alsof gy nu inderdaad de eenige, de laatstovergeblevene bewoner der
aarde waart. Huiverend zette TEUN de Jager zich op den top des
heuvels neder, zette het geweer in de rust, en staarde op de zonnige
golven. De hond rustte hijgend naast hem uit; zijn roode tong hing
lang en droog uit zijn bek. Hier, aan de volle zee, en toch geen
verkwikking!

TEUN de Jager haalde een stuk brood en een paar zure appelen uit
zijn weitasch te voorschijn, en deelde met zijn vriend. Ook nam hy
de veldflesch, om een teug te nemen, maar zette hem weêr van den mond.

„Neen!„ zeide hy met een zucht. „Och, die droom! ik wou, dat
ik dien droom kwijt was!„

Hy wilde den bangen droom van die nacht, waarover wy hem nogmaals hebben hooren klagen, en die de oorzaak zijner neerslachtigheid
was, van zich afschudden; maar het gezicht der zee bracht er hem byzonderheden van te binnen, die hy reeds was vergeten. Ras verdiepte
hy er zich slechts te levendiger in.

Hy was weêr, even als in zijn slaap, ter jacht met de zonen van
de ambachtsvrouw van Schoorl, evenwel niet in het Schoorler veld, maar
in het Berger bosch. Hy droeg een nieuw jachtbuis, met zonnige.

---

* Ontdekte.   ** Stercus.

gouden knoopen, en ZIJTJEN had hem de veer van een faisanten haan op zijn muts gestoken. Plotseling vlogen er drie hoenders voor hem uit; maar hy kon ze niet onder schot krijgen: telkens vielen zy neder, als om hem te sarren; maar zoodra hy naderde, kraaiden zy, klapten met de vleugels, en vlogen verder. Eindelijk wilde hy een poging doen om ze van zeer verre te schieten; maar zijn geweer ketste en viel hem uit de handen. Toen kraaiden de patrijzen alle drie driemaal, en een er van vloog op den hoed van den jonker, waar het zitten bleef. "Mag ik schieten, jonker?" riep hy. De jonker wuifde vriendelijk met de hand van ja. Hy lei aan, en het hoen viel; maar toen hy ging, om het op te rapen, was noch het hoen, noch de jonker van Schoorl te vinden; maar daar lag het bloedige hoofd van ZIJTJEN, en zag hem met gebroken oogen aan; en toen hy daar lang op staarde, daar kwam eensklaps de zee, en het hoofd begon op de golven te bewegen, en achteruit te gaan, en verdween, en kwam weêr boven, en verdween weêr, tot dat hy ontwaakte. Zijn haan kraaide; het licht scheen door reten en vensters. Hij kleedde zich tot de jacht.

En nu, daar hy lang op de zee staart, herhaalt zich het visioen, en het hoofd van ZIJTJEN verschijnt tusschen de zonnige, schuimige rimpels van de Noordzee, en gaat op en neder met de golven.

Hy wendde zijn gezicht af van den plas, en strekte zich voorover in het hangen van den heuvel uit, met de armen onder het hoofd. Weldra geraakte hy in slaap, en het akelig schouwspel speelde hem op nieuw voor den geest; maar de gantsche zee werd rood als bloed, en vlammetjes en vonken dansten er op rond, en zwierden er overheen in kringen. Op eens, daar dreunden twee schoten. Hy ontwaakte. Veldin was door het geluid opgevlogen, en draafde reeds den heuvel af.

Statig trok een blaauwe rookwolk van achter een naburig duin omhoog, en een groote klucht patrijzen vloog haar verschrikt vooruit. TEUN riep den hond terug, en volgde de hoenders met de oogen. Zy zakten aan den anderen kant van den heuvel zachtkens lager, en trokken met den wind zuidwaarts heen. Het volgende oogenblik verscheen er een man op den top van dat duin, en zag rond waar zy bleven: maar zy waren reeds weer gevallen. Daarop laadde hy bedaard zijn geweer, en TEUN de Jager zag hem een koppel mooie hoenders in de tasch bergen, nadat hy die eerst een oogenblikjen met welgevallen bekeken had.

Het was DERK JOOSTEN, de eenige mensch in geheel Schoorl, die hem niet lijden mocht, en dien hy niet kon uitstaan. Want DERK JOOSTEN was een gemeene knaap, en die er niet vies van was, het vak van strooper met dat van jager te verbinden, en hy had hem eens betrapt, daar hy in den laten avond bezig was strikken voor hazen te zetten, eene liefhebbery, waaromtrent de Schorelaars in een kwaden naam zijn. Overigens was hy een slecht jager, en met stroopen en

el bracht hy in een jachtsaisoen niet half zoo veel thuis als *de dubbele* TEUN; wat hem in dezen zeer verveelde.

Zoo ras DERK TEUN den Jager bemerkte, riep hy hem half gebiedend toe:
Waar zijn ze heen getrokken, TEUNIS?

Dat mot jy weten! andwoordde deze.

Kan ik dan door den berg heen kijken? graauwde DERK JOOSTEN.
Heb jy al wat?

Geen hair of veêr, riep TEUN de jager openhartig.

Ik wel, riep DERK grijnslachende; en hy haalde een haas en drie
patrijzen uit de weitasch, en hield die triomfant in de hoogte.

Ieder zijn beurt, DERK! riep de ander hem toe.

Ja, schreeuwde DERK; *en of jy van daag ereis geen beurt hadde, d..derskind!*

Toen daalde hy het duin af, en ging zijns weegs, zich naar het
noorden wendende.

Nu na het achterveld, Veldin! zei TEUN de Jager tot zijn hond,
en een straal van moed blonk weder in zijn oogen, een blijde lach kwam
op zijn bruin gezicht. Hy nam een korten teug uit zijn veldflesch, en
wandelde zuidwaarts op.

Hy had den plek, waar hy de patrijzen had zien vallen, goed in zijn
ziel geprent. Naar alle berekening was het eene hem zeer wel bekende vlakte, die er uitziet als eene mislukte ontginning, en hier en daar
bezet is met kleine boschjens van bremstruiken, kruipende wilg, en
dwergachtige elzenboomtjens. Hy hield echter nog meer zuidwaarts
aan, als ging hy den plek voorby, om de hoenders tegen den wind te
schieten. Toen naderde hy de vlakte; maar de patrijzen waren wild
geworden. En lang voor hy ze onder schot kon hebben, vlogen ze op,
en trokken een goed end wegs zuidoostelijk af, waar zy weder neervielen.

Geduld, dacht TEUN, en nadat hy vruchteloos de vlakte had af-
gezocht of er ook een enkele was achtergebleven, ging ook hy in die
richting, om de klucht te vervolgen.

Zoo ging het hem nog drie of vier malen, even als in zijn droom;
de patrijzen bleven hem telkens vooruit; hy verloor echter den moed
niet; het gezicht der hoenders in 't verschiet, hoe sarrend ook, hield
dien gaande. Maar zóó was zijn ziel van patrijzen vervuld, dat ik
byna geloof, dat er dwars over zijn weg een haas had kunnen heengaan, zonder dat hy hem, hoe goed jager hy ook was, anders dan te
laat zou bemerkt hebben. Na een paar uur jagens rustte hy nogmaals
uit by een plek waar de hond welwater vond. Het dier, niet te vreden
zich te laven, legde zich geheel op zijn buik in den plas, maar zag er
na die verkwikking ook weer zoo levendig en wakker uit, als in den
vroegen morgen. TEUN nam er een voorbeeld aan, en vervolgde
de jacht.

Reeds had hy het Berger bosch op zijde. Op eens ziet hy de klucht weder opvliegen, en kort daarop nedervallen. Hy haastte zich in die richting aan te treden. Reeds naderde hy tot den plek waar zy wezen moesten! De hond hield den neus met de meeste oplettendheid langs den grond. Zijn hoop was nog zoo levendig niet geweest dien gantschen dag. Maar op eens, daar valt hem de jachtpaal van den Heer van Bergen in het oog, wiens ban zich nog eenige roeden verder dan het bosch uitstrekt. Reeds was de hond dien snuffelend voorbygegaan. De verzoeking was groot. Hy had nog niets opgedaan, na eene vermoeiende jacht van zoo vele uren. Nog meer, hy had er op geroemd, dat hy patrijzen meê zou brengen. Hoe zou ZIJTJEN hem den beloofden kus weigeren; erger, hoe zou zy hem uitlachen! Zijn naam zou geen TEUN de Jager meer zijn. De oppasser van het BergerBosch was naar Alkmaar. DERK JOOSTEN — ha, hoe sarrend had hy de hoenders opgeheven! — was noordwaartsuit gegaan. En daar, een veertig schreden verder misschien, lagen de voorwerpen van zijn verlangen, neen, van zijn behoefte, de mooie hoenders, vermoeid van den langen tocht, wie weet hoe vast! uit te rusten in het hooge mos.

Hy voelde dat hy beefde; het hart sloeg hem in de keel. De hond ging al snuffelend verder. Hy hief zijne oogen op, en zuchtte diep. Een ondeelbaar oogenblik — en hy riep den hond terug, die onwillig gehoorzaamde. "TEUN de Wilddief wil ik althands voor myzelven niet heeten!" verzuchtte hy.

Hy keerde den jachtpaal en het jachtveld des Heeren van Bergen den rug toe, en op eens — als om hem te beloonen — een luid gesnor! Met de korte vleugels ruischende, vloog vlak vóór hem een koppel hoenders op: achterblijvers, die den trein niet hadden kunnen volgen. Op hetzelfde oogenblik was zijn vinger aan de trekkers; de twee schoten knalden. Het eene patrijs viel onmiddelijk loodrecht neder; het ander trok nog een oogenblik verder, draaide in de lucht, en viel evenzeer. Terwijl Veldin het eerste greep, ging hy om het ander zelf op te rapen. Het leefde nog, en poogde zich in het mos te verbergen, maar hy pakte het. Droevig en klagelijk zag het dier hem aan, met zijn klein rond oog, waarin het licht reeds half was gebluscht. Hy liet het weder vallen. Met zulk een oog had ZIJTJEN hem aangezien in dien akeligen droom. Het geheele visioen stond hem weder voor den geest. Toen hy het patrijs weder opraapte, was het kleine ronde oog reeds met het grijze vlies geloken.

De noodlottige herinnering is voorby, en TEUN de Jager vervolgt vrolijk het overige gedeelte zijns wegs. Hy heeft wat hy wenschte: de tot instandhouding zijns naams vereischte twee patrijzen hangen op zijne heupe. Hy heeft ZIJTJENS kussen niet verbeurd. Het weder geladen geweer valt hem licht. Zoo stapt hy door hoog heidekruid en bremstruiken verder. Een kwartier uurs later, en een haas springt op, en valt byna op hetzelfde oogenblik door het "snellere lood in zijn vaardige sprongen gestuit, als de dichterlijkste jager van geheel Holland gezongen heeft.

„Hoe later op de markt, hoe schooner volk! zegt TEUN de Jager. En tevreden van zijn jacht stapt hy rustig op Schoorl aan.

Het was reeds laat na het middaguur, en nog een vermoeiende klim en verre wandeling, ofschoon de afstand hemelbreedte zoo groot niet was. Maar wat gold hem vermoeienis? Triomfant zou hy ZIJTJEN met zijn jacht voor oogen treden.

„Mag *ik* het haas dragen, TEUN? vroeg een kleine jongen met stroogeel hair en koffybruine wangen, die op het laatste duin van Schoorl uit het kreupelhout te voorschijn kwam, waarin hy zich een stok gesneden had, als hy de ruige pooten door het net van de weitasch steken zag.

„Jawel, KRELIS-broer! zei TEUN de Jager vrolijk; „ik zel 't je geven; maar je mot er niet van snoepen, hoor! Hy zette zich op den grond, en de tasch openende, wierp hy er eerst de hoenders uit, die hy boven op geschikt had. De jongen greep er een op, en bekeek het.

„Hè, wat een vette! zei de jongen. „En watte mooie oogies! voegde hy er by, in kinderlijke speelschheid een der oogen van het hoen opentrekkende, en het TEUN voorhoudende.

„Laat de oogen dicht, kwa jongen! zei TEUN de Jager driftig, en weder kwam er een wolk over zijn voorhoofd.

Toen hing by het haas met de loopers *en sautoir* op den stok van den knaap: en deze, trotsch op zijn vracht, en zich groot gevoelende boven al de boerenknapen der gecombineerde heerlijkheden van Schoorl, Groet en Kamp, daalde gezwind met het dier naar beneden.

Maar TEUN de Jager verborg de beide hoenders in den binnensten zak van de weitasch, dat er geen veertjen uitstak. „Ik zal me oolijk houen, zei hy tot zich zelven, „en reis kijken wat ze doet.

Zoo wandelde hy het dorp door en den zandweg op, in stilte berekenende óf het waarschijnlijk was, dat ZIJTJEN op dit uur van den dag thuis zou wezen of niet. Hy was nog een vijftig schreden van haar stulpjen af. Daar ritselde het hout aan zijn linkerhand, en ZIJTJEN sprong met een luiden kreet, om hem te verschrikken, te voorschijn. Het doofstomme kind volgde haar langzaam.

TEUN de Jager verschrikte werkelijk meer dan ZIJTJEN had kunnen verwachten. Een koude rilling ging hem door de leden. Maar hy herstelde zich.

„Platzak! riep hy met een lach.

„Dat 's niet waar! zei het vrolijk meisjen, „want ik heb den jongen al ezien met et haas. Maar waar zijn de hoenders, TEUN?

„Ik heb er geen te pakken kunnen krijgen! zei TEUN de Jager; maar hy gevoelde, dat zijn gezicht hem verried. „Toch niet, ZIJ! voegde hy er by, toen deze hem ongeloovig aanzag.

„Alwaar, maat? zeide zy, en greep naar de tasch om zich te overtuigen.

Maar hy trok haar de tasch uit de lieve hand, en schoof ze met een woesten ruk op zijn rechter zijde. Het meisjen lachte, en sprong voor hem heen, om er toch in te zien. Een schot dreunde; de hond sloeg aan; en ZIJTJEN lag bloedende aan zijne voeten.

In de plotselinge beweging om de weitasch op zijn andere zijde te schuiven, had een der kleine mazen van het net den haan van zijn linker loop gevat, het geweer in de hoogte geheven, en het schot doen afgaan.

TEUN de Jager en de beide knapen stonden versteend; maar het doofstomme kind kwam het eerst tot bewustzijn; woedend vloog het op TEUN aan, en beet hem in den arm. Het geweer was op den grond gevallen. Op eens bukt de ongelukkige jager zich, en vat het by de greep; maar een forsche hand grijpt den tromp, en ontrukt het hem. Het was een boer, die toegeschoten was, en nu het geweer in de lucht afschoot. Het halve dorp snelt toe, en dringt zich om het lijk van ZIJTJEN en om den rampzalige, die zijn geweer terug begeert, en in stomme razerny met de omstanders worstelt.

Aan ZIJTJEN was niets meer te doen. Ieder weet, dat een schot hagel *à bout portant*, duizendmaal erger wonden maakt dan een kogel; want ieder korrel maakt eene afzonderlijke, en de hoeveelheid lood is ongelijk zwarer. Maar ook, het schot had het lieve kind vlak onder het hart getroffen. Van heel Schoorl beweend, ging zy ter ruste onder de groene boomtjens van het kerkhof. De oude grootmoeder en het doofstomme kind waren alles kwijt.

De ongelukkige TEUN de Jager verviel in zware koortsen, waarin hy onophoudelijk ijlde en raasde. Op den nacht, nadat ZIJTJEN begraven was, ontsloop hy zijn in slaap gevallen waker, en klom het venster uit. De oppasser van het Berger bosch, die laat te huis kwam, zag hem in den maneschijn boven op het duin in zijn hemd arbeiden. Hy ging op hem af. TEUN herkende hem niet.

„Wat doe je daar, TEUN!„ riep hy met een forsche stem, en greep hem by den arm.

„Jonker!„ zei de ongelukkige verschrikt en zachtjens: „ik begraaf haar. Aanstonds komt de zee.„

En hy dekte zand over een der patrijzen, waarvoor hy een kuil gegraven had met zijne vingeren.

Den volgenden avond had hy den geest gegeven.

1840.

DE VEERSCHIPPER.

Ik heb zoo menigmaal in trekschuiten gevaren, dat ik in staat ben er het grootste paskwil en de grootste lofrede op te schrijven. Eens heb ik er my hevig tegen uitgelaten *, maar 't spijt me half. Ik geloof dat ik het deed om de zaak der spoorwegen te bevorderen; uit louter ongeduld. Maar nu ik zie dat er reeds één trekveer metterdaad vervalt, en in de lucht zwevende pijpenmanden (echt hollandsch signaal) ook aan verscheidene andere veeren het *memento mori* toeroepen, krijgt de zaak voor my zulk een droefgeestig voorkomen, dat ik in staat zou zijn de roef van Amsterdam tot Rotterdam af te huren, om in eenzaamheid een klaaglied te schrijven over de veranderde tijden. Niet zoo zeer om de *Schuiten* spijt het my; zy hebben te vele gebreken, en er zijn beter dingen om meê vooruit te komen: maar om de *Schippers!* Want aan hen, mijne vrienden! zullen wy verliezen. Het is een goed, eerlijk, trouw en ouderwetsch slag van volk, en jammer zal het zijn, zoo het van de aarde, of laat ik zeggen, van de wateren verdwijnt. Eerbied voor hen! Heb een vasten schipper, en geef hem een mondelinge boodschap, een open brief, een groote som gelds, een kostbaar stuk meubel mede: geen woord zal aan de boodschap, geen stuiver aan het geld te kort komen, geen letter in den brief gelezen, geen krasjen op het kostbare stuk worden gemaakt. Laat hy slechts *weten* wat gy aan zijne zorgen toevertrouwt, en wees zoo gerust als of gy uw eigen zoon zondt. Hier staat my uw beeld voor oogen, trouwe VAN DE VELDEN! Gy behoort tot het vriendelijk personeel mijner academische herinneringen. Wiens voetstap hoorde HILDEBRAND liever dan den uwen op den ongelijken trap van zijn nederig studentenverblijf, als gy de krakende sluitmand of het welbekend koffertjen, dat geen adres meer noodig had, daar tegen opsleeptet? en met uw vriendelijk „compliment, en als dat de heele familie heel wel was,„ zijn ongeduld voorkwaamt dat naar den dubbelganger van den sleutel zocht, waarmeê zijne lieve moeder het slot gesloten had. Gingt gy ooit by hem voorby, zonder te hooren „of mijnheer ook iets te zeggen had?„ of kondt gy immer in zijne vaderstad het ouderlijk huis

---

* Zie bl. 89 en verv.

passeeren, zonder eventjens te gaan zeggen, dat gy mijnheer gisteren nog hadt gezien, en de hartelijkste groeten van zijnentwege te im-
proviseeren? — Hadt gy hem niet meer dan eens in uw schuit verborgen,
toen hy groen was, tot dat de studententafel op de Mare was afgeloopen?
En toen hy was gepromoveerd, en gy hem geluk wenschtet — wat scheelde er toch aan uwe oogen, dat die bonte zakdoek niet in den zak kon
blijven, als gy aanmerktet, dat gy nu zijn meeste koffertjens wel zoudt
hebben gehaald? — Drommels! Van de velden, het veer moest niet
worden afgeschaft.

Maar behalven dezen had ik menig vriend aan het veer, die mijn koffer
en reiszak een kwartier uur ver kon onderscheiden,, en straks voor my het
lekkerste kussen uit de roef haalde, opschudd'e en in den stuurstoel legde,
bereid om, als de grond nat was, my het gebruik van zijn sabotten
af te staan. Als het eenigzins kon, zat ik in den stuurstoel, en van
dezen heb ik nooit iets kwaads gezegd. Ik kende de geschiedenis van
al de schippers en al de knechts; van hunne vroegere betrekkingen en
van hunne latere wederwaardigheden aan het veer. Ieder had zijne eigene verdienste in de conversatie. De een wist overal eenden en hazen
aan te wijzen op de landeryen, die wy voorby voeren; de ander kon
zoo gezellig op zijn pijpjen smakken, en oude verhalen van zijn school-
tijd opdisschen; de derde sprak van Boneparte, en hoe bang die voor
de Kezakken moet geweest zijn, met al de naauwkeurigheid van een
tijdgenoot en gemeenzaam vriend. Ik herinner my den ouden Mulder,
met den geverwden hoed en de korte broek; hy voer altijd de volste schuiten; den langen Rietheuvel, hy was befaamd in het redden van dren-
kelingen; en zijn broeder, die "de Mottige" genoemd werd, die wel
niet al het statige van den schippersstand had, maar een aardige, praat-
zame grappenmaker was, die een anecdote uit kon rekken, zoo vele
bruggen ver als gy verkoost. Indien *hy* het begin van dit stuk las, het
zou hem ergeren; want ik weet dat niets hem meer verveelt, dan dat
.men hem en de geheele trekschuitenwinkel in de toekomst beklaagt.

"Je zelt haast gedaan hebben, schippertjen?" zei een juffrouw in de
roef, onder haar bril uitkijkende tot onzen Rietheuvel, nadat zy vruch-
telooze pogingen had in 't werk gesteld om een heer, die in 't hoekjen zat, aan de praat te krijgen: "Je zelt haast gedaan hebben,
schippertjen!" — "Hoe zoo, juffrouw?" vroeg de kapitein. — "Wel met
die spoorwegen." — "Spoorwegen! juffrouw, dat 's geen duit waard.
Als 't anders niet was: *die* hebben haast gedaan. Maar dat nieuwe." —
De juffrouw wist ter wareld niets nieuwer dan spoorwegen, en men zou
er *haar* ook niet op krijgen. — "Ja maar," merkte Rietheuvel aan,
"in dat nieuwe ga je wèl: je hebt immers wel gelezen van dien onder-
aardschen Schietblaasbalk?" — "Van de wat?" vroeg de juffrouw, haar
bril van den neus nemende; "van de wat?" — "Wel, de onderaardsch-
sche Schietblaasbalk," riep de schipper, zoo hard als zijn verweerde

stem gedoogde. "Heerlijk hoor! Je hebt pijpen, buizen, kanalen: onderaardsche, weetje? 'k Zel zeggen van Amsterdam naar Rotterdam en vicie vercie; dat zijn de twee grootste. Nou heb je dan ook korte, voor Halfweg, Haarlem, Leyden, Delft...., dat begrijpje, na venant." — De juffrouw spitste haar ooren, en opende den mond. — "Best, je komt in 't ketoor; je ziet een party luiken in den vloer, met groote letters beschilderd: al de plaatsen weetje, die staan der op. Halfweg, Haarlem, Leyden, allemaal. Je ziet een groote schaal hangen, en een knecht in leverei, netjes as 't hoort, der by. Waar mot de juffrouw nou b. v. wezen? Zeg maar wat?" — Hier wachtte de verhaler een andwoord, maar de juffrouw wist niet wat ze zeggen zou, en vreesde dat het heele verhaal een strik was om hare onnoozelheid te vangen. — "Nou goed, as je 't dàn maar weet. Ik zel maar zeggen: je mot te Rotterdam zijn. Je krijgt een kaartjen. Best. Belieft u maar op de schaal te stappen." — Hier kon de juffrouw zich niet bedwingen: "Op de schaal, schipper?" riep zy uit, en hare oogappels werden van verbazing zoo groot als tafelborden — "Wat mot ik op de schaal doen?" — "Dat zel je hooren. UE. wordt gewogen. Je bent nog al dikkig. Goed. Zoo veel pond, zoo veel kracht op den blaasbalk. Belieft u maar op dat luikie te gaan staan. Pof! je zakt in den grond. Ruut! daar ga je, hoor! Je ziet niks niemendal als egyptische duisternis. 't Hoeft ook niet. Tien minuten. Knip, knap, gaan de veeren. Daar sta je *weer* in een ketoor; je denkt in 't zelfde? Mis! Je bent te Rotterdam. Is 't waar of niet, PIET?"

Op dit beroep andwoordt de aangesprokene, die als knecht met den Mottige vaart, niet anders dan door het hoofd te schudden, te lachen en een pruimtjen te nemen. — "PIET wordt er Weger by," vervolgt de schipper: "Je kent er de teekening van zien; 't zou al lang ingevoerd zijn, me lieve juffrouw! maar 't het motten wachten tot dat die wije mouwen uit de mode waren. — PIETJEN, 't wordt koud, man, je hebt je jaren. Wees niet nuffig omdat er een juffer in de schuit is; trek den schanslooper an, maat; en geef mijn me zuidwester, want het begint te regenen."

"Ja, menschen!" merkt de juffrouw aan, "je mag wel voor je gezondheid zorgen. Ik weet niet hoe je 't uithoudt!"

"Uithouën?" zegt de schipper: "de juffrouw mot weten dat er geen menschen ouër worden dan schippers en schoolmeesters. De schoolmeesters van de onschuldige aassempies van de kinderen, en de schippers van weer en wind."

DE SCHIPPERSKNECHT.

„Indien wy eens een meid minder hielden,„ zei Burgemeester DIK-
KERDAK tegen mevrouw DIKKERDAK, op een mooien morgen, en hy
plukte aan de franje van zijn japongordel, op eene wijze als of hy er
een zwaar hoofd in had dat dit voorstel fortuin zou maken. — „Een
meid minder!„ riep zy uit, en hare oogen begonnen gevaarlijk te vou-
kelen: „dat 's onmogelijk, mijnheer! — Als er te veel verteerd is, het
is door de meiden niet geschied. De meiden moeten blijven. *Ik* (en
zy drukte verbazend op dat voornaamwoord); *ik* kan geen enkele do-
mestique missen!„ — Burgemeester kreeg een hevigen hoestbui, want hy
was vol op de borst; hy vouwde het exemplaar van de Haarl. courant
van dingsdag — october 18 — (het is lang geleden) bedaard in deszelfs
officiëele plooien; lei een blokjen by op het vuur; wandelde naar de
vensterruiten; keek eens naar de boomen van zijn buitenverblijf, en
daarna, over zijn buik heen, naar de punten van zijne gevlamde pantoffels; kreeg nog een hoestbui; verliet de kamer met deftigheid; ging
zich laten poeieren, en sloot zich, deze plechtigheid volbracht zijnde,
in zijn eigen kamer op. Toen strekte hy zijne hand uit en belde.

„Laat KEES boven komen,„ sprak hy tot den binnentredenden
bediende.

KEES kwam; gepoeierd als zijn heer; een man van ongeveer vijftig
jaar, van middelbare gestalte. „Wat belieft menheer!„

„KEES!„ begon Burgemeester; maar een nieuwe aanval van de volle
borst belette hem verder te gaan. — KEES hoorde in de eerbiedigste
houding den bui uit. — „KEES,„ hervatte de Burgemeester: „Je hebt
me tweeëntwintig jaar trouw gediend: eerlijk gediend; ijverig gediend...„
KEES schepte moed; hy had gedacht dat er iets onaangenaams aan de
hand was, en de Burgemeester was een gestreng man. Maar als de Burgemeester zag dat het gezicht van KEES opklaarde, vatte hy ook moed;
zoodat er op dat oogenblik twee menschen byeen waren, die beiden
den besten moed van de wareld hadden. — „Trouw gediend!„ herhaalde de Burgemeester.

„Naar mijn beste weten,„ zei KEES bedaard, en bekeek de roode
opslagen van zijn grijsgeelen rok.

De Burgemeester nam een snuifjen, en zeide: »Ik heb maar naar de gelegenheid gewacht om er u voor te beloonen.«

»Wat dat betreft, menheer!« hernam KEES, en een groote traan kwam om het hoekjen van zijn neus kijken, want hy was een gevoelig man ondanks zijn bakkebaarden: »Menheer is altijd een goed heer voor me geweest. Ik verlang....«

»Hoor KEES,« zei de Burgemeester, »kort en goed: er is een stadspostjen vacant, en ik heb gunstig over je gedacht. Het is een makkelijk postjen, een goed postjen....«

»Maar,« zei KEES, »als ik de vrijïgheid nemen mag menheer in de rede te vallen; ik wenschte volstrekt niet te veranderen....«

De Burgemeester kreeg wederom een geweldigen hoestbui.

»En als ik de vrijïgheid mag nemen,« ging KEES voort, »te vragen welk postjen....«

Burgemeester DIKKERDAK streek zich met deftigheid langs de kin; »de benificie van knecht aan het ....sche veer,« zei Burgemeester DIKKERDAK met majesteit. »Het wordt binnen kort vergeven. Bedenk er u op, KEES! ik raad het u aan; en ga nu heen — (kuch! kuch!) en vraag (ùche, ùche) of mevrouw (ùche, ùche!) mijn stroopjen wil boven sturen met BETJEN; ik heb (ùche, ùche) het weer verschrikkelijk weg.«

KEES wenschte nog iets in het midden te brengen. Maar de Burgemeester hoestte zoo verschrikkelijk, en werd zoo rood in het gezicht, en wenkte zoo duidelijk met de hand, dat hy het stroopjen volstrekt dadelijk hebben moest, dat KEES het raadzaam oordeelde te vertrekken.

»Schippers duvelstoejager!« riep KEES, een uur daarna zijn huis binnentredende, en zijn gegalonneerden hoed op de steenen smijtende, zoo ver die vliegen wou. »Schippers duvelstoejager!«

Zijn goede LEENTJEN dacht dat hy gek geworden was, raapte den hoed op, en vroeg wat hem scheelde?

»Ik moet schippersknecht worden,« riep hy, en zijne oogen rolden vreeselijk in zijn hoofd: »Schippersknecht, omdat ik menheer tweeëntwintig jaar trouw gediend heb! Met de zwabber hé... een mooi baantjen! Hoo — o — o — o! roepen met twintig o's by een brug, en hu — u — u — u! met vijftig u's by een schoeiïng... Heerlijk, hé!«

De goede egade begreep juist niet al te veel van deze uitboezemingen; maar welke was hare ontzetting en afschuw, toen zy de oorzaak vernam. »Wat?« riep zy uit.... »Jy met pakkies langs de deuren loopen; een karrepoetsmuts op je gepoeierde hoofd! jy een soldatenkapot om je lieve lijf in plaats van je rok met passement; en je hebt immers pas een nieuwe?...«

»Het helpt niet, vrouw!« zei KEES; »ik heb 't al lang gemerkt; der is zwarigheid by menheer; maar 't is maar ongelukkig voor die het treft.«

»'t Zel *niet* gebeuren!« riep LEENTJEN. »Laat menheer je afschaffen; laat ie je op straat sturen; maar geen schippersknecht, als je tweeëntwintig jaar knecht by een heerschap bent geweest."

En met eenparigheid van stemmen werd besloten dat het niet gebeuren zou. *Wat* er gebeurde mag KEES op zijn eigen manier vertellen, zoo als hy het meer dan eens gedaan heeft, met de hand aan de roerpen.

"Dat bleef zoo hangen; maar 'en veertien dagen; et was op een Dingesdag, en menheer ging alle dingesdaggen na burgemeesterskamer; zoo reën we na stad. Stilgehouën voor 't stadhuis; ik klim der of en help menheer der uit." "Wacht hier een oogenblikkie, KEES!" zeit ie. — "Met et rijtuig?" vraag ik. — "Neen, KEES," zeit ie; "jy alleen; ga maar by de bodes, daar heb je nog kennis by." Nou ik had er een vollen neef by. Wat kom jy hier doen? zeit me neef. Ik zeg: ik weet het niet, zeg ik; en meneer stapt zoo binnen. Nou ik docht: meneer zal al evel zoo gek niet wezen dat ie daar binnen van dat possie spreekt; want ik docht dat ding is ofgedaan; hy het wel gezien dat ik der geen zin in heb. Maar al zen leven! Ik wacht wel een hallef uur; daar wordt gebeld. Me neef na binnen met een bos op zen borst, wat ben je me. In een ommezien was hy weerom; daar hadje het lieve leven gaande. Ik most boven komen. Daar hadje meneer zitten, die nog al tamelek dik is, en dan hadje die dikke VAN ZUCHTER, en dan menheer DAATS, die zen zoon nou ook al Burgemeester is, loof ik, en dan de overleden heer WATSER met zen staartpruik; en dan menheer KIEREWIER, maar die had dan eigenlijk niks te zeggen: die was zoo veel as sikretaris; en die zat midden in de pampieren. Nou had die dikste, die VAN ZUCHTER, zoo'n hamertjen in zen hand; en die begon me daar een preek te doen, en een gelukwensching, en in één woord te zeggen, dat door mooi praten zus en zoo van menheer DIKKERDAK (mijn menheer dan) de heeren zoo over me gedocht hadden om me dan te maken, na me begeerte, note bene! knecht by het veer, en dat ze hoopten dat ik die post trouw en eerlijk, en al die viezevazen, waar zou nemen. Kijk! ik werd zoo kwaad, menheer! dat ik docht een beroerte te krijgen; en ik docht: wacht dikke! hou jy maar reis en oogenblikkie op, dan zal *ik* reis meepraten — want weetje wat? ik meende ze vierkant te zeggen dat ik het *niet en deé.* Maar ja wel! zoo gaauw as ie amen gezeid had, zel ik maar zeggen, daar begonnen ze allemaal me te filiciteeren en te doen, dat het een aart had, en die KIEREWIER was ook al klaar met een pampier dat ie me in men hand douwde, en mijn menheer deê maar niet as hoesten; nou *was* ie vol op de borst; en eer ik wat zeggen kon, daar tastte menheer VAN ZUCHTER na zoo'n groote tafelbel; ik weet niet dat ik ooit zoo'n tafelbel meer gezien heb; het leek wel zoo'n klok; en toen luien wat ben je me! en toen kwam neef weer binnen, en ik had maar te vertrekken. — Maar wat die vrouw anging toen ik daar t'huis kwam, as schippers-

knecht....! Maar ik *was* nog haast niet t'huis, of, daar had je mevrouw DIKKERDAK al, en de jongejuffrouw! allemaal maar filiciteeren,
en dat ik gaauw schipper zou worden! En mooi ding; al de schippers
zijn jonger van jaren as ik; en ik ben nou nog op drie na de jongste knecht; van dienst dan. — En wat me vrouw huilde, toen ik daar
op een kouen ochtend na de schuit most, met me schanslooper over
men arm. Lieve kinderen menschen! — Och ja, zoo sukkelen we
nou maar voort. Menheer is dood; en mevrouw is dood, en de jongejuffrouw het laatst nog met me gevaren; maar ze zei haast geen gen-
dag of genavend; en ik ben nou in me tweeënzeuventigste.... Hoo —
o — o — o — h jagertjen! de lijn kan wel stuk, met die horten. Hy
mot nog langer meê as ik, as 't God blieft!

DE BARBIER.

„Omme
den Heer J. D. VAN DEN AANZETT,
Chirurgus te Monnickendam."

Mijn waarde Collega!

De lange winteravonden en het betrekkelijk klein getal patienten permitteeren my u toch voor nieuwejaar nog eens een confraterlijken brief te schrijven, waartoe ik al lang lust, laat ik zeggen waaraan ik al lange behoefte ben geweest hebbende; zoodat ik nu den stumilus niet langer kan wederstaan. Gy zoudt niet gelooven hoe in deze hoofdstad het getal dagelijks vermindert der confraters, met wie men eens redelijk over de wetenschap denkbeelden wisselen kan; het zijn byna allen tegenwoordig menschen zonder eenige de minste studie, die ja de operatie verstaan, dat wil zeggen er het manuaal, de dexteriteit van hebben, maar zonder eenige theorie of systema te werk gaan, en geen rekenschap van hunne zaak kunnen geven; die zelfs niet capabel zijn, indien zy door een toevallige omstandigheid eene ulceratie veroorzaken, dezelve secundum legum artum te genezen, of een emplastri te smeeren; waarom zy dan ook gewoonlijk by gemaakte blessure niets beter weten aan te raden dan koud water, of een watjen.

Och, mijn goede VAN DEN AANZETT, toen wy te zamen by uw waardigen oom in de Amstelstraat het vak in onze jeugd beoefenden, was het een ander vak en een andere tijd. Wie zou het gewaagd hebben dien doorkundigen geleerde den onteerenden naam van barbier of scheermeester te geven, welke in de uitvoerigste woordenboeken van die dagen zelfs niet gevonden werd. Tegenwoordig worden wy aldus door groot en klein genoemd. Men heeft ons vak uit den kring der medische wetenschappen weggerukt, en op zich zelve geplaatst, zoodat het verdort en verdroogt als een afgescheurde tak, van den boom geamputeerd. Weinigen zijn zoo gelukkig als wy, dat het hun vergund is gebleven het hooger chirurgische nog te blijven uitoefenen, maar welke is de consideratie die wy genieten? welk is het cas dat men van ons by de Provinciale Geneeskundige Commissiën maakt? en moeten wy niet bekennen ons scheermes in dezen stikdonkeren tijd al de fiducie van ons lancet wegneemt?

Vonden wy nog maar in de tractatie van hetzelve scheermes een overvloedig middel van bestaan, zoo als eene kunst behoorde te kunnen opbrengen, welke in zulk een naauw verband staat met de beschaving, en van welke zoo onbegrijpelijk veel afhangt in de maatschappy, wy zouden ons alsdan ten minste kunnen getroosten het algemeen profijt niet geheel zonder profijt voor ons zelven te behartigen. Maar indien het u als my gaat, dan verliest gy ook dagelijks kalanten; en worden er geen nieuwe geprocreëerd. Gisteren; en deze omstandigheid moveert my juist u heden te schrijven; gisteren verloor ik mijn laatsten patient, die gewoon was zich tot in den nek toe te laten razeeren, met een breed instrument, en een weinigjen in het harde systema, zoo als onze overledene patroon gewoon was de burgemeesters te behandelen, toen men er nog op gesteld was, de deelen der onderkin en der hals een blozend voorkomen hadden. Nu is het aan de orde zoo veel mogelijk hair te laten staan, tot groot affront voor de uitvinding TUBAL-KAINS, en van het chirurgische vak, en ik durf zeggen, tot groot detriment van de goede zeden daarenboven. Want ik praesummeer op goede gronden, dat alle koningsmoorders, zelfmoordenaars, oproermakers en comedieschrijvers in Frankrijk en elders, hunne verwildering grootendeels hieraan te danken hebben, zy van de jaren der pubertas af, hun baard den vrijen teugel, en op die revolutionnaire wijze groeien laten, welke men „een jonge Frankrijk‟ noemt. Ik zie ze dagelijks in de printewinkels.

Maar om tot den ontslapene terug te keeren. Ik kan wel zeggen met ZEd. mijn geheele ambitie voor het vak is ten grave gedaald. Want wat wil men tegenwoordig? Met achterstelling van al het gracieuse, al het waarlijk schoone der operatie, wil men alleen gaauw geholpen wezen, en zoo zacht en ongevoelig, alsof men den baard weg waschte. Wie kan op zulk een wijze het vak eer aandoen, wie zich een waarachtig discipel betoonen van onzen onvergetelijken BLAASKROP, als alles in vijf minuten moet afgeloopen wezen? Maar weet gy, mijn waarde VAN DEN AANZETT, wie het zijn die u en my en het geheele chirurgicale vak bederven? Niemand anders dan die infame engelsche natie, die de bron is van al onze ongelukken.

Sla de eerste courant de beste op, die gy in handen krijgt, en gy zult er u van overtuigen. Overal zult gy de emblemata van ons vak in slechte houtsnee op een misselijke wijs zien afgebeeld, en er tot uwe interne indignatie by lezen, dat er weder een nieuw soort van „patent razoors, patent stroppen, patent zeepen‟ is uitgevonden, alleenlijk met het doel om de paarlen, ik mag zeggen, voor de zwijnen te werpen, ons moeielijk kunstvak tot een allemans goed te maken, en ons en onze kinderen te bestelen. Ik vraag maar, mijn waarde collega! ik vraag maar, wat beteekent die gantsche mooie instelling der patenten, indien het iederen, niet alleen ongegraduëerden, maar zelfs ongepatenteerden veroorloofd is zichzelven den baard af te nemen? Ziedaar een vraag welke het wel der moeite waard ware der Tweede Kamer eens te presenteeren, en ik ben nieuwsgierig hoe de heeren er zich zouden uitredden. Maar wat zou het baten, VAN DEN AANZETT! 'wat zou het baten? geloof my, indien gy het te Monnickendam gelooven kunt; maar hier in de hoofdstad heb ik abondantelijk occasie om er my van te overtuigen, dat eene derde der Edelmogenden (o schimmen der voorvaderen!) zich de hulp der faculteit ontzegt.

Maar laten wy dit voor ons beiden chagrinant capittel laten varen; mijn brief is reeds lange, en ik heb dezen avond bepaald tot exercitie mijner beide zonen, die elkander voor het eerst beurtelings by kaarslicht de operatie doen zullen. Nog slechts een woord van den gezondheidstoestand in deze hoofdstad. Er zijn hier nog altijd vele koortsen; en ik blijf ze met onzen onvergelijkelijken patroon aan de principiums nocentiums van het water toeschrijven, in combinatie met de humeuren van den athmospheer. Maar geloof my, dat het kinazout er op den duur veel kwaad aan doet. Ik heb onlangs de eer gehad een patient te cureeren, dien men met die miserabele sulphatis quinini totaliter in den grond hielp; enkel en alleen door ZEd. aan te raden gewone trosrazijnen te eten op een nuchtere maag, voor ik den baard afnam, met dien effecte, de intermittentes hem verlaten hebben. En nu ga ik ook u verlaten. Vaarwel, amicissimi collega; mijne hartelijke groete aan mejuffrouw de chirurgijnsche, ook uit naam van de mijne.

Amsterdam,
12 Dec. 18—.

Uw geëffectioneerde collega,
JORIS KRASTEM.

P. S. Ik geloof dat gy wel zult doen den opgezetten krokodil, die in uwen winkel misschien nog, als van ouds, aan den zolder hangt, weg te nemen. Men begint in dezen profanen tijd met al zulke wetenschappelijke zaken te spotten. O Tempores! o Mora!

DE HUURKOETSIER.

De eerste schemering van den morgen ligt over de academiestad. Hier en daar verspreidt het gloeiende pitjen van nog een enkelen reverbère een noodeloos licht. Alles slaapt nog op de Breêstraat. Alleen de kraaien zijn op en wandelen in grooten getale over de steenen en vliegen op den ossekop by Rivé, en op de koppen van de leeuwen, die de Leidsche sleutels op de trappen van 't stadhuis bewaken, zich verbazende dat de schildwacht zoo slaperig kijkt, en waarom hy geen blinkende stevels meer draagt als te voren. Uit eerbied voor de rust der geleerde hoofden in dit nederlandsch Atheen, onthouden zy zich echter van nutteloos geschreeuw. Op eens jaagt het klappen van een zweep hen op, en doet een aanrollende calèche "met de vier" hen de vlucht nemen naar torens en schoorsteenen. De calèche houdt stil voor een smal, nog gesloten winkelhuis. 't Is een goed rijtuig, veel malen gebruikt en beproefd bevonden; en op den bok zit in al de glorie van zijn postuur, met hoed in blinkenden foudraal op 't hoofd, een paar bakkebaarden op zij, ringen in de ooren, een geestig oog en een vrolijken mond, en voorts bedolven in een jas van grijs laken en langen mantel, GERRIT VAN STIENEN; wegens zijn deels wezenlijke, deels geveinsde vermetelheid met de edele rossen, als Dolle GERRIT bekend.

"Hiep, hie!" roept Dolle GERRIT. Alles blijft doodstil. Hy zet zich overeind voor den bok, en klapt driemaal met de lange zweep, dat de kraaien opvliegen als of het hun geldt, en caroussel beginnen te rijden rondom den peer van 't stadhuis. Nog eenmaal heft hy zijn vervaarlijk hiep, hie! aan.

Het bovenraam opent zich; een jong mensch met een zijden doek om 't hoofd (studenten haten slaapmutsen), en een jeune france om de kin, kijkt er uit, in een japon met schotsche ruiten. "Zoo, Dolle! dat 's opgepast, vent." — "Goeie morgen, menheer!" andwoordt de Dolle, met een schuin en toegenepen oog: "heb je zoo al lang zitten wachten?"

De heer met de jeune france slaat een oog op het span. "Moeten zy het doen, GERRITJEN?" — "Ja, menheer? ze verlangen as harten." — "Ze zien der niet florissant uit, GERRIT." — "Mot ook niet, menheer! maar het bennen bazen van binnen." — "Me dunkt, ze staan zoo droomerig tegen mekaar aan te leunen." — "Ze bennen pas uit bed, mot menheer denken; en beste staanders zijn 't ook al niet, maar *loopers!!!* heb ik jou daar."

Drie jonge menschen dagen op uit verschillende hoeken van de stad, en vereenigen zich luidruchtig genoeg op de kamer van den student met de jeune france. Een oogenblik daarna wordt er opgestegen.

"Fiks doorjakkeren, GERRIT!" zegt mijnheer DEZE, de treden opvliegende. "Dat zegt *hy* ook," andwoordt GERRIT, de zweep toonende. "In twee uren naar Haarlem," beveelt de heer DIE, zijn mackintosh dichtknoopende. "As ze 't niet in zeven kwartier kennen," zegt GERRIT, pinkoogende, "is er geen aardigheid an." — "Nooit stappen, zelfs niet in 't zand, GERRITJEN!" roept mijnheer ZUS, plaats nemende. "Ze zouen zich hebben dood te schamen," herneemt GERRIT. "Klappen dat het davert!" juicht de heer ZOO, het portier dicht trekkende, en het andwoord is klets, klats, klets, met de zweep, en de kraaien vliegen met een luid geschreeuw weder op, en het rijtuig rolt heen, en doet al de ruiten, van de Breêstraat af tot de Rhijnsburger poort toe, sidderen in de sponningen.

Men pleistert by den Geleerden Man. "Je hebt nog niet hard gereden, GERRIT!" — "Kniebandtjens losmaken, heeren," zegt de man, zijn jas uittrekkende, daar de zonneschijn hem begint te hinderen, en zich vertoonende in zijn blaauw buis met korte panden, geel vest en fulpen broek, waarvan de pijpen op zij met een menigte beenen knoopen prijken. De studenten, GERRIT, en de paarden nemen hun prandium. Alles is reeds weder in gereedheid. "Wacht!" roept ZUS, "we moeten een grap hebben. DUIN! Steek de lantarens op." — "Lantarens by klaarlichten dag," vraagt DUIN, bleek wordende. "Wis en zeker!" roept GERRIT van den bok, knipoogende en met de grootste deftigheid, "je kant niet weten; een ongeluk zit in een klein hoekjen. Hiep, hie! haast je wat, DUINTJEN."

Zoo komt men te Haarlem met lichtende lantarens. Het rit heeft over de twee uren geduurd. "De klokken schelen!" zegt GERRIT. Men overtuigt hem van het tegendeel met een horologe. "Dat heeft te hard geloopen om de paarden by te houen!" Nieuw geknipoog. En de lange zweep gaat weder links en rechts, en de lucht davert van den slag, en de paarden draven door de goede stad, dat de kruideniers er schande van spreken achter hunne toonbanken.

De Nieuwpoort uit, den straatweg op; de Zandpoort om; Bloemendaal; het zand; stappen!

"Stap je nu toch, GERRITJEN?" gilt het viertal. "De voorste bydehandsche zen ijzer is los, en de achterste heeft in de spijkers van den voorsten getrapt, heeren!" — Maar ondanks deze ongevallen, zoodra hy het hek van Zomerzorg genaakt: klets, klats, klets, gaat de zweep; in vollen draf gaat het, het huis voorby, by de brug langs, omgewend met eenen korten draai, en *pal* voor de deur. «Mooi, Dolle!» roepen de heeren uit een mond, en men spreekt af dat niemand zoo goed rijden kan als «de Dolle.» — Deze oogst zijne zegepralen in met een herhaald geknipoog tegen de wachtende staljongens.

Een groot kwartier daarna; de paarden zijn aan de ruif, en GERRIT krijgt met opgeslagen mouwen en op de midden aangevatte tang een kooltjen uit den keukenhaard om zijn kort pijpjen op te steken. «Nou, KAATJEN, me kind!» heet het uit zijn mond tot een zwaarlijvige, niet heel mooie keukenmeid. «Ik kon niet langer van je van daan blijven. Ik zeg tegen de heeren, we zellen de vier der reis voorzetten; we motten reis na Zomerzorg; ik wil weten of KAATJEN nog geen vrijer heit.» — «Dat kan jou ook wat schelen, GERRIT,» andwoordt de beminnelijke: «je hebt een vrouw thuis.» — «Een vrouw,» is 't andwoord, en GERRIT neemt by die herinnering zijn blinkenden hoed eerbiedig af; « een vrouw as twee, KA! en je mot het compliment van der hebben. Vraag et an de heeren; ik zeg heeren! help me onthouen dat ik KAATJEN de complimenten van me wijf breng.»

De heeren zitten aan tafel. De eerste tijdperken zijn doorgeloopen. Conticuere, Rumor, etc. Het is een gejoechjach, een geschater, een in-stellen van toasten zonder end! De heer DEZE komt, met glimmende oog-jens, de helft kleiner als anders, achter loopen: «GERRIT, heb je wel wijn!» — «Wijn, menheer?» vraagt GERRIT, met het onnoozelste gezicht van de wareld, zich een glas bier inschenkende. «By de goden!» roept de heer DEZE: «GERRIT heeft geen wijn; en naar voren loopende komt hy met een gebefden flesch terug. Als ZEd. de keuken verlaten heeft, knip-oogt GERRIT buitengemeen zeer, overdubbel te vrede.

De heeren rijden af. Zy zijn onstuimig. De een wil rijden; de ander wil achterop staan. De derde wil de zweep hebben. De vierde gilt dat hy GERRIT een tientjen wil geven, als hy maakt dat ze omvallen. — «Ik heb geld genoeg, menheer! al sterf ik morgen,» zegt GERRIT, en zit vast op den bok, en klapt met de zweep, en knipoogt, en andwoordt met aar-digheden, en rijdt geen stap harder dan hy verkiest.

Het is laat in den nacht als GERRIT thuis komt. De stalknecht sluit de deur open, en licht hem met zijn lantaren in 't gezicht. «Ze zijn een beetjen warm, hé! Ik kreeg slaap op 't laatst; en ik had ze van morgen gespaard.» — «Een goeie fooi, GERRIT?» vraagt de stalknecht, in zijn linnen jas schurkende van koude, slaap en begeerigheid. — «Van de man een pop, DRIESJE!» — «'t Is en schande, GERRIT, zukke fooien als jy altijd sleept.» - «Daar hei je der een van, «zegt GERRIT;» maar laat me na kooi kruipen, zonder dat ik me met iets meer heb te bemoeien.»

HET NOORD-BRABANTSCHE MEISJEN.

Op een mooien Augustus voormiddag des jaars 1839, betraden twee jonge menschen den vermoeienden, maar schoonen zandweg tusschen ter Heide en Oosterhout. Zy waren ter eerstgenoemde plaats uit de diligence gestapt, en zouden ter laastgenoemde het middagmaal houden. De zon scheen wel heerlijk op de welige akkers van rogge en boekweit ter wederzijde van den weg, maar tevens niet minder stovend op hunne stroohoeden en ransels; en daar het jong eikenhout, dat zy langs, en de kleine denneboschjens, die zy nu en dan door gingen, te laag en te iel waren om veel schaduw te geven, begon men toch gewaar te worden dat ook zelfs een voetreis hare onaangenaamheden hebben kan.

„Die drommelsche toren;" begon de jongste, stilstaande en den knop van zijn stok in de zijde zettende om een oogenblik uit te blazen; „die drommelsche toren is nu rechts en dan links, en we vorderen niet."

„Het is toch de goede weg," hernam de ander, die het eerteeken van den tiendaagschen veldtocht droeg; „ik ken hem wel. Ziedaar ginder: rechts van den toren, is de molen, waar we een post by hadden."

„Is het een mooi plaatsjen?" begon de ander weder voorttredende.

„Allerliefst; gy zult het zien. Koning LODEWIJK noemde het een stad; maar daar is 't niet beter om. Er is een marktplein; een ruime kerk, met een gebeeldhouwen outerstuk van den berg Calvarië; een mooie ruïne, en veel knappe nieuwe huizen. Maar het mooiste is KEETJEN. Wy gaan naar KEETJEN. Gy zult zien hoe hartelijk zy ons ontfangt."

„Ik hoop," zei de andere twijfelachtig, „dat zy de moeite van dezen afmattenden weg waard mag zijn; want ik heb niet veel op met uwe herbergdeernen. Ze zijn nog al aardig in liedtjens en reizen. Maar ik voor my, heb ze nooit anders gevonden dan grof, preutsch en knorrig. Men kan ze niet vriendelijk aanzien of zy denken dat gy ze bederven zult. En zegt gy haar een galanterietjen, zoo gapen zy u aan zonder het te begrijpen, of lachen zoo dom tegen „me heir", dat hy eens voor al genoeg heeft."

„Je kent KEETJEN niet!" viel de ander, met gemaakte hoogdravend-

heid zijn vriend in de rede: »by alle goden, je kent KEETJEN niet!
Gy zijt niet waardig haar aangezicht te aanschouwen. KEETJEN, het
fijnst, het netst besnedene bekjen van alle Noord-Brabantsche meisjens, die ik onder eenigen stand gezien heb. KEETJEN, met het rankst
figuur, de liefste voetjens, de kleinste handtjens met kuiltjens op iederen vinger. Dat blanke gezichtjen, die groote blaauwe oogen, met
dien doordringenden opslag. Het geestige, hupsche, vrolijke KEET-
JEN, die zoo lief praat, en zoo lief lacht...«

»En zoo zoet zoent?...« vroeg de jongste; »want als zy zóó is, als
gy ze beschrijft, dan is zy licht, vrindlief, en dan zeg ik als in het
oude stuk...

> Een mooie meid zou in een herberg eerlijk zijn!«

»KARELTJEN!« hernam de ander op den theatraalst mogelijken toon;
»dwing my niet te midden dezer welige natuur een moord te begaan.
Nog één woord ten nadeele van KEETJEN, en ik maai uw eerloos hoofd
weg, als gindsche maaier de rijpe airen.« — En daarop in den natuurlijken toon vallende, ging hy voort: »Ik zou niet graag willen biechten, vriend! hoe menigmaal ik, in den tijd dat wy hier te Oosterhout
lagen, haar om een zoen geplaagd, gesmeekt heb. Zoo het my drie
maal gelukt is er een te krijgen, is het veel; en dan is er één by van
toen wy weg trokken. De geheele compagnie was op haar verliefd.
Het was KEETJEN voor, KEETJEN na; allen vrijden naar haar; allen
droomden van haar: iedereen wou met haar wandelen, met haar naar
Raamsdonk rijden — ja er waren er, geloof ik, die haar wilden
trouwen...«

»En zy,« merkte KAREL aan, »zy was à tout le monde, en verhoor-
de ieders klachten.«

»In 't geheel niet; zy was er te verstandig toe, en dat niet alleen,
maar ook te braaf. Gy moest haar naar de kerk hebben zien gaan,
met de breede zwarte falie eerst afhangende over de schonders, met
vrij wat meer gratie dan waarmeê b. v. mijn nicht haar mantille
draagt, en dan by 't ingaan van de deur over 't hoofd, dat haar lief
devoot gezichtjen er effentjens uitstak. Maar dat daar gelaten. Er
was niemand die zich op eenige gunst van haar te beroemen had; er
was niemand dien zy lomp behandelde, of boos maakte; zy bleef zoo
lief en vriendelijk tegen allen, dat allen dachten met haar op een goeden voet te zijn. Het was zot van zes of zeven menschen dezelfde
confidenties te krijgen, die op dezelfde nietigheden berustten...«

»Zy speelde de coquette,« zei KAREL, »net als dat heele dorp, of
stadjen, als het zoo wezen moet, dat telkens weer achter de boomen
kruipt; zy speelde de coquette, man! en had haar vingers vol ringen
en haar kast vol presenten van allerlei aart...«

»Geen een! Ik verzeker u dat zy niets aannam. O, zoo je wist hoe zy over die dingen dacht. Ik was haar vertrouwde nog al. En zy sprak nog al eens veel met my.″

″En gy vielt in de termen van die gelukkigen, daar je zoo straks van spraakt, die meenden dat voor allen was, wat zy met zes, zeven anderen deelden?″

″Je zult niet overtuigd zijn voor je haar hebt gezien en hooren spreken, ellendige!″ sprak de andere. ″Maar je hadt haar moeten vinden zoo als ik; de mooie oogen vol tranen, na een onkieschen voorslag van VAN DER KROP, die te veel gedronken had; hoe bitter had ze 't op haar zenuwen.″

″En was die VAN DER KROP een knap manskarel?″ vroeg de onverbiddelijke reisgenoot.

″Dat had juist niet over. Ik voor my noem hem een monster, en KEETJEN ook. Er waren er wel die meer indruk op haar lief hartjen maakten...″

″Gy, by voorbeeld, niet waar? —″

″Nu ja! maar in een anderen zin; ik was haar vriend; maar onze vriend EVERARDS, die stond hoog by haar aangeschreven. Het zou my niet verwonderen, zoo zy om diens wil wel eens andere tranen had geschreid.″

″Och heden, kom!″ zei KAREL, ″het wordt al te aandoenlijk, en nu geen woord meer van KEETJEN, tot dat wy haar zien.″

De twee vrienden kwamen te Oosterhout en zagen KEETJEN. Zy traden de herberg binnen, en vonden haar in het venster, bezig met eenig naaiwerk. De groote geplooide slippen van de brabantsche muts, waar twee donkere platgestreken hairlokken eventjes uitkeken, vielen over een donkerrood doekjen met groene ruiten, dat haar schouders en boezem tot hoog in den hals bedekte, en wonderwel afstak by haar blank kinnetjen. Zy zag op, en haar groot blaauw oog maakte zulk een indruk op den jongste der beide reizigers, dat hy oogenblikkelijk het getal harer aanbidders vergrootte.

″Zul je dan eeuwig even mooi blijven, KEE!″ riep de oudste in bewondering uit, haar de hand toestekende, ″het is negen jaar geleden sedert we goede vrinden waren, en je bent geheel dezelfde.″

″Ik zy toch negen jaar ouer geworden, mijnheer!″ zei KEETJEN, vriendelijk lachende en een rij van de gelijkste tanden ontblootende, die ooit tusschen rozeroode lippen hebben uitgeschenen.

″Mijnheer!″ hernam de ander, ″ken je me niet meer? Denk aan de Leydsche jagers.″

KEETJEN rimpelde haar lief voorhoofd om zich te bedenken. ″Ik geloof....″ zeide zy aarzelende, ″ik geloof mijnheer.... VAN.... DER KROP?...″

22

DE LIMBURGSCHE VOERMAN.

„Goeden mergen, heern!" zei CHRISTOFFEL HERMANS, daar hy bezig was zijn groot paard voor de huifkar te zetten, die ons eenige uren verder voeren moest. „Goeden mergen, heern!"

In dit woord was voor ons eene teleurstelling. Hoe armoedig wy er ook uitzagen; hoe vuil onze brabantsche kielen, na eene reize van ettelijke weken, ook mochten geworden zijn; hoe slap de randen van onze hoeden nederhingen; hoe nederig wy den vorigen avond, na het nederwerpen onzer randsels, onze voeten op de plaat van den gemeenen haard gezet hadden, en met hoeveel eenvoudigheid en gemeenelui's handigheid wy het oude grootjen ook hadden bygestaan, in het snijden van snijboonen tot haar wintervoorraad, het was ons niet gelukt, voor reizende kooplui of gelukzoekers door te gaan; wy waren heeren! en moesten niettegenstaande den droevigen staat onzer finantiën, er op voorbereid wezen, benevens onze melksoep van gisteren avond, ons logis van van nacht, en ons ontbijt van van morgen, nog den titel van heeren te betalen.

CHRISTOFFEL HERMANS, zeg ik, was bezig zijn groot paard voor de huifkar te zetten, en verrichtte deze bezigheid op een kleine binnenplaats, waar hem zijne kippen en kalkoenen over de voeten liepen, gedurig met het paard redeneerende.

„Stappertjen! opgepast van daog, zulle! ge kraogt het nuwe vliegennet over den baste, en de nuwe bellen. En biesjen achteruit, maot; ziede ga niet dat ga de poes op de poot trappen zult. Zie zoo; kijk, we zullen eenen goeden oop ooi in den zak doen. Dan modde ga ook goed stappen, zulle!" enz.

Onder deze hartsterkende taal werd het kolossale dier op een schitterende wijze uitgedoscht, met een groot geknoopt vliegennet van het vurigste klaproosrood, waarvan het voorste gedeelte onder den voorriem van het hoofdstel werd doorgetrokken, en het achterste om den staart gestrikt; rondom behangen met eene lange luchtige franje van 't zelfde, en twee groote roode kwasten over de stooten der boomen.

Het is opmerkelijk hoeveel byhangsels er tot het harnachement van een limburgsch paard behooren, waarvan men geene mogelijke nuttigheid kan uitdenken, en die ook allen, volgens getuigenis van den voerman, alleen maar voor ╱de sieraod╱ zijn. Daartoe behooren een groot aantal korte riemen en touwen, die van het hoofdstel tot het haam gaan, terwijl het beest enkel door stem en zweep, (met hot en her), geregeerd wordt; daartoe een paar koperen instrumenten, in de gedaante van breede groote hairkammen, op hetzelve haam, die niet zouden mogen ontbreken, hoe volstrekt doelloos zy ook zijn. Voeg hierby een zware ijzeren ketting langs den boom der kar, en een krans met bellen om den nek van 't paard, waarvan de eerste een openlijke bespotting is van de groote makheid van het dier, en de andere een duidelijk paskwil op de breede wegen, waar men elkander een uur ver ziet aankomen.

Toen al deze fraaiïgheden naar behooren waren in orde gebracht, en een groote hoop versch hooi in het tusschen de wielen bengelende net was geworpen, werd er een dikke bos stroo dwars door de kar gelegd, waarop VLERK en HILDEBRAND plaats namen; de deuren van het binnenplaatsjen werden opengezet, en CHRISTOFFEL HERMANS, een karel van zes voet, met een schoone blaauwe kiel aan, trad vooruit, met de zweep van gevlochten riet losjens in den elboog gesteund, en wees zijn stapper den weg. Het roode vliegennet kwam in beweging, als een langzaam golvende bloedstroom, de bellen klonken, de keten rammelde, de twee zware wielen van de kar dreunden. Wy joegen den haan, die op de huif gevlogen was, weg, en onze tocht ving aan, terwijl CHRISTOFFEL HERMANS, in 't blaauw, en het groote paard, in 't rood, wedijverden wie de grootste stappen konde nemen.

╱Hoeveel tijd reken je, dat er noodig is van hier naar Quaadmechelen, voerman!╱

╱Laot zien,╱ zei hy;╱ 't mag drie uren gaons wezen; dats begens vierdehalf uur met de ker.╱

Men merkt op dat de huifkar een uitmuntend middel van vervoer is voor personen, die niet gaarne willen dat al wat zy voorby rijden hun geel en groen voor de oogen wordt. Indedaad, ik kan het aan alle voetreizigers aanbevelen, daar het in de gelegenheid om het land te zien (mits men de huif oprolle) geen de minste belemmering brengt. Het is ook waarlijk alleraangenaamst voor dezulken, die wel eens stijf van 't zitten worden, aangezien niets gemakkelijker is, dan zich van tijd tot tijd tot verpoozing achter van de kar te laten afglijden, terwijl het paard voort blijft stappen, en een weinigjen langs de wielen te wandelen, zonder dat zulks eenig oponthoud in de reis veroorzaakt. Hier komt by, dat men naar alle menschelijke berekening geen nood heeft van een ongeluk te krijgen, daar er noch riemen zijn die knappen, noch veeren die doorzetten kunnen; wat betreft het afloopen van een wiel, ik ben overtuigd dat dit geen de minste stremming zou te weeg brengen, daar de velgen zoo dik zijn, dat ik zeker ben, dat het ge-

heele gevaarte even goed op één als op twee wielen kan blijvenover-
eind staan.   Voeg hierby dat deze manier van vooruitkomen niet duur
is, en dat gy behalven een glaoske bier aan den voerman, die daar
op den duur nog al behoefte aan heeft, met geene verdere onkosten
te maken hebt, daar het paard zijn ruif onder den wagen met zich
voert, en ook lang zoo maltentig en gastronomisch niet is, als onze
goede hollandsche paarden, die geen anderhalf uur loopen kunnen
zonder te blazen, brood te eten en te drinken.

Zoo gy daarenboven een voerman aantreft als onzen CHRISTOFFEL
HERMANS, een goeden, hartelijken karel, vol mededeelingen en verhalen uit den veldtocht, wordt de lange wijle u nog al aardig ver-
kort.   Gy hadt hem moeten hooren verhalen, van de opschudding die
de leydsche studenten te Quaadmechelen gemaakt hadden, en hoe een
juffrouw die in de verwarring vóór in de borst geschoten was dat de
koegel achter uit kwam, er desalniettemin dik en vet tegen in geworden was; hoe «vrundelijk de mogendheden van den Ollander» zijn,
daar èn de Prins van Oranje èn «den anderen Prins» hem terug gegroet hadden, toen hy zijn hoed had afgenomen; en hoe hy op deze
zelfde kar het lijk vervoerd had van eenen soldaat, door «de mogendheid van Saxen Weimar» met eigen hand in tweën geslagen, omdat
hy begon «te plunderen en te ontrampeneeren», en tot een Limburger gezegd had: «trek de broek uit, want de mijne is stuk.»   En het
zij uw voerman een Ollandsch of een Belgisch Limburger is, gy zult
met vreugd de opmerking maken, dat ZEd. door taal, karakter en
levenswijze, zoo goed tot Holland behoort, als gy en ik.

DE MARKENSCHE VISSCHER.

Ultima Thule.

Telken jare, in den beginne van het jaar, wordt het haarlemsch straatpubliek onthaald op het voortreffelijk gezicht van een vijf of zestal jonge reuzen, welke, met een ouden reus aan 't hoofd, langs de straten worden gezien, vooral op de hoogte van het Gouvernementshuis en den Doelen, waar zy door de straatjongens met even veel belangstelling worden aangegaapt en nageloopen, als een bedelende poolsche jood met langen baard en spitse muts, of, omstreeks den kermistijd, een parijsche Armenier met geparfumeerde kleederen en gebloemden tulband. Het personeel der jonge reuzen verandert jaarlijks, daar er by dezen optocht geen andere geduld worden, dan die hun achttienden verjaardag gevierd hebben en hun negentienden nog niet hebben beleefd. Maar de oude reus, die aan het hoofd stapt, is en blijft dezelfde, en wordt dus met ieder jaar een jaartjen ouder. Deze reuzen zijn allen volmaakt op dezelfde wijze gekleed. Zy dragen (om te beginnen met hetgeen het meest in 't oog loopt) ontzettend wijde korte broeken, met diepe zakken, waarin zy hunne handen bestendig verborgen houden; en naauw om 't lijf sluitende wambuizen, waaronder zich een dichtgeknoopte damasten of blaauw katoenen borstrok, naar gelang van den geldelijken toestand des eigenaars, vertoont. Buis en broek zijn van een grove bruine stof, geen laken. Op het kleine hoofd voeren zy een lagen, breedgeranden ronden hoed, en hunne dikke kuiten zijn omkleed met grijze kousen; hooge schoenen bedekken hunne groote voeten. Als versierselen van weelde dragen sommigen, en althans de oude, kleine ronde gouden of zilveren knoopjens in den roodgeruiten das, aan de hemdsmouwen en voor in de broek. Het uitzicht dezer reuzen is niet kwaadaardig. Zy hebben knokige, vooruitstekende voorhoofden en jukbeenderen, waar tusschen hunne vriendelijke lichtgrijze oogen verborgen liggen; breede monden; kleine witte tanden; en dunne hairen van de echt celtische kleur, die by den ouden reus reeds eenigzins beginnen te verbleeken. Zoo als zy zich daar op Haarlems straten vertoonen, maken zy uit het contingent van het eiland Marken voor de nationale militie, met den Edel Achtbaren Heer Burgemeester van dat zelfde eiland aan het hoofd.

Kent gy het eiland Marken? Het levert het doorslaandst bewijs, dat soberheid en ontbering het kloekste menschengeslacht kweeken en in stand houden. Marken is, men zou zeggen, een hoop slijk in de Zuiderzee; meer niet; met hier en daar een weinig gras voor een enkel mager paard, en voorts geen plantenleven dan een steel of wat lepelblad tegen de scheurbuik. Op Marken geen schaduw van een enkelen boom; op Marken geen schijn of zweem van eenigen oogst. Op Marken zelfs geen bakker. Het brood dat dit reuzengeslacht, hetwelk op dien moddergrond tiert, eet, wordt in Monnickendam bereid, en als de veerschuit, die het dagelijks aanbrengt, de slechte haven niet binnen kan loopen, hongeren de reuzen. En toch heeft zich aldaar het waarachtig type onzer oudste voorouders bewaard, in die mannen van meer dan zes voet met schouders als atlassen en goudgeele lokken; en de nieuwsgierige die den voet onder dit eenvoudig visschersvolk zet, vindt er de huizen, de gewoonten, de zeden, de begrippen van voor twee eeuwen; ofschoon het niet te ontkennen is, dat de lichtingen voor de krijgsdienst en het vervallen der groote en kleine visscheryen, die den Markenaar nu ook tot een ansjoviszouter maken, hem eenigzins uit zijn afgesloten kring hebben gerukt. Ik voer er heen met een zeventigjarig grijzaart aan 't roer, die zoo vast aan spoken en toovenaars geloofde als aan de Heilige Drievuldigheid; ik hoorde een godgeleerd gesprek, waarin van Voetianen en Coccejanen werd gesproken, als of die twisten nog aan de orde van den dag, alsof de heeren Voetius en Coccejus, in blakenden ijver, nog alle dag te spreken waren. Ik zat er in de burgemeesterswoning mijn kleeren te droogen, by een vuur, waarvan de rook geen anderen uittocht had, dan door het dak. En toch werd my ook aldaar de keus gegeven tusschen een glas Parfait Amour of een glas Rose sans épines, naar welgevallen, en de man verhaalde my, dat hy er *den Governeur, spuutwien* (zoo noemde hy champagne) *had voorgezet,* toen ZEx. hem op zijn tour, langs de eilanden, bezocht had. Ik moet hem evenwel het recht doen van te verklaren, dat hy zelf zoo min het een als het ander met de aanraking zijner burgemeesterlijke lippen verwaardigde.

Bewonderenswaardig is de hoogte der bedsteden, waarin dit reuzenvolk den zegen des slaaps geniet; het zijn een soort van torens, welke zy met verscheidene trappen beklimmen. Indien gy echter hunne woning beschouwt, en van een dezer groote zwaluwnesten, aan den zolder opgehangen de gordijnen ziet opengeschoven, en uw oog stuit op een hoogen stapel kussens, waarvan de sloopen op een zeer eigenaardige en alleen markensch wijs zijn bewerkt, en waarover een keurige sprei ligt op dezelfde wijs bestikt, zoo waan niet, dat daar de plaats is, waar de Titan zijne Titane in de armen zinkt. Het is het pronkbed. Want ook hier wordt gepronkt; dat getuigen bovendien alle de wanden der armelijke hut, niet minder blinkende van gedreven koperen schotels, als de poffertjenskraam der beroemde firma SPANDONK.

Maar gy verbaast u, als gy dit eiland in zijne lengte en breedte doorwandelt, ja zelfs de huizen binnentreedt, geen vrouwen te zien. Geen wonder; zy zijn volkomen menschenschuw en vluchten op den aanblik van een vreemdeling. Zoo gy er echter een te zien krijgt, zult gy bemerken dat zy een paar hoofden kleiner zijn dan de mans, en zelden uitmuntende in schoonheid. Zy dragen witte kappen, waaruit het voorhair in twee lompe, onbevallige, niet krullende vlokken, langs haar aangezicht valt. Haar jak en rok zijn van grove stof, en op de borst spelden zy een witten doek, al wederom op markensche wijze bestikt. Het jak is meestal veelkleurig, en wel zoo, dat het van achteren anders is dan van voren; doorgaans toonen de markensche vrouwen een rooden boezem en groenen rug of omgekeerd. De kinderen hebben geen ander speelgoed, dan een tamgemaakten zeemeeuw, dien zy een ijzeren ring om den hals doen dragen. Wat hun voorkomen betreft, gy moet ze niet beoordeelen naar het proefjen, dat daarvan op de laatste kermissen is te zien geweest; toen gy u, tot uw uiterste verbazing, eenige honderde ponden gevormd menschenvleesch, op naam van een zuigeling van drie maanden, zaagt voorstellen. Het toonde u echter wat de natuur te Marken vermag, en welk een voedzaamheid de markensche moedermelk bezit; weshalve ik alle monnickendamsche huisvrouwen, die wel markensche dienstmaagden gebruiken, aanraden zoude, zich van markensche minnen te onthouden.

De koddigste figuur maken te midden van dit ouderwetsch, dit zeventiende-eeuwsch geslacht, de predikant, de schoolmeester en de chirurgijn, pygmeën by ongeluk onder deze enakiem verdwaald, en wier meer hedendaagsche kleeding zonderling afsteekt by die der landskinderen, die allen orthodox, allen hardleersch, en allen gezond zijn.

DE JAGER EN DE POLSDRAGER.

»Morgen!« zegt de jager, en hy steekt zijn groengemutst hoofd
om 't hoekjen van de deur der woning, waarin de boer en de boerin
met acht à negen kinderen, twee knechts en een meid hun ochtendstuk
zitten te gebruiken.

»Morgen, ARIE!« roept de boer, terwijl de roggebroodskruimels,
die hem by deze begroeting uit den vollen mond vallen, door den
jachthond worden opgesnuffeld. »Reis opsteken?« — »Twaalf blaad-
jens!« zegt de jager, zich op de stalling neêrzettende en een pijpjen
uit zijn pet krijgende, terwijl hy het geweer tusschen de beenen houdt,
waarvan de boerin de oogen niet af kan houden. »'t Staat in de rust,
moeder!« — »Nou ja, ARIE; dat's goed, maar een mensch is er toch
altijd schrimpeljeuzig van!«

»Heb je der al gevangen, ARIE?« vraagt de boer. De boeren noemen het *vangen*.

»Twee, KRELISOOM, twee; ik heb ze zoo lang by SIJMEN neêrgeleid.«

»Nou,« merkt de vrouw aan, »ik denk dat ARIE der al mennig ientje ehikt heit.«

»Ik wou ze wel reis by mekaar zien,« zegt de jager. Jagers hebben altijd het heimwee naar een dal JOSAPHATS van het door hen geschoten wild.

»Zie je der hier nog al?« vraagt hy verder.

»Ik bespeur ze zoo niet,« zegt KRELIS, »maar hier me PIET, die
ziet ze nog al dik.«

»Gisteren avend,« zeit PIET, een opschietende knaap, de oudste
van KRELISOOM, die met een wensch in de oogen beurtelings den jager en de weitasch en het geweer heeft aangekeken; »gisteren avend
ging er temet ien tusschen me bienen deur. Een dikke hoor!«

»Mag de jongen reis meeloopen,« vraagt ARIE aan KRELISOOM.

»Nou ja,« andwoordt deze, »'t zal wel lukken.«

PIET verslikt zich haast aan de laatste korst van zijn roggebrood
met kaas. Een taaie slict wordt uit den dorsch te voorschijn gehaald,
en pols en polsdrager zijn geïmproviseerd.

Zoodanig is de wording van den polsdrager; maar nooit was een

schepsel ter wareld dankbarer voor zijn bestaan: geen begunstigde
slaaf kleeft zijn meester getrouwer aan dan de polsdrager den jager.
Hy verlaat zijn zijde niet. Hy springt den jager voor over alle sloo-
ten en klimt hem over honderd dijkjens na; hy wandelt met hem het
jachtveld met vermoeiende ziegezagen af; hy staat als de hond staat;
en apporteert als de hond apporteert. Spreekt de jager, hy hangt
aan zijn lippen, bezield van het onbepaaldst geloof. En niet licht
zijn de proeven waarop hy in dezen gesteld wordt. Geen grooter
leugenaars dan schaatserijders en jagers, zegt men wel. Maar wat
wondergeschiedenissen deze laatsten ook mogen opdisschen: van zes
hazen geschoten op één stuk, van twee watersnippen in één schot in
den donker, van hazen die op één looper nog een gezicht ver weg-
liepen, van anderen die met uitgeschoten oogen tegen den hond in-
sprongen, van hoenders die ronddraaiden, neêrvielen, weêr opvlogen,
weêr ronddraaiden en nog reis neêrvielen, van arenden die op den
hond gingen zitten en roerdompen die met den laadstok wegvlogen;
de polsdrager trekt geen enkele dezer groote gebeurtenissen in twijfel;
de jager in het algemeen is zijn orakel, zijn afgod; het valt hem niet
in dat er mogelijkheid bestaan zou van eenige versiering, eenige ver-
grooting van 's mans verhalen; en in het byzonder houdt hy dien jager met wien hy op dat oogenblik jaagt, voor den grootsten van alle jagers, den Nimrod Nimrodorum. Ja zelfs, indien er iets vergroot
moet worden, hy is de eerste om den jager die moeite te besparen,
wanneer by hem al de verhalen, die hy zich van hem herinnert, nogmaals te binnen brengt, en zich nogmaals doet mededeelen. Schiet
de jager raak, de polsdrager, schoon hy niets gezien heeft dan wat
vuur en rook, heeft het haas driemaal over den bol zien buitelen; is
het haas vrij, de polsdrager beweert dat hy er de wol by vlokken heeft
zien afstuiven. Gebeurt het een enkele maal; het gebeurt *nooit*, zweeren jagers en polsdragers, maar het zou toch kunnen zijn; na een
ongelukkige jacht, met sneeuw aan de lucht; tegen het sluiten;....
dat er een haas.... *meegenomen* moet worden, die — op de grensschei-
ding van een privative jacht ligt; — enfin! om het hatelijk woord dan
maar te zeggen, — die in 't leger moet worden geschoten, ofschoon
er dan ook strikt genomen een pols en een polsdrager is om hem te
doen rijzen.... Poef! de lepels hebben zich niet boven het gras opgeheven — hy ligt al te trekken.

"Net toen hy oprees," zegt de jager.

"Je was der gaauw by," zeit de polsdrager; "hy was je haast te gaauw of."

"Een ander zou hem in 't leger geschoten hebben!" zegt de jager.

"Dat loof ik er ook wel van," zegt de polsdrager, "hy zou aars
net het dijkkie overewipt hebben toen ie 't beet kreeg."

De polsdrager spreekt aldus, niet uit beleefdheid of uit laagheid,
maar uit volle overtuiging.

„Een mooi haas," zeit de jager, daar hy den armen drommel met een klap in den nek afmaakt. „Een mooie rammelaar."

„Een mooie rammelaar," echoot de polsdrager.

„Ik zei et je ommers wel, dat er op dit stuk een rijzen zou?" herinnert de jager.

„'t Is waar ook," andwoordt de polsdrager; schoon de jager de woorden niet van zijn lippen heeft laten komen. „Je zag het vast an den hond?"

„Neen!" zeit de jager, die (let wel!) nimmer des polsdragers venatorische gissingen goedkeurt: „dat niet."

„Had je 'em dan espeurd in 't slik an den dam?"

„Ook niet!" herneemt de jager met groote wijsheid, „maar daar was daareven ommers een voedster opgegaan."

„Was dat een voedster, ABIE, die je misschoot?"

„Misschoot?" vraagt de jager met verontwaardiging. „Hy had hagel genoeg. Je zelt em morgen wel vinden...."

En de polsdrager is den anderen dag op dat stuk, om den aan de gevolgen zijner wonden overledene te zoeken; en indien hy hem niet vindt — stroopers moeten er vóór hem geweest zijn om hem weg te nemen; een wild dier hem hebben verscheurd; of medelijdende natuurgenooten zullen hem, daar zy hem vonden, wentelende in zijn zweet (d. i. bloed) op hun rug hebben weggedragen, tot dicht by de naaste eendenkooi, waar hy, onder bescherming van het kooirecht, den adem rustig heeft kunnen uitblazen aan het ruige kantjen van een kille sloot, wèl overtuigd dat het hem niet aan hagel ontbroken heeft.

DE LEYDSCHE PEUËRAAR.

Een Leyenaar sprak eenmaal Charon aan;
   „Ik bid u, bootsman! hoor mijn beden!
   Zoo 'k eenmaal in uw schuit moet treden,
Och, laat het zijn by donkre maan!
   Indien 'k mag peuren uit uw bootjen,
   Krijgt gy de helft van 't waterzootjen:
En 'k wijs u bovendien den grond,
Waar ik mijn vetste wurmen vond."

Studenten-almanak, 1836.

Het wapen der stad Leyden vertoont de *Sleutels* van St. PIETER. Een onvergefelijke misslag! Het had zijn *Vischnet* moeten wezen. Het is de stad der visschery. Ook de akademiestad, óók de stad der egyptische Farao's, óók de stad van bul en bolussen, maar boven en behalven dat alles, de stad der visschers. — Nader haar van den kant der Hoogewoerts-, der Koe-, der Witte-, der Rhijnsburger-, der Mare-poort, of van welke poort gy wilt, overal wappert u van de leuning der poortbrug een opgeheschen totebel tegen. — Wandel de leydsche cingels rond; geen drie boomen zult gy zien, of gy ziet by den derde een hengelaar, in das, jas, en gras gedoken, een neuswarmer in den mond, aan zijn rechterhand een kluit vuilgeworden vischdeeg, aan zijn linker drie of vier zieltogende bliekjens. Bezoek Leyden by hoog water, gy zult de lieden van den Apothekersdijk en de Oude Vest in flagranti delicto verrassen, daar zy bezig zijn in hunne voorhuizen de binnen-gespoelde stekelbaarsjens te verschalken. Hoor Leyden in de verga-derzaal der Edelmogenden, gy zult het met hand en tand hooren ijve-ren tegen de droogmaking van het Haarlemmermeir, op grond van het overoud eigendom der stad op een gedeelte van het vischwater.

Als ik echter zeide dat de stad Leyden een Vischnet voeren moest, noemde ik het gepaste, maar het meest gepaste nog niet. Ik sprak van het net, om by St. PIETER te blijven; maar zoo gy my vraagt wat het eigenlijk wezen moest? een paar`gekruiste hengelrieten, een paar vischhoeken *en sautoir*. Het is zelden om den visch dat men te Leyden vischt; het is om het visschen, en de langzaamste genieting

van dit genot is de beste. Niet om met een enkelen trek van de zegen, een tweemaal daagsch ophalen van een schakel, of met zethen-
gels, die hun dienst doen terwijl gy slaapt, een macht van *schubbig
watervolk* byeen te brengen, is het den echten Leyenaar te doen. De
zaligheid van het *nop* hebben, van het trillen, indoopen, onderduiken
van den dobber, van het zien zuigen van een langwijlig aaltjen, het
leuteren van een zeurig postjen aan den onmerkbaren hoek, is hem
genoeg. Katvisch is hem even welkom als doop- en waterbaars. Katvisch is den Leyenaar dierbaar! Al wat aan den angel bijt, en met
bloedige kieuwen en half uitgeboorde oogen van den angel kan worden
afgescheurd — ziedaar wat hem gelijkelijk gelukkig maakt. — *Een
hengelaar kan geen goed mensch zijn,* heeft Lord BYRON gezegd,
maar de Leyenaar heeft één troost: *'en slecht minsch die 't zait!*
My dunkt, ik hoor het hem andwoorden.

Van Engelschen gesproken! Zy hengelen met geschilderde vliegen,
om niet by iedere vangst een *dubbele* wreedheid te doen. Wat zouden
zy wel zeggen van de gruwzaamheid, waartoe zich de Leyenaar in
staat gevoelt, als hy den peurstok gereed maakt? — *Please, Sir!* volg
my in deze achterbuurt. Het heet hier de Kamp. Kijk eens, zoo gy
kunt, door dit groene vensterglas naar binnen. Wat ziet gy? — *Ik
zie een vrouw met de hairen door de muts, die kleine ronde koekjens
bakt.* — Best; van water en meel met een beetjen olie. Het is voor de
lui voor wie een oortjensbroodjen te duur is op eens. Het is de vrouw
van den Leydschen Peuëraar. Ziet gy haar man niet? — *Yes*; die *fel-
low* met een slaapmuts op, in een duffelschen jas? — Dezelfde. Het is
de Leydsche Peuëraar in eigen persoon. Een karakter dat alleen in
deze stad gevonden wordt. De linkervleugelman van de opgaande linie
van leydsche visschers. De verwerpelijkste vorm, waaronder zich de
algemeene hengelliefhebbery voordoet. Wat doet hy? — *Hy rijgt iets
aan een touw, dat hy uit een rooden pot haalt, iets langs, iets smee-
rigs.* — Recht zoo! het zijn pieren, *Sir!* niets dan pieren, pieren van
het echte soort, met geele kransjes om de koppen. In dien pot zijn meer
dan honderd pieren, en zy worden door zijne nijvere handen aan een
vrij dik snoer geregen, by den kop in en by den staart uit.

Straks zult gy hem van deze pierenguirlande een soort van kwast
zien maken, niet ongelijk aan het uiteinde van eene bloedkoralen bayadère. Met deze wormfranje wordt gevischt; dat heet peuren; en
deze zonderlinge passementmaker heet de peuëraar! *Horrible, horrible, most horrible!* — *Net niet!* zou de Peuëraar andwoorden,
indien hy u verstond. *Net niet, jou vreemde stoethaspel, want
door die weg krijgen de (n)alen geen hoek in der gezicht. Zieje wel,
je kent alle dingen tweeleidig opvatten.* — Het plat Leydsch is leelijk, en het Leydsch van den Peuëraar is het platste.

Als de maan donker is, gaat de Peuëraar tegen het vallen van den nacht uit, met een lantaren onder den arm, en zijn korten peurstok, waarvan de bovenbeschrevene wormentroetel af moet hangen, in de hand, de blaauwe slaapmuts op 't hoofd, den duffelschen jas aan, klompen aan de voeten; een *paip in zen hoofd.* In zijn zak berust een groote flesch jenever, en in zijn tabaksdoos bewaart hy een briefje, waarin de commissaris der policie van Leyden getuigt: dat de daarin genoemde peuëraar geen schelm is, en misschien wel geen hout kapen zal, al komt hy met zijn schuitjen wat dicht onder een zaagmolen. Zoo wandelt hy naar het eene of andere kroegjen, waar hy volgens afspraak een anderen peuëraar vindt, en na nog gaauw voor *drie cintjes* genomen te hebben, begeven zich de collega's naar hun gemeenschappelijk schuitjen, een klein plat vaartuigjen, dat zy met riemen en een gerafeld stuk doek, onder den geüsurpeerden titel van zeil, aan een stok opgestoken, in beweging brengen. Zoo ras men een goede legplaats gevonden heeft, wordt het zeil gestreken, het anker geworpen, een rietmat tegen den wind opgezet, en het peuren neemt een aanvang. Het is een aesthetisch ding. Alles komt hier aan op het gevoel. De kunst van peuren bestaat in het zachtjens op en neder bewegen van den peurstok, waardoor de verlokkelijke wormenfranje in een gestadige onrust is; en telkens als des peuëraars fijngevoelige vingertop — neen! als zijn *hart* hem zegt dat hy *beet* heeft — slaat hy op, en het verschalkte aaltjen spartelt in de schuit. — En zoo ras het vischwater daar ter plaatse is uitgeput, wordt het zeil geheschen en een andere legplaats opgezocht. Zoo dwalen de peuëraars over Rhijn, Zijl, Leydsche vaart, Haarlemmermeir, ja, komen dikwijls tot zeer naby de hoofdstad; en nacht op nacht wordt gesleten in onvermoeid gepeur.

Hoe zuur wordt dat eerlijk stuk brood gewonnen! Dank voor uw medelijden, mevrouw! het doet uw hart eer aan. Maar geloof nooit dat het dezen lieden om brood te doen is. Uw edel hart waant dat hier voor vrouw en kroost wordt gezorgd, met opoffering van nachtrust en gemak. In het minst niet. Er is een test met vuur, er is zout, er is een koekepan aan boord. De aal wordt op de plaats gevild, gesneden, gebraden, en door het vriendenpaar, onder rijkelijke bevochtiging met Schiedamsch vocht, gegeten, terwijl de vrouw haar cents koekjens bakt en zelve met hare kinderen honger lijdt. Daarom ook, als deze Ulyssessen na hun langen zwerftocht eindelijk hunne huisgoden weder komen opzoeken, worden zy gewoonlijk door hunne getrouwe Penélopés met den vereerenden titel van *Luibak!* begroet, een liefdenaamtjen, hetwelk deze tederen voor hare dierbare wederhelften hebben uitgedacht.

Luibak! heet het van hare bespraakte rozenlippen: *Luibak! kom je weer oit je smulschoit?*

Want dezen naam draagt het peurvaartuig in den huisselijken kring.

DE NOORDHOLLANDSCHE BOERIN.

Een flink wijf is GEES RIEK, rijzig, kloek en welgemaakt. Haar aangezicht blinkt van dat frissche rood en dat glanzige wit, hetwelk de westfriesche vrouwen eigen is, en waarby, als zy op haar «Zundags» zijn, de snoer van bloedkoralen, groot als knikkers, zoo helder ofspeurt (afsteekt). Ik verzeker u dat zy die niet bleek dragen, en GEES allerminst. Ieder vindt dat de kap haar goed staat; op dat glad, wit voorhoofd, by dat kleine rechte neusjen, die kleurige wang, die groote blaauwe oogen, die zachte ronde kin, dien blanken hals! Het eenig gebrek van haar schoonheid, een gebrek dat zy met de meeste noordhollandschen gemeen heeft, is haar gebit, bedorven door zoetekoek en oneindig veel slappe koffy. Gy vraagt wat voor kleur van hair zy heeft. Niemand weet dat. Het is tot den wortel afgeschoren; daar komt geen lokjen voor den dag. Hair wordt een onwaardig verciersel gerekend, waar men een gouden naald over 't voorhoofd, een gouden ijzer (vergeef de contradictio in terminis) over de ooren, een paar gouden boeken aan de slapen, en een paar gouden spelden daarenboven draagt, en men er by wagen zoude, dat de kap, de mooie, heldere, spierwitte, zorgvuldig gestrekene kap, niet glad zou zitten. — Maar wat is dan dat zware dotjen, dat by de gouden boeken uitkomt? Het is eene kleinigheid valsch hair, onbescheiden vrager! aldaar aangebracht als eene verontschuldiging voor het afscheeren van eigen, of nog liever, als een wetenschappelijk bewijs dat de noordhollandsche boerin zoowel als al wat papillotten legt, friseert en brandt, zeer wel weet, dat er tot dat opzichtig gedeelte van 't menschelijk lichaam, hetwelk het hoofd heet, hair behoort. Alle boerinnen dragen dit toertjen; het is een ingehaald krulletjen, dat de staart in den bek steekt, van zwart hair. Blond is by haar allen verafschuwd.

Als gy al de byzonderheden van haar uitwendigen persoon behoorlijk hebt opgenomen, begeef u dan tot de beschouwing van haar innerlijke waarde.

Daar staat zy nu die, na zijn beesten, het hoogst staat aangeschreven in de schatting van DRIES RIEK, haar welbeminden echtgenoot. Ik zeg na zijn beesten. Want als zijn beesten sterven, kost de inkoop van andere geld; een vrouw is voor niet terug te vinden, en brengt misschien nog wel een stuivertjen meê. Misschien wel zoo'n beste *keezer* niet — maar een mensch moet wat wagen, — in de koeien zit hy ook niet! 't Kan goed en kwalijk uitvallen; dat's avontuur.

De bestemming der noordhollandsche boerin als zoodanig, is *keezen*, *keezen*, altijd *keezen*; is bestendig te zorgen dat de melk die 's ochtends en 's avonds na "melkerstaid" wordt binnengebracht, de deur niet uitga dan in de gedaante van goede, gezonde en niet barstende kaas. En dat geeft haar dagelijks zoo veel werk, dat men niet weet hoe zy den tijd vindt om kinderen te krijgen. Nogthands krijgt zy ze, in groote menigte. Maar ook als het "puppie" (de pas geborene) een dag of drie door de buren is "gekeken," en in deszelfs bewonderde tegenwoordigheid het betamelijk aantal van suikerstukken (beschuiten met suiker) gegeten werd, verlaat zy de kraamkamer alweder, en begeeft zich oogenblikkelijk aan de kaastobbe.

Indien gy zindelijkheid zien wilt die het hart goed doet, kom dan haar boerdery binnen. Het is hier niet de Zaansche en Broek-in-Waterlandsche kleingeestigheid, die op muilen rondsluipt, en alle meubelen en huisraad spaart, wrijvende, poetsende, en gladmakende wat zy niet zou durven gebruiken, maar eene heldere reinheid, die altijd wascht en schoon houdt en blinken en glanzen doet, te midden van het veelvuldigst, het onophoudelijkst gebruik. Zie deze lange rij van ter halfmans hoogte afgeschotene appartementjens, over byna de geheele lengte der boerdery. De beschotten en posten allen spierwit, en blinkend koperwerk daartegen opgehangen; den vloer met zand bestrooid en in figuren aangeveegd. Gy zoudt er met uw besten rok in gaan zitten. Echter zijn dit dezelfde plaatsen waar des winters de beesten staan. Uit de groep (goot) die er langs heen loopt, zoudt gy immers melk lusten. Maar zie nu de karn, de kaastobbe, de pers, de kuipen, de doeken, de koppen waarin de kaas zijn zout en zijn vorm krijgt, het is alles even zuiver en lekker om aan te zien. Het hout is ruw en het koper glad van 't schuren. En GEES zelve, laat zy vrijelijk voor uw oogen met haar blooten dikken arm in de melktobbe roeren, waarin zy het stremsel gegoten heeft, — de kaas zal er u niet te minder om aanstaan. — (Het is heel wat anders, een boerin, of een keukenmeid op een stoomboot!) — De kleine kinderen, ziedaar het eenige wat vuil is. Maar zy rollen den geheelen dag met de kleine honden op de werf in 't zand. Binnenshuis is hun grondgebied geenszins, dan om te slapen en te eten. Allerminst in dat gedeelte der woning, waar de kaas gemaakt wordt. Daar is de boerin alleen. Maar als de melk thuis komt, ontwaken in onderscheidene hoeken der boerdery, een cyprische kater, een witte poes, een zwarte en een roodbonte kat, uit hun dutjen, en komen nog rekkerig en geeuwerig op de emmers aan, waartegen zy zich op hunne achterpooten verheffen, gelijk geleerde kermishonden om een trom, en zulks, zindelijk als deze dieren zijn, om met hun zindelijke tongen, het hun competeerend gedeelte van de melk af te roomen, en daarna hun zoete droomen wederom op te vatten, op de plaat, op eene warme stoof, en in 't kozijn van het venster, waarop de zon schijnt.

Gees is goedhartiger, spraakzamer, een weinig minder eigenzinnig en bevooroordeeld dan haar man, op wien zy nimmer kijft dan in 't geval dat hy den hoogsten prijs niet voor de kaas gemaakt heeft, die haar tedere handen bereid hebben. In haar jonge jaren was ze vrij luidruchtig als zy eenmaal los raakte, maar op den duur zou men het haar niet hebben aangezegd. Zy had vele aanbidders, waarmede zy naar 's lands wijs beurtelings kermis hield, zonder hare keuze te willen bepalen, en zonder dat het eenigzins tot gevolgtrekkingen leiden mocht. Haar echtvriend heeft haar een beetjen by verrassing genomen. Zy betuigt een goed man aan hem te hebben en zou hem niet graag missen. En aan die waarheid moet gy niet twijfelen, al verneemt gy dat zy, by eventueel overlijden van haar DRIES, binnen 't jaar met haar knecht trouwt, een jong borst, dien zy er nooit op heeft aangekeken, byna zoo oud als haar oudste zoon, — niet omdat *zy* volstrekt een man, maar omdat de boerdery een boer moet hebben.

De wijze nu waarop DRIES RIEK zijn GEESJEN vrijde en trouwde is een recht staal van noordhollandsche zeden en uit zijn eigen mond opgeschreven, aldus:

„Dinsdag anësniejen, vrijdag anëteekend. Je zelt zeggen: hoe dat zoo haastig? Maar we waren met zen driën jonge borsten vrij gezel, en we hadden mekaar der de hand op ëgeven: die 't lest trouwt die zel 't gelach betalen. Nou, den ienen van ons die was al weg, met de franschen weetje, daar hebben we nooit meer van hoord. Doodëschoten wil ik denken deur de kezakken. Maar zaturdag hoor ik, dat me broer, die was dan eindelijk de derde man verstaje, trouwen gong. Ik denk, jongens! 't gelach betalen, en gien waif; dat geet niet an. Nou, zundags gong ik er op uit, hoor; maar ik wier 'esteurd. Deer ik *toe* kwam, was gezelskap; dat kon 'k al hooren, weetje, buiten de deur. 'k Docht, nien! deer pas ik niet. Maar dinsdag; toen vond ik er iene. En toe kreeg ik 't klaar. Ze kon me wel, maar toch al evel, dàt had ze niet 'edocht. En ik trouwde net met me broer op denzelfden dag; gnap hoor. — Och heer: de witkoppen (daarmede het schoon geslacht bedoelende), de witkoppen te bedotten, *dat* 's gien duit waard. Altijd 'en best waif der an 'ehad. En keezen! ze ben der geen beter!"

DE NOORDHOLLANDSCHE BOER.

Kom op een vrijdag voormiddag in het kaassaizoen te Alkmaar. De meer dan zeventig dorpen, die rondom de noordhollandsche metropolis liggen, hebben hun contingent geleverd. Beemster, Purmer, Schermer, Waard hebben zich leeg geschud in het kleine, nette stadjen. Al de straten die in een poort eindigen, en vooral de zoogenaamde Dijk, een breed plein binnen de stad, staan vol van hun geel en groen afgezette wagens, op het krat beschilderd met bloempotten, krulletters, en gedichten. Al de stallen rooken van den damp hunner paarden; al de bierhuizen en kroegen dampen van den rook hunner pijpen. Al de scheerstoelen prijken met hunne ingezeepte aangezichten. Waar gy komt: by den tabaksverkooper, in de komeny, in den pottenwinkel, by den schoenmaker, die allen dubbel hebben uitgestald; by den notaris, den advokaat, den doctor, en ten huize van de duizend en een dijkgraven en penningmeesters van polders, overal ontmoet gy een boer. De een zoekt er den burgervader van zijn dorp, die, van Alkmaar uit, de belangen zijner kinderen het best behartigen kan: de ander haalt by den smidsbaas een recept voor een ziek paard, dat deze nooit anders dan gezond gezien heeft. Dat Alkmaar, al de overige dagen van de week zoo stil en levenloos, dat het een stedeken schijnt opzettelijk vervaardigd voor begrafenissen; eene gissing, waarin de byzondere kostbaarheid en uitvoerigheid der begraafplaats een iegelijk versterken moet, die ze zich verstout; is nu aan een van gewemel en gegons vervulde byenkorf gelijk. Indedaad zijn hier de byen byeen, die uit de kenmersche en westfriesche boterbloemen haar honig en was zuigen. — De Langestraat, een straat welke haar naam van de familie DE LANGE schijnt te ontleenen, welke beurtelings met al de letters van 't A, B gequalificeerd op drie vierden der deurposten prijkt, is van boeren en boerinnen vervuld; de laatste in lange reeken byeen, de stoepen der goudsmeden op en af drentelende, of de koekwinkels in en uitstroomende, in luid gesprek, lachende met groote monden, en zich op de knie kloppende by iedere nieuwe losbarsting van boerinnengeestigheid.

Maar de grootste drukte is op het Waagplein, waar de kleine geele kazen by duizende ponden op uitgebreide en met het naamcijfer der eigenaars gemerkte zeilen nederliggen. — Al wat gy hier ziet, moet vóór klokslag van twcën verkocht zijn. Na dat uur mag geen koop meer worden gesloten, en geen boer wil of kan zijn kaas weêr meênemen. Hy *moet* ze verkoopen, even zeker als de kooplieden uit de eerste hand haar *moeten* inslaan. — Den hoogsten prijs te maken is een kunstjen, dat menig boer, die er vrij dom uitziet, en 't op alle andere punten in geen geringe mate *is*, uitnemend verstaat. Aardig is de gemaakte toorn, waarin geloofd en geboden, en waarmede de koop eindelijk gesloten wordt, alsof de beide partijen elkander met grimmige gezichten wijs willen maken, dat het bloed er uit moet. — Maar nu komen de kaasloopers, in hun witte pakken en met hun geele, groene en roode hoeden, op hun onveranderlijk sukkeldrafjen, en brengen den verkochten stapel op burries waar hy heen moet, in een schip of een pakhuis.

Zie hier nu de levenskracht van Noordholland. Het is niet anders dan deze kaas, die het verdedigt tegen de woede der zee, die het een groen land doet zijn en blijven, die al Noordhollands schoorsteenen rooken doet. — Wilt gy weten of het den boer wel gaat? Zoo verneem naar den prijs van de kaas. — Vraag of het armenzakjen het des Zondags gewaar wordt dat de Vrijdag voordeelig is geweest? of de landheer het merkt, dat de kaas het heele jaar door ╫praizig╫ was? — Andwoord: Neen. — Goudsmeden en koekebakkers merken het het best; boerenkermissen, de alkmaarsche kermis floreeren er van. Want de vrouw houdt van opschik en zoetigheid, en de man weet grof geld te verteeren, als hy uit is voor zijn plaisir. In het regenjaar 1841 is het hooi bitter slecht uitgevallen; maar toen de kermisklok te Alkmaar geluid had, kwamen er niet minder chaisen en wagens om binnen, langs alle wegen en door alle poorten, beladen met boeren en boerinnen, die er zich den witten wijn, en den rooden met suiker, en al wat verder tot opscherping der levensgeesten ter tafel kon worden gebracht, en de pontekoek daarby, niet minder om lieten smaken, dan in eenig vorig jaar; en het paardenspel daverde niet min afgrijsselijk van hunne onbepaalde bewondering — voor de edele kunst der halsbrekery en de onovertreffelijke grappen van den clown, die omvalt als een stok. — De klachten werden ╫tegen Korstijd╫ voor den landheer bespaard, om ZEd. in rekening te valideeren.

Het echt oud noordhollandsch boerentype verdwijnt langzamerhand, of wijzigt zich, zoo als alle types. Op deze alkmaarsche kaasmarkt vindt gy het in allerlei schakeeringen. Dit oude kareltjen, wiens vrolijke oogen, ruim zoo goedlachs als zijn mond, uitkijken onder den breeden rand van een rondbolligen hoed, dien hy met een pijpensteeltjen op zijn hoofd vastschroeft tegen den wind, is het oudste type. Een smal gevouwen rood katoenen dasjen is met gouden knoopjens om zijn hals vastgemaakt. Een lang bruin wambuis, met één rij groote knoopen op nonactiviteit, (haken en oogen doen de dienst) hangt hem tot over de heupen. Zijn korte broek acht het gebied over scheenen en kuiten zijns onwaardig, en laat het geheel over aan de grijze kousen, die in dikke schoenen met zware zilveren gespen eindigen. — Zoo wandelen er hier nog enkelen rond, met lange geschilde stokken in de hand, die hen tot de kin reiken. — Mijn bestek verbiedt my al de tusschentypes te beschrijven; — maar wilt gy den jongsten zien! Hier is hy. Een blaauw buisjen met een fulpen kraag, dat hem tot even onder de schouderbladen reikt, — de rest geheel pantalon, pantalon van katoenfluweel; een wollen das, rood, groen en geel gevlamd, om den hals; en naar verschil van gelegenheden, een grooten, hoogen, breed opgaanden, veel omvattenden hoed op 't hoofd, of een bonten hairen pet, met den klep, naarmate dat het regent of zonneschijnt, in de oogen of in den nek gedraaid. — Tien tegen een, dat het oudste type een vrolijke praatvaar, en het jongste een stugge, stijve, achterdochtige houten hark van een vent is.

Te markt gaan is de voornaamste bezigheid van den noordhollandschen boer. Hy is eigenlijk een koopman en een administrateur van zijn bezittingen. Dat 's al. Zijne eigenschappen zijn meer negatief dan positief. Vraagt gy of hy een ijverige karel is? Ik andwoord: hy past op zijn spul. Vraagt gy of hy geregeld leeft? Andwoord: hy drinkt alleen op marktdagen en kermissen. Is hy een ophakker en een smijter? Nooit als hy nuchteren is. Is hy eerlijk? Hy melkt geen andermans koeien uit. Is hy barmhartig? Hy is goed voor zijn beesten. Heeft hy zijn vrouw lief? "Der is gien beter keezer" (geen beter kaasmaakster). Bemint hy zijne kinderen? Ze krijgen dikke stukken (boterhammen), en de "miester mot ze niet an 't hoofd sleen." Is hy godsdienstig? Hy gaat getrouw ter kerk.

Zijn ideaal is te wonen op een eigen boerenplaats, in een gedeelte van den polder, waar hy de wijde vlakte rondom zich heeft, zonder iets dat zijn vergezicht afbreekt; en geen andere meiden of knechts na te houden dan zijn eigen kinderen. De afgoden van zijn hart zijn een mooi zwartbont beest met volle uiers, en een jong paard voor een blinkende boerenchais, met vergulde wielen. Als hy op dat luchtigste en elegantste van alle ouderwetsche en nieuwerwetsche rijtuigen, met zijn opgeschikt wijf naar een boerenkermis rijden mag, en het gelukt hem, door middel van zijn paard (de zweep gebruikt hy zelden) afgrijsselijk in den bek te trekken, zijn naasten voorby te rijden, dan smaakt hy een genoegen, waaraan de Abtswouder boer niet gedacht heeft, toen hy zich zoo opwond over

> Appels enten, peeren plukken,
>   Maaien, hooien, schuur en tas
> Stapelen vol veldgewas;
>   Schapen scheeren, uiers drukken,

en wat dies meer zij.

DE BAKER.

De naam van *Baker* is een zonneklaar bewijs dat er (schoon 't volk baakster zegt) juist geen uitgang op *ster* vereischt wordt, om de titularis van een by uitnemendheid vrouwelijk ampt te kennen te geven. Vrouwelijker dan het hare is er wel geen. De onbescheidenheid van het geslacht der mannen heeft hen reeds, in spijt der natuur, in verscheidene vakken van maatschappelijke bedrijvigheid ingedrongen, die oorspronkelijk en rechtens tot het grondgebied der vrouwen behooren. Er worden mannen gevonden, die voor ons de naald hanteeren; er zijn er, die ons den pot koken; ja zelfs zijn wy mannen voor het grootste gedeelte, met verachting der welvoeglijkheid, door mannen ter wareld geholpen. Maar nog nimmer heb ik de eer gehad, iemand te ontmoeten, te kennen, of te hooren noemen, die het beroep van baker, anders dan in cas van de hoogste urgentie en slechts voor een enkel oogenblik, had uitgeoefend. Heeft een man u gebakerd, mijnheer? Zou een man u hebben *kunnen* bakeren? Dat zij verre. De uitvoerige zorg die dat vereischte, die gy behoefdet, trotsche heer der schepping, die daar heen stapt als een paauw, en op laarzen met sporen! — die gy behoefdet, heer vrouwenhater, die daar geen andere verplichting aan de tedere kunne erkent of begeert, dan dat zy u ter wareld gebracht heeft! die gy behoefdet in dat aandoenlijk oogenblik, toen gy schreiend en naakt dit tooneel uwer heldhaftigheid werdt opgedragen, opdat licht en lucht u niet dadelijk beschadigen, uwe eigene onbesuisdheid u niet voor goed ongelukkig maken zouden, en gy er niet al uw leven zoudt uitzien als een Turk; die uitvoerige zorg kon onmogelijk iemand anders dan een *baker* (zelfst. n. w. vrouwelijk) u bewijzen. Het is ijsselijk jammer dat gy uzelven toen niet aanschouwd hebt, met uw knietjens opgetrokken tot uw kinnetjen, en, liggende voor de mande in haar warmen schoot, haar vriendelijke oogen niet over u hebt zien richten, met een uitdrukking van zoo teder, zoo ontfermend een liefde, dat zy u al uw leven zou zijn bijgebleven. Maar wat was het? Gy hadt toen nog geen oogen die zien konden. Veel minder droegt gy een bril.

De naam *baker* komt van *baken*; dat is *warmen*, koesteren. Een baker gehad te hebben is: in de eerste dagen zijns levens gebroeid en gekoesterd te zijn. Het is niet anders. Spijt het u, heer Jeune France? Meent gy dat het beter zou geweest zijn u op zijn laplandsch in het water te baden en in de sneeuw te rollen, in plaats van u met de voetjens voor de mand te houden, en u in doek op doek in te wikkelen, zoodat slechts deze uwe handen en dit uw aangezicht — het zag, op mijn woord, toen zoo geel als goud — zichtbaar bleven, om de bewondering van huisgenooten en buren gaande te maken over *zulk* een kind! Meent gy dat, by eene andere behandeling, uw baard nog voorspoediger zou zijn opgegroeid, uw hand zich nog gespierder onder uw glacé handschoentjen zou hebben vertoond, en gy u te paard en te voet krachtiger en leniger bewogen zoudt hebben dan nu? Het is mogelijk. Maar hier is het portret van mijnheer uw overgrootvader. Ook gebakerd, mijnheer! Ook gebakerd, in zijn tijd; en ik geloof vrij wat broeiender, vrij wat stijver dan gy; de gebakerde kindertjens geleken toen ongelijk veel meer dan nu op de poppen van den zijdeworm. Maar wat dunkt u? Hy ziet op u neder, alsof gy *nog* in de luren laagt.

Houd uw baker in eere. In het vooruitzicht der bange ure, by haar naderen, als zy daar was, was de stille, altijd bedaarde, ondervindingrijke, medegevoelende, handige, *zacht*handige, kloekzinnige vrouw voor uwe moeder als een engel Gods. En ook daarna! haar trouwe zorg voor u was het eenige niet. Die jonge moeder had nog steeds veel zorgen noodig; zorgeloos als zy zelve was, toen alles goed ging, en haar eersteling aan haar boezem lag, en zy allerlei gedaan, en allerlei gewaagd zou hebben, dat haar jong leven had kunnen in gevaar stellen en u van een moeder berooven, vóór gy nog wist dat gy een moeder hadt. Wat u betreft: nooit heeft, in uw volgend leven, een vreemde zoo veel geduld gehad met al uw kuren by dag en by nacht; nooit een vriend (zelfs geen kunstvriend) u zoo overvloedig in het aangezicht geprezen; nooit een weldoener zoo veel *stank* voor *dank* van u ingeoogst. Van harte hoop ik, mijnheer! dat gy bare onschatbare diensten nog eenmaal zult weten te waardeeren, by het kraambed van de echtgenoot van uw hart, by de vuurmand van uw eerstgeboren zoon.

Dan zij het oogenblik daar, waarin gy zeggen zult: ,,o Mijn Baakster, gezegd Baker! Gy trokt een goed loon; gy hadt veel noten op uw zang; de meiden haatten u deswegen met al het vuur van een gloeienden partyhaat; gy ontfingt een schat aan fooien; gy deedt mijn moeders amandelstrikken en moscovisch gebak verdwijnen als een morgennevel; maar gy waart onbetaalbaar! Gy hadt, als ik het zeggen mag, uwe vooroordeelen, uwe bygeloovigheden, uwe eigenzinnigheden, gy waart wellicht niet geheel en al vrij van kwaadsprekendheid. Maar uwe tedere, naauwgezette, waakzame zorg geven u aanspraak op een kroon. My is in mijn kindsche dagen op alle scholen, in alle geschriften voor de jeugd, steeds voorgehouden, de plichten van dankbaarheid te betrachten jegens mijne ouders en onderwijzers, maar mijne kinderen zal ik erkentelijkheid inprenten jegens hunne ouders, en onderwijzers, en Bakers....

En zulks te meer, nu het getal onderwijzers met een leeraar in de gymnastie vermeerderd is.

Dit opstel schijnt alleen van de *goede* Bakers te spreken:

HILDEBRAND heeft geene slechte gekend. Zijn eigen baker was een uitstekende. Hy zal zich zijn leven lang verbazen, dat er met zulk een baker, niets voortreffelijkers van hem geworden is.

1840.

INHOUD.

VERSPREIDE STUKKEN VAN HILDEBRAND.

De Gids, Jaarg. 1837, 1838, 1839. *Proza en Poëzy, Verspr. Opst. en Verzen*, Haarl. 1840.

Souvenirs d'un Voyage à Paris, par J. KNEPPELHOUT, Leyde 1839.

Leeskabinet, Jaarg. 1841.

De Nederlanden. Karakterschetsen enz., 's Gravenhage. Nederl. Maatsch. van Schoone Kunsten, 1842.

Ook het volgende stukjen was voor de Nederlanden bestemd, en reeds in handen der redactie, toen het werk gestaakt werd, en de Maatschappy van Schoone Kunsten ophield te bestaan. Het verschijnt dus te dezer plaatse in druk, om het dozijn schetsjens volledig te maken.

7 3
1.65
2.

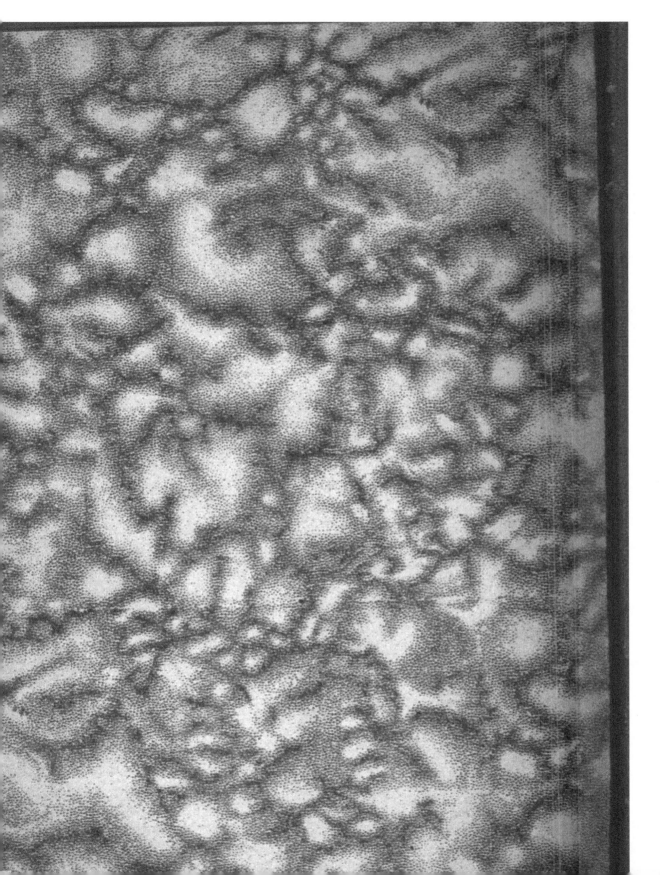

Lightning Source UK Ltd.
Milton Keynes UK
UKHW031029131220
374972UK00012B/835

9 781246 670028